岩波文庫

33-496-2

徳川制度

(中)

加藤貴校注

岩波書店

凡　例

本書には、『朝野新聞』に連載された「徳川制度」「徳川制度続編　金扇影」と、これと内容的に接続する「東叡山寛永寺」と関連する記事四点を収録した。

「徳川制度」は、第五五七四号（明治二五年四月一二日）から第五九五八号（明治二六年七月二三日）まで断続的に三五九回にわたって連載され、「徳川制度続編　金扇影」は、第五九六〇号（明治二六年七月二六日）から第六〇二九号（同年一〇月二一日）まで断続的に六九回にわたって連載され、「東叡山寛永寺」は、第六〇三一号（明治二六年一〇月二五日）から第六〇五二号（同年一一月一九日）まで断続的に二〇回にわたって連載され、関連記事四点は、「安政の大地震」が第五四四〇号付録（明治二四年一一月四日）に、「『鶴』御成」が第五四八九号（明治二五年一月一日）に、「嗚呼此世の地獄！　伝馬町牢屋敷内の光景」が第五六一六号（同年五月三一日）に、「密書（水戸藩士竹田耕雲斎加州へ申し出でたる書之写）」が第五九八八号（明治二六年九月三日）に掲載されたものである。

「徳川制度」などを本書へ収録するにあたって、『朝野新聞』の記事の掲載順には、必ずしも内容上の整合性がとれているわけではないので、原本の掲載順を尊重しながらも、全体を総説、司法と市政、経済と市場、社会と風俗、江戸城と武家社会、幕末の情勢、東叡山寛永寺の七つに分類・整理し記事を配列することとした。項目名や小見出しは、原本に付されたものをそのまま用いた。また、「徳川制度続編　金扇影」の記事は、ほとんどが幕末の情勢に含まれるものだが、金銭貸借の事、町年寄の由来・町地割役の由緒、三拾三間堂の由緒の三点は、内容からみてこれに含めるよりは、関連する部分に配列すべきと考えて、該当する部分に配列した。そのため項目名の次に〈続編〉と注記しておいた。同様に「東叡山寛永寺」や関連記事四点についても、項目名などの次に〈編外〉と注記しておいた。

本書では原本の記事の配列順を変更した部分があるので、各記事中の文章に齟齬をきたす部分もあるが、その部分を削除することもためらわれるので、そのままとした。また、各記事の末尾に、掲載号数と発行年月日を付記し、原本との照合の便宜をはかることとした。

なお、参考のため下巻に付録として、第五五六〇号(明治二五年三月二六日)第一面に掲載された「現今及び将来の朝野新聞」の記事中から「徳川制度」の予告に関する部分と、「徳川制度」の連載が始まる直前号である第五五七三号(明治二五年四月一〇日)第五面に掲載された「徳川制度」の広告記事、第五九五九号(明治二六年七月二五日)第一面に掲載された次号から始まる「徳川制度続編　金扇影」の予告記事を載せた。

校訂にあたっては、東京大学法学部近代日本法政史料センター(明治新聞雑誌文庫)編『朝野新聞　縮刷版』三五〜三八(ぺりかん社、昭和五九年四月〜七月)を底本とし、石井良助編『江戸町方の制度』(人物往来社、昭和四三年四月)を参考にした。なお、各記事の末尾に、正誤・訂正・削除などの記事がある場合は、それにしたがって本文を訂正し、記事そのものは削除した。なお、削除や訂正の指示があるものの、にわかに直しがたい部分については、その部分を〈　〉に入れ、その後に(削除)または(訂正)と付記した。

＊

一、一般読者の読解の便宜を考えて、以下のように原文を改めた。
①句読点・並列点を適宜補い、または原文のものを改めた。
②漢字は常用漢字を用い、異体字・合字は通用の字体に、俗字は正字に改めた。
③かな遣いは、現代かな遣いとし、ひらがな遣いに統一した。ただし、擬音・名詞などは、カタカナ遣いを残した。また、濁点を適宜補った。
④本文中の漢文体の部分は書き下し文に改めた。
⑤引用史料などについては、本文より二字下げとし、書き下し文に改めた。
⑥副詞・指示代名詞などで、現在は漢字表記しないのが通例のものは、以下に例示するようにひらがなに改めた。

相→あい
相待って・相俟って→あいまって
敢て→あえて
飽くまで→あくまで
宛も・恰も→あたかも
能はず→あたわず
宛→あて
強ち→あながち
豈→あに
剰へ→あまつさえ
粗→あらあら
予め→あらかじめ
非ず→あらず
更め→あらため
在る→ある
或は→あるいは

遽だしく→あわただしく
謂ふ・云ふ→いう
雖も→いえども
如何→いかが・いか・いかん
奈何→いかん
幾位ら→いくら
聊・聊か→いささか
已上→以上
何処→いずこ・いずく
何れ・孰れ→いずれ
抵る・臻る→いたる
逸早く→いち早く
何つ・何時→いつ
最と→いと
苟も→いやしくも
弥益→いやまし

弥・弥々・愈・愈々→いよいよ
居る→いる
云く・曰く→いわく
所謂→いわゆる
謂れ→いわれ
況や→いわんや
於て→おいて
恐らく→おそらく
恐れ→おそれ
各→各々
自ら→おのずから
夥しい・夥多しい→おびただしい
凡・凡そ・約そ→およそ
居る→おる
畢て・了て→おわって
竟る→おわる
歟・乎・耶→か

却て・却説→かえって
斯て→かくて
囲まい→かくまい
彼処→かしこ
計へ→かぞえ
且つ→かつ
嘗て→かつて
搗てて→かてて
哉→かな
彼方→かなた
予て・予ねて→かねて
彼の→かの
ケ間敷→がましく・がましき
斯様→かよう
渠・彼→かれ
彼是・彼此→かれこれ
彼等→かれら

彼奴↓きゃつ
呉・呉れ↓くれ
蓋し↓けだし
爰・茲・此処・此辺↓ここ
ム↓ござ
毎↓ごと
尽く・悉く・咸く↓ことごとく
殊に↓ことに
故ら・殊更↓ことさら
此・是・之・維↓この・これ
這は・箇は↓こは
此奴↓こやつ
有之↓これあり
無之↓これなし
是迄↓これまで
此等↓これら
此奴↓こやつ

前きに・曩に↓さきに
擱き↓さしおき
遉がに・偵がに↓さすがに
扨・却・偖・却説↓さて
宛ら・宛然・恰がら↓さながら
左も・左れども・去れども・左れば
↓さも・されども・されば
左様↓さよう
更に↓さらに
去り↓さり
爾↓しか
併し↓しかし
而して・而かも・而るに↓しかし
て・しかも・しかるに
若かず↓しかず
加之↓しかのみならず
然れ共・然る処↓しかれども・しか

るところ
荐りに・頻りに↓しきりに
敷・若く・如く↓しく
随て↓したがって
屢・屢々↓しばしば
姑らく↓しばらく
些し↓すこし
頗る↓すこぶる
宛↓ずつ
已に↓すでに
乃ち・輙ち・便ち・即ち・則ち↓すなわち
都て・凡て・総て↓すべて
責めて↓せめて
候得共↓候えども
彼処・其所↓そこ
其・其の・夫の↓その

开は・這は↓そは
抑も・抑々↓そもそも
夫↓それ
度・度く↓たく
丈↓だけ
丈けて↓たけて
唯・只・啻・将た↓ただ
～達↓～たち
条ち・忽ち↓たちまち
仮令・仮ひ・縦令ひ↓たとい
例へば↓たとえば
為べ↓たべ
為↓ため
例し↓ためし
偶ま・会ま・適ま↓たまたま
喃々↓たらたら
因み・固↓ちなみ

序で→ついで
終に・竟に・遂に・畢に→ついに
亜ぐ・尋ぐ→つぐ
夙に→つとに
具に→つぶさに
詰り→つまり
伴れて→つれて
何処→どこ
迚・迚て→とて
頓に→とみに
倶・共→とも
取り敢えず→とりあえず
乃至→ないし
尚・猶・仍ほ→なお
猶更→なおさら
乍ら→ながら
勿れ→なかれ

就中→なかんずく
無く→なく
為す→なす
等・抔→など
并に→並びに
成る→なる
爾→なんじ
何等→なんら
遽か→にわか
之→の
而已→のみ
図らん・図らず・測らず→はからん・はからず
計り・許り→ばかり
糊め→はじめ
筈→はず
将た→はた

果して→はたして
延て・延く→ひいて・ひく
窃か・潜・陰か→ひそか
只管→ひたすら
特り→ひとり
復び→ふたたび
可き→べき
外→ほか
殆ど・幾んど→ほとんど
略ぼ・略々・粗ぼ→ほぼ
固に→まことに
将に・方に→まさに
間敷→まじく
況して・況して→まして
~升→~ます
先づ→まず
益々・益・倍々→ますます

又・亦・復た→また
迄→まで
儘→まま
罕→まれ
自ら・躬ら→みずから
咸な→みな
寧ろ・無乃→むしろ
六ケ敷→むずかしき
若し→もし
有つ・将つ→もつ
素と・原と・旧と・元と・固と→もと
~哉・耶→~や
軈て・頓て→やがて
矢張り→やはり
已むなく→やむなく
止むを得ず→やむを得ず

稍・稍々・良・較や・動・寝や・輙→やや　仍て・由て・因て→よって
〜様→〜よう　〜等→〜ら
能→よく　態々→わざわざ
縦し・仮し→よし　纔か・僅か・厘か→わずか
我等・吾等→われら

⑦原本には多くのルビが付されているが、煩雑にわたるため、適宜削除した。一方で、原本にルビがなく読みづらい漢字にはルビを補った。

⑧漢字の送りがなは、現行の表記に従ったため、適宜、原文に送りがなを補うか、削除するかした。

⑨割注や細字による注記は、〔　〕に入れて示した。

⑩明らかな誤字は適宜訂正したが、にわかに改めがたいものは、右傍らに正しい字を付した。

⑪闕字・平出・擡頭は無視した。

⑫踊り字(ヽ・ゞ・丶・ゞ・〳〵)は用いず、かな・漢字に直したが、「々」のみはそのままとした。

⑬印字が不明瞭で判読不能な文字は、□で示した。

⑭ 平成二五年(二〇一三)などのように、西暦を適宜補った。
⑮ 時刻について原文に現在の時制による注記のないものは朝六つ時(午前六時頃)のように適宜補った。
⑯ 校注者の加えた注記は、〈　〉に入れて示した。
⑰ 以上の他は、原文の通りとした。

一、必要に応じて、項目ごとに通し番号を付し、その注記は巻末にまとめて載せた。

一、挿図については、新たに通し番号を付した。

一、本文中の表現については、今日の人権尊重の精神からすれば、考慮すべき不当・不適当な差別的な語句や表現と判断される部分もあるが、本文そのものが歴史的産物であることを考え、原文のままとした。

目　次

江戸城と武家社会

上巻目次

下巻目次

徳川制度（中）

社会と風俗

寺子屋

教育の目的

今の教育家、ややもすれば維新以前の普通教育を排斥《しりぞ》け、ほとほと観るに足るもののなしという。実《げ》にさもこそ。しかれども、今明治の世に政治の綱《こう》を執れるもの、選挙の権をもつもの商売の紐を操るもの、いずれか一たびこの寺子屋の涎《よだれ》くりならざりける。「(1)三才児《みつご》の魂先入主となる」などの諺に真理ありせば、かれらの魂も先入の主も寺子屋を漁りたる獲物にてこそあるべけれ。切《せつ》に言えば明治の精神は寺子屋の陰《いん》に生れたるなり。教育法はよし浅疎なるにもせよ、教課《科》書はよし(2)厖雑《ぼうざつ》なるにもせよ、あながちに捨つべきことかは。人、死に至りてなお故郷を懐《おも》う。いかに明治の教育法は備われりとて、一たびはその旧巣《ふるす》を顧みんことの無用にはあらじ。

寺子屋の体裁《さま》見れば、子供集めて読書《よみかき》の器用・不器用、清書《きよがき》を顔に書く子と、手に書くと、人形書く児は天窓《あたま》掻く。教うる人は取り別けて世話を掻きたるものなるべし。その(3)咿唔《いご》を何ぞと聴けば、「いろはに、この中《うち》は御入り下され一筆啓上致すべし」と、無心の声々(4)咄喊《とっかん》を作れるのみなるべし。しかれども、その中反《かえ》って教育の大目的あって存するを想わずや。一天の下《もと》外国に対するの今日、教育の唯一目的を国家主義に取れるが如く、幕廷の下に四民位したるのかれら教育は、裕《ゆう》に藩閥的主義を取りて、よく時世に適合するを勤めたりき。故に今日を褒めて(5)曩時《のうじ》を揚ぐるを知らざるの人は、未だともに談ずるに足らずとせん。さて今寺子屋教育の目的を説かんがために、まずその種類を明らかにせんとす。

　寺子屋とは、幕府時代の小学校なり。その称は僧侶が子弟を寺に集めたるより始まりしとぞ。さて江戸市内に寺子屋幾何《いくばく》なるやは知らず。大抵九百家はありしとなり。その他懇親の者の児童を集め、師家の観をなせし者は枚挙に遑《いとま》あらず。

　児童教育の課程は、もとより一定せず。ただ土地の状況に応じて、特に大差ありしものの如し。その大差ありしこそ、当時教育の目的なりしなれ。今これを区別して示さんに、麴町・麻布・赤坂・四谷・牛込・小石川・本郷、また本所・深川・下谷・浅草の一部を(6)汎称《はんしょう》して山の手と呼び、士族の輩この地に多く住居しければ、師は士族の養成に意を用い、たとえば手本に「商売往来」(7)は適当ならずとして、「千字文」(8)「唐詩」(9)を与え、書風は当時(10)御家流《おいえりゅう》を学ぶ者すこぶる多く、稀に唐様《からよう》を珍重せし族《やから》もありき。また算術の如きは学ぶ者多からず。(11)牙籌《がちゅう》の事は士風として痛く厭悪《えんお》したればなり。故にこの土地に住する師匠は、比較上やや学力を要するも、算術は知らずして不便を感ぜざりしとなん。

神田・日本橋・京橋・芝は下町と称し、また下谷・浅草・本所・深川の一部またこれに準ず。この地は町人、すなわち商工の徒多きが故に、師匠は概して商工人の養成を企図せり。その一例を挙ぐれば、手本は「商売往来」を必要として、職工の徒には「番匠往来」[12]を授け、したがって算術を学ぶ者の多かりしは勿論なりとす。さればこの地に適する師匠は、やや御家流の書法を解し、かつ算術の初歩を教うるに足れば、学力なきも甚だしき差し支えを生ずることなしといえり。要は実用にありて、その上を望まざればなり。また町外れと称するは、市内とはいえ郡部に接近したる地にして、農家の子女多く通学する土地なれば、其師は比々《ひひ》[13]良農の輩出を望みたるものの如し。「商売往来」に代うる「百姓往来」[14]を以てしたり。要は種札《たねふだ》[15]を書くを以て足れりとしければなり。

以上はその概要に過ぎずといえども、また以て四民の教育の分限ありしを見るべし。さてこのほかなお性質を異にするもの二つあり。貧民を教うるの師と諸藩邸内の師これなり。前なるは今の貧民院ともいうべく、後なるは今の中学校(範囲広狭の差はあれど)にも比《くら》べつべし。けだし士分にして、未だ聖堂に通わざるもののために教えけるなり。幕府教育の制度またあに備わらずとせんや。

(五八六二号、明治二六年四月一日)

教場

江戸市内を外れては、処の便宜によりて、神主あるいは僧侶の徒多くは師匠となるが故、その教場も寺院などを以て充てたり。寺子屋といいけるも宜《むべ》なり。市内にてもまた寺社の境内・藩邸にあるものあれども、このほかは商賈《しょうこ》と軒を並べ、または新通《しんみち》・裏通り・路次の内など、もとより場内の嫌いあらず。これその教場は直ちに師匠の家なるを以ての故なり。されどその多くは雑沓の大路に接したるを以て、一寸の余地だになく、運動場もなし。

さて教場の広狭大小には、もとより一定の標準あるなし。畳敷きに数行の机を排列して、二人向かい合いとなし、師は側面に位置を定め、座して監理を怠らず。

教場は衛生に適して、空気の流通甚だ好《よ》く、障りなき限りは四方の窓を明け放ち、雨天に東の窓を閉ずるとも、三方の光線にて差し支えなきように構造したるもあり。尤も路次内などの家はこれに反して、雨天には教場黒《くら》く、課業を中止することもあり。

教場中、生徒は二人ずつあい対座して、幾行にも居並ぶなり。生徒席前には机を据ゆ。尤も市外にては机のほかに文庫を置き添う。すなわち机を座の前に据え、文庫を座の側面に置くなり。机と文庫とはその位置あたかも矩形をあいなせり。

教場は常にかく机・文庫を排列しあるにあらず。一日ごとに新しく並べ、また取り片付くるなり。取り片付けられし机・文庫は、常に座の一方に積み置かる。かの松王が眼(16)

を着けて、机の数が一脚多いと釘打ちたるもこれなるべし。排列の順序は、生徒その日の参校の遅速によりて定められ、業の生熟によりて定められしにあらずと知るべし。

生徒の一般用具は左の如し。

机　[17]源蔵の女房が木地を隠した塗り机、ざっとさばいていい抜けしに因みたると否とは知らず、大抵サワラの木製を薄赤に塗り、いと粗末なる造りなり。これを天神机という。高さ八寸、長さ二尺三寸五分、幅一尺、但し抽斗《ひきだし》付きと定まりおれり。

文庫　長さ二尺五寸、幅二尺、高さ一尺五寸、木地は机と異ならず。これに筆墨双紙書物などの一切を蔵す。

硯　高さ六分、幅四寸、竪七寸、材は[18]平沼田石などにて、長州産なり。[19]正風硯という。

手本　折本にて[20]奉書・[21]鳥の子・[22]西の内を用ゆ。竪およそ一尺二寸、横二尺五分、表紙は花形など打ち出したる壁紙ようのもの、色は種々なり。

以下筆墨双紙の類は略す。

教　科

教科は習字を主とし、読書・算術・裁縫、その他立花《りっか》・茶の湯などは望みに応じて授けたり。習字を主とせしことは、師家の名称を俗に手習い師匠と称したるにても著《しる》し。しかれども習字は文字通りの習字科にあらずして、なおこれに一等を進めたり。すなわち字を習うと同時に、その折手本の音読を習い、字義もしくは句意・文意を咀嚼せしめ、手、その蹟《せき》を習い、口、その字を読み、脳にその字を蓄えしめたるなり。故に生徒が業を卒《お》えて後、実際に活用したるはこの習字の科なりき。師匠が四民の区別を立てたるも重にこの習字の科なりき。

さて書法流義は和様《わよう》・唐様《からよう》の二種にて、和様は御家流・持明院流・定家様・近衛流・嵯峨様・大師流・勅筆流・三条流・飛鳥井流・正蔵主様《しょうぞうしゅよう》などの諸流ありしが、なかんずく御家流中古盛んに行われ、公私とも御家流ならでは通用ならぬものの如し。後、光悦流・滝本流・伝内流・大橋流・溝口流・花形流・百瀬流・長尾流などの師家多く現れたれど、いずれも御家流の支流なるに過ぎず、唐様は往昔盛んに行われたれど、幕府の代《よ》には特志者のほか学ぶ者少なかりし。

今は昔三家(尾張・紀州・水戸)に御城付《おしろづき》と称する役人ありけり。日々千代田城に出仕して叙任儀式・布達その他日々の出来事を諸向きより聞き取りて、七つ時(午後四時頃)過ぎ帰邸して、書面となし、一は大守の座右に捧げ、一は家老・用人らに順達し、一は御城付役所の控えとなし、日々三冊を編輯すること、現今の新聞社と同じかりき。御城付には役所ありて、書記四名を置かれ、御城付登城して聞き込み次第これを役所に報じたり。また諸大小名より材料を受くる者は、日々御城付の官宅に小役人を派して、その日役所より写しくれるを待ちぬ。さて水戸家の御城付役所に勤めたる書記にて、唐様を習いおる者ありけり。この者の受持は諸大小名に渡す写取書《うつしとりがき》なれば、上役もかれこれ尤《とが》めもせず過ぎけるに、ある日上役二人病気にて、昼後より帰宅せしにぞ。唐様子《からようし》代わって編輯したり。しかるに御城付帰宅して一応披見せしに、唐様にて認《したた》めあるに、これはと思えども、詮方もなければ、そのまま差し出したるに、翌日重役より口達にて、「御城書を唐様にて認め候事、そのためしこれなく、不都合の趣」譴責を受け、唐様子は遠慮申し渡されたるより後、悔いて御家流を学びしとかや。このほか諸向きにもこれに類似《により》の事ども多くありしといえり。

さて右の如く習字科は、当時最も緊要なる科にして、さらにこれを詳説せんに、その科中おのずから読方《どくほう》・作文・地理・修身の諸科を含有せり。読方とは、手本の読み方にて、師はこれを痛く教え、生徒も勉めて誦読《しょうどく》せしなり。手本の文は各家異同あれども、修身は「(23)六諭衍義略《りくゆえんぎりゃく》」「(24)女教訓鏡」「(25)今川」、地理は「(26)江戸方角」「(27)国尽し」、作文は口上文・請取文・手紙の文などなり。されば手本の文はよく生徒の力によりてその順を追えり。たとえば男子は、「いろは」より数字に移り一より十、百千万億の文字を教え、それより(28)名頭《ながしら》・苗字尽し・請取文・送り状、「江戸方角」「手紙の文」「商売往来」「(29)消息往来」「証文店請状」「(30)庭訓往来」「千字文」とを習わしめぬ。また女子は、いろは・数字・口上文・文《ふみ》の文、仮名交じり名頭・国尽し、「女江戸方角」「女消息往来」「商売往来」「庭訓往来」、いずれも仮名交じりなどなるべし。

（五八六三号、明治二六年四月二日）

習字のほか志願ある者には句読を授く。教科書は「実語教」[31]「童子教」[32]「古状揃」[33]「三字経」[34]「四書五経」[35]、進んでは「文選」[36]などなり。されどこは皆後藤点[37]・道春点[38]に頼りて、わずかにそを読一過するのみ。その意味に至りては、一たびも解釈せられたることなく、生徒もまた読一過に満足して業を果つと思いき。女子は「百人一首」[39]「女今川」[40]「女大学」[41]「女庭訓往来」[42]などの類と知るべし。

算術は八算見一《はっさんけんいち》[43]、相場割、その他は「塵劫記」[44]に拠れり。こもまた生徒の望みに応ずるものとす。

修身科は別に目を立てざりき。但し御談義と称して、一・六・三・八などの日を定め、忠臣・義僕・孝子・節婦などの履歴を述べたり。談義の本旨はやや学識あるの師は、専ら儒教により、その他は神仏二教をも混淆し、冥罰などの談をなしたり。

その頃孝子義僕の善行あるときは、奉行所にて賞せられたる申渡書を町々の自身番に張り出し、傍訓を施して幼童にも読み得るようになしたりければ、師もそを子弟を訓誨するの引用に充てたりとなん。

女子裁縫の科目は、もとより一定せしにあらず。師家の都合に依りて師の妻女多くは教授したり。尤も世間裁縫を専門に授くる家すこぶる多ければ、寺子屋にて教うるは稀なりき。またその頃普通裁縫は母の膝下にて教うべきものとなし、他家に教えを受くるを恥じ、母もこれを教うるを本分と心得たりければ、たとえ他家にてその術を習うことありとも、秘して口外せざる慣習なりき。

師家に依りては女子に折りものを教授せり。折りものとは紙を以て熨斗《のし》・塩包みの類より、婚儀に用うる雄蝶・雌蝶などの類に至るまで、その折り方数十種あり。要するに折りものは、礼式上ことに必要なりければなり。

教授法

習字の教授法は、毎日生徒五、六名ずつを師の面前に呼び出し、交々《こもごも》筆法を授けたり。さてこれを授くるに、師は生徒の前に座し、往々文字を倒《さか》さまに書きたりしが、その書き振り中々熟達にして、一時に十人ないし十五、六人を教授したるもありき。またやや細字を習う者に至りては、白紙に認め、師の机上に出す習わしにて、師はこれに朱書きして、拙字・誤字を正し、併せて筆法を教えたり。これをお直しといえり。読書の教授は、昼八つ時（午後二時頃）退散前に生徒を一所に駆り集め、机を取り片付け、円形もしくは方形に座せしめ、生徒の一人（お当番という。大抵は師の手代わりを勤め得る年長者なり）音頭を取り、一句を読めば、衆生徒これに和して誦読し、誦読一遍すれば、直ちに退散せしむ。乗算九々を読ましむるもまたこれに準ず。また礼式などの教え方も同じ。また作文の如きは習字科応用教授するに出で、一科の学として教授せしにあらず。

されば生徒は諸種の文例を諳《そらん》じて、半切紙などに認めしめ、またこれに題を与えて綴らしめ、これを添削せしなり。この他手紙の封じ方・(45)脇付《わきづけ》より進んで、文の書き方・短冊の認め方などに至るまでを教えたり。

取締法

さて生徒始業時間は、朝五つ時(午前八時頃)より昼八つ時(午後二時頃)までにて、この時間中は衆生徒机に憑《よ》り、容易に席を離るるを許さず。もし要用ありて席を去らんとする時は、師もしくは当番(生徒中師の手代わりを勤むる者)の許しを得て席を離るる規則にて、これは各家とも同じ定めなりき。故に生徒は往々業に倦み、御小用と唱え、便所に行き欝を散じ、あるいは遊戯を試むるを毎《つね》としければ、この弊を防がんため、木札二枚あるいは三枚を当番の机上に置きて、席を離れんとする者にこれを渡し、当番の者また時々密かに便所を窺い真偽を確かめたり。その生徒を検束することかくの如きものあり。また退散前には各々当番の者に双紙の点検を受け、当番その不都合を見出せば、さらに習わしめ、退散時間を経過するも留め置きて習わしめけり。

清書は毎月六回すなわち六日めにこれをなさしめき。しかれども手本の文字を暗書し得るにあらざれば許さず。清書の評点は文字の巧拙に依って「上中下」の符を朱書し、「優等は大極上々吉、上は大上大吉、中は上々吉」の評語を記せり。

新たに入学する幼年生は、兄姉または知友あれば、その者の隣席に机を据え世話をなさしむ。もし知友なき者は、当番これを担当す。またこの幼年生の管理は、多くその師の妻負担せり。

生徒の席は、男女を区別し、男座・女座と称せり。男女ともに常に争論絶えざる者は、さらに座を変換して離隔せしむ。

出席帳は、当番これを取り扱い、出席順に記入したり。又当番は教場入口に座を占め、生徒昇降の礼義に注意したり。出校の時は「お早うただ今」と一礼す。退散の時は帳面に記入せり。名前すなわち出席順に呼び出し、一人ずつ徐《しず》かに退出せしむ。これをお呼び出しという。お呼び出しは「誰さんお帰り」と呼ぶ故に、雑沓の憂いなし。さてこの出席帳の必要は、たとえば生徒通学の途中遊戯に時間を誤り、双紙を水もて湿《うるお》して字を習いたるものの如くに装い、時刻を計りて帰宅する者あるが故なり。

（五八六四号、明治二六年四月五日）

いずれの師家にも掟書あり。これによりて生徒の行状を検束したれど、その文は区々《まちまち》にして一定ならず。書き方は仮名にて認《したた》めたるが多し。

男子の教場に掲げたるものは概ね左の如し。

一、師匠と父母の申し付けを守るべき事。

一、礼義を重んじ行儀を正しくする事。

一、朋輩互いに睦まじくすべき事。
一、喧嘩口論をなすべからざる事。
一、食物・金銭など持参すべからざる事。
一、途中にて高声・悪戯《いたずら》なすべからざる事。
また女子の教場に掲げしものは、
一、顔のよしあし　一、きもののよしあし
一、家のくらしむき　一、中《なか》くち
一、いつけぐち　一、耳こすり
一、たか笑い　一、男の子のうわさ
一、たんき　一、わがままのふるまい
一、むだぐち
右決してなすべからず。そむくものは七つ時(午後四時頃)までとめ置き候事。
またこれら掲示に代え、「堪忍」の二字を大書して扁額を教場に掲げおき、生徒中争論などする者あるときは、扁額を指《さ》して諄々説き諭し、不行状を矯《た》め正さんと勤むるものあり。このほか「油断大敵」と書したるものあり。あるいは、
　手習いは坂に車を押す如し
　　油断をすると後《あと》へもどるぞ

など書きたるもありき。さてこの訓誡に次ぎて賞罰来たる。その賞の目《もく》は左の如し。

一、欠席少なく出精の者。

一、清書出来のよき者。

一、手本の読みをそらんじたる者。

これらの者へは賞品を与うること、いずくの師家にても変わりなし。賞品は筆墨・半紙・菓子などの類なり。その罰の目は左の如し。

一、怠惰にして学業未熟の者。

一、喧嘩争論に世話を度々やかす者。

一、悪戯をなし他の生徒の妨害となる者。

一、師の申し付けを度々背く者。

この子弟を罰するに叱責・起立（教場の隅に立たしめ、あるいは机の上に座せしむるをいう）・拘留（留めると唱え、衆生徒退散の後一時半あるいは二時間留め置きて、習字せしむ）、あるいは(46)鞭笞《べんち》・束縛もあり。鞭笞は厚紙に扇を畳みたるを裹《つつ》みたるものにて、これを身に加うるに、その音大なれども、さまでに疼痛を感ぜざるように製《つく》りたり。また机の上に座せしめて右手《めで》に線香を取り、左手《ゆんで》に水を盛りたる茶碗を持たしめ、あるいは柱に繋ぎたることも稀にはありき。

柱に繋ぎ、または(47)笞《ち》撻《たつ》を加うるなど、今より観れば甚だあらあらしく、野蛮のすなる業《わざ》の如くなれど、当時の父兄はかえりて子弟の性行の直《なお》からん望みを、これら厳酷なる刑に懸けたりとぞ。

試験

今日の如く備われる大小の試験こそなけれ、これに類する制はありけり。

毎月末に習い終わりたる手本の演習《さらい》をなさしむ。また大演習と称して、毎年末に一回数十本の手本を暗書せしむ。毎月末の演習は今の小試験、毎年末のは大試験に比ぶべくや。さて当日は師の面前に三人、あるいは五人位ずつ呼び出して復習せしめ、右おわりて及落を判じ、その優等なる者の姓名を教場に掲示し、賞品を与えたり。

別に席書きということあり。これは習字奨励のため席上揮毫をなさしめしものにて、毎年四月・八月の二回これを執行したり。その模様は教場四面に生徒の揮毫せし物を貼付して、人々の縦覧に供し、批評をなさしむ。用紙は奉書・唐紙・画箋紙・西の内(三枚継ぎ)などにて、揮毫席は毛氈《もうせん》を敷き、この日師は麻上下の紋付小袖を着し、生徒は羽織袴を着用す(女師匠は白半襟・紋付小袖着用)。かくて生徒は分に応じ美服を着し出席す。師はこれを一人ずつ呼び出して、二、三字より七、八字までの大字を書かしめ、師その傍えにありて、書き損じなきように注意す。当日室内は生徒の父兄、室外は窓前に往来の者佇立《ちょりつ》して見物し、なかなかの混雑なり。揮毫おわれば随意に遊戯をなさしむ。

また正月五日には書初《かきぞめ》をなさしむ。その模様席書きと同じ。

席書きには、生徒一般に赤飯を与え、書初には汁粉餅を与え、福引の余興あり。

また例年七月に至れば、生徒一般へ詩歌の手本を与え、七月五日には各自硯を持ち帰りて洗滌し、六日の早朝各色紙とかの洗いたる硯を持ちて出席し、各手本に拠りてこれを認《したた》め、あるいは師の徳を頌《しょう》したる文字を記し、また己《おのれ》能書家たらん事を祈る語を記し、これを筆頭に結び付けて、青竹の枝に約し、これを適宜の場所に立つ。色紙の竹葉と入り乱れて中空に風を弄《もてあそ》ぶさまなかなかに床しく、生徒はその下に舞い戯るるなり。

また例年二月初午には、色紙を継ぎたる幟《のぼり》を造り（市中紙屋にてこれを造り売る、価十二文）、これに何々稲荷大神と書し、頭書［奉納］、下に何々門人誰と書し、一門あい競うて社頭に納む。

昔日児童の入門は初午の日を吉日として、弟子入りをなす。弟子入りのときは師その児童の手を取り、天一天上[49]と書かしめ、これを保存して寺入りの紀念としき。

（五八六五号、明治二六年四月六日）

入学手続

入学の年齢に定めなし。早きは五歳なれど、普通のものは八、九歳よりするが多し。

退学は男子十二、三歳、女子は十四、五歳を限りとし、就学年間は概して五か年が程と知るべし。

入学の節は机・硯箱などの新調を要し、入門の節は一般の生徒に親睦と称し、煎餅を配りぬ。但し上等の子女は「最中」を配るを府下一般の習わしなりしという。ついでにいう。器具新調の値段、安政年間には、机・硯箱の代二百五十文より二百七十二文、筆一本四文、墨一挺十二文、半紙一帖八文より十二文、煎餅百人分四百文、「最中」なれば一朱が通例なりき。

幕府対寺子屋

幕府の寺子屋に対するは全く自治に放任して、あえて保護干渉することなく、師の学力を検定することもなければ、学則を制定せしこともなく、はた学に就かざるの児童を奨励して学に就かしむることをもなさざりき。されども師家に対してはおのずから幾分の優待ありて、たとえば師家が身分に拘わらずして、武家地に住居するを黙許し、また苗字帯刀をも許せり。これを以て弟子の父兄らまた師に対して常に尊敬の意を失わず、祝筵《しゅくえん》(50)・夷講《えびすこう》などには招待して、上座に請じ交情いとも親密なりき。諺にこれあり、「七(51)尺去って師の影を踏まず」と。かれらは師家に対して常にこの心掛けを失わず。弟子またた師の恩を親の恩に較べて一旦贄《にえ》(52)を取りしものへは、鞠躬《きっきゅう》(53)して報恩を期せり。故に師たるものまた徒《いたずら》に句読・手跡の師たるを思わず。言行皆人の師たるを体し、たとえ人爵なくとも天爵の重きを以てみずから任じ、世の風教を維持するにおいて努めつ。故にその頃の師に敗徳醜行の聞えあるは稀なりき。要するに師と弟《てい》とは宗教の意味における敬と愛との関係を有せしものと覚《おぼ》えし。

寺子屋の発達

幕府は寺子屋を自治に放任したれど、時にまたこれを奨励したるの迹《あと》を留《とど》めつ。八代将軍吉宗卿、府下の師家を奨励することありてより、この業漸《ようや》くその緒に就き、次第に隆盛を致せりという。すなわち享保七年（一七二二）七月台命《たいめい》によりて、町奉行大岡越前守〈忠相《ただすけ》〉「六諭衍義大意」[54]一部ずつを江戸市中手跡指南の者へ下賜し、また御高札文をその弟子に読み聞かすべき旨を布達したり。これより先、手習い師匠一同を奉行所に召喚し「弟子どもへ行義作法宜しくあいなるよう教諭油断なく心掛け候よう」との口達をなし、高札文を下げ渡しぬ。その文にいう、

親子・兄弟・夫婦を始め、諸親類に親しく、下人等に至るまでこれを憐むべし。主人ある輩は各々その奉公に精を出すべき事。

家業を専一にして、濫《みだ》るることなく、万一分限に過ぎるべからざる事。

偽りをなし、または無理をいい、総じて人の害になる事をなすべからざる事。

博奕の類一切禁制の事。

喧嘩口論を慎み、もしその事ある時は、猥《みだ》りに出合うべからず。手負いたる者隠し置くべからざる事。

鉄砲猥りに打つべからず。もし違犯のものあらば申し出ずべし。隠し置くを他所より顕るるにおいては、その罪重かるべき事。

盗賊・悪党あらば申し出ずべし。急度御褒美下さるべく候事。

死罪の者ある時馳せ集まるべからざる事。

人売買堅く停止《ちょうじ》、但し男女の下人、あるいは永年季、あるいは譜代に召し抱え置き候事は相対に任すべき事。

右の条々あい守るべし、もしあい背くにおいては罪科に行わるべきもの也。

正徳五年五月

正(55)徳五年(一七一五)は享保と改元したる年なり。さればこの高札文は七代将軍家継公治世に制定せしものならんか、なお考うべし。そもそも幕府制下に民たるものをして、分限を守り、非行を誡《いまし》むるの意を知らしめんとて、先人主となるの幼童にまず高札を示したるこそ、幕府の好教育、はた好政略なりけめ。

その後天保十四年(一八四三)三月南町奉行矢部駿河守〈定謙《さだのり》〉より左の如く達せられぬ。

御府内において手習い師匠を渡世に致す者、その町内の弟子・子供は申すに及ばず、他所より通い弟子とても依怙贔屓なく心を用い教え申すべし。手跡は貴賤男女に限らず相応に認め候わねば叶わざるものに付き、仮初《かりそめ》にも疎《おろそ》かに心得べからず。一体士分の者は子供仕込み方、文武芸能それぞれ整いおり候えども、町家《ちょうか》末々の輩は別段学問と申すはこれなく、また両親は育て方も心得違い少なからず候えば、幼年よりの不行跡遂に習わしとなり候事、すなわち風俗をも乱す程にあいなり候間、町内にて教えを主どるは手習い師匠の者にこれあるべし。筆道のみならず風俗を正し、礼義を守り、忠孝を教え申すべき事肝要と心得申すべく候。文字認め候程の者は、自然物読み候事も出来るものなれば、御高札は文段、御触事または庭訓もの、そのほか「実語教」「大小学」、女は今川を始め女孝経の類、筆道の傍らに教え申すべく候。すべて人情は両親文盲・不束《ふつつか》の者にても、自分の子はよかれかしと存ぜぬ者はなく、よって師道致す者は、その子供を深切に教え、仕置き厳重に候えば、その親心必ず厚く存ずべく候えば、手習い師匠致す者はからず御政道の一助ともあいなり、世間風俗の益少なからず候間、この趣篤と相弁え、神妙に教育申すべく候。

文簡なれども、また小学教育の本旨要領を得て親切丁寧のさまを見るべし。

（五八六六号、明治二六年四月七日）

師家の経済・謝儀

師家経済の事を述ぶるに先だちて、師匠たる者の身分を挙ぐること必要なり。師匠となるものは、旧幕臣・諸藩士・浪人・書家・隠居・神主・僧侶の属にて、さらぬは町人も雑《まじ》れり。この中《うち》弟子よりの収入に依頼して生活するは、書家・町人・浪人の類、家に余財ありて内職をなす者は、幕臣・藩士・隠居・神主の輩なるべし。但し幕臣・藩士にも浪人はあり、一概にはいい難し。またこのほか多年御殿に奉公したる婦女などの、その後良縁なくて寡居するものも、師匠の数に入りしことあり。そが中おかしきは、檀家のみに依頼して衣食するを得ざる寺院に住職とならん僧侶が、仏道を修むると同時に児童に師たるの覚悟をもなしたることなり。

右の如くなれば、寺子屋の生活は概して困難なりし。ことに当時の授業料は師家よりその額を定めたるにあらず。士風の余波を浴びて金銭を卑しむの心よりや来たりけん、一切弟子の意に任せたりければ、謝儀はかえって一種の喜捨に酷肖《さもに》たり。故に弟子の数には定まりあれども、さて一か月何程の収入ありと予算するあたわず。もとよりかく謝儀を定めざればこそ、売買の感情を弟子に懐かしめずして、御師匠様と敬《あが》められしもしたれ、予算の立ち難きに蒙りたる師の困難こそ弟子に衣《き》せたりし恩の価値なるべけれど、さりとて困難は実に困難なり。家禄を有する者のほかのいずれを見ても、貧しかりしは理《ことわ》りなりかし。尤も食物の贈りものすこぶる多く、春秋彼岸の牡丹餅を始めとし、上巳の節句の豆炒《まめいり》、四月八日の草餅、端午の柏餅など、時々の贈り物はいうまでもなく、平素魚類・野菜の類に至るまで、走り物なればと進められ、到来物なればと呈せられたりければ、師家はこれらをもてその家計を補い、わずかにその日を維持したるも多かりしとぞ。されど師の心を忖《はか》り見るに、大方は儒教主義を題して士はもとより窮すといい、貧は士の常というが如き語を信じ、[56]釜《ふ》竈《そう》塵を生ずれども、[57]晏如《あんじょ》として伊藤順斎が羽織を売りて、正月の餅を買いたるの[58]顰《ひん》を倣《なら》わんとし、われはかく一貧洗う如くなれども、教育の綱はわが手にありて張弛すと誇り、人才を養うをこよなき楽しみとして、斯道に従事したりけらし。

さて「山の手にありて二百の弟子を持たんよりは、下町にありて五十の生徒を養う方豊かなりし」と、その頃の事情に通ぜる者はいう。「何故にや」と問うに、「下町は謝儀の高に不同なく、平素の贈り物も多ければ、ここにて五十名の弟子持たんは、秩禄十石の株を有するに同じければ」とその人答えぬ。されば師家の生活は生徒の多少よりも、土地の肥瘠《ひせき》に多くの関係を有したりけん。「沃土[59]におれば逸し、瘠土におれば疲《や》す」といいたるも宜《むべ》なり。

町家の謝儀は五節句に集まり、藩邸または幕臣らの謝儀は盆暮に来たりぬ。このほか臨時の集銭は区々《まちまち》にて、多寡もまた一ようならず。左に町家の謝儀を示す。

最上　金百疋(金一分)
上　金五十疋(金二朱)
中　金一朱

下　銭二百文ないし三百文位

総《すべ》て謝儀あるいは祝儀など称して納むる金銭は、これ目録といい、糊入れ紙に包み、(60)水引を施し盆に載せ、帛紗《ふくさ》を覆い、欠礼なきように注意せり。謝儀のほかに入学の束修というものあり。これは五節句の謝儀に準じて、さらに菓子折あるいは扇子などを添えたり。また席書き・書初のときも五節句の謝儀に準じ、最上金一分より銭二百文までを納めき。当日は赤飯・汁粉などを師家より与うる例にて、その費用はこの収入より負担すること勿論なれども、土地柄によりては師の費用を省かんとの厚意に出で、謝儀のほかに赤飯・煮染ものなどを贈るもあり。また書初には福引に用うる筆墨紙・凧・鞠などの物品を寄付するもありて、収入丸儲けの師家もあれど、これらは山の手には曽《かつ》てなき例なりとぞ。

七月盂蘭盆《うらぼん》には中元の御祝儀と称し、素麺・砂糖などを贈るを例となり。年暮《ねんぼ》には鏡餅一備えに鮭・鱈、もしくは目録を添えたり。中元・歳暮の素麺・砂糖・鏡餅は下町・山の手の別なく、生徒一人に付き一個を納むべき例なりければ、弟子の多き師家の収入甚だ多く、順斎ならぬ師は暮れに餅搗かで、餅山の如くなりき。

このほか毎月天神講・月並銭などと称し、生徒一般より銭を徴集したる向きもありき。天神講とは、毎月二十五日教場の傍らに天満宮の幅を掲げ、十六文より二十四文・三十二文の賽銭を受けたり。月並銭は、晦日に同じ額の銭を徴集す。但し天神講の挙《きょ》ある師家には晦日銭の例なし。

右のほか例年一回畳銭・炭銭の徴集あり。畳料は、六月これを徴集し、銭二百文より三百文の定めなれど、一朱より二朱までを納めたる族《やから》もあり。これらは最上等の者なり。また炭銭は、十月夷講前に徴集し、夷講より火鉢を出し、生徒交わる交わる手を暖めたり。これらも上流の生徒は銭を納めず、現品にて五俵・十俵と月々［十月より二月まで］納めたるもあり。

場所に依りては、生徒の父兄贈り物に競争し、かなたは縮緬《ちりめん》の座布団を贈りたりと聞けば、われは八丈の被布《ひふ》を仕立てて贈るなどの事ありて、思わざる福《さいわい》うくる師匠もありき。これに反して藩邸・幕臣の師は盆暮の二期に一分より一朱までの謝儀にて教授し、畳銭・炭銭のほか臨時に徴集することもなかりし。これらは家禄ありて家計に不足なかりければなり。

以上は普通の子弟が納むる謝儀に過ぎず。貧民の町に建てる寺子屋は、謝儀を受くること最も少なきがため、特に制を設けて日掛け四文を納めしとぞ。この四文の銭よく貧家の子女をして文盲に陥らざらしめたるは、実に三千世界の宝なりけり。あるいはいう、江戸の町民は大坂・神戸などの町民に比して文字を知るもの多しと。これ幕廷の下にありて寺子屋の制のおのずから発達せしにもよるべく、もししかりとせば、これらの貧民にさえ教育の及べるなどをその一端となすべきにか。

（五八六七号、明治二六年四月八日）

花見

往昔《むかし》は今時《いまどき》の如く春秋に運動会などの催しこそなけれ、例年弥生の花の咲くころには、上野に、向島に、飛鳥山に、思い思いの花見をなしき。但しこは山の手辺に貧しき子女を取り扱う師家にはあらぬ例にて、いずれも下町の師家に限れりとかや。されば花見の催しは二月下旬より準備に掛り、当日は男女とも春の衣服は区々《まちまち》なれど、揃いの手拭を襟首に巻き、いずれも麻裏草履《ぞうり》を穿《うが》ち、女子は揃いの日傘翳《かざ》して、時を期して師家に集まり、朝四つ時（午前一〇時頃）より志す方へと押しいだす。その行列は今時の運動会の如くには整頓せざれど、真っ先きには何々堂と筆太に書き下《おろ》したる木綿の白旗を春風に吹き流し、男子を先に女子を後ろに練り出すさまいじらしく、この日師匠の扮装《いでたち》は、小紋の股引尻引き搦《から》げ、丸羽織を着して後殿《しんがり》に立ち、両掛《りょうかけ》二荷に(61)行厨《こうちゅう》を収めたるを、雇いの小者に担わせ、甚だしきはその細君ともろとも、町内の踊の師匠・常磐津《ときわず》の師匠などに三味線引きかつぎて後陣に連ならしめ、意気揚々と弥生の空を縫い行くもありき。その花の下に終日、戯れ遊びて、果ては鬼ごっこ、子をとろなどに、追いつ追われつ、男女入り乱れて(62)絃語にざんざめけるさまの坐《そぞ》ろ想いやられ、生徒らが頭の上の花ならぬ蕾なるこそ、せめてもの頼みなりけれ。されども師は流石《さすが》にその(63)内冑《うちかぶと》を生徒に見透かさるることを戒め、生徒もまた師の面前には慎む所ありとせば、花見はかえって師弟融和の媒《なかだち》ともなりやしけん。さて帰りはやがて黄昏《たそがれ》に及びければ、花見後は一日、二日の休みを与えぬ。ちなみにいう、当日は酒・煮染・菓子・弁当などいずれも弟子の家の贈りものならぬはなかりき。

寺子屋の衰微

花見の催しに寺子屋の全盛を極めしは、安政の末年までなり。想うにその催しの寂しくなりし時は、寺子屋衰微の徴《きざ》し見えし程なるべし。文久より元治に至りては世間何となく騒がしく、物価さえ次第に騰貴しければ、花見の事もここに絶え、ことには諸藩江戸詰めの士も追々国勝手となりて、武備日増しに盛んなりければ、寺子屋はまず幕臣・諸藩邸より衰え初め、遂に慶応に至りて町家《ちょうか》にも及ぼし、学制乱れて弟子の風儀うつろい行き、生徒の入学・退学にも昔は父兄これを伴い、または朋友に托し、あるいは雇い人に付き添わせて師に請い、その許しを得たりしも、今はこの挨拶にとて来るもの十人に一人となり、甚だしきは今日《こんにち》より退《さが》りますとの一言捨て置きて、帰りがけに机を持ち出で、あるいは朋友に托してその運びをおえしめ、父兄は勿論生徒さえ面《つら》出しせざる族《やから》もあり。あるいは一言の断りもなく机を担《かた》げ去りしなど、風儀紊《みだ》れて、(64)師の門前には遠からず雀羅《じゃくら》を張るべくぞ思われし。

兎角して明治の初年となりぬ。幕臣・藩士など寺子屋を営むものの炊く烟《けむ》り細りて、遂には戸を鎖《とざ》せし者、昨日も二人、今日も三人の世とはなりけり。

後、明治五年(一八七二)学制(65)仰せ出だされ、寺子屋を廃止せんとする折から、当時の府知事大久保一翁は、「諸国近在の寺子屋はそれぞれ田畑の所有ありて、一時生活に差し支えなきも、市中の寺子屋は年来この業を営みて生活せし者なれば、突然廃しなば路頭にや迷わん」とて、暫く従前のままに据え置き、その後、種々の変遷を経しが、目下在来の寺子屋にて私立学校を営む者府下に数百軒あり。なかんずく檜物町《ひものちょう》の千葉学校は延享二年(一七四五)の創立、堀江町の花形学校は寛政元年(一七八九)の創立に係り、師の子孫今に教師の任を負えりという。

名ある師家

寺子屋の盛んなりし頃、師家の夥《おおく》ある中《うち》に、高名なりしものを左に掲ぐ。尤もその中には能書にて聞えたるもあり、門弟多きを以て名あるもあり、旧家なるがために誉れあるもありて、一ようならざれども、しばらく故老より伝聞のままを記す。

芝浜松町　　芝泉堂

溝口流にて一派をなし、二代にして業を絶ちたり。しかれどもこの門人中師家をなす者すこぶる多かりし。

教場広闊にして門弟すこぶる多く、後、師家をなす者芝泉堂に譲らざりしと。

三番町　土肥文谷

天保年間幕府より褒賜せられぬ。けだし門弟の風儀尤も善良なるを以てなりとぞ。

下谷上下　五松《ごまつ》某

俗に雷師匠と称し、これまた五松と同時に褒賜せられたり。

佐内町　柳華堂

天保の頃隆盛なりし師家にして、楼上の教場のみにて、その闊《ひろ》さ五十余畳敷なりしと。

牛込神楽坂　岩田芙山

芝泉派にして(66)錚々《そうそう》の聞えあり。嘉永・天保間最も隆盛を極めたり。

浅草代地　林泉堂

林泉堂と同じく隆盛を極め、浅草黒舟町の坂井と一家なり。

浅草三筋町　坂井某

(67)青蓮院宮《しょうれんいんのみや》御直門にして、文化年間より隆盛となり、文久年間に及ぶ。

芝西広寺町　深海堂

深海堂と同じく、かつ能書の聞えあり。

小石川白山　梅沢台陽

京橋滝山町　殿　岡　某

何年頃の創立にや、旧家を以て称せられ、十三代継続し文久年間まで盛んなりし。

（五八六八号、明治二六年四月九日）

三拾三間堂の由緒〈続編〉

徳川氏の江戸には、浅草に三拾三間堂なるものありき。こは弓術の競技場ともいうべきものにして、当時御弓の射手《いて》衆あい集まりて射《しゃ》を習いたる処なり。しかれども、この三拾三間堂は官設にあらずして私立なり。幕府はこの私立の三拾三間堂を保護救助すること浅からざりき。けだしもと尚武の風を保存し、治にいて乱を忘れざる趣意よりしかりしか。今この三拾三間堂の由来を尋ぬるに、両替町に弓屋備後というものあり。射場を設くるの企てを起こし、松平加賀守〈忠晴《ただはる》・大番頭兼奏者番〉を経て幕府に出願し、浅草に屋敷を賜い、寛永十九年(一六四二)を以て始めてこの堂を起こすに至れり。当時境屋久右衛門なるもの千五百両の請負にて建築せりという。しかるに弓屋備後はここに御弓の射手衆を集めて箭代《やだい》などを収むるに拘わらず、久右衛門に建築費を支払わず。正保元年(一六四四)久右衛門の訴えにより、評定所において再応詮義の上、当屋敷とも境屋久右衛門に下さるべき旨申し渡され、爾来境屋久右衛門の所管となれり。

この三拾三間堂に入りて射を試むるもの、何程の費用を払いたるやは、もとより時代によりて異なるべきも、しばらく寛文十年(一六七〇)の条目を左に掲ぐ。

定

一、白銀　五枚　堂銀
一、同　六枚　箭検見
一、鳥目　壱貫文　燈明代
一、同　壱貫文　棚銭
右の通り矢数致され候ものより遣わさるべきもの也。
一、鳥目　壱貫文　板代
一、同　壱貫文　箭検見代
一、同　壱貫文　札代
右の通り堂前稽古の方より出ださるべく候。勿論守《もり》へ断りこれあるべく候。縁の上より芝矢一切射るべからざるもの也。

右の趣御奉行より御下知《げち》候間、違背これあるべからざるもの也。

幕府がいかにこの三拾三間堂を保護したるやは、爾後修復の都度下賜金の少なからざりしを以て知るべきなり。今これを列記すれば、
一、明暦三年(一六五七)修復料として　銀子百貫目
一、同　四年同断にて　金子千両
一、延宝八年(一六八〇)同断にて　金子百六十両
一、貞享三年(一六八六)御普請方へ仰せ付けられ御修復なし下さる。

一、元禄六年（一六九三）修復料として　金五百両
一、元禄十一年類焼に付き再興出願したる処、深川八幡近処にて代地下され、材木三千六百本・掛け縁榑木《くれき》六百挺下され候。
一、元禄十二年深川にて地面拝領し、諸入費は諸大名へ勧め金を割り付けて徴集せり。その割合左の如し。
一、金五両　　壱万石ないし弐万九千九百石
一、金七両　　三万石ないし四万九千九百石
一、金拾三両　五万石より九万九千九百石
一、金二十両　十万石より十四万九千九百石
一、金三十両　十五万石より十九万九千九百石
一、金四十両　弐十万石より二十四万九千九百石
一、金五十両　弐十五万石より二十九万九千九百石
一、金六十両　三十万石より三十九万九千九百石
一、金八十両　四十万石より四十九万九千九百石
勧め金都合三千五百四十三両
右にて元禄十四年に至り堂の普請落成せり。
一、元禄十六年大地震修復出願、宝永七年（一七一〇）に至り修復料銀子五百枚、榑

木二千挺下賜。

一、正徳三年(一七一三)大火のとき類焼に付き、先例により材木千三百三十四本、御榑木壱万挺下し置かれ、諸入費は先例の通り諸大名より勤め金を集めて支弁せり。

勤め金三千五百二十八両　但し乾金也

右は三拾三間堂創立以来享保十年(一七二五)に至るまでの来歴なり。

(五九六八号、明治二六年八月二五日)

勧進能

勧進能は、徳川家関東に遷《うつ》られし後、慶長十二年(一六〇七)始めて本丸と西丸との間に桟敷を設け、観世《かんぜ》・今春《こんぱる》をして四日間その技《ぎ》を演ぜしめて、上覧ありたるに創《はじ》まる。当時諸大名いずれも設けの桟敷にて陪覧仰せ付けられ、陪覧者は桟敷一間に付き永楽銭一貫文を差し出すべき旨を達せられたれば、四日間の興行にて永楽銭百二十貫文を醵《きょ》し得たりという。旧記によれば当時観世・今春の両太夫はひそかにこの桟敷料の少額なるに不満を懐《いだ》き、「ヤヤコ踊り見候てもさように御座候、外聞迷惑なり」と呟きたりとなん。ヤヤコ踊りとは、お国歌舞伎の類をいうにて、かくばかり少許《しょうきょ》の金は、ヤヤコ踊りにても得らるべきをと、ひそかに怨《えん》じたるなり。しかれども後世に至りて、勧進能という半官半民的の興行を市中に開きて、巨額の金額を一時に醵し得たるは、ただこの慶長年間の上覧能に基因することを思えば、かの両太夫も地下に愧《はじ》らうことなきやいかに。

勧進能に二種あり。一は一世一代勧進能というもの、一は御免能というものこれなり。一世一代勧進能は、太夫が畢生の技倆を顕さんとする晴れの興行にて、一代に一度行うに過ぎず。諸大名は勧進物を寄贈し、市中よりは勧進銭を徴集して寄贈す。さるが故に一世一代能は、その筋へ願い済みの上ならでは興行することあたわず。江戸にて一代勧進能の興行ありしは、徳川十五代のうちわずかに八回なり。左の如し。

慶長十二年(一六〇七)　観世・今春、城内に興行す。
元和二年(一六一六)　観世、幸橋外にて興行す(久保町原なり)。
明暦二年(一六五六)　同氏、筋違《すじかい》橋外において興行す(加賀原なり)。
貞享四年(一六八七)　宝生、本所において興行す(両国垢離場か)。
寛延二年(一七四九)　観世、筋違橋外にて興行す。
文化二年(一八〇五)　同氏、幸橋外において興行す。
天保二年(一八三一)　同氏、同所において興行す。
嘉永元年(一八四八)　宝生、筋違橋外において興行す。

寛延二年に観世太夫の興行せし一代勧進能は、その前年あらかじめ免許を得て、日本橋・浅草橋・新橋・芝札の辻・麹町札の辻、五か所の木戸へ札を掲げたり。その文左の如し。

来たる午年三月神田筋違橋外明地において観世太夫勧進能これあり候間、望みの者は罷り越し見物致すべきもの也。
　　巳十二月

この文は、往昔鞍馬寺の勧進聖の建てし古例によれるものと伝うれど、少しく不相当の文言ありとて、明暦《和》年間よりは左の如く文面を改め、五か所高札場の傍らに竹の駒寄せを造り、その中に札を建つることとなり、その後はさらに駒寄せをも廃して、町木戸の柱に釘着けになせるもありたり。

来たる四日より神田筋違橋外において、観世太夫勧進能御座候。御望みの方御見物なさるべく候也。

通常の御免能は、前《べつ》に願い出ずるに及ばず、ただ町年寄へ届け出ずるのみにて興行することを得たるが故に、両三年に一回は行われたるなり。勧進能興行の場所は、その一世一代能たると、御免能なるとを問わず、いずれも加賀ッ原とか久保町原とかの曠地を選みたるにて、その場域《じょういき》は四千百三十坪を占め、四方を板囲いとなし、これに鼠木戸二か所・大名門二か所のほか、下桟敷門・使者門・楽屋門各一か所を設け、鼠木戸の間には太鼓櫓を上げ、これに紫色紋付の絹幕を打ち廻し、鳥毛の槍十本を飾れり。場内には中央に舞台を設く。舞台は三間四方の白木造りにて、橋掛りは長さ十二間、幅九尺あり。左右に稚松《わかまつ》を植えたり。舞台の正面を距《さ》ること二十二間にして桟敷を設け、桟敷と舞台の間には薄縁敷き詰めて、入り込み場となし、桟敷は二階桟敷と下桟敷との二種にして、二階を松の桟敷と唱え、万石以上諸大名の席とし、下を竹の桟敷と称し、万石以下諸士の席とす。桟敷の広さは間口一間に奥行三間にて、三方に折り廻し間数七十九間《ま》あり。このほかいずれも畳を敷けり。入り込み場は三百五十坪にて、日割り見物の町人席なり。このほか舞台の両腋《りょうわき》に畳場と称《とな》うる一席あり。二百六十坪を占む。こは御用達町人などの見物する所とす。しかして舞台の後部は総楽屋なり。家根はいずれも柿葺《こけらぶ》きなり。

能興行の日限は、晴天四日を限りとしたりしが、寛延以降は晴天十五日となり、開場前町年寄は左の如き文言にて各町の名主に達す。名主はこれを受けてさらに町内に触れ示す。

一、このたび観世太夫勧進能興行これあるに付き日割りの通り見物致すべき事。

一、今月七日より観世太夫勧進能これあり候に付き、町中火の用心随分念を入れ仕るべき事。

一、浄瑠璃・放下《ほうか》そのほか見世もの、能これある内一切仕るまじき事。

一、能もしあい延び候わば聞き合わせ、能御座候節は何時にてもあい止め申すべき旨町中の者へ申し渡すべき事。

右文中浄瑠璃・放下の類禁じたるは、府内一般にあらずして、ただ能興行付近の地において差し止めたるに過ぎずという。さりとて一の遊戯を催すがために、他の遊戯を禁ずるとは奇怪《きっかい》の極というべし。

右町年寄の達しに接するときは、名主は左の如き請書を出だせり。

差し上げ申す手形の事

一、今月何日より…………

一、浄瑠璃……………………

一、能もし…………………………

右の趣慥《たし》かに承り、急度《きっと》町中へ申し渡すべく候。もしあい背き申し候わば、いかようにも仰せ付けらるべく候。後日のため名主・月行事《がちぎょうじ》手形仕り差し上げ申し候。依て件の如し。

年号月日

（五七三六号、明治二五年一〇月二六日）

一代勧進能あるときは、見物すると否とに拘わらず、諸大名・諸役人は必ず勧進物と称して贈り物するを常とす。贈り物はもとより家の大小格式によりて次第あれど、その品は白銀・巻物などへ干鯛など添ゆるなり。たとえば前田家よりは銀百枚・絹十疋・鰑《するめ》一折を贈れば、その他の大藩にては銀三十枚を贈り、旗本諸士に至りては三十枚以下十枚までを贈り、小身軽輩に至っては五人あるいは六人共同して二百疋を贈るものありて、太夫などは少なからざる贈り物を受くることなり。しかれどもかくの如きは一代能の場合に限るにて、通常の御免能には必ず諸大名以下より勧進物贈るべき定めもなかりしが、独り江戸市中の町人全体より贈りたる勧進銭は、一代能たると通常勧進能たるに論なく、必ず醵出して贈与したり。しかして勧進銭の金額は三千両の定めにして、府内小間《こま》割りに応じて醵出せり。

明暦二年六月観世太夫一世一代興行のとき、諸大名より贈られたる品物の総額を聞くに、銀千六百二枚・紗綾二十五巻・羽二重二疋・絹十三疋・舞扇七本・生鯛二折・干鯛十三箱と二百五十三折・鯔《ぼら》一折なりしという。

栈敷及び入り込み場の入場料は、時代によりて高低の別あり。寛延年間までは上《かみ》の栈敷(諸大名席)一間に付き銀五枚、下《しも》の栈敷(旗本席)銀三枚の定めなりしが、その後は上栈敷銀三枚となり、下の栈敷二枚となれり。入り込み場の如きは、一人に付き銀三匁なりしを、寛延以後は興行当日より七日過ぐれば、一匁を銭五十文に換算し、三匁と称するもわずかに百五十文の銭にて安売りしたりという。

見物人は、武家・町人を問わず、上下《かみしも》か羽織袴にあらざれば許さざりしが、寛延以後には羽織のみにても入場するを得たり。但し冠《かむり》ものは婦女子のほか許さず。興行の太夫は一代能と通常能との別なく、上大名より下町人に至るまで、菓子・酒饌を出して饗応せり。但し町人にして酒饌を受くるものは、日割りを以て見物するものに限り、その他の見物人には供せず。日割りを以て見物するものとは、始め太夫元より一町内へ畳札三枚・入り込み札三十枚を配布し置き、町内の名主を始め家主《いえぬし》・家持の輩をして特に見物せしむるの趣向なり。しかして一日百か町ずつ入場せしめたり。これかの三千両の勧進銭に対する報酬なりしなり。

入場札は紙製にして、これに草木の葉を漉き込み、日々その用紙と印章とを変換したれば、十五日の興行に十五種の紙札を用いたり。しかれども嘉永以降は双鶴《そうかく》の絵様ある紙札へ、印章五顆《か》を捺せしものを用い、日々変更すること止みたり。

勧進能は半官半民的の興行にして、大名以下の勧進物も多く、市中よりは三千両という巨額の贈遺もありたれば、これのみにて既に収支あい償わざる憂いもなかりしならんといえども、寛延以後その価三匁、すなわち五百文ばかりなるを、わずかに百五十文に減じて入場札を売り出したるを看れば、その入り込み場の観客は、常に大入りにもあらざりしかと想わる。しかれども降って嘉永年間九月の興行の如きはすこぶる大入りなりしものと見え、ある古老の備忘録に左の如く記せり。

今日（1）石橋《しゃっきょう》これあるに付き、見物も大勢にて込み合い申すべくと存じ、仁左衛門・十郎兵衛と申し合わせ、夜八つ半時（午前三時頃）に宅を出で、場所へ罷り越し候処、案の如く夜の内より段々見物詰め掛け申し候。松竹の桟敷一と間も明き申さず、畳札場も明き間これなく、入り込み札場も残らずふさがり申し候。見物人およそ一万人余りもこれあるべくと、座元役人衆申しおり候。茶を売り候者担い桶にて三十八荷程売り候由、薬缶《やかん》に茶を入れ候分は一度八十銅にて売り捌け候由、近来珍らしき事に候。今日の見物は（2）道成寺の節よりおびただしき人数にこれあり候。昼少し過ぎ左の方三十四間帝鑑の間御方がた、寄合の桟敷に御主人方御一人も御出でなく、御留守居衆そのほか家中の方がた見物致しおり候処、桟敷垂木掛けの貫折れ候て落ち申し候。しかれどもこの下に屏風箱これあり候故、一人も怪我致し候者これなく候。云々。

（五七三七号、明治二五年一〇月二七日）

富籤興行

富籤《とみくじ》は元禄二年（一六八九・五代将軍の代）に起こりしといえども、当時の富籤なるものはいかなる制にてありしやを詳らかにせず。想うにもと正保年間（三代将軍の代）より延宝・天和の頃まで三、四十年間行われたる無尽・憑子講《たのもしこう》より変遷し来たれるものと知らる。しかるに幕府はこれを有害なるものと断定したりけん。元禄五年に至りて町奉行より左の町触を以てこれを禁制せり。

町中にて富籤講と名付け、あるいは百人講と申し大勢人集めを致し、博奕《ばくち》がましき儀仕り候由あい聞こえ不届きに候。向後さようの儀一切仕るまじく候。もしあい背き博奕に似寄りたる儀仕る者これあるにおいては、本人は申すに及ばず、名主・家《いえ》主《ぬし》まで曲事《くせごと》に申し付くべき者也。

富籤興行のことはここに一蹉跌《さてつ》(1)を速《まね》きたるも、禁網《きんもう》(2)の寛なる時代とて、その後幾《いくばく》もなく再発し、翌元禄六年の頃より福引・福富・大黒講・大黒突き・ケントク・天狗憑子などいえる異名を称えて興行するもの多く、後には武家・商家の差別なく自宅に人を聚《あつ》めて鬮《くじ》を振り、取り抜け無尽の如き方法もて若干の金額を集配せり。その後享保十五年（一七三〇）に至りて、京都仁和寺(3)門跡の屋形修復の助力として、音羽護国寺に富籤興行せんことを出願せしに、三か年を限り正・五・九月の三回に興行することを許可せられたり。次いで享保十七年には南都興福寺の修理助力と称し、浅草観音堂において同じく一年三回の興行許可を得たり。両所ともに非常の繁昌を極めしより、さらに延期を出願し、加うるに年六回の興行を許可せられ、爾来ますます富興行の流行を来たし、安永・天明の間に馴致しては、往々その弊害もありけるにや、寛政二年(一七九〇)に至りて幕府は大いにこれに制裁を加え、寺社の徒において従来出願許可の上興行する富籤は、一年三回を限ることとし、出願中のものは追って沙汰すべき旨を達して、新たに富籤興行の許可を与えざりき。しかれどもその後またまた弛《ゆる》み来たりて、寛政十年には既に数十か所の富籤興行あるに及び、文化年間に至りて汪盛を極め、富札の仲買さえ出で来たり、(4)影富《かげとみ》というモグリ籤も行わるることとなれり。

文化八年(一八一一)五月二十七日の町触を看るに、

富突きと名付け、博奕がましき儀致すまじき旨、前々よりあい触れ候処、近頃谷中天王寺・湯島天神・目黒不動において影富と名付け、札売り出し、不富の中より番類を用い、金銀などあい渡し候者これあり、不届きの至りに付き、富札売り候者、仲買請け候者ども、この度吟味の上、御仕置き申し付くべく候えども、なおまた右体の者これあるにおいては、急度申し付くべく候条、下々まで心得違いこれなきよう申し渡すべく候者也。

文化十四年には、時の町奉行永田備後守〈正道〉は一篇の建言を上《たてまつ》りて、大いに富籤のことを論じたり。その大意は、富籤興行のことたるこれを細民に禁ずるも、かえりて旗本・御家人の間、往々富興行の行わるるもの少なからず。もしこの輩の濫行を制せざれば、到底その根を絶つあたわずとの趣旨にして、すこぶる剴切《がいせつ》(5)の議論なりしという。されどこの議遂に行われず。

文化三年寺社奉行は、富興行許可の内規を定め、寺社貧困の厚薄に従って年限と金額とを制限することとし、宮門跡(6)・大寺・大社より出願するものは、止鬮《とめくじ》金額百両を限りとし、徳川家に由緒厚き寺社には五十両とし、その他は三十両を限りとして許可を与うることとせりといえど、こは表面のことにして、その実はこの制限を守るものなく、遂に六百両の当り籤を衒《てら》いて、なお官譴を免がるるに至りしは、法令以外黙許に付《ふ》し置けるにや、あるいはまたその後寺社奉行の内規を変更したるにや、詳らかならず。この時に当たって富興行はますます汪盛を致し、文政三年(一八二〇)には十三か所の興行あり。文政八年には十八か所、天保五年(一八三四)には七十三か所の興行あるに至れり。

文政の末天保の始めに当たりて最も繁昌を極めたる富興行は、谷中天王寺・湯島天神・目黒不動の三か所なり。世これを呼んで三富と称せり。その前この三か所は、影富なりしを、この頃は既に公許を得て毎月二度ずつ興行せり。その他浅草蔵前の八幡社内・同所閻魔堂・団子天王・茅町の第六天・両国回向院・新川太神宮・芝愛宕の境内・

西の久保八幡社内・麻布善福寺・本銀町白旗稲荷・杉の森稲荷・下谷六阿弥陀・白山権現・根津権現・麴町平河天神・茅場町薬師堂の如きは、影富にて繁昌したるものなり。

（五七三四号、明治二五年一〇月二三日）

湯島・谷中・目黒の三富は、札の価《あたい》一枚に付き二朱なりし。「二朱持ったら飛んできな、湯島の富は六百両」の俚諺《ことわざ》ありしにても知るべし。その他七十余か所の影富に至りては、札の価一定ならず。あるいは四百文もあり、あるいは五、六百文もあり。しかして一枚の札を数人合同《もやい》にて買い受くることを得たるが故に、その日稼ぎの者もわずかに十文・二十文の銭もて加入し、いでや当たらば平生未だ手にも触れざる金額の重みをも試みん。よし当たらずともさして後腹《あとばら》痛まん気遣いもなしと。さてはわれもわれもと加入するもの多かりしという。一枚の札を数人にて買うには、いわゆる仲買なるものに就いてこれを謀り、仲買はそれぞれその口を記帳して、金額の充つるを待ち、富興行場より一枚の札を買い来たり、小部分の買い人には仲買よりその札の番号記したる証標を与え置くの定めなり。

富札は厚紙製にて、表《おもて》は番号を一行に記し、裏には世話人の名印を捺す。しかしてその表面の両端《りょうはし》には世話人数名の割印を赤・黒・青の三色にて捺し、興行ごとに割印を変更して贋造の弊を防げり。

さて富籤開札の当日となれば、寺社奉行は二人の小検使《しょうけんし》をして七、八名の同心を率いて臨監せしめ、世話人は羽織袴、僧侶は袈裟(神社なれば社人は肩衣)にて本堂(神社なれば拝殿)に整列す。その位次《いじ》左の如し(**図1**)。

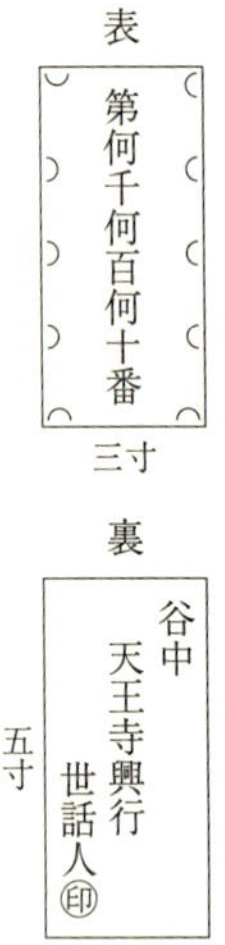

箱の大きさは、高さ三尺五寸、横二尺、幅二尺五寸にして、蓋の中央に二寸四方の一孔あり。錐を通ずるの処とす。箱内には竪四寸、幅一寸の木札に番号記したるを蓄《たくわ》う。さて数千の買い手は、今や遅しと現場に詰め掛けて、立錐の地を剰《あま》さず喧々囂々《けんけんごうごう》、ほとんど耳も聾するばかりなるが、いよいよ突手《つきて》箱前に立ち、今や錐を下して第一番目の籤を突き留めんとするに至れば、満場の群動とみに静まりて水を打つが如し。欲張り連の僥倖心《ぎょうこうしん》思いやられて可笑《おか》し。

さて、突手は柄の長さ五尺ばかりなる錐を、箱の中央なる一孔より通して札を突き当つれば、箱の左右なる手伝いは、左右より箱の蓋を持ち揚げ、錐の尖《さき》に突き留めたる札を、そのまま衆人に公示し、かつその番号を読み上ぐ。ここにおいてその幾百幾番の札が、果たして当籤《とうせん》したることを出番《でばん》張り出し場に張り出し、また札売場に通知せしむ。

札売場は富興行の近地《きんち》に数戸ありて、札を売り出し、当たり籤の人は直ちに札売場に至りて金を請け取るの都合なり。されば札売場にては落札金の内一割、あるいは一割五分を取り上ぐるの例にて、これは堂宇の修繕費に充つると称するなり。

札を突くは百度に限れり。しかして百度目を突留《つきとめ》という。湯島の富にていえば、突留の当たり高金六百両なり。その他九十九度は各々差あり。たとえば一番突きを五十両とし、一番めより九番目までを五両とし、十番目を六十両とし、十一番目より十九番目を十両とし、二十番目を三十両とするが如し。しかれども一番・十番・二十番・三十番など毎《まい》十番目の札は、ことにこれを役と称して、既定の金額より二割を増して交付する定めなり。

三富のほかなる影富に至りては、もとより公許の富にあらざるが故、その場にて別に突き札のことを行わず。三富のうち湯島とか、目黒とか、一か所の出番を以て直《すぐ》に己れの出番とするものあり。あるいはその出番の標準として、それより五番下りたるを己れの出番として算するもあり。あるいはかの大富の如くみずから札を突くもありて、一ようならざりし。

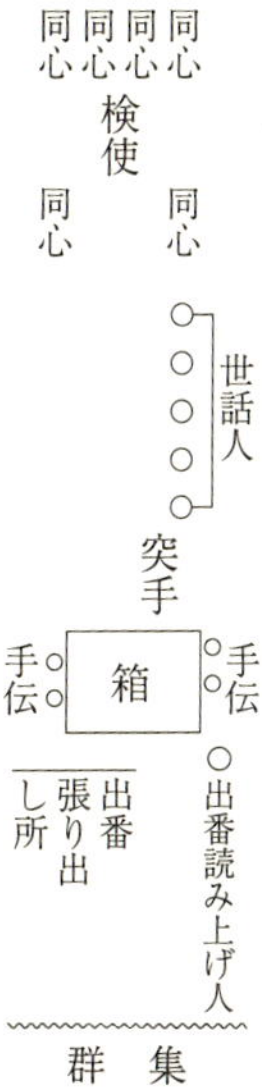

図 1

文化年間に富札仲買の起こりしことは前にも記したるが、この仲買なるものは、富興行の元方と共謀して札を買い占め置き、買い手多きときは、一朱の札もその価を倍して売り出だすことありしという。これ三富の確実なる信用を博せしより、その札の価もかくは競り上げけるにやあらん。そは兎も角も三富の札は好景気にして、貧民などの容易に買い入れ難きより、ここに影富なるもの起こり、位付《くらいづけ》・台付《だいづけ》・目安番《めやすばん》など称し、内証にて元方をするもの武家・町家に多く、大富一番札を標準に当たり札を定めて興行したり。

富興行の現場に当たり籤の果たして幾百幾十番なるやを知りて、これを瓦板《かわらばん》に起こし、直ちに市中に呼び歩行《ある》きて、お話し四文と称したるは仁太夫の部に詳記したれば〈上巻四一三頁〉、今はこれをいわず。

〈五七三五号、明治二五年一〇月二五日〉

瞽盲の社会

関東総録の起原

京都に総検校とて、瞽盲《めしい》の総管ありしことは、古来の制にして、その起原は仁明天皇の皇子人康《ひとやす》親王の中年より失明せさせられしかば、常に瞽者《こしゃ》を御座近う侍らせ給いて、検校《けんぎょう》・勾当《こうとう》の官を授けられしにありと伝うれど、こは徳川時代江戸の瞽盲社会に就いての穿鑿として要なき事なれば、しばらく省きて物せず。徳川時代に至りて、江戸に一団の瞽盲社会を起こしたるは、近く天和年間（五代将軍綱吉公）の代に創《はじ》まりしという。その頃京都の鍼治医《しんじい》入江中務《なかつかさ》の門弟に、緑の市と呼ぶ盲児あり。十二歳のとき疾患のために明《めい》を失い、初めて針医とならんことを両親に乞いて、ある座頭《ざとう》[1]に就き修業したりしが、授業の心に染まぬことありとて、幾程もなく去りて、さらに入江中務の門に入りたり。しかるに天和三年癸亥の年（一六八三）秋のころ、不図《ふと》、師の家を脱踪《だっそう》してければ、双親《ふたおや》の驚きはさらなり。入江の一家にても大いに心を配りて、そこよここよと探り求めたれど、ふつと所在の分明ならずありければ、心ならずもそのままに打ち過ぎしが、かの緑の市は何思いけん、師の家を出でしより、一意東海道をたどり下りて、江の島弁財天の別当岩本院を訪《と》い、さて請いけらく、「小奴《やつがれ》はさせる心願ありて都より下りて候うが、願うは弁財天の御社《みやしろ》にて、あわれ二十一日間の断食を執《おこな》うことを許させてんや」と、真心みえて乞い入れたり。されど岩本院の制規として、盲人の輩は断食堂に入ることを許さざる寺法なりければ、「気の毒ながら情願を容るるに由なし」とて、謝絶されたるにぞ。緑の市大いに落胆せしが、さりとて我が決心をあたら一言の謝絶に逢いて翻さんも口惜《くちお》しとおもいけん。まずその場は程よく辞謝して山門を出ずるの風を装い、ひそかに寺側の茂林中に隠れ、夜に入るに及びて本堂の床下に忍び入り、遂にここに二十一日間断食し、毎日ひそかに出でて、岩屋内の弁財天に所願を祈りいたりとなん。しかるに二十一日満願の日、岩屋の広前にてわれ知らず絶息しいたるを、人のために背負われて、別当の院に至り、少なからず手当を受けて、ここに蘇生して本《もと》の始末を物語りしに、院主もその篤志に感じたりとぞ。さて絶息のとき辺りに樹木などなかりしに、不思議にも手に松の葉を握りいたりとて、院主は手を拍って感嘆し、「松葉は鍼医の鍼《はり》に似たり、これなん和子《わこ》が後年鍼医として世に名を挙ぐるの神宣《しんせん》なめり」と奨励の言《ことば》を添えたりければ、これより緑の市は道を返して都に上り、人もて師の入江方に謝罪し、再びその門に入りて刻苦勉励し、数年にして業を卒《お》えたれば、貞享四年丁卯(一六八七)の三月に至りて、師の許しを得て、江戸に出で京橋辺に門戸を張りて、鍼治の業を開きたり。

ここにまた京橋の辺《ほと》りなる青物問屋に勘四郎というものありて、その娘せいなるもの御本丸の大奥に奉仕《とのつかえ》し、遂に常憲院殿(五代将軍〈綱吉〉)の御中老とまで昇進せしが、かつて宿下りのとき癪痛に悩みたるを、緑の市の療治にてとみに快復したるをもて、こよなくかれが技倆の凡《ぼん》ならざるを愛でいたるに、たまたま将軍(2)疝痛甚だしかりしことあり。この時せい女は緑の市を薦めまいらせ、幸いにも快癒の功を奏しければ、将軍の御喜悦斜ならず、たちまち(3)検校《けんぎょう》に取り立てられ、次でその願いによりて関東八州の瞽盲を総管すべき命を蒙り、ここに始めて(4)総録と称することの出で来たれりと伝う。今の世になお鍼治・按摩の徒が、杉山流の元祖として杉山検校の総録として(5)欽仰《きんぎょう》するものは、すなわちこの緑の市の事なりけり。

ちなみに記す。杉山検校、五代将軍の(6)寵眷《ちょうけん》を蒙りたるとき、将軍「その方何かほしきものはなきや」と問われたれば、検校答えて「さして欲しきもの候わねど、折りにふれてはただ一ツ目が欲しく候」と申し上ぐれば、さもあらんとて、本所《ほんじょ》一ツ目の地千坪を居邸として下賜されたりとぞ。実にこれ元禄二年(一六八九)のことにして、爾来これを総録屋敷と称したり。されどもその内五百三十坪を居邸とし、余地は人に貸し与えなどしたりという。

杉山検校は、総録屋敷の隣地に江の島弁財天を勧請し、毎年二月十六日を以て府内の検校を集め、内陣において琵琶の会を開くの例なりしが、そは独り弁財天に奉納するのみにあらで、かの瞽盲の遠祖なる人康親王をも併せ祭る意なりと伝う。今本所一ツ目に鎮座まします弁天はこれなり。

(五六七五号、明治二五年八月七日)

かれらの任官・職名

瞽盲《めしい》の官名は左の如し。

一、検校《けんぎょう》

検校の中、一老と称する最上級より、十老と称するものまで十階級の別あり。礼服は天台宗の紫衣(袈裟を用いず)にして、燕尾という天台宗の帽子を冠り、杖は(7)鳩目黒塗りにして、丁形のものを用う。

一、(8)勾当《こうとう》

一段より八段に至る階級あり。礼服は(9)直綴《じきとつ》、帽子は(10)ゴトウと称するものを用う。杖は(11)片四目《かたしもく》黒塗り┐形のものを用う。

一、座頭《ざとう》

数階級ありて、礼服は絹布の(12)長絹《ちょうけん》というものを用う。帽子なし。杖は塗り杖とて─形のものを用う。

一、紫分《しぶん》

数階級あり。紫分とは何の義たるを詳らかにせず。礼服は麻の長絹を用う。帽子なし。杖は座頭に同じ。

一、市名《いちな》

市名は何の市と称することを得るもの。これにも数階級あり。礼服は通常の袴を穿《うが》ち、帽子を用いず。杖は木地にて○―形を用う。

一、都《はん》

何の都と称するものにて、数階級あり。都を「ハン」と訓ずること詳らかならず。礼服は袴にして冠を用いず。杖は木地にて―形なり。

一、無官の按摩

按摩は無官なれど、これらのもの昇等して都以上に登るなれば、ここに列記す。その服は別に礼服なく袴も用いず。杖は木地にて―形を用う。

右の如く検校に十老あり、勾当に八段あり、その他座頭・紫分・市名・都に至りては、階級の数詳らかならざれども、各数多《すうた》の階級ありて、その数最下の都より最上の検校に至るまで七十三段ありしといえば、随分繁雑なりしものと見ゆ。また昇進法も逓次《ていじ》七十三段を経過するにあらざれば、最上の検校たることを得ずして、各段の昇進とても一年あるいは三年、甚だしきは七年の期限ありしが故に、正当の順序を踏めば生涯最上級に達するの望みなきに似たり。されど実際においては市名以上のものにして、一時巨金を投じだにせば、一躍超階して直ちに検校たることを得たりしなり。

総録と称するは、職名にして官名にあらず。すなわち検校の中より抜擢せられ、関東八州の取り締まりに任ずる職名なり。かつて杉山検校総録となりて世を去りしより以来は、諸検校の中新古の序順に随い、三年交替にてこの職に当たるの例なりしが、総録の職におるものは、その居第《きょだい》のいずれにあるに拘わらず、毎日本所一ツ目の役所に出勤したりとぞ。

天保年間の調べによれば、江戸における検校の数は六十八人にして、勾当六十七人、座頭百七十人、市名三百五、六十人ありしという。都以下按摩の類に至りては、今これを知るに由なし。

さて右の諸官名は、京都久我《こが》大納言より免許状を与えしものにて、その公文は左の如し。

何々検校［または勾当・紫分・市名・都］と名乗るべき者也。

何　誰

年号月日

久我大納言㊞

官を受けんと欲するものは、まずその旨を総録に願い出で、官金を上納す。総録はこれを取り次ぎて京師に送達し、久我家よりはその辞令書（前記の公文）を総録方に下付し、総録またこれを本人に交付すること、元禄以来の例《れい》なり。されば関東の瞽盲社会は、いわゆる座頭の京登りという煩わしき手数もなかりしとなり。世に立ちて功名を博すべき望み絶えたる盲人社会にありては、官を取るの一事こそ終世の名誉にして、一旦官位を受くれば、その位置次第によりて大名の御殿にも登り、千代田城の大奥にも出入りすることを得たるのみか、実入りさえしたがって多かりければ、あい競うてこの道より駆け抜けんと勉めたるも、無理ならぬことぞかし。さて右のいわゆる官位は朝廷より授けらるる官爵の類と全くその性質を異にし、金にて買い取るを得たるものにて、その定額の大略は左の如し。

都　金一分にて始めて都の初級を得、逐次昇登して都の最上に至るまでには金四両を要す。

市名　金二分に始まり市名の最上級に達するまでに金六両を要す。

紫分　金一両一分に始まり紫分の最上級に至るまでに金八両を要す。

座頭
勾当
検校　｝この三官の授官金等差詳らかならず。要するに都より検校の最上級に至るまで金七百十九両を要すという。

右の如く紫分までは、その価賤《やす》きをもて、さして得難きにあらざるべきも、座頭以上に至りては、また容易のことにあらざりしならん。ここにおいてかれらは幕府の保護により、官金積立を名として高利貸し(高利貸しのことは後に詳らかにす)を事としたるなり。

検校・勾当の授官こそ多数の候補者もなかりけれ。その他紫分以下に至りては、年々これを受けんとするもの全国に通じて随分多かりしよしなれば、久我家にて収納する売官金も少なからぬ金額に上りしなるべし。されどもこの金額は久我家にて独占したるにはあらず。年末を期として、その年の収金を全国幾多の検校・勾当・座頭・紫分・市名の等級に応じて配当したりといえば、一旦金を納めて市名以上の官を取りたるものは年々幾分ずつの割り返しを受くるに異ならざりしが、この割り返しは検校にて三石、市名にて三合の定額にして、一両に付き三石の相場を以て金に換算したれば、検校にてもただわずかに一両を得たるのみなりといえば、この割り返しはやはり名のみにて、官金の多くは久我家の懐を暖めたりと知られぬ。

総録の職権

総録は、関八州における検校以下都に至るまでの有官者を始めとして、無官の按摩(按摩の中にも都・市名の有官者ありと知るべし)、その他盲人にて遊芸など営業するものの一切を支配し、邸内に役所を設けて、これに手代(目明きの)十余人を置き、幕府の布令を配下に通達し、配下盲人同士の公事《くじ》を勘解《かんかい》(13)し、盗賊を除き、賭博・喧嘩などの罪は町奉行の手を仮《か》らずして、みずから裁判し、罪あるものは自家の座敷牢に禁錮したりといえば、その社会にありて多少懲罰の権をも有したること明らかなり。禁錮は一か月より一か年の差あり。禁錮の間は三度の食物も与え、夜具類も寒暑に応じて貸し与えたれど、ただ文字の教授を厳課して、懲罰の具としたりという。この教授法は町医などを雇い、毎日禁錮室に入り、指を以て字形を指し示し、一日も休暇せしめざりしとなん。

ちなみにいう、盲人の犯罪は喧嘩・博奕の類多かりしが、盲人の博奕は一種異様のものにて、その法まず甲乙二本の竹筒の中にそれぞれ十膳箸の如く細く削りたる十本の竹を入れ、この竹の先に一より十までの数を鋸目の如きキダキダに刻み、さてこの二本の竹筒を両人にて振り、甲の方一の刻み目あるものを振り出し、乙の方二つの振り出しなれば、双方合わせて三つなるが故に、奇数すなわち半の方を賭《と》したるものの勝ちとなり、丁の方の負けとするなり。(14)

総録の職権は大略右の如くなれども、往々その支配を厭《いと》いて、かれらの仲間入りをなさざりしものもありしと見え、安永・文化の両度において、この事に係る布令あること古書に見えたり。今安永五年(一七七六)十一月の布令を左に掲ぐ。

すべて百姓・町人の悴盲人に候わば、検校仲か間の弟子になり、それぞれの渡世修行致し、第一官位を心懸け候筈の処、近来検校の弟子にあいならず、琴・三味線など、鍼治・導引を渡世にいたし、あるいは仕官の身とあいなり、脇差などを帯し候類の盲人多くあいなり候趣にあい聞こえ候。以来百姓・町人の悴の盲人、琴・三味線など、鍼治・導引を渡世に致し、または武家へ抱えられ候ても、市中に住居致し候ものは勿論、主人の屋敷内に罷りあり候ても、右家芸を以て他所をもあい稼ぎ候者は、検校の支配たるべき事。

一、武家陪臣の忰の盲人にても、市中に住居いたし、琴・三味線など、鍼治・導引を渡世致し候分は、これまた検校の支配たるべき事。
但し武家出生の盲人、他日抱えられ市中に罷りあり候とも、稽古場を拵え、弟子集めなど致すまじく、もし弟子集め致し候わば、主人の方あい断わり、検校の支配うけべし。

一、百姓・町人の忰の盲人にても、琴・三味線など、鍼治・導引を以て渡世致さず、親の手前に罷りあり候のみの者、並びに武家に抱えられ、主人の屋敷または主人の在所へ引っ越し、他所の稼ぎも致さざる分は制外たるべし。

右の通りあい守るべき旨洩れざるようあい触れらるべく候。

安永五申年十一月　（五六七六号、明治二五年八月九日）

検校以下の営業

検校・勾当の営業は、鍼治・琴曲の類を専門とし、座頭以下の輩《ともがら》もまた鍼治・按摩を業とするもの、音曲を業とするものあり。いずれも各花主場《とくいば》を控え、芸術・官位の次第によりては、高貴の門・豪富の家にも出入りして、所得も多かりしかど、もとより金《かね》だにあれば、市名より超階して検校・勾当に昇ることありし例なれば、中には鍼治・琴曲の芸事に疎く、その芸もて立派なる生活を営み難きものも少なからず。この輩はすなわちかの官金なるものの貸付を業としたるなり。今貸付法の一般を記さんに、まず利子は十両一分もあり、十両一分二朱もあり。金額により借り主の信用によりて差違ありと知るべし。通常の貸し金は大抵三か月を以て返済期限とするを常とせり。されどもまた芝居茶屋・諸市場などの如き、その日限りに資本を運転する営業者に貸し出すには、その日限りに取り立つるを例とし、これを烏金《からすがね》と称したり。また貧民に貸し出す法はいずれも少額の金にて、一両の金を貸すには、始め金一分をその中より引き去り、残り金三分を渡して、これを四十日に割り分ち、日割りの金額を毎日返済せしむ。さてその借用証文はさして通常の文に異ならざれど、必ず「官金の内正《まさ》に借用」云々の言を挿《さしはさ》みたるはいかにというに、その貸金の安全にして滞り貸しなどの憂いなからんため、「官金」云々の趣意に憑《よ》りて、官の保護を受け、取り立て方の金城鉄壁となせしなるべし。顧《おも》うに私人貸借の証文を無効としたるかの足利時代の徳政は、徳川時代にも馴致《じゅんち》しけん。さなきだに貸借の訴訟は常に借《か》る者の利にして、貸す者に不利なりし世なりしが、独り瞽盲社会の貸し金(その他宮家・寺院などにもこの特別貸し金法ありしかど、今は言わず)としあれば、幕府の保護一方ならず。たとえば検校より貸し金延滞の訴訟を起こすことあれば、町奉行所は先達《さきだっ》て累積せる千の訴件を擱《お》きて、取りあえずこれを裁判し、いつも借り主を叱責《しっせき》して義務を果たさしめたり。これしかしながら瞽盲の廃疾を憫れむの趣意なりしやも知れざれども、要するに黠獪《かっかい》(15)なる検校らは、この保護に乗じて一種の功利なる金貸し者流と化しさりたるも是非なし。さてまた検校・勾当の輩とて、もとより富有の者のみにあらざめれど、その人の信用だにあれば、町人・僧侶・武家なんど、およそ貯金あるものは、競うて検校・勾当の輩にその金の融通を依頼したるをもて、貸し金の資本に欠乏することなく、これら依頼者へは二十両一歩の利子を払いて、その余を己れの所得とはなしたり。

金銭貸借上の裁判は、総録の手において処理せず、一々皆月番町奉行へ訴え出ずる制なりしかば、紫分以上にて金貸しを事とする輩は、町家《ちょうか》の住いをなさず、多くは屋敷町に住したりという。こは町家に住えば、訴訟出廷のとき五人組・家主の付き添いを要するのみならず、名主までの弁当料及び諸費を負担すべき煩いありしを避けんがためなり。

検校らが貸し金の催促、延滞者の処分などをなすには、各々その配下の配当頭《はいとうがしら》(配当頭は次に記す集金の事務を取り扱いたるものにして、身分は紫分なり)をして奔走せしめたり。されば配当頭は検校貸し金の催促掛りを以て己が半営業となしたりという。

瞽盲の貰いもの

瞽盲《めしい》社会の営業は大略右の如くなるが、上にまた種々の貰いものありて、その収入の幾分を助けたり。たとえば幕府において御法事あるか、または将軍御他界の事あるときは、必ず寺社奉行へ総録を召喚し、瞽盲社会に金銭を下賜したり。その額は時に多少の別あれども、八百貫文の下賜はその最高額なりしという。下賜金は検校以下按摩に至るまでに配当す。その他武家・町家の別なく、吉凶の事ある家にては、必ず瞽盲社会に恵与するの例にて、町家は二百文、旗本は二朱、大名は一分の相場と、それぞれに定めありければ、その集額なかなかに多かりしなるべし。この集金の事務は、配当頭の取り扱う所にして、その家には必ず五、七人の按摩を雇い置き、非人小屋頭などと交際せしめ、相互に吉凶ある家を探聞して、貰いに往き、さて集金をばことごとく総録へ差し出し、月末に至り総録より検校・勾当の輩に分配す。これを配頭《はいとう》とは称したり。

ちなみに記す。瞽盲は幕府に保護せられて、貸し金といい、恵与金といい、己不具の身として世に立ち易《やす》きの恩恵に潤いしが、その心その形に似たる盲目滅法界[16]の欲を包みたるも憎し。文恭院殿《ぶんきょういんでん》（十一代将軍〈家斉《いえなり》〉）の二十一男斉善《なりよし》公は、不幸にも失明の人なりしかば、将軍はこれを検校とせんとの意なりしを、検校らは早くも聞き付け、「我が徒の勢力これより盛んならん」とて、万歳を謳歌せしに、右は閣老の諫言によりて沙汰止みとなり、斉善公は松平越前守〈越前福井藩主〉へ養子となられしより、喜びを戚《うれ》いに変じ、黙止せしが、越前家にては盲目の養子を幕府より宛行《あてが》われて閉口すること一方ならず。ひそかに御離縁のことを謀るものあるやの噂あるに際し、たまたま水野越前守〈忠邦〉老中となりて威権一世に高かりしかば、検校らは「今こそわが素望を遂ぐべき機《おり》の来たれるなれ」とて、水野に贈賄し、何卒して幕府の公子を我が社会に引き込まんと謀りたる。しかるにこもまた画餅《がべい》となりて、斉善公脚気衝心にて突然逝去(一説には毒殺なりとも伝う)されければ、盲人社会は再び失望したりという。但しこれよりさきかの一ツ目の弁天堂修繕費として百四十二両三分を醵金したりしを、水野家贈賄のために検校らの取り計らいにてことごとく消費し、その上目的も水泡に属したりければ、これより座中一場の悶着を惹起したることありしとなん。

(五六七七号、明治二五年八月一〇日)

虚無僧

虚無僧《こむそう》は、洛にありて菰僧《こもそう》、また薦僧《こもそう》ともいいき。その性たる、僧にして俗、俗にして僧、しかして武士にあらざれば、籍をその中に置くあたわず。けだし浮浪の武士をこの宗門の下《しも》に庇護して、時に国事の探偵をなさしめ、また孝子・義士に与うるに、親故《しんこ》の仇讐《きゅうしゅう》(1)を踪跡《そうせき》するの便を以てしたるものにして、宛然たる幕府政下の秘密結社ともいうべく、徳川制度中最も奇制度と称すべし。いで菰僧の始祖より説き出でん。

始祖は普化《ふけ》の禅なり。普化とは釈迦如来三十八世の法孫、大唐鎮州普化和尚をいう。開山は金先古山《きんせんこざん》禅師なり。これよりさき人皇八十九代の聖帝後深草院の御宇《ぎょう》、建長の頃とかや、紀州由良興国寺の開山焼国師入唐して帰朝しける時、普化和尚の四居《しこ》宝伏国佐《ほうふくこくさ》・理正僧恕《りしょうそうじょ》、船を同じうしてわが朝に来たり、中《うち》に就いて宝伏居士は山城国宇治の汲江庵《きゅうこうあん》に錫《しゃく》を駐《とど》め、普化の禅を融通せんと発心し、行住座臥の法容を語りて、始祖振鐸《しんたく》(2)を準擬したり。居士また常に尺八を弄し、その音すこぶる妙なりしとぞ。後来普化の遺風を慕うもの多く出で来たって、そが中に洛の妙安寺に朗庵《ろうあん》及び金先と呼べる二僧ありて、ことに居士の碩徳を尊びしが、居士寂滅の後、法統を継ぎ、朗庵は洛に止《とど》まり、金先は諸国を行脚修行して東《ひがし》に下り、下総国小金の宿に止まり、一寺を建立せり。この時執権北条経時《つねとき》普化を尊称して経営に力を尽したりという。

さて金先の小金に建立せるを金龍山一月寺という。初め宝伏居士仲秋の筵を河辺（地名不詳）に開きたることありけり。居士その時尺八を月前に弄して秘曲を尽したりしが、その夜空、隈なく晴れて万里一碧、月光河水を照らして、実に金龍の波に躍るかとを疑わるるに、居士席上に、

一天清光、満地金龍波に躍る

という句を設けたり。折りしも金先またこの座にありて、[3]頭陀《ずだ》にその句を記せしを、小金に一寺を建つるに及びて、金龍の字を取りてかくは名づけたりと伝う。されば小金一月寺の開山は金先禅師と知るべし。

京都本山の虚霊山《きょれいさん》明暗寺（孤僧寺を称す）の開山は、すなわち朗庵にて、風穴道人ともいえり。この僧紫野の一休和尚と親しみ、尺八の妙を尽せりとぞ。

これによって観るに、普化宗は始め禅宗の一派と覚しく、洛の明暗寺を安楽派と称し、小金の一月寺を金先派と称し、その僧を虚無僧と号し、世にも著われずしてありけるを、徳川の代となりて、この二寺を利用し、虚無僧をして国事に奔走せしめ、また依りて孝義の気節を[4]砥礪《しれい》せしめたるも妙手腕なりかし。

さて普化宗両山の規律を幕府にて定めたるは、慶長十九年（一六一四）を以て始めとす。左にその掟書を掲ぐ。

一、日本国々虚無僧の儀は、勇士の浪人一時の隠れ家として、守護入らざるの宗門、天下の家臣・諸士の席定めらるべきの条その意を得べき事。

一、本寺へ宗法出し置き、その段油断なくあい守らせ申すべき者也。もしあい背く輩これあるにおいては、末寺は本寺より虚無僧はその寺より急度《きっと》宗法を以て行うべき事。

一、虚無僧渡世の儀は、諸国所々廻行専らする事、その段指し免《ゆる》し申し候。一偏修行の内諸国において国法などと申し、虚無僧に粗末慮外の体、または托鉢に障り、むずかしき儀出来候わば、その仔細あい改め、本寺へ申し達すべく候。本寺においてあい済まざる儀は、江戸奉行所まで直ちに告げ来たるべき事。

一、虚無僧托鉢に罷り出で、道中宿場・往来、いず方においても天蓋(5)を取り、諸人に面を合わせ申すまじく候事。

一、虚無僧托鉢の節、刃物持たせ候儀一切停止《ちょうじ》し、すべて怒りがましきなり形致すまじく候。尤も一尺以下の刃物は懐剣として差し免し申すべき事。

一、虚無僧の儀は、兼々隠密御用並びに御尋ね者御用など仰せ付けられ、または勇士の道、敵討などのため廻国仕り候儀に依って、在々所々あい構え候芝居、あるいは渡船などに至るまで、往来自由指し免し候事。

一、虚無僧改めとして番僧をあい廻し、宗法行跡をあい改め申すべき事。

一、贋虚無僧これあるにおいては、急度宗法に行うべし。万一賄賂請け取り、一通りに仕るにおいては、番僧ども重罪たるべし。すべて猥《みだ》りこれなきよう仕るべき事。

一、虚無僧のほか、尺八吹き申す者これあるにおいては、本寺より尺八の免しを指し出し吹かせべし。勿論ながら武士のほか下賤の者どもに一切尺八吹かせ申すまじく候。ことに以て虚無僧らに致すべからざる事。

一、虚無僧多勢集まり、逆意申し合わす者これあるにおいては、急度吟味を遂ぐべし。等閑《なおざり》に致し置くにおいては、本寺並びに番僧に至るまで重罪たるべき事。

一、虚無僧托鉢同行二人のほか免し申さざる事。

一、托鉢に罷り出で、卑劣の体なすべからざる事。

一、虚無僧托鉢に罷り出で、下賤の者痛みをも顧みず押して出鉢、あるいは一宿など致すまじく、ことに以て酒宴・遊興は勿論、賄賂・饗応などに預かり候事、堅く停止し、正直一己の慎みこれなきにおいては、本則取り上げ急度行うべき事。

一、虚無僧自然敵に出合い、討ち果たしたき望み出で候わば、吟味を遂げ、双方申し分これなきよう、帰僧申し付け、寺内において勝負致さすべし。勿論諸士のほか一切差し免さざる事に候。贔屓を以て片落ちなる仕方停止の事。

一、諸士人を伐り殺し、血刀を提げ寺内へ駈け込み候わば留め置き、仔細改め、何事も武士道にて宗法に仕るべく候。武士たりとも咎人一切隠し置き申すまじき事。その罪後日に顕れ、遁し難き儀は早速縄掛け、時を移さず訴うべき事。

一、虚無僧にあいなり罷り出で、敵討ちたき者これあるにおいては、その段委細あい改め差し免し申すべし。勿論多勢集まり討ち申すまじく、尤も同行一人までは免し申すべし。しかし諸士のほか一切差し免し申すまじき事。

一、虚無僧修行の節、馬・駕籠など一切無用、ことに所々関所・番所にて不作法これなきように仕り、本寺よりの印形差し出し、あい改めさせ通し申すべし。もしまた脇道より忍び通る虚無僧これあるにおいては、急度吟味を遂げ曲事《くせごと》たるべく候事。

一、住所を放れ、他国所々城下町場、托鉢執行日数七日のほか堅く逗留無用の事。もし鳴物停止候わば、宗門の伝授にて寺内は格別、寺の外一切尺八吹き申すまじく候。すべて修行にも風流事猥りに吹き申すまじく候。勿論遊蕩の出合い、楽しみ吹き仕るまじき事。

一、托鉢の節、人を集め、賑やかなる尺八手事のほか堅く吹き申すまじき事。

一、虚無僧の儀は天下の官臣・諸士の席に定めらるべき上は、武門の正道を失わざるよう致すべし。何時にても還俗申し付くべし。表には僧の形を学び、内心には武門の志を専ら励み、兼て武者修行の宗門と心得べく候也。そのため日本国の往来自由差し免し置き候事定め件の如し。
右御趣意あい渡し申し候間、拝見奉り、会合の節よくよく申し聞かせあい守るべき者也。
右掟今度御意として仰せ出ださる趣、御老中よりあい渡され候間、平生拝見奉り、宗門の正道あい背くべからざる事。定法あい背く輩これあるにおいては、本則取り上げ急度宗法擯罰(6)《ひんばつ》申し付くべき者也。

慶長十九年甲寅(一六一四)正月

本多上野介(7)〈正純・年寄衆〉　印
板倉伊賀守(8)〈勝重・六人衆〉　印
本多佐渡守(9)〈正信・年寄衆〉　印

本末集会僧中

(五八四七号、明治二六年三月一四日)

慶長の掟書を読むに、幕府が虚無僧を利用したるの手段奇にして妙、また虚無僧の弊を慮《おもんぱか》りたる用意縝(10)《しん》にして密なるを知るべし。この時に当たりて豊臣氏の遺孤なお浪華の城壁に拠り、天下の大勢やや徳川氏に帰して、しかして三分の安心を欠くものあり。雄将猛卒の款(11)《かん》を徳川に通ずるもの、未だ全く依頼するに足らざるものなり。ここにおいて始めて虚無僧の制をはじめ、広く天下に派遣して尺八の妙音に将士非望の夢を警醒《けいせい》せしめ、時にその挙動を偵知せしめて、帷幕(12)《いばく》操縦の便に供したりと覚《おぼ》し。既にして翌年すなわち元和元年(一六一五)遂に大坂を攻めて豊臣氏を亡《ほろ》ぼし、天下の将士靡然(13)《ひぜん》として徳川氏に嚮《むか》うを致す。すなわち虚無僧の力また与《あずか》りてその間に効ありしならん。爾来世は平和となりても、なおこの虚無僧の制を廃せず、頼りて以て忠義の士気を鼓舞し、頼りて以て野心の徒を未萌《みほう》に杜《と》じたる大いに善し。虚無僧は果たして幕政に必要の具なりけり。その名は虚無なれども、その実は有為なりけり。

されども武を奨め、志を励ますの極、虚無僧中時に非挙あるの虞《おそれ》なきを保たざりければこそ、同行二人のほかを免さず、また虚偽の義をなすものなきに限らざればこそ、公明正大に仇讐《きゅうしゅう》を撃てよと命じ、もしこの規定以外に逸するものあらば、本則を取り上げて厳罰に処すべしと命じたるなれ。

さて本則とは、入門の諸士に与うるの証にして、料紙「間に合い」に認めたる者なり。本則はかく虚無僧の証なるが故に、諸国修行の時は勿論、山門を出ずるときは必ずこれを携帯する。これ寺法なり。本則を授かるときは、受くるものより金一枚を納む。費用なきものは托鉢してこれを年賦、もしくは月賦に納めしむ。本則の文言は左の如し。

普化常に街市において鈴を揺らす、いわく[14]明頭来《らい》、明頭打《だ》、暗頭来、暗頭打、四方八面来、旋風打、虚空来、連架打、[15]臨済令侍者去る、わずかに見る、この如く道便把住、いわくすべて与えざるか、来たる時いかん、普化托開、いわく来日大悲院裏斎侍者あり、回挙師に似る、いわくわれ従来這漢《しゃかん》を疑着す。

尺八

それ尺八は法器の一也。いわく尺八大数也。三節中を取り、しかして上下の長短を定め、各々ある所表三節は三才也。上下の二竅《あな》日月也、裏面五竅は五行也。これ万物の深源也。吹の則万物われと融冥、しかして心境の一如也。

天蓋

それ天蓋は荘厳仏身の具也。我が門これに准擬す。

霊山一月影万派に輝き

普化孤風徳三州に馥《かお》る

下総国葛飾郡風早庄小金邑

金龍山一月寺

鳳祥祖覚　印

現住の名を記す

付与誰子

年号月日

本文二か所に朱印あり。印文字は[仏法僧]とあり。諸士これを巻物に仕立て所持す。

京都本山明暗寺の本則は左の如し。

普化禅師居常に市に入り鐸を振りていわく、明頭来たり、明頭打つ、暗頭来たり、暗頭打つ、四方八面来たり、旋風打つ、虚空連架打つ、一日臨済令僧把住いわく、あるいは不明不暗を遇し来たる時いかが、師托開いわく、来日大悲院裏斎僧あり、回挙に似る、済々いわく、我従来疑若《ぎじゃく》這漢。

虚無僧本寺
京都虚霊山明暗寺現住
年号月日　　　　汝　水　印
現住の名を記す

宗門の法式堅くあい守らるべきもの也。
付与誰子

軀《み》に一銭なくして、飄然として天下を周遊するも、この一枚の本則あるが故なり。本則のこの社界に尊かりしや知るべし。

さて明暗派の末寺は未だ詳らかにするあたわず。しばらく金先派の末座並びに控え番所を左に掲ぐ。

神奈川　西光寺	青梅	鈴法寺
欠（奥州白石ならんといえり） 武禄寺	塙（一字欠）	武昔寺
信州上田　高岸寺	金成	金成寺
陸前増田　布袋軒	福島	連芳軒
上州川股　清涼軒	下総相馬	喜染軒
山ノ目　鈴沢軒	奥州花巻	松岩軒

羽前米沢　三　夕　羽前山形　臥龍軒

この書宝永二年乙酉(一七〇五)三月これを写すとありて、いずれも建立の年月不詳なり。また目黒の東昌寺及び浅草広小路・芝金杉・牛込早稲田にありしと聞く一月寺控え番所などは、宝永以後の創立にや。この書に記載なし。なお考うべし。また正保年間は府内に八か所の控え番所ありしよしなれども、その箇所不詳。明暦大火後は浅草・早稲田・芝金杉の三か所となりしとなん。　(五八四八号、明治二六年三月一五日)

虚無僧の扮装《いでたち》ばかり奇なるものはなし。頭に天蓋を戴きて、深さ頤《おとがい》を蔵《かく》し、短刀を柄長に帯びて、(16)鐺《こじり》の尾の帯下にほの見ゆるを許さず、手に尺八を持ちて折々に妙音を弄す。その姿武骨に似て武骨にあらず。(17)優尚《ゆうしょう》に似て優尚にあらず。隠者の如く、俗物の如く、浮世を厭うかと見れば、浮世に縁あり、(18)山科の隠家《かくれが》に小浪を撃たんとするトナセの手を「暫らく」と止めたるも、この姿なり。(19)六助の茅屋《あばらや》に「何んとてごんす(20)ぼろんじ殿」と嘲けられ、勃然として躍り入りしも、この姿なり。この姿ばかり不思議なるは、世にあらじ。いざ事問わん、「天蓋は何の理由にて冠り、また編笠を何故ありて天蓋とは称するや」。答う、「仏の天蓋になぞらえ、仇讐を踪跡《そうせき》する者、または隠密御用などにて人目を忍ぶの要あるが故に天蓋を冠る。天蓋は仏の天蓋に表し、冠るとはいう也」。事のついでに説明せん、この天蓋は江戸寺社奉行へ罷るときに限り、門内にてこれを脱すれども、その他は御領・私領の役所といえども、その(21)帳前《ちょうぜん》に至らざれば脱ぎ棄てず。

僧名もまた帳前にあらざれば名乗らず。寺社奉行にてもこれを訴訟人の控え所へはひかずして、使者の間へ通すなり。

問う、「着服はいかん」。答う、「木綿・絹・紬に限り、そのほかを服するを許さず。袈裟衣などいずれも絹を用いたり」。

問う、「尺八に何の規定かある」。答う、「竹に寸法あり。一尺八寸を長といい、一尺四寸を短と呼び、この二種銘々勝手に所持するを許しぬ。また代竹《だいちく》と唱えて竅《あな》なき青竹の笛にふさわしき長さあるを所持せり」。

問う、「竹の吹きように掟ありや」。答う、「音律の事はこの派の密事と称し、当時入門の諸士にてもこれを知るもの少なかりしと聞く。まず諸寺院の門前に向かいたるときは、心経を吹き、諸国御関所にて会合印《かいごういん》(この派の手形をいう)を遺失せしとき、その理由を申して通行を願わんとするには、向路か虚空か、この二種の中を吹くなり。これを吹けば直ちに通行を許さるる掟なり。恋慕スガガキ[22]などの曲は、山内のほかにおいて吹かずとぞ聞えし。恋慕スガガキは無解篪《むかいち》ともいいき。この外の掟なお沢《さわ》なれど、音律の事容易《たやす》うは語り尽すべくもなし」。

問う、「帯はいかん」。答う、「丸ぐけ[23]・平ぐけ[24]とも勝手次第なり。地は絹、色に定めなし」。

問う、「刃物はいかん」。答う、「御法により一尺以下の短刀などを帯びぬ。このほかに尺八の目掘りに托言《かこつ》け四、五寸ばかりの刃物を懐中にせり」。

問う、「袋はいかん」。答う、「昔は袋も絹を用いたりと聞きしが、後は天鵞絨《ビロード》また絹など用いたり。金布など用い始めしは享和の末頃と覚し」。

問う、「下駄を穿《うが》つは江戸市中に限れりと聞く、いかん」。答う、「しかり江戸市中のみの願いなりき。願意は御府内町々裏家などに修行の節、路次内晴天にても水撒きありて、草履《ぞうり》穿《ば》きにては托鉢修行難渋なりとて、江戸控え番所より願い上げて許可せられたるのみ。作法あるにあらず。願い出でしは宝暦年間といえり。尤も文化年間よりは江戸に限らず一体に下駄を用いき。但し寺社奉行へ罷るときに限りて用いざりしとぞ」。

問う、「酒肉はいかん」。答う、「休日または夜分は養生に托言《かこつ》けて酒を飲みたれど、三献を超ゆるあたわず。肉そのほか婦人勿論厳禁なり」。

問う、「修行の途上父母・伯叔父母・兄弟姉妹らに邂逅するときはいかん」。答う、「会釈も叶わぬ掟なり」。

問う、「仇讎《あだがたき》に出逢いし時はいかん」。答う、「しばらく後編を待て、事悤卒《そうそつ》に説くべからず」。

（五八四九号、明治二六年三月一六日）

普化宗に入門の士は、証拠人を立て申し出ずるなり。この時住職また看主《かんす》(25)はまず本人の身元より、発心の次第(26)、志望のいかんなどを取り糺し、その非行の罪過《ざいか》を免《のが》れんとする者なるや否やを明確にし、しかる後、その発心や、その志望や、皆義に仗《よ》り善に拠りて些《すこし》の欠点なしと認むるときは、一日あるいは二日の間寺中に留め置きて、三日目に入門を允許《いんきょ》する旨を告げ、虚無僧の掟を読み聞かすなり。これを御条目という。同時にまた定書《さだめがき》というものを読み聞かすとなり。但しかの仙石家の神谷転《うたた》の如き、幕府の御直参黒川和四郎証拠人に立ち、かつ平生親しみありし一月寺浅草控え番所番僧愛瑢《あいせん》への添書を与えて直ちに控え番所に送り、即日条目及び定書を読み聞かせ、また本則をさえ渡しおわんぬ。これは事焦眉の急に出でて猶予すること一日せば、町奉行の逮捕に会うべかりければ、小金宿に送るべき猶予もなくて、かくは取り計らいたるなりとぞ。されば入門の手続きは、その場合によりて一定の作法なしとはいい難く、もとより義を扶け勇を励ますの主意なるを以て、機に臨みては変に応ずるの処置、この他にもなお沢《さわ》なりしなるべし。条目・定書を拝聴するときは、麻上下・羽織袴勝手次第なり。左に掟及び定書を掲ぐ。

掟

一、御公儀御法度万端申すに及ばざる事。

一、国法に背きたる者到来の節は、早速追い返し申すべき事。

一、宗門法式あい乱すべからず。もし不行義の輩これあるにおいては、急度《きっと》沙汰に及ぶべき事。

一、一宗法式を知らざるの僧侶、児孫あい立て候儀停止すべし。但し新法を立て、奇怪の法執行すべからざる事。

一、本宗の規式あい乱さず勤むべし。もし互いに理不尽これあるにおいては沙汰に及ぶべき事。

一、宗門古法の如く、夙晨月夕看経看教、子(午前〇時頃)に臥し、寅(午前四時頃)に起き、天下泰平・国土安全・豊作長久祈禱専ら勤むべき事。

一、由緒ある者弟子の望みありといえども、虚無僧に致すべからず。もし拠んどころなき品これあるにおいては、よくよく[27]起本を問い決定、証人を取り弟子誓諾《せいだく》致すべきの事。

一、往来行脚の弟子など先々において一宿・飲酒・[28]樗蒲《ちょぼ》停止たるべき事。
付けたり、漫《みだり》に夜行・多語すべからざる事。

一、弟子ら大小刀持たすべからず。もし他の虚無僧においてこれを持つは押さえ置き、急度師匠に断るべき事。

一、徒党を結び、闘論を企て、虚無僧に似合わざるの事業致すべからず。もし[29]濫吹に及ばば、急度申し付くべき事。

一、たとい弟子なりとも、数年遠国にあり、[30]脚回たる者はよくよくその意を問い、他方において失事なきよう差し置くべき事。

一、他派の者、虚無僧勤仕致す由申す者これあるにおいて、堅く吟味を遂げ糺明致し置くべき事。
一、宗法あい背きたる弟子これあるにおいては、証跡を決し擯罰《ひんばつ》せしむべき事。
一、江戸吹入の虚無僧これあるにおいては、慥かにその師匠を聞き、急度その師に断り追脚致すべき事。
一、寺地四壁の竹を切り、寺中を荒すべからざる事。
一、近辺といえども寺内を出る時は、剃髪の僧は袈裟衣、有髪の輩は袈裟を着し脚夫の事。但し尺八名取りも持ち候事。
右の条々断絶なく、子に臥し寅に起き一を守護し、それ草行心により一切、われ一切の事業あり、公利名聞に従《よ》り、起止起止致すべし。もしこの旨あい背くにおいては、急度申し付くべく候也、依って件の如し。

小金宿　一月寺
青梅宿　鈴法寺

定

一、普化宗門の儀は、公儀より仰せ出だされ候通り実儀を専らとし、師弟の礼義を失わざるようにあい守るべし。尤も本寺・末寺住職宗門不案内にて、その職に至る事これあるべからざる故、門弟不行法の輩は急度擯罰せしむべき事。
一、法事の席へ施主の望みに依り罷り出で候節、法事あい済み候わば、用事仕舞い次第早々帰寺致すべき事。
一、江戸は申すに及ばず、所々在々たりとも、すべて遊山繁昌の場所へ猥《みだ》りに参り申すまじき事。但し御尋ね者ある時は例外なり。
一、袈裟は紺・黒色の内、衣類は平生木綿を着し、余力ある者、嗜みある者は絹紬に限るべき事。勿論色は目立たぬ物の事。
一、ことさら仕官の心を以て慮外を改め、尺八稽古の俗弟子を取り、先々において馳走を請け、ことに以て大酒に及び、これらのため数日を送り、修行懈《おこた》り候族《やから》これあるにおいては擯罰せしむべし。修行の儀はその身渡世一遍の事にこれなく、根元虚無僧の本意を失い候儀これあるまじき事。
一、俗様の目立ち候物を着し、場所を選ばず徘徊致し候儀、隠者に不相応に付き、これあるまじき事。
一、門弟ども俗用に拘り合い、仲立ちあるいは金銀取次など仕り候儀、古法にこれなき事故致すまじく、猥りに俗家に出入り致すべからざる事。
一、国々寺院の面々、私用にて出府の節は、その段両寺へ届け旅宿は書付を以て届け申すべし。門弟罷り出で候節は、俗家へ止宿仕らすべからず。その師より添書にて両番所へ罷り出で用事あい達し申すべき事。
右の条々その意を得べき者也。

一月寺
鈴法寺

右の読み聞かせあい済み、本則及び天蓋・袈裟などを、白木の三方に乗せて出だす。これを受けて退く。これを得道の式という。また翌日に至り竹名書《ちくめいがき》を渡す。竹名書とはその者の僧名なり。但し本人よりみずからその名を申し出ずれば許用する習いなり。掟中「剃髪の僧は云々、有髪の輩は云々」とあり。普化宗に入りしものは薙髪《ちはつ》・蓄髪その者の意に任せたりと知るべし。けだし虚無僧は他年一同また出世帯刀を得るの自由あるを以て、この制を存したるものと見えたり。（五八五〇号、明治二六年三月一七日）

虚無僧の諸国を巡遊するを修行という。武者修行というの類なるべし。すべてこれを以てその(31)体膚《たいふ》を労し、その心神を苦しめ、この業を砥礪《しれい》せしめんとせしなるべし。さて修行は二人同行の定めなれど、江戸市内のみは一人修行を許され、夜分は控え番所に返るを常とす。府外は必ず二人同行なり。また法用にて末寺、あるいは私用にて遠国などに遊び、中途にして死去せしときは、廻国出家などの取り扱いにて、その最寄りの寺院に埋葬し、当人の支配の本寺・末寺、または控え番所、便宜の場所へその趣を届け出ず。但し埋葬すべき寺院は禅宗に限る作法なりとぞ。修行中止宿の場合には、町家《ちょうか》・在家の別なく相対にて米六合・鐚《びた》二十文を飯料として宿主に差し出だし、一宿するの作法なり。但し仏事を営みし家にて、宿料を引き受けざる場合はこの限りにあらず。

控え番所存在の地においては、住職を除くのほか、看守及びその他諸士に至るまで、ここに宿泊して用を弁ずる作法なり。住職のほかは俗家に宿泊する事を許さず。

修行中米の施行を受くる袋を六腑《ろくふ》といい、銭を入るる袋を乾坤《けんこん》と称し、二種ともに厚き紙にて造りし袋なり。砂糖袋とほぼその物を同じうす。昔は暮露《ぼろ》と称せし者ありとぞ。後、似而非《えせ》虚無僧出で来たりて布の袋を所持したるに、布の袂《ふくろ》持ったるは贋《にせ》ものなりとて、施主も袋に注意したりしが、文化年間よりいずれも布袋を持つこととなりしよし伝う。

修行者は例年正月二十八日と七月二十八日の両度、本山あるいは末寺に集まり(一月寺入門の者は一月寺、鈴法寺入門の者は鈴法寺)通印の検《あらた》めあり。通印とは修行中の手形なり(明暗寺にては会合印という)。すなわち左の如し。但し用紙は西の内の類と知るべし。

表

通印　下総　一月寺　［印］　本則弟子　誰

裏

［子改］　［丑改］　［寅改］

何年正月二十日より七月二十日まで、また七月の改め時は

何年七月二十日より（翌年）何年七月二十日まで修行

たとえば明治二十六年（一八九三）一月二十日、本山あるいは末寺にて通印の検めを受けて修行に出て、その年七月二十日に帰山し、また明治二十七年正月二十日までの通印を受くる習いなり。

もし盗犯または女犯など不正の所業ありたるときは、脱衣の上（俗に帰すという）縄を掛くる大法なり。またこの処分は、本寺にては作法に依り、法衣・本則は勿論、天蓋・尺八まで取り上げ、追院申し渡す。俗に帰れば、大法通りの処分を受くること、庶人と異なる事なし。

托鉢に罷りたるとき、ある人普通の物貰いに「御無用」というの例に習わんもいかがとて、ただ「通り候え」といいしものありしに、虚無僧は天蓋を冠りたるまま玄関より座敷に通りしことありとぞ。勿論無用といわば立ち去るべき作法なれども、中にはかかる奇激(32)の者もありしなるべし。

修行中喧嘩口論の事は、そのためしありたり。享保年間の事と覚し、遠州浜松にて修行の者両人尺八にて番太郎を打ち殺し、ついに寺社奉行に呼び出されて詮議の節、「尺八は法器の一なり。法器にて人を打ち殺すとは宗門にあるまじき仕方なり」と問いたりしを、修行の諸士答えて「みずから好みて人を殺せしにあらず、わが命の危うきにやむなくここに出でたり」といいしに、それにて事済みとなり、構いなしと申し渡されしとかや。またいつの頃なりけん、小金に程近き台宿村《だいしゅくむら》にて、非人小屋頭三助という者、修行者と口論せし時、三助尺八にて打たれ疵を蒙りたりとて、非人大勢集まり修行の者を名主五郎兵衛方へ連れ行きしに、五郎兵衛不在にて、同人の親文右衛門仲裁をも試みず、「勝手に致すべし」といいしかば、非人ども虚無僧を頭五兵衛の小屋へ連れ行き、なす所あらんとす。この時僧は大いに怒り、非人数十人を切り倒して、その場を立ち去り、後、その顚末を本寺に訴え、本寺より奉行所へ申し出でたるにぞ。文右衛門は過料五貫文仰せ付けられ、五郎兵衛は不在にて構いなしと沙汰ありしとなん。虚無僧の時に重んぜられしこと、これらにて知るべし。

虚無僧中茶筌《ちゃせん》を売りしものあり。されどこは奥州筋並びに常陸・下総に限りしとぞ。さてその由来は未詳なれど、これらの国々にては何故にや尺八の末竹にて造りたる茶筌を賞美する者多くありしとて、器用なる諸士は、みずから茶筌を造りて持て行きたり。尤も価《あたい》はこの方よりいわず、対手《あいて》の志次第なり。

公儀御用にて御尋ねもの探索のため、番僧修行申し付けらるる事あり。またその筋の御役人法衣を着し、真の虚無僧姿にて諸士を伴いて廻国する事もありき。これらは事もとより容易ならねば、御用の次第は同伴の者のほか知る事あたわず、他言致すまじくと誓いたるよし。また番僧一人申し付けらるることとなり。この時はその御用筋はことに秘密に属せしとなり。

（五八五一号、明治二六年三月一八日）

明和七庚寅年（一七七〇）七月十二日、御代官平岡彦兵衛支配地なる但州生野陣屋より、但州・播州・作州の村々へ達したる書を見るに、当時本山明暗寺の虚無僧ら同地方に徘徊して、上意を笠の編笠に衣《き》て、所在村民を困《くる》しめし状を見るべく、また虚無僧制度の厳《げん》、漸く弛みて諸士横行の風体を察するに足るべし。その達書《たっししょ》にいわく、

近来村々へ虚無僧の類徘徊せしめ、木銭米代もあい払わず押して止宿致し、あるいは合力を乞い、強請《ねだり》候類の族《やから》もこれある趣あい聞こえ、不届きに候。右の通りに付き拠んどころなく無賃にて宿致し候村々も間々これあるようあい聞こえ、以てのほか心得違いにて、もし右体無賃にて押して止宿致すべき由申し、または強いて合力を乞い、強請がましき儀申す族もこれあらば、所の番人に申し付け召し捕らえ差し出だすべく候。右の通りあい心得べく候。

さて右の触書をば、村々庄屋の宅並びに村の入口などに掲げおきけるを、本山明暗寺聞きて安からぬことに思い、番僧良山をして生野に至らしめ、その触書文言の中「番人に申し付け召し捕らえ差し出だすべく候」との一句を除きくれよと談判に及びしかば、生野の吏答えて、「一体虚無僧は出家の身にて、押して合力を乞い、無銭にして止宿するなどの濫行あるまじきはずなるに、近来良民を困しましむる者多くなりまさりて、狼藉を極むるを以て、やむなく右の沙汰に及びけるなり。さりながらわざわざの御来向といい、このままに点止《もだ》(33)さんも無礼《なめ》(34)なれば、後来右ようの者徘徊するにおいては、直ちに

取り押さえ、本山へ御沙汰申し上ぐべし、掲示だけはいかにもおだやかならぬ処なきにあらざれば」とて直ちに取り除きたりとなん。その節良山より差し出したる書面左の如し。

口上覚

一、明暗寺本則所持致し、虚無僧体にて罷り出で候節は、その日留吹差し免し、万一止宿致し候わば米六合・木銭二十銅あい払い候はず、村々へ入り込み合力など申し掛け候儀、宗門において決して御座なく候。

右の趣御尋ねに付き書付差し出し申し候。以上。

京都明暗寺番僧

良　山　印

寅十月

生野御役所

しかるにその後生野陣屋にては、なお向後《こうご》の取締上の心得として明暗寺へ掛け合いに及びたる箇条左の如し。また以て虚無僧の時に重んぜられたる庶吏の容易に処決するあたわざりしさまを見るべし。

一、虚無僧修行の砌《みぎり》、行き暮れ候ても押して宿を乞い、または志のほか施物などを乞い、あるいは強請《ねだり》がましき儀申し掛け候宗門にこれなき旨、先達て貴寺番僧良山申し聞かされ候。この上押して宿を乞い、施物の多少を論じ、不法の筋これあ

〈定信・老中〉補佐となり、諸事改革のおりから、当時年番の白石《しらいし》の武録寺主となりて、本寺・末寺の住職・看主を召集し、協議の上、普化掟改正の儀を上申せしに、寛政六年（一七九四）十二月十八日、左の如く改正の掟を寺社奉行脇坂淡路守〈安董《やすただ》〉・松平右京亮〈輝和《てるかず》〉立会にて下げ渡され、爾後これに準拠して虚無僧は世に立ちぬ。

一、日本国々普化宗門虚無僧の儀は、往古より一統あい触れ置かれ候通り、勇士の浪人一時隠れ家として守護入らざるの宗門、これに依り天下の家臣とあい定め置き候故、看主たりとも、一寺を預かり寺役取り計らうにおいては禄千石の武士席、虚無僧雲水行脚の僧禄百石の武士席、全体諸士の席にあい定め置かれ候条、仮にも守護に随身の趣意これを持つべからず候事。

付けたり、虚無僧の儀は、前々より仰せ出し置かれ候通り、深き御趣意あらせられ、格別重き隠密御用など仰せ付け置かれ、日本自由の身として天下の御家臣にもあい任せ置かれ候条、この旨軽率なくあい心得べし。何時《なんどき》にても折りを以て還俗仰せ付けらるべく候条、表には僧の形を学び、内心に武門の正道専らに励み、日本武者修行の宗門とあい心得、兼て卑劣の所業致すべからず。往古よりあい触れ置き候通り（欠字）虚無僧に対し国法など申し、粗末慮外の体、または托鉢先において故障、むずかしき品出来候わば、その所向き寄りへ急度掛合致し、分明の一札を取り、本寺々《ほんてらでら》へ申し出で、本寺において済まざる儀は、江戸奉行所まで延引なく直ちに告げ来たるべし。但し水戸御料は格別普化宗門虚無僧取り扱い振りもこれあり候えども、そのほか国々いず方においてもこれなく候条、この旨間違いなくあい心得べく候事。

一、その所に寺役預かりおり候とも、国主・領主ともに地頭一偏あい心得べし。地頭領内出馬先において風《ふ》と行き合い除き難き砌は、傍らに少し寄り会釈致しあい通すべく候、勿論天蓋を脱すべからず。地頭よりも挨拶に及ぶべく候条、その刻何分の会釈及ばずと地頭より申し候わば、その時宜の挨拶に及び、すなわち罷り通るべく、地頭目通りにおいても挨拶に及ばず候。横通り致し候儀は一町四方苦しからず候。

一、地頭一人限り、そのほか門葉(35)などへ会釈に及ばず候。雲水虚無僧諸国廻行片通りの刻その儀に及ばずといえども、その所領主行列正しく速やかに罷り通り難き場合には、片寄りおり申すべし。会下付けおり候処の地頭領に候わば、時宜に応じ会釈致すべき事に候。片通りの刻その領主たりとも、往還筋海道などにおいては会釈に及ばず傍らに控えおるのみ、一偏の事に候。その所地頭出馬先城下の内たりとも、差し掛り立ち除き難き刻は、傍らに聢《しか》と控えおるのみにて、高足たりとも、僧侶たるとも下足脱ぎに申すに及ばず候。しかし兼て隠者の身に候間、地頭・領主出馬の儀承り及ぶにおいては、出馬先へ出でざるよう心掛くべき事に候。

しかしながら剃髪僧はいずれ方においても会釈に及ばずといえども、徘徊致し候場所にて地頭行列正しく速やかに通り難き時は、傍らに後ろ向き控えおり申すべく候。剃髪僧においては双方挨拶に及ばず候事。

一、看主《かんす》たりとも、寺役の儀は住職同様取り計らうべき事。但し剃髪に及び候住職は全く寺務たり。これに依り古法を守り、子(午前〇時頃)に臥し、寅(午前四時頃)に起き、夙晨月夕看経看教懈《け》怠《たい》なく天下泰平・国土安全・農作長久専一に修行致すべし。看主は右に准ずといえども、有髪僧なれば、寺役と心得あい勤むべし。何か越度これあり宗罪に掛かり候とも、住寺職においては追院、みずから退き候節は退院、看主においては追脚・退役と訳あい立て都合致すべき事。

一、殿付けの次第、普化宗門においては守護入らざるの寺僧たるに依って、その所地頭たりとも格立て申し唱え候には、住職は申すに及ばず、看主並びに雲水体に至るまで殿付けに及ばずといえども、大名以上は常に殿付けに申し唱うべく候。大名以下の領主・地頭殿付けに及ばず、公儀へ諸書き出し候振り合いにあい心得べし。江戸寺社奉行たりとも、常《定》式は申すに及ばず、差し立ち候節も支配を司るのみ、一偏にて殿付けたるべし。諸書差し出し候文面にも、二つ掛けの殿の字あい用うべし。但しその所に寺役預かりおり、何か地頭への諸通用文面など御地頭と書き調《ととの》え、君臣の礼に及ばず候。しかるといえども自分通用の儀は品格別に候条、時宜に応じ吟味これあるべき事。

一、法衣・法具の次第、全体虚無僧の儀は、士官に限り諸国浪人隠居など何か旨趣これある者入宗、卑賤の者入宗致し候事全く叶わざる宗門にあい決し置かれ、余の宗門とは一統品格別にて入宗致し候上は、天下の家臣とあい任じ置かれ候故、有髪たりとも袈裟は、巻物以上表紺黒に限り、裏模様は何に寄らず苦しからず候。勿論剃髪住職においては、袈裟衣右の通り苦しからず候。すべて諸宗の式に拘わらず根元普化宗門の儀は、深き御趣意あらせられ、一統品格別あい定め置かれ候段、諸宗の式に拘わらず無官たりとも剃髪に及び、全く聖僧に立つにおいては臨済宗門長老同体取り扱い申すべき旨仰せ付け置かれ候間、諸宗の式に拘わらずといえども法具悉皆長老用具に不(欠字)長老に准ずとあい心得べき事。

付けたり、法事追善の席へ招され候輩これある節は、諸宗の差別なく同席、その日の正僧・長老以上の任官僧に候わば、すなわち引次に列すべし。その日の正僧たりとも長老以下の僧に候わば対座苦しからざる事。

一、普化宗門の儀は別段御吟味の上、根元思し召しあらせられ、日本国中往来自由あい免され出鉢執行一偏を以てこれを知行に宛行《あてが》わるべき旨、往古品々訳合いあらせられ、御約諾の上、無檀無縁の宗門に候条、十方檀とあい心得、寺建立並びに寺務相続ともに、十方の檀力を請けあい勤むべし。これに依り余力これなき宗門故、品々訳合い仰せ達せられ、御異議なきの旨宣旨蒙らせられ、普化宗門に限り剃髪に及び、全聖僧あい立つにおいては、ますます僧の瑞《随》一とあい極められ、任官同前の御取り扱いには候えども、余力ある住持職強いて実官あい至りたき旨これあるにおいては、何時《なんどき》にても願い出ずべし。ことに抽《ぬき》んで勤功の品もこれあり、両録所より別て申し立つにおいては、参内までも仰せ付けられ、御都合下さるべき旨、御意として古来御都合の程奉行所まで仰せ出で置かれ候条その意を得奉る事。

但し国々普化宗門の寺院供備の次第、寺役預かり以上は、剃髪・有髪の差別なく禄千石の武士これを闕《か》くべからざる常《定》式出行にも、侍二人召し連れ苦しからず候。差し立て候節は伴僧両僧挟箱・草履取りなどこれを召し連れるべし。剃髪の僧は違《異》形に依って虚無僧を伴僧に召し連れるべからず。その寺に末寺これあり、末寺剃髪の僧住職においては両僧まで召し連れ苦しからず候事。

一、年番会席の儀は、公儀御用など評議仕る儀にて、品格別の儀に候間、その席において無用の者を退け、その間闕《けつ》これなきよう滞りなくあい勤め候儀専要の事に候。もし地頭より先例などこれなき由故障の挨拶に及び候わば、地頭よりの書あい添え、両禄所へ申し出で、奉行所まで申し届くべく候。その地頭へは以後障りなくあい弁じ候よう、公儀より御都合下さるべき事。

一、供備人数などの儀は、世上一統窮迫の節から、国々諸大名においても、全体の式を略し備え本にあらず候条、この旨勘弁随分省略あい用うべく候。両禄所の儀は品格別、住職においては色衣御免、網代駕籠・道具立て物・僧道の備え物、何に寄らず万石以上の式にあい免し置かれ候。住職においては大僧正格の御取り扱い仰せ出で置かれ候事。

一、親族改めの儀、普化宗門に限り守護入らざるの宗門故、その寺僧・下人などまで例年公儀御改め候えども、その所地頭仕来りにて土地付きの人別あい改め候儀苦しからず候。仕来りこれなき分、新たに改め受け候に及ばず候。その寺に菩提寺これあり請け合い印形受け来たるにおいては、菩提寺よりその所の地頭役人へ申し通じ、普化宗門何寺住持職一僧、有髪僧に候わば看主僧一持ち弟子虚無僧何僧、下人何人と帳に書き記させ申すべき事に候。住持職においては任官同体にあい定め置かる品格別の儀に候条、虚無僧執制一偏のみ。依って諸式差別あい立てさせ候よう兼て菩提寺へも申し断り置き、受け合い判形致すべき事に候。地頭より国法仕来りなどと申し募り、差別なく取り扱うにおいては、追々両禄所へ申し出で奉行所まで申し届くべく候。追々公儀よりその他地頭へはあい尋ねらるべき事。

右之条々間違いなくあい心得べき者也。

寛政六甲寅年十二月

脇坂淡路守　印

松平右京亮　印

普化宗門

本寺
末寺　中

形正しければ、心もおのずから改まる。これよりさき慶長の掟は未だ虚無僧の格式を詳らかに定めざりければ、折々地頭などと権限の争い出で来て、さては乱行に及ぶ族《やから》もありたればにや、寛政の掟は重に僧の品格を取り定め、心のおのずから正しからんを冀《こいねご》うて、まずその形を正しつつ、この掟一たび出でてより、虚無僧と地頭との間に争いも消え、尺八の音の長《とこ》なえに冴え渡りけん。その後にこの掟を改め正したることのありとしも覚えず。（五八五三号、明治二六年三月二二日）

虚無僧の掟及びその沿革は、前に叙説しおわんぬ。これより本山の光景、及びその経済を記すべし。

洛の明暗寺はしばらく措《お》きつ、金龍山一月寺は、下総東葛飾郡風早荘小金宿の中央にあり。境内三百坪に余り、往昔より無税の地にてありき。建物は普通寺院と異なることなく、本堂には釈迦如来を本尊とし（この像は長《た》け一尺五寸の立像にて、赤栴檀《せんだん》なり。

嵯峨清涼寺の釈迦と同作なりと伝う)、普化禅師登天の座像(長け一尺五分、木質不明)並びに開山金先禅師の座像(長け二寸五分、木質不明)を安置したり。また開山の禅師が所有なりといい伝えし尺八小鳥・喜国・雷神と名付けし物を本山の什物として秘蔵しけるが、慶応年間火災に罹りて、開山伝来の袈裟・住職吹笛の画像とともに烏有に帰したり。

寺内は樹木繁茂し、門前街道には枝葉蔓《はびこ》り蔽《おお》いて、往来するもの頭を縮めて行き過ぐるばかりなり。ここは水戸街道に当たりければ、水戸殿上り下りの折りふし、道具打物を横たえて通行するを例とし、余りに蒼蠅《うるさ》くて不便一方ならねば、「その枝葉をば剪り除きて道を開けよ」との旨を、ある時水戸家より本山に掛け合いしに、「同家の指図を受くべき道理なし。枝斫《き》るも斫らぬも本山の心のままなり」とて、堅く拒みたりしならん。その権威想い見るべし。

門外に一碑あり(今は金先禅師の墓の側《かたわ》らに移せり)。表には「骨肉同胞たるといえども案内なくして入るを許さず」と刻み、裏には「嘉永在庚戌(三年・一八五〇)春三月蒼海友熙これを建つ」と記したり。さて虚無僧は修行の途上にて、父母兄弟に逢うも会釈するを許されぬ掟なりければ、まして寺内の面会思いも寄らぬことならんかし。さればこの碑その昔は、「骨肉たるといえども入るを許さず」とありて、「無案内」の三字なかりしを、寛政年間の頃、すなわち楽翁公〈松平定信〉改革の時なるべし、右の三字を挿入して、その法を寛にし、これよりして骨肉同胞のものにして山内に所用あるときは、まず留守居に面会を乞い、客間に通りて伝言を依頼し、本人の挨拶を聞くの便宜を得たりとなん。

一月寺は明治三年(一八七〇)より廃寺となりつ。山内の地は代々同寺の留守居を勤めける長田一平氏となん呼べる人の有に属し、山内の樹は砍《き》り払われて、麦畝《むぎばたけ》と姿を変え、空しく(36)麦秀《ばくしゅう》の歎《たん》を世に留めぬ。今往きて観るに、西の方に(37)篁林《こうりん》数十坪ばかりも生い繁れる。これは何ぞと問えば、その昔尺八の料をここに伐りしと答う。竹林の傍らに金先禅師の墓あり。生垣を結い繞《めぐ》らして、墓の側らに十二、三の石碑を並べ、香花の手向け怠る日とてもなし。これは本山代々の住職の墓なりとぞ。このほか庭前に一宇の堂あり。釈迦如来と箭根《やのね》不動とを安置せり。不動は源為朝の守本尊とぞ聞えし。

さて一月寺は下総・上総・安房三か国民の喜捨を以て、本山及び江戸浅草控え番所の諸賄い費に充てたり。さればこの三か国は、本山の知行所ともいうべきものにて、三か国の名主らは村々よりの喜捨を取り集め、一年両度本山より取り集めの者の巡廻を待ちて渡したり。喜捨は秋は籾、夏は麦の定めなり。但し処によりては金に替えて渡すもありき。収入高は年々異同あり。また年の豊凶に依りて増減あり。惜しむべし、これらを記せる書類の今いずれにか失せけん、影だに留めず。されど聞き得たる所にてその一例を述べん。下総佐倉の城下にては、托鉢迷惑なりとて、本山に照会し、一年金十三両を贈るべき約束を取り結びたりとかや。もとより本山より何程と喜捨の額を定むべき筋ならねば、そは喜捨するものの心のままなれども、喜捨するものはまた喜捨せざるべからざるの義務を有せしものと覚し。故にある年は喜捨の額麦三俵に纏《まと》まりたる村ありとするも、受け取りにとて巡回するとき、当年は一俵のほかは出されずと言い張られても、詮方なかりしなり。されども一か年の収入高は概して五、六百石なりしという。

この五、六百石はことごとく本山及び控え番所の費用に充てられつ。本山には住職一名、弟子二、三名、留守居一名、飯焚き男二名、また浅草控え番所には、番僧一名、弟子三名、下男三名おり住まうのみなれば、生活の安楽なること推し測られぬべく、尤も入門弟子入り(剃髪するを入門といい、有髪の者を弟子といい習わしぬ)の節、これに渡しやるべき袈裟衣・天蓋などはこの収入中より支出するなり。

右本山より三か国へ喜捨取り集めとして出張する留守居は、御定め賃銭にて往来し昼食・宿泊ともに無料なり。本山より渡しやる旅費は嘉永年間には集め高の一割五分の定めなりしが、文久頃には増して二割となり、慶応にはまた増して三割となりしとぞ。

かかるが故に虚無僧らは全く本山より生活上の保護を受けしことなし。虚無僧の掟にいう「一銭一鉢その日の知行たるべし」と。現にかれらは托鉢を以て公許の封土となせるなり。その時に権力ありしも怪しむに足らず。

さてまた本山の住職は、重に江戸浅草の控え番所に出張して(文政・天保の頃をいう)

事を取り扱い、会印改めをもここにて執行し、国々の取り扱い事務は神奈川の西光寺、青梅鈴法寺、及び奥羽の武禄寺・武音寺などにて交わる交わる年番を勤め、事あるとき始めて本山一月寺と協議して事を計らい、一年二度の会合も天保頃よりは多く江戸にて行いたれば、天保五年〔一八三四〕かの仙石騒動の時のほかは、小金の宿に数百人の虚無僧を見たることなしという。仙石騒動の実説をば次編より掲げ出すべし。

（五八五四号、明治二六年三月二三日）

仙石騒動

仙石騒動は、文政年間の事に属し、年代甚だ古《ふる》からず。稗史小説にも物せられて、世の人誰れ知らぬものなきまでにありふれたれど、この騒動に大なる関係もてる小金一月寺に編者親しく往きてありし事どもを尋ね、また当時この件を取り調べたる寺社奉行吟味物調役川路弥吉〈聖謨《としあきら》〉の遺書に就きてその模様を聞き、世に流布する説と大いに異なるを悟りければ、古《ふ》りしことのありのままを事新らしう記して、そが実相を読者に紹介せんとて企てつ。これも虚無僧の事にかかわりあるが故にこそ。

天保六乙未年〔一八三五〕四月二十一日、金龍山一月寺の末上総国望陀郡三黒村松見寺の看主友鵞《ゆうが》なるもの、江戸横山町二丁目の途上にて町奉行筒井伊賀守〈政憲《まさのり》〉の手に捕縛せられぬ。かねて仰せ出だされし掟もあり、かつは浮浪の危窮を救うの思し召しもて、特別の権を与えられしこの虚無僧に対し、支配違いの町奉行が控え番所に一応の談判もなくて、下賤の者同様その場にて友鶩に縄掛け、引き立てし取り扱い不審千万なり。このままにてあらんには、天下の御条目も何の益なく、普化宗の存亡この一挙にありとて、急に檄を飛ばして末寺の者どもに浅草田原町なる控え番所に集まれよと命じぬ。召集に応じたる末寺には、

武州神奈川	西光寺	同青梅	鈴法寺
同府中	安楽寺	同目黒	京昌寺
同八王子	沢水寺	同上峯	松源寺
同深谷	福正寺	同小川	高円寺
下総法珠花	観急寺	同沢目木	東陽寺
上総南玉	清庭寺	同大多喜	折紙寺
常州筑波	古通寺	同下妻	心月寺
同古綿	安楽寺	同薬師寺村	清心寺
同江戸崎	大悲寺	同上三川村	長福寺
同片野	光楽寺	同塙	武音寺
上州高崎	清海寺	同所	慈常寺
同淵谷村	光林寺	同沼田	円福寺

下野鹿沼　住泉寺　同結城　長金寺
宇都宮多切村　清雲寺　同喜連川　常信寺
同鍋掛村　清庭寺　同太田原　普度寺
同那須　鈴沢寺　同上田村　正安寺
相州三浦下当　龍三寺　同伊勢原　神宮寺

すべて三十四か寺の住職にて、何れも怒気を含んであい詰める折柄、一月寺の住職愛山は在府しければ、直ちに衆僧に向って「この上は寺社奉行に迫りて、事の曲直を正し、第一に忠臣無二の友鴦を救い、第二に上役人の理不尽を責め、御条目通りの取り扱いを受け、永く普化宗の面目を保つのほかに策なし」と説き示すに、一同奮激して遂に奉行脇坂中務大輔〈安董・寺社奉行〉に書を上《たてまつ》りぬ。この友鴦を誰れとかす、実に但馬出石《いずし》の城主仙石美濃守〈政美《まさみつ》〉の家臣にして、神谷七五三《しめぞう》の弟、神谷転《うたた》と呼ぶものこれなり。そもかれはいかにして虚無僧となりしか。　（五八五五号、明治二六年三月二四日）

初め文政年間、但馬出石城の国家老仙石左京〈久寿《ひさなが》〉なるものあり。奸佞邪智にして、諂《てん》(38)諛《ゆ》上《かみ》を欺き、(39)欺罔《きもう》下《しも》を御し、一国の権を擅《ほしいまま》にする程に、やがては当主美濃守を弑《しい》して、そが所領を横奪せんと企て、御家騒動にはありふれたる計策を廻《めぐ》らし、まず医師高取理白に命じて毒薬を調合せしめ、これをば台所役人たる西岡斧八郎といえるに渡し、機を窺い膳部に配して君を毒殺せんとしけるに、神谷転あたかも当直として殿にあり、不図《ふと》台所に往きて、斧八郎が怪しき振舞あるに心付き、かつは紙包を手にしたるを見て、いよいよ不審の念に堪えず、夜半ひそかに詰め所を出でて、斧八郎が預かり箪笥よりかの紙包を取り出し、ひそかに懐中して、その後斧八郎の挙動を窺いしに、かれ人なき折りにはしきりに何物をか捜索し、俄かに心掛りの面地《おももち》見ゆるに、事こそあれと、その有様《ありさま》を実兄七五三に語り、油断せば一国の大事ともなりなんとて、忠誠を励むの士はともに戒心する所ありき。さて左京はこの事を聞いて心安からず。急ぎ斧八郎を呼び寄せて紛失の手続きを問い糺し、さらばこれこの夜の当直転の仕業なるべしとて、何となく同人を分家仙石弥三郎〈旗本〉の付け人となし、江戸木挽町の邸《やしき》に送りたりける。

文政十二年(一八二九)四月美濃守江戸に参勤せしが、到着間もなく変死を遂げしかば、一家の騒動斜めならず、急ぎ出石に使いを馳せ、隠居播磨守〈久道《ひさみち》〉にその趣を報ぜしに、播磨守は右変死を左京の所業なりとも知らで、出府を左京に命じぬ。左京心に笑みてその子小太郎とて当年十五才になりけるを伴い、昼夜兼行して出府しけるは、わが子を以て美濃守の嫡子道之助(当年わずかに四才)に代え、仙石家を相続せさせんとしたるなりけり。されどこの計画は遂に画餅となりし程に、それよりは種々の手段を運《めぐ》らし、一家中反対の士を幽閉し、あるいは殺戮せんと志し、まず言《ことば》を設けて重臣生駒主計《かずえ》・荒木玄蕃を幽し、用人勝手掛り河野瀬兵衛を改易として中追放に処したり。

瀬兵衛はませて忠誠の丈夫なりけり。さればいかにもして逆臣左京の罪を正さんものと誓い、出京して仙石弥三郎の邸に神谷転と会し、ともに主家の危急を浩歎せしが、瀬兵衛はそれより転の師渋川伴五郎方に身を潜まし、左京が奸計の次第を綴りて、これを分家能登守〈久大・旗本〉並びに長之助〈政成・旗本〉が表門の扉面に貼付したり。能登守ら見て大いに驚き、直ちにその由を国元なる播磨守に報ぜしに、播磨守は信ぜずして、反って左京に使者の報告を告げしかば、左京は事漸く迫れりとて、天保五年(一八三四)十一月瀬兵衛を生野なる渡辺角太夫の別業に捕らえぬ。生野は御料地内に係れるに、かく濫行に及びしことの胆太かりしよ、いかなる責めのあらんも測られずとて、流石《さすが》の奸臣らも心痛一方《ひとかた》ならざりしが、当時御勘定奉行公事方曽我豊後守〈助弼《すけまさ》〉賄賂に眼くらみて、内聞となし瀬兵衛をば仙石家へ引き渡したるこそ是非もなき業《わざ》なれ。

奸臣らは遂に瀬兵衛を屠《ほふ》りて、その貪欲の念を飽かしめ、かかる上は転を獲て甘心せよとて、これをば本国に呼び戻したり。転はやむを得ず分家を辞して出石に向かいしに、その領内に入りける時不図《ふと》瀬兵衛の横死を聞きたれば、直ちに出奔して柔術の相弟子旗《はた》下《もと》の士黒川和四郎の邸に潜み、その紹介によりて一月寺の控え番所に入り、身を暫くの間虚無僧に擬したるは、実に天保六年四月十日の事と聞えし。

(五八五六号、明治二六年三月二五日)

浅草控え番所にては、神谷転の入門を承諾し、番僧愛瓊《あいせん》をして得道の式を整え、普化一宗の心得方を申し聞かさしめ、それより転は広間において住職に対面し、つぶさに起本の顚末を述べたり。ここにおいて住職は御条目及び定書などを読み聞かせ、通常ならば二日ないし三日の後を待つべきを、事緊急なればとて、特にその例を変じて直ちに天蓋・袈裟などを下付し、すなわち本則をも給与しおわんぬ。さて法名は勿論授くべきなれども、また自身に名乗りて差し支えなしと、住職の注意に答えて、「拙者もと俳諧を好み、俳名を友鶩と称せり。友鶩の文字は尺八の師風仙より免許《ゆる》しを受けし節、この号をも授けられたるものなれば、友鶩をそのまま法名と致したし」とありければ、住職はそれにて善《よし》としてその意に任せてけり。

これより友鶩は、控え番所にありて万事諸向きの事を手伝いおる中、看主見習いを申し付けられ、翌天保六年(一八三五)三月二日上総国望陀郡三黒村松見寺の看主となり、なお控え番所に滞在して事務を取り扱いつつ、主家を懐《おも》うの念にあくがれて、浮世のほかに浮世の塵を傷みしが、左京らは友鶩が名を虚無僧に隠したるを聞きて安からぬことに思い、町奉行筒井伊賀守〈政憲《まさのり》〉に依頼し、賄賂を以て与力・同心を瞞着し、友鶩召し捕りのことを促し立てたり。されば町奉行の与力・同心は昼となく、夜となく偵吏を放って転の挙動を窺いける中、この年四月一日控え番所は洛の明暗寺に法用ありて、急に飛脚を立つることとなり、瀬戸物町の飛脚屋島屋佐右衛門方へ院代僧の内出張して事を托さんとするに、愛璿《あいせん》障る事ありて、友鶩代わってここに赴き、用を果てての帰るさに、横山町通りへ差し掛りし時、かねて待ち設けたりけん与力・同心らは、そという間に四方より取り囲み、「浪人神谷転御用なるぞ、上意なるぞ、神妙に致せ、それ搦めよ」と犇《ひし》めきたり。されど友鷲は渋川流の達人なり、少しも騒がず身構えしつつ、同心一人投げ退けつつ、「某《それがし》は普化宗門の役僧なるに、なんらの儀にて御上意とは仰せらるる」というに、「浪人の神谷転偽りを申すな、押し倒して搦め取れ」と一度にかからんとす。友鷲声を張り上げて、「上意とあれば敵対は仕らず、当時の身分を申し上げても偽りなりとて、聞き入れなく、無体に打ちすえよとは、よも上の御役人にては候まじ。それ故お手合《てあい》仕るなり」と叫びぬ。この時筒井伊賀守の差し図にて、同心平岡銀兵衛・大見喜三郎両人召し捕りに向かいたるに、友鷲はなお拒みて「僧形の事古例もあれば、本寺一月寺浅草控え番所まで同道下さるべく、同所にてお縄を受くべし、途中にては迷惑なり」といいたれども聴き入れず、遂に寺社奉行支配の僧に対して筋目違いの縄を打ちたることこそ是非なけれ。

かくと聞きて、一月寺の住職愛山は直ちに愛璿をして町奉行に照会せしめ、「いやしくも御掟書の示す所に従って寺社奉行の下に立つ虚無僧に対し、支配違いの町奉行が手を下し、縄を掛くること、以てのほかなり」と迫りけれども、町奉行の答えその要領を得ず。折りしも出府中なりし上州新田理光寺の看主良仙もまた仙石家の留守居河野丹治に談判する所ありしも、これもその趣意を貫くを得ず、かくてはこれ一宗の存亡に関すればとて、遂に末寺の者を召集し、寺社奉行に迫りて曲直を正さんとぞしたるなりける。

（五八五七号、明治二六年三月二六日）

ここに愛璿が町奉行筒井伊賀守の番所に出頭したる時になせし談判の模様を記さんに、かれは詮[40]議掛りの与力に面会して、さていうよう「去る二十一日横山町において上総望陀郡三黒村松見寺の看主友鷲と申す者を召し捕られし由風聞に承りて驚き入りぬ。右はいかがの思し召しにてこの御番所より手を下され給いしや、また本山一月寺になんらの御掛合もなかりし次第、何とも合点参らぬなり。召し捕りの御趣意逐一承りたし」と詰問したり。役人答えて、「その節召し捕りたるは浪人神谷転と申す者にて、虚無僧にはあらず」というに、愛璿威丈高になりて、「その神谷転こそ、得道入門して名を友鷲と改め、今は松見寺の看主を勤むるものなれ、その段は御吟味の節当人名乗り申さざりしか」と問い反す。「否その後御用多にて未だ吟味せしことなし。そのまま入牢申し付け置きたり」と役人は答え、「何はさて普化宗の者を御召し捕りありながら、本寺へ御沙汰なきはいかがの筋なるや」と愛璿は詰《なじ》り、かくて数次の問答の末、役人は「暫く待たれよ」といい捨て、その場を立ち去り、時過ぎて再び出で来たり、「さて神谷転事松見寺看主の由申さるる旨承知せり。右は吟味の筋あるによりて召し捕りたる者なれども、御用繁多にて未だ呼び出さず。故に門弟の儀いい張らるれど、未だ確《かく》とあい定め難し。もし果たして普化宗の者なれば、何故法衣を着し往来せざりしや」という。愛璿微笑して「こは御役向きのお尋ねとも覚えず。宗門の掟修行の節は、天蓋・袈裟を用い、公儀御用向きにて御役所へ罷り出で、また他方の掛合そのほか事柄にて他行の節は、いつにても居士衣《こじごろも》を着する事古例なり。現に今日拙僧の体も同様なり。されば友鴛の扮装虚無僧にあらずとは決して申されまじ。かつ御召し捕りの折り友鴛より身分の儀御出役衆へ申し上げ、一月寺番所へ同道の儀を達《た》ってあい願いし由なれども、御聞き入れなく御番所へ引き立てられたるは、これまでに例のなき御取り計らいとこそ存ずれ。この儀いかがに」とまくしかけられ、役人返す辞《ことば》なく、「役向き御用筋の儀に付きその方より批判は受けず。上を侮る申し分なり」という。愛璿少しも騒がず、「友鴛も御用筋の儀にて同宗明暗寺へ飛脚差し立てのため瀬戸物町島屋方へ赴きたる途中なり。右用弁の模様本山住職において聞かざる内は、御用向き済みたりと申されず。しかるに一応御糺しもなく入牢仰せ付けられたるは、その意を得ず」といい返しぬ。「しからば暫く控えおるべし。これより吟味の上、挨拶に及ぶべし」とて、愛璿は使者の間へ案内されたり。これによりて観るも、本山番僧の威想い見るべし。奉行所もこれをいかんともするあたわず。特に吟味の上挨拶することとなしたるなるらし。

当日友鴛白洲においての申し口左の如し。

主人美濃守の変死、当主道之助の祖父播磨守本国において俄に病死の始末は、左京の毒殺と自承致し候。かつこの上は幼年の道之助をもなきものとし、左京の惣領小太郎を以て仙石家の家督致させ申すべく巧み、随意の者はそれぞれ立身致させ、忠義の者は追々役義を取り放し、軽き者にても賄賂次第にて重き役人に取り立て、領分へは多分の用金申し付け、そのほか暴悪の始末、私御召し捕りにあいなり申さずとも、自訴仕るべく所存の処、兄七五三儀、存亡あい分り兼ね候に付き、松見寺の門弟輪蘭・蜚周両人に申し付け、出石へ差し遣わし、在所承り候上、当地へ呼び寄せ相談の上と、猶予罷りあり候折柄、御召し捕りにあいなり、この上は右の廉々つぶさに申し上ぐべく候。何卒御吟味下さるよう願い奉る由申し述べたり。

右友鷟の申し口認めたる書面を以て、役人再三愛璿に面会し、「友鷟かくの如く申し上げたる上は、身分の儀も相違なきに付き、今日より揚屋入《あがりや》りを申し付けたり。追々吟味の上沙汰致さるべし」との事に、愛璿は忝《かたじけな》き旨挨拶して引き取り、それより支配の事なれば、右の始末を寺社奉行へ届け出て、その後、協議の上仙石家へは引き渡さず、当御番所において御吟味下されたき旨筒井伊賀守へ住職より歎願書を出せり。これ実に天保六年(一八三五)五月九日の事なり。　(五八五八号、明治二六年三月二八日)

町奉行所の挨拶振りややわが意を徹したるに似たりければ、愛璿引き取りて後、報を待ち、控え番所の評議区々《まちまち》なりしが、五月二十二日に至り、町奉行所より沙汰ありて、明日役僧の者出頭すべしとありければ、愛璿手ぐすね引きて明くるを遅しと待ち、二十三日つとめて起きて出庁したり。やがて吟味与力より申し渡せし趣は、「友鷟儀仙石道之助より召し捕り渡しの儀申し越されたるものに付き、当奉行所において吟味致すべき筋にあらず。すなわち仙石へ引き渡すべく。依って先日差し出されたる願書を差し戻すべく段、伊賀守〈筒井政憲〉差し図なり」とて、願書は本意なくも突き戻されたり。道之助は仙石の幼主なり。左京その孤を挿《さしはさ》んで町奉行と結託したるなりけり。愛璿流石《さすが》に胆を落とし、歯切《はが》みしてその場を去りしが、かくてあるべきにあらざれば、住職愛山と図りて直ちにその次第を召し集めたる衆僧に告げ、五月二十五日遂に左の願書を寺社奉行脇坂中務大輔〈安董《やすただ》〉の役宅に差し出しける。

書付を以て願い上げ奉り候

仙石道之助家来神谷転事当寺一月寺末上総国望陀郡三黒村松見寺看主友鵞儀、当四月二十一日宗用にて飛脚屋佐右衛門方へ遣わし候途中、町御奉行所へ御召し捕りにあいなり候体故、一月寺役僧代の由再三申し候えども、不法に打ち掛かり組み付き候て押し倒し縄掛け、仙石家へ渡すべく段申し聞かせに付き、宗法もこれある事故、ひとまず一月寺控え番所へ同道の上、いかようにもあいなるべく旨申し候処、そのまま筒井伊賀守様御番所へ引き連れ、即刻入牢仰せ付けられ、当時御吟味中に御座候。一体普化宗の儀は、慶長十九年(一六一四)甲寅正月御掟書なし下し置かれ、なおまた寛政六年(一七九四)甲寅二月宗法御改めなし下され、往古より由緒ある士の家名・血脈断絶これなきよう、永々天下武門のため、その子孫に至り御用にも立つ者これあり候えば、実は御奉公にもあいなり候間、宗法正しく仕り候よう仰せ渡され、御書付頂戴仕り、いよいよあい励み、宗令油断なく武門不幸の士を撫育致し、仕官致され候を専ら心掛け候儀に御座候。右神谷転事友鷲儀、主家の安危を考え、忠志を含み罷りあり候処、不良の者の巧みに落ち入り候ては、忠死も空しくなり行き、主家の動静覚束なくと、まず退身仕り候由にて、去午年四月入門致し、古法の通り取り計らい門弟に致し、役僧見習い申し渡し、当三月松見寺看主申し付け候。はたまた国々奸悪の暴臣これあり候えば、一途の忠誠を存じ候士はかえって無実の罪に落ち入り候儀、気薄らぎ、自然忠烈の志を忘れ、不道邪曲を見習い、ついには一家の大事に及び、国乱をも引き出し候類もこれある趣、古人の伝説に承り候。かつ孤忠情願しきりに不便に存じ、旁々《かたがた》右友鷲儀、何卒御慈悲を以て御奉行所において御吟味の上、落着仰せ渡し下され候よう、去る五月九日筒井伊賀守様御番所へ御慈悲願い差し上げ候えども、御取り用いあいならず、願書御差し戻しにあいなり候間、是非なく引き取り、篤と思慮仕り候処、公辺へ御苦労掛け奉り候儀、何ともおそれ入り候に付き、不斗《ふと》心付き仙石家へ転罪科の軽重密々問い合わせ候処、一通り吟味の筋これある者にて、格別罪科これなき趣故、一旦一月寺弟子に致し候ちなみもこれあり候間、仙石家において吟味済みの上は、友鷲身分一月寺へ貰い請け候て剃髪致させたき書面差し出し候処、道之助殿内見の上、出石表へ申し遣わし、その上答えに及ぶべき旨にて、余程の日数もあい立ち候えども、何の沙汰もこれなき間、去る五月二十二日仙石家へあい越し承り候処、出石表より申し越し候趣もこれあり、取り用い難く儀に付き、あい断り候段、道之助殿申し越され候趣、同人家来河野丹次申し聞かせ候。右の趣にては何とも致し方これなく、友鷲一人に限り候儀にもこれなく、普《あまね》く武浪の危窮を救い候宗意にて、兼て仰せ渡され候御趣意もこれあり候。前文の次第理不尽の取り押さえ方、ことに一月寺番所へ同道致しくれ候よう再応あい頼み候ても聞き入れず、縄掛け引き連れ候儀、全く下賤同様の扱い方、この体になり行き候ては、おそれながら御掟の趣あい立ち難く、一宗において深くおそれ入り候義にて、武家隠家《いんか》として立て置かれ候詮さらにこれなく、往々一宗の滅亡の兆《ちょう》ともあいなるべきやと、一同あい歎き心痛仕り候儀に御座候。何卒格別の御慈悲を以て宗法古来の通りあい立ち候ようなし下され、右友鷲士忠の意志も遂ぐべき義に御座候わば、なおさらありがたく存じ奉り候。この段幾重にも御慈悲の御沙汰願い奉り候。以上。

一月寺番所役僧

愛　璿

天保六未年（一八三五）六月十九日

寺社奉行御役所

該書は実に普化宗徒が存亡の機を一髪に賭して理非を仙石家、はた町奉行と争いたるもの也。この書によって観るに、友鷲すでに仙石家へ引き渡されて後、左京虎狼の心なお虚無僧の威に畏るる所あり。屠《ほふ》らんと欲して未だ殺さず。初め一月寺の照会に対しては、格別罪科なしと告げしめ、後、友鶩の骸骨を乞うの書面に対しては、まさに引き渡すべからずと断言し、(41)跙跙逡巡《しょしょしゅんじゅん》幾度か頭《こうべ》を病《や》ましめ、しかる後、始めて決答したるの状あるを見つべし。すでにしてこの書一たび寺社奉行に入りて、快刀乱麻を斬り、左京の姦毒遂に枯死す。痛快というべきのみ。　(五八五九号、明治二六年三月二九日)

そもそも寺社奉行脇坂中務大輔〈安董《やすただ》〉とはいかなる人ぞ。将軍家斉《いえなり》卿の代に当たりて、かの日蓮宗延命院(42)僧侶の醜行を発露し、これを厳刑に処して、天下僧侶の弊風を矯正したる明判官なり。人となり廉潔にして明断あり。この獄を治するや、事あるいは中貴に連なるの故を以て、人々知って知らざるが如くしたりしを、かれ独り公道に拠りて処断せしかば、天下皆その威厳を仰ぎ見ざるはなかりき。既にしてみずから官(43)を挂《か》けて家居すること久しかりしが、仙石の獄起こるに及んで、将軍特に淡路守(中務大輔)を起こして寺社奉行に再任し、この獄を判決せしめたるなり。さればその頃の落首に、

又出たと坊主びっくり貂《てん》の皮

けだしこの時に当たり、世間未だ仙石家に大事あるを知らず。ただ淡路守の再任を見て驚愕の余り、定めて延命院の如き醜僧のまた顕われたるが故に、淡路守寺社奉行となりしならんと思い、この落首を作りたるならん。貂の皮とは、淡路守の道具二本に貂の皮を被《き》せたるを以てしかいうなめり。

あるいはいう、仙石の件の寺社奉行掛りとなりしは、その初め友鶩が事実を書して一編となし、これを評定所の目安箱〈これは冤枉《えんおう》ある者のひそかに投じて、その意を上告するを得るがために設けたる投書函にして、八代将軍吉宗の代より設けられしという〉に投じたるより、将軍の覧に上《のぼ》りて、遂に淡路守を起こすに至りたりと。これあるいは信に近きが如し。しかれどももまた思うに、もししかりとせば、これ友鶩が捕《ほ》に就かざるの時ならざるべからず。すでに捕に就くの前なりとせば、その目安箱の将軍の覧を経《ふ》るまでの内に、愛璿と町奉行所との間に、前来述べたる交渉のありしものと覚し。しかして一月寺より公然寺社奉行所に訴え出でし時は、寺社奉行所疾《と》くよりすでにこれを知りて、その裁断の準備をなせしものとせざるを得ず。準備とは何ぞや。この獄を理するには老中周防守〈松平康任《やすとう》〉〈仙石家の姻家〉を始めとして、多少連累ありしを以て、淡路守はまずその手に属する下吏を選択し、すなわち留役組頭中野又兵衛・留役川路弥吉〈聖《とし》謨《あきら》〉の両人を擢《ぬき》んでて、特別に任用したるが如きこれなり。(44)

しかれどももまた聞く所を以てすれば、控え番所において一日友鶩の部屋を取り片付けしに、一の文庫の蓋に「秘書他見を許さず」と認《したた》め、また但し書に「拙者万一身分に変事これある節は、この中御被見下さるべく候」と記したるを開見《かいけん》しければ、愛璿検《あらた》めしに、中に一封の書を秘めたり。すなわち仙石家の事を精記したる物なり。愛璿喜びて衆僧に読み聞かせ、かかる上は事安《やす》しとて、遂にこれを寺社奉行所に提出せしは、天保六年(一八三五)七月二十日なりともいえり。その秘書はすなわち左に載する所のものにして、かの目安箱に投じたりというも、あるいはこの書にほかならざるべし。また案ずるに友鷲の忠誠なる、なるべく公儀を煩わさざりしを欲して、目安箱には投ぜざりしを、身は擒《とりこ》となりて後、一月寺の手より直ちに寺社奉行所に提出したるやも測り難し。しばらく疑いを存すという。

箇条書

仙石道之助家老
仙石左京

一、先年筋立ち候儀もこれなきに、領分へ金五万両用金申し付け、その上勝手向き不如意と称し、銀札多く拵え、自分の利益を謀り、江戸表勝手向き手詰まりにて難儀致させながら、美濃守在国中は度々自分屋敷に招き、酒興を催し、美女を集めて妾に取り持ち致し候始末不届きの事。

一、美濃守参勤の道中、早朝より酒を勧め、料理配膳などに不審のこれあり候事。

一、播磨守には平素美人四、五人を付け置き、早朝より酒を勧め、自然と病気差し起こり候ように巧み、後には手段通り発病致し、言舌あい分らず、起《た》ち居《い》もあい叶わず、病死致し候事。

一、美濃守江戸表において病気大切の砌《みぎり》、左京早打ちにて出府致し候節、七歳にあいなり候悴を召し連れ候事。
一、出石城内にこれあり候先祖伝来の箱、古例の品これあるを自宅へ持ち行き候事。
一、城内にこれある武器類取り出させ、好みの品選び取り、主人より拝領せしと近習の者に申し付け偽りを申させ候事。
一、江戸交代の士に、主人申し付け候事柄をいい替え申し渡し候事。
一、左京に随従の者、容易ならざる落度これある者も押し隠し、主人を欺き候事。
一、美濃守忌中忌日に他行先にて、魚鳥酒食致し、その上宿へ一泊致し候事。
一、悴元服具足着初めの節、烏帽子《えぼし》・大紋を着て式礼致し、主家にこれなき式を臣下の身分にて武道の奢りを致し候事。
一、悴婚礼の砌、ことのほか花美を尽くし、諸士あい揃え、追手まで出迎え致させ、右縁女は江戸松平主税女を迎え、主税勝手不如意の由にて多くの金銀を送り、道中の支度ことごとく左京より致し候事。
一、他国より鷹匠を迎え、鷹合わせ野合わせ致し、そのほか格外の奢りを極め、万石以上の暮らし方致し候事。
一、年寄生駒主計・荒木玄蕃・原市右衛門・酒匂清兵衛らは、深き由緒もこれある家柄にて、代々重役あい勤め候者にて、播磨守へ諫言致し候処、左京取り計らいにて蟄居《ちっきょ》隠居慎み申し付け候事。

右の通り相違これなく候。

神谷　転　花押

（五八六〇号、明治二六年三月三〇日）

一月寺より友鷲の箇条書出でしかば、淡路守は人を出石に遣《や》りて探偵に従事せしめ、一々証跡を得て、御用番大久保加賀守〈忠真・老中〉に具申せしに、加賀守は同列を役宅に召集し、友鷲一件の評定をなしたり。この時松平周防守〈康任《やすとう》・老中〉は道之助へ友鷲を引き渡し置くこそ好《よ》けれと主張せしも、加賀守を始め同列の人々これを肯《き》かず。遂に寺社奉行へ引き渡しと一決し、町奉行へその趣を達せしかば、筒井伊賀守〈政憲《まさのり》・南町奉行〉は案に相違したれど、是非なく寺社奉行の手に友鷲を引き渡したり。実に天保六年（一八三五）八月七日の事にて、(45)室《むろ》咲きの花ここに室に復《かえ》りて辛くも命を繋ぎ留めぬ。友鷲は寺社奉行に引き渡されて、直ちに白洲において左の申し渡しを受けたり。

元仙石道之助家来神谷転事
上総国望陀郡三黒村松見寺看主
友　鷲

その方儀、吟味中松平備中守〈上総大多喜藩主〉家来預け遣わす。

さて淡路守・河内守〈井上正春・寺社奉行〉両家の掛りにて、九月五日始めて左京を呼び出し尋問する所ありしに、中々込み入りたる事件にて、不届きの事ども多く発覚に及びたるより後、淡路守一手にて引き受け尋問をなすこととなり、審問糾弾することおよそ三十日に渡りしが、その間左京がなせし奸悪の本源までに溯り、その状情を逐一明白に取り調べ、つぶさに閣老に上申したり。

しかるに事老中松平周防守に関わりし所少なからざるより、寺社奉行一手の吟味に止め置くべきにあらずとて、結局評定所を開くことに定まり、再吟味となりぬ。但し淡路守がこれまで吟味せしところ、事もとより公明を尽し、別に仔細なきを以て、さらにこれまでの吟味に歩《ほ》を継ぎ、同年十一月二十一日より評定所の再吟味に着手し、着々歩を進めて糺問をなし、同日の夜左京並びに重役岩田静馬ら重なるものどもへ上状《あげじょう》沙汰に及び、同二十四日一件連累者の口供書《こうきょうしょ》を徴し、同二十八日再吟味済みの伺い書進達となり、同年十二月九日水野越前守〈忠邦・老中〉より仙石家一件の者並びに関係の者へ御仕置き、または御咎めを仰せらるる旨、一座の面々へ言い渡しあり。その落着左の如し。但し申し渡し書略す。

仙石　道之助

高五万八千八十八石余の内、城知そのまま差し置かれ、二万八千八十八石余り召し上げられ、三万石高になし下され、かつ閉門仰せ付けらる。

松平　周防守

慎み隠居

町奉行

御目通り差し控え　筒井　伊賀守

仙石道之助家来

獄門　仙石　左京
四十九

同　用人

死罪　宇野　甚助
四十五

同　年寄

岩田　静馬
四十五

同左京悴

遠島　仙石　小太郎
二十一

同三男

同　仙石　正次郎
五

同静馬悴

同　岩田　寅次郎　十四

同　同甚助悴　宇野　庄之助　二十五

このほか中追放・軽追放などに処せられたる者六名あり。

上総国望陀郡三黒村
普化宗松見寺看主
友　鷲　四十二

その方儀、不埒の筋もあい聞こえず候間、構いなし。

友鷲はここに全く青天白日の身となれり。しかして再生の恩を一月寺に担い、はた虚無僧制度に担いつ。虚無僧の時に勢威ありしこと、この一事を以てもしるるし。かくして秘密結社は遂に徳川氏とあい終始して、士気を煥発し、政事探偵に功を

図 2

悉《つく》せしとなん。

今この虚無僧の編をおわるに臨みて、慶安年間京都の明暗派のいわゆる菰僧《こもそう》なるものの風俗を左に描く(図2)。

背負うたるは菰なり。随処にこれを敷きて露宿するの用に供えたるなり。苦行想いやるべし。また左に享保年間の風俗画を掲ぐ(図3)。これは金先《きんせん》、明暗両派を通じたる風俗なり。前画を並べ較べて変遷の著しきを悟るべし。風俗の詳細は、編首述ぶる所に参照せんことを望むになん。

図 3

(五八六一号、明治二六年三月三一日)

大神楽

大神楽に伊勢方・熱田方の二派あり。伊勢方の支配頭は佐藤斎宮《いつき》と呼び、下谷上野町二丁目に住みけり。鶴の丸印を紋所とす。熱田方は鏡味《かがみみ》権之進という。親方株ありて支配頭なく、かれは日本橋数寄屋町に住居し、丸一の印を紋所としたり。初め大神楽は毎年伊勢・尾張より江戸に上《のぼ》り来て、勧進すること三河万歳と変わることなかりしが、寛文十二年(一六七二)二月六日の町触に「御府内勧進仕り候大神楽に宿借し申すまじく候。ただ今まで宿仕り候者これあり候わば、来たる九日内寄合へ罷り出ずべく候」とあり。これより両派とも江戸に移り住みて、営業することとはなりし。

安永八年(一七七九)二月の書上によれば、伊勢方の祖は佐藤佐右衛門とて、伊勢国東阿倉川村高野明神の禰宜にて、内宮太子殿御物忌《ごぶつき》に属し、久しく大神楽を職とし、毎歳江戸に下りて興行せしに、後、寺社奉行加々《かが》爪《づめ》甲斐守〈直澄《なおずみ》〉へ願いの上、府下に移住し、また東国の大神楽職は皆伊勢方の派なれば、右移住後はすべて佐藤の支配となり、関八州及び駿河・三河の内にて新たに大神楽職を営む者は、佐藤方に届け出て職札を受くる定めなりしとぞ。されば同職の者は毎年二月二十日一同江戸へ呼び上げられ、佐藤支配頭の宅において仲間規定・時々の御触書などを読み聞かせられたり。但し大神楽職の受領名は、伊勢内宮の神主荒木田某より免許を受くる例なりし。

熱田方は、尾州熱田大神宮なる禰宜の二、三男にて、江戸に上《のぼ》り興行せし者、安永年間十二組ありしが、後、減じて十組となりぬ。この派には伊勢方の如く支配頭という者なきを以て、公事に預かることはすべて年番を置きて事務を取り扱わせたり。受領名並びに烏帽子・浄衣(1)・奴袴(2)《やっこばかま》を着用する者は、熱田方の役人の免許を受くる定めなりき。

大神楽は神職の末流なるを以て、寺社奉行の支配なり。その風俗寛政の初めまでは大神宮の祓え五、六尺の木を貫き通し、上へ幣を付したるものを持たせ、頭たる者は一刀を帯し、太鼓を打ち、一人は笛、一人は獅子を冠り、またこのほか両掛け挟箱を担わせ、正月元日より松の内小頭は、黒羽二重紋付の小袖に浅黄無垢を着し、風折烏帽子を戴き、浅黄の指貫(3)《さしぬき》を穿《うが》ち、狩衣(4)《かりぎぬ》または布衣(5)《ほい》を脱ぎし体に装いたる様、神職の余風ほの見えたり。さて年々演伎《えんぎ》の所望に預かる家へは、年礼の節守札《まもりふだ》と太鼓の撥《ばち》（頭に木綿紅のきれを付したるもの）を扇子包みの様になし、これに水引をかけ年玉に配るを以て定例としたり。

松過ぎて後は、頭は小紋染め縞の小袖に丹後縞の袴などに着換えせり。又十五日過ぎては袴を脱することとかれらの作法なりしとかいう。但し脇差は常に帯しいたり。承応・寛文の頃大神楽の江戸市中を徘徊したる様は、いかにも儀式正しく真っ先に隆準(6)《りゅうじゅん》の仮面をかぶり、直衣(7)《のうし》着し、白き袴を穿ち、御幣を持ち、その次に十四、五才の少年美しきようらく(8)《瓔珞》をかぶり、長絹を着し、白き袴着て、左手に中啓(9)《ちゅうけい》を持ち、右手に鈴を振り、第三番目には服紗麻上下の者、白木造りの箱をば両手を添えて捧げ、四番目は布衣の装束したる者、さてその次に四つ足白木造りの長持を、白丁[10]着たる人足六人(手替わり付きなり)に舁《か》かせ、この長持の蓋を裏返して、中央に幣と一万度の祓いを立て、獅子の頭《かしら》を正面に直し、下の方にて大太鼓・小太鼓・鼓《つづみ》・笛などを打ち合い、拍子を取ればようらく《瓔珞》かぶりたる少年、調子に乗りて舞い戯れき。その滑稽踊りとしては、烏帽子を横にかぶり、太鼓の撥を互い違いに投げたるに過ぎざれども、当時の人々これに感服せざるはなかりしと伝う。その後、これらの扮装行列いたく変遷して、古《むかし》の様少しも残らず。太神楽の余風見えずして、物貰いと均しくなり下《さが》れり。仲間の規約も慶応年間に至りて廃絶し、それよりは両派合併となりて、頭取に選まれたる田村八太夫(浅草田原町に住居せり)という者その運上を収めたりと聞きしが、維新後これもまた廃《すた》れぬ。

(五八六九号、明治二六年四月一一日)

七　坊主

小石川なる無量山伝通院は、了誉上人の開基にして、現在の地に一宇を建立せしは、応永二十二年(一四一五)なりという。以前は寿経寺と称せしを、慶長七年(一六〇二)八月、徳川家が伝通院殿〈徳川家康の母〉の廟地となし、朱印六百石を給してより伝通院と改めたり。

本山は浄土十八檀林の一梵刹にして、山内に二十二の学寮あり。これを三谷に分ちて、東谷《ひがしたに》の学寮、西谷《にしたに》の学寮、中谷《なかたに》の学寮と呼び、十人ないし二十人の学徒を入寮せしめて、浄土十八檀林住職の候補者を養成したり。さてこの学寮の学徒は、書籍を除くのほか、衣服・飲食・日々の調度に至るまで、一切自費を以て処弁するの制にして、まず三度の食は、朝は粥三椀に香の物、昼は飯三椀に汁一椀、夕は飯三椀に香の物に限り、他の食物の学寮に入るを許さず。一人前の食料一日五十文の定めなり。されどもこの五十文、またもとよりその出処なかるべからず。ここにおいてか、日々托鉢するの寺法を設け、たとえ親元あるいは親戚より別に学費を給与せらるるの徒といえども、また必ず托鉢の収入を以て費用に充つる法なるが故に、かれらは晴雨に拘わらず托鉢の務めに服したるなり。

図 4

托鉢は他宗になき仕方なり。日々本坊にて八つ七分（午後三時頃）の鐘を撞くを相図に、学徒は二十二の学寮より山内の広場に集まりて整列し、一組五十[七]余人、三組に分かれ、一組ごとに当番一人ありて、本坊の鐘撞きおわるを相図に、当番先導して境内を駈け出ずるなり。

　その扮装は、網代の笠を深く冠り、黒染《すみぞめ》の破れ衣を身に纏い、樫の木製の小さき拍子木を手にし、素跣《すはだし》にて二列となり、市内を徘徊す。この拍子木は尾州家よりの寄付に係り、本坊より渡されたるものなれば、学徒のこれを大切に取り扱うこと、さながら武士の両刀におけるが如し。

　托鉢の場所は、三里四方の許可にて、東に行くも、西に行くも行程三里以内より引き返す事を許さず。晴雨に拘わらず、日々六里の往復にて、八つ七分に山内を出で、暮れ六つ半時(午後七時頃)に帰寮の規定なれば、中々容易《たやす》き事にあらず。始終駈け通しなり。これを七坊主《ななつぼうず》と呼ぶ。

七坊主に喜捨する家は多く町家《ちょうか》にて、何町にて何軒と定まりたるものの如く、まず当番の僧は衆僧に駈け抜けてその家にいたり、同勢幾人なりという。これにてその家よりは、小さなる笊に人数だけの銭を入れて渡すを、当番受け取りてその家の前に佇立し、再衆僧もここに集まりて二列に並び立つ。この時当番は笊の銭を一文ずつ銘々に渡し、再びもと佇立したる場に復し、右の指に一文の銭を挟み、高く手を上ぐるを見て、一同拍子木を戛々《かつかつ》と打ち鳴らし、「南無阿弥陀、南無阿弥陀」と三遍唱うるなり。この間《ひま》に当番は笊を戻し、またもや行く先の家に駈け付け、前の如き手続をなす。さて得る所の銭は三厘以内にて一日一人六十四文の平均なり。この内五十文は食料に納め、八文は日々の湯銭に投じ、残る所は六文なり。この六文の銭にて夜業の油・筆・墨・紙を調えたり。尤も朔日・十五日・二十八日の三日は喜捨する家の多くして、平均百八十文位を得たりければ、学徒はこの日を当て込みおるなりとなり。

さて修行時間は、明六つ時(午前六時頃)より夜五つ時(午後八時頃)までにて、八つ七分より暮れ六つ時(午後六時頃)まで市中を駈け歩《あ》行《る》き、帰寮の上沐浴して直ちに修学をなすなり。学徒は学寮の用事及び沐浴のほか私に山門を出ずるを許されず。寺法すこぶる厳なりければ、浄土宗の僧侶にて伝通院学寮より出でたる者は、学力あり、品行厳格な

りとその頃いい合えりしとなり。（五九〇〇号、明治二六年五月一七日）

伝通院僧侶の諸役は、学頭・二臈・仲間《ちゅうげん》・大衆頭（以上は布衣《ほい》以上ともいうべき役僧なり）・中座・扇の間・名目部《みょうもくぶ》・一文字（これは布衣以下の者なれども御目見え席ともいうべき格式なり）・平等《ひらとう》にて、学頭・二臈は学寮の住僧なり。仲間以下はその学寮の属官ともいうべき役にて、学頭・二臈の指揮に従い、その学寮の庶務を整理し、また本坊の事務をも兼帯して勤め、なかんずく学頭は月々交代して、学寮の月行事《つきぎょうじ》を勤め、一山の事はすべてこの月行事より触れ示したり。さて本坊付きの僧侶は、別に百余人もありて、それぞれ格式はあれど、山内にては御役者と総称したり。

さて一山の衆僧はいずれも七つ坊主の修行をなしたる者にて、苦学の功を積み、学頭に昇り、二臈に進みたるなり。されども十八檀林の内に空席あるときは、転住することあるも、これらは三か年に一度位のことにて、中に不如法《ふにょほう》の者などありて、役僧に欠員あれば兎も角、しからざれば夜行打《やぎょううち》（七つ坊主のこと）は三年・五年の修行にて平坊主にも加わることの出来ぬことあり。しかして平に召し出されぬ内は、何年も学寮にいて夜行打たねばならぬ成規なり。尤も三か年の苦行を遂げたる者には、托鉢の際、草鞋《わらじ》また草履を穿《うが》つことを許す成規なれども、(1)悤急《そうきゅう》の際、草履・草鞋などを購うの猶予だもなき身は、往来に棄てあるを片足ずつ拾いて穿ち、あるいは托鉢先にて「今日は仏の命日に当たりたれば、回向のため草履を参らすべし、草鞋を参らすべし」などいう恩恵者あるがために、時には新らしきものを穿ちたれど、これ皆右の次第にて、自分で草履・草鞋を調《ととの》いたることとなしとなり。

かくの如き苦行をなして漸く平に召し出され、一文字に進みて、本山より相当の手当を受くる身となりて、一朝の破戒のために放逐せられ、九仞[2]の功を一簣《いっき》に欠きたるも稀にはありき。

伝通院は寺禄わずかに六百石なれど、武家に比較せば一万石位の生活にて、有福の梵刹なり。まず一山の収入は数万円の貸金より月々上《あが》る利子あり。また学寮福聚院に勧請の大黒天(尾州家の寄願所なり)沢蔵主《たくぞうす》稲荷の収入供物は、皆本山の収入にて、甲子《きのえね》の賽銭、午の日供物など経済中々に裕《ゆたか》なりしと(大黒天沢蔵主の事は後に記すべし)。されば学頭・二臈を始め、一文字・平に至るまで手当もよく行き届き、大黒天沢蔵主の収入の如きは、一か年積み置きて、総高の二分を本山に収め、一分を修繕費に充て、七分は金銭取り交ぜのまま、学寮何院・何寺に配分せり。その配分の仕方は、学寮何院へ一升、何寺へ五合と枡に量りて配分せしと聞く。されば一升の配分を受くる学寮も、銭を多く量り込まれては、五合の金銀多き枡には劣り、二合・三合の配分受くる者も時としては五合受くる者より利の多きことあり。かかる有様《ありさま》より見るも、本山の生活の裕なりしを知るに足るべし。

さて毎歳正月元旦には、卯の上刻(午前五時頃)百八の鐘第三の響きを相図に、学頭・

二臈・仲間・大衆頭は香衣五条の袈裟を着し、本坊大方丈に出頭し、本山大僧正に謁して年始の礼を述べ、学頭は金百疋、二臈は金五十疋、役者は銀十三匁、内役《ないやく》は銀十二匁、大衆頭及び仲間は銀十二匁の目録を献ず。以上は前に述べたる布衣以上ともいうべき格式あるものにて、これを「御好《よしみ》」という。

中座・扇の間詰め以下一文字の僧侶は、僧正礼席を立ち、御好の衆へ茶菓の饗応、おわりたる後、内役の指揮にて御好着席、次の間に一統出頭し御礼を申し述べ、銀十五匁より十二匁までの目録を献ず。

さて御礼おわれば、一統まず本堂及び開山堂へ拝礼をなし、おわって鎮守の社を拝し、舎利殿（これは福聚院の大黒堂なり。釈迦の舎利内陣に安置しある故にかくいう）に詣ず。

（五九〇一号、明治二六年五月一八日）

さて舎利殿に参集したる者は、天下泰平祈念のため舎利礼十巻・心経一巻の勤行ありて退散す。但し三か日とも執行せり。これより学寮の年中行事を略記すべし。

正月　御好の者年頭の祝儀に往来するときは、屠蘇などの設けなく、茶菓を侑《すす》むるなり。菓子は蜜柑三つ・干柿二つの定めなり。

元旦御礼の節、大衆頭以下の僧侶には、方丈三の間において煮麺《にゅうめん》を下さる。

三日には、かの舎利殿の勤行おわりたる後、鎮守秋葉神社の御鬮《みくじ》を振りて、その年の月行事《つきぎょうじ》の順序を定む。

七日は、芝大僧正年始のため本山に来たる故、一山の衆、黒白の衣を着し、大門より中門の内外に整列して送迎す。この日は総出仕なり。

十一日は、書読始めとて、学頭以下大衆頭・仲間まで本堂へ参会し式を行う。おわりて講師月番を定む(たとえば正月月番に当たりたる者は、その月適宜に日を定め、みずからの寮に一山の学生を招集して講義をなす)。またこの日月行事の報謝料と称して(七つ坊主を除く)、各々百文ずつを収む。読書式おわれば一同方丈へ出で、御報謝料と唱え、青銅一貫文ずつを進献し、拝礼おわれば、西一の間において雑煮・吸ものを下さる。各寮はこの日より修業を始む。

十四日には、正八つ時(夜八つ時なり・午前二時頃)本堂において放生会あり。但し総出仕なり。

三十日には、八つ七分(午後三時頃)の鐘を相図に、月行事諸記録・金銭などを携え、本坊に出仕し、学頭・二臈立会の上、後の月行事に諸帳簿を引き渡し、申し送るべき箇条は白紙に認《したた》め送りて、交代をなす(月々の交代以上記す如し)。

二月　朔日の御礼として総出仕、退散の節福聚院舎利殿に参集し、法楽の執行あり。

四日には、月行事寮において斎《さい》[3]あり。献立は「平・猪口手塩・飯」などにて四日講という。

この月初午の前日沢蔵司《主》稲荷へ初穂を納む。御好は定めなし。仲間以下二匁、平は百銅ずつの定めなり。

十五日の涅槃会は、総出仕にて明六つ時（午前六時頃）本堂に参集す。法衣白衣の例なり。

三月　朔日の御礼なし。定例の如く福聚院において法楽執行あり（これより以下朔日の法楽定例なれば除く）。

三日上巳の御礼、総出仕、拝礼おわりて方丈にて赤飯を下さる。当日は山内を廻勤す。

四日、前月の如く四日講、月行事の寮において斎あり。

八日、本堂において灌仏会執行。白衣総出仕。

九日、月行事寮において内寄合あり。

十日、位銭と称し、各々四十八銅ずつ月番寮に納む。

十五日、福聚院法楽、但し今日までにて帽子を脱す。またこの日輪頭《りんとう》において仲間以下下読《したよみ》法門あり。茶と軽焼を下さる。

十七日、東照宮御祭礼に付き、白衣総出仕、一同へ赤飯を下さる。

二十日、法門論日《ろんび》、方丈において仲間・大衆頭まで昼御斎を下さる。

二十四日、走誉《そうよ》上人御祥月に付き、月番寮において仲間集会、供養あり。斎四日講と同じ。但し供養料金百疋ずつなれば馳走あり。

五月　朔日の御礼なし。

五日端午の御礼あり。おわって山内廻礼上巳の節句と変わりなし。

六月　朔日の御礼、おわって後、日中勤行あり。

二日、今日より日中当番と称し、各寮主法衣にて日割りの通り出勤の旨を達せらる。またこの月暑に入りたる当日、暑中御伺いとして総出仕あり。当日は方丈において切り麦を下さる。

七月　二日より十六日まで御施餓鬼のため日々総出仕。

四日、海誉上人(4)逮夜《たいや》供養。

七日、七夕御礼山内廻礼あり。定例の如し。

十五日、朝四つ時（午前一〇時頃）大鐘次第、盂蘭盆会《うらぼんえ》御執行、白衣総出仕。

十六日、御施餓鬼あい済み、恐悦として御礼総出仕。

十八日、御施餓鬼御施物頂戴。

八月　朔日、八朔の御礼おわって山内廻勤。

四日、月渓院様〈徳川家光子亀松〉御祥月命日。

十二日、理岸院様〈徳川家宣子大五郎〉御祥月命日に付き、御斎会《ごさいえ》仲間一同出勤。

十五日、山内鎮守八幡宮祭礼、各々応分の初穂を納む。仲間は銀二匁ずつ、以下百銅ずつ。

二十三日、開山堂において中興上人御斎会、金百疋ずつ献納、式おわりて方丈において御斎を下さる。

二十五日、各寮の下男宗旨宗門改め、併せて隠し鉄砲の改めあり。

二十九日、伝通院殿御祥月命日、一山の衆僧白衣・黒衣総出仕、当日足袋御免。

九月　九日、重陽の御礼、端午・七夕に同じ。但し今日より衣更《ころもがえ》の事。

十五日、今日より帽子着用を許さる。

二十六日、五つ時(午前八時頃)御報謝法門開山堂へ参集、法門おわりて方丈において大衆頭まで中食を下さる。金二百疋献納。

二十七日、御斎会御説法御法話(院主)あり。

十月　十五日、本堂において安居式(5)あり。同日法門をも併せて行わせらる。

十一月　寒中御機嫌伺いとして出仕、方丈において饂飩《うどん》を下さる。

十二月　七、八両日朝五つ時より仏名会(6)ありて総出仕、方丈において中食を下さる。

十一日、豊誉上人御祥月、舎利殿において供養総出仕、この日学頭より金百疋を納む。

二十一日、朝五つ時より仲間一学頭寮において内決算《ないけっさん》あり。これは福聚院の大黒天、沢蔵司《主》稲荷社、その他の収入を内決算するなり。

二十二日、総学寮の主会合(月行事の寮)、配分の多寡を定め本坊へ申達《しんたつ》。

二十四日、仲間会合配分金を受け取る。配分金御礼一山廻勤。

二十五日、朝白衣にて一統方丈へ参集、汁粉餅を下さる。この日歳暮米と称して一年月行事勤めたる寮へ白米を下さる。

大晦日、昼過ぎ八つ七分(午後三時頃)の鐘を相図に、歳末御礼として総出仕、方丈において祝酒並びに蕎麦を下さる。おわりて山内廻勤。

これ七つ坊主に至るまで各々写し取りて、常に座右に置きたるものなるを以て、その大略を記す。　(五九〇二号、明治二六年五月一九日)

山内学寮の中、福聚院は尾州家の寄願所にして、大黒堂あり(舎利殿とも、大黒堂ともいう)。この大黒天は、三国伝来の像にて、孝徳天皇の御宇高麗国の大臣録来《ろくらい》の土古《どこ》といえる人本邦に携え来たりて、近江国蒲生郡に安置せしを、明和年間豊誉上人感得して、ここに遷したるよし、縁起に記せり。さてこの大黒天像は、蓮葉《はすは》の上に座し、右の手に金嚢を握り、左の手に槌を正しく持ち、冠れる頭巾も世の物と一風変われり。その形現今美術学校生徒の用うるものの如く、容貌莞爾《(7)かんじ》として、実《げ》に来福のあい充ち充ちたり。されば伝通院の大黒様は、臼の上に座しているなどいい囃《はや》せしが、全くは蓮の葉なり。また堂内福聚殿の篆額は、当山第二十三世如空師の筆にして、聖教窟の額を掲げしは経堂なり。内に明本一代蔵経全部を蔵《おさ》め、これを当山の什宝として尊《とうと》めり。

さてこの大黒天は霊験著しく、願うて叶わずということなく、甲子《きのえね》の当日諸人群集して、地内は芋を洗うが如く。されば水洗鉢の株は文政年間二百両株にて、山の手にて浅草観音に続く霊場なりし。されば縁日商人も山の手第一の場と称し、甲子には東は水戸邸北裏門前より、西は小石川同心町、南は安藤坂下牛天神裏門前より、北は山内裏門外柳町辺より諸商人露店を張り、非常の賑わいなりし。また堂の周辺は灯心売り菰を敷き並べ、子燈心《ねとうしん》と呼び商いせり。子燈心は十一月初子の日に限りてかく称するものなるに、それらに一向頓着なく、売人《うりて》も買人《かいて》もいつも子燈心と心得たるも可笑《おか》し。また甲子の日は尊像の御影を受くる者、開運の御札を受くる者、開帳を願う者、護摩を焚く者、交わる交わる堂内に充満し、その混雑一方ならず。さればこの学寮にある七つ坊主は、それこれの手伝いを申し付けられ、終日堂内詰め切りにて勤め、この日は夜行(托鉢)を打つの暇だになければ、公然休業して茶飯と豆腐の汁に腹を肥し、賽銭の塵いつか懐中に飛び込むの僥倖(賽銭の塵と称して何分か寮主より密かに配分あるよし)もありて、夜行十日分打ちたる程の利益を得たりという。故に他寮の学生は福聚院に入寮の者を羨みたりとぞ聞こゆ。

甲子にはかかる繁昌なれば、門前の諸商店はいずれも利益ありしが、なかんずく茶漬茶屋辰巳屋、鰻屋はおかめ・信濃屋の両店、福徳豆、田むらやの煎餅などは非常の繁昌にて、莫大の利益ありたるよし。

ちなみに記す。辰巳屋の料理は現今浅草の菜飯位のものにて、安政三、四年(一八五六、七)頃充分におごりて、まず刺身・煮肴・吸もの・焼物・甘煮・酢のもの・酒四本、この勘定(二人前にて)二百三十文、あるいは二百五十文位にてありき。また商人など見世先の縁台に腰打ち掛け、摘み入れの汁に甘煮位の二品に酒一本、飯付きにて一人前十二文なり。またおかめ・信濃屋の両店も、二人連れにて三百文より四百文も遣えば立派なおごりなりしといえり。しかるにこれらの店は、魚のひれふりて信心者を汚せしにや、今は絶えて迹《あと》なし。

小石川伝通院は辺鄙にて、浅草寺に比ぶべきならねど、永年《ながねん》群集の道場、衆俗渇仰の仏閣とて、かの金龍山の如く種々のものに眼を歓ばしめ、春は隅田廓《すみだくるわ》の花に通う者の素見場《すけんじょう》となり、秋は七草見物、枯野の戻りに杖曳くなどの俗人はなく、ここに詣で来たるものの九分は信者なりしが故に、甲子の収入容易《たやす》きことにあらず。山内出商人より納むる掃除料(一日の地代なり)四十貫文なりしというに思い競べて、その盛況を察しやるべし。なお福聚院の収入は取調中なれば、後に記すことあるべし。

ついでに記す。辰巳屋の主人というは、代々多芸の者にて、山王・神田の大祭には勿論、名ある神社の祭礼には、島田髷の鬘《かつら》に振袖着て踊りに出て、辰巳屋、辰巳屋と持て囃され、中々の通客なりし。安政の頃と覚ゆ、主人(何代目かを知らず)病死して、葬送を営めるとき、その遺言によりて江戸市内の諸芸人を残りなく打ち招き会葬せしめたりき。されば花車《だし》を手向けに挽きたるもあり、踊り屋台を出して菩提所まで踊り通したるもあり。その他茶番滑稽踊りなどありて、さながら祭礼の如く、迎い僧は迷惑がりて途中より辞して行列を脱したりと。さもあるべし、かれ死して三百坂の菩提所光円寺に建てたる石碑には、戒名なく振袖着て舞いの女姿を刻みたり。今もなお存す。

（五九〇三号、明治二六年五月二〇日）

伝通院は前に記せし如く、浄土宗学道の談林なり。ここをもて開山了誉上人は、衆僧勧学の妨げなしとて、山内に発生する蛙の声を封じたりといい伝う。実《げ》にや山内並びに各寮の池に住む蛙は、今に至るもなお皆無声なりとぞ、人のいうなる。さてこの談林学寮にて(8)聚蛍映雪《しゅうけいえいせつ》の功を積み、眼を経論の面《おもて》にさらしたる清僧も、女菩薩《にょぼさつ》のために往々身を誤る者もありき。左に記せる僧は、弘化三年（一八四六）九月十九日、寺社奉行内藤紀伊守〈信親〉殿の手に召し捕られ、申し渡しの通り日本橋に晒さるべきを歎願して、本山に引き取り放逐したるものにて、これら破戒僧は、さすがに本山に対し恥ずる所やありけん。いずれも(9)所化《しょけ》と名乗りたるなりとよ。

浄土宗
小石川伝通院地中
学寮真珠院所化
泰　民
霊　龍

同
学寮所浄院所化　乗雲
武州豊島郡下板橋宿
旅籠屋千代本屋抱食売女
泰民相手　雛次
霊龍相手　此吉
乗雲相手　若野
同花房屋抱食売女
泰民相手　こう
乗雲相手　ふく

右泰民《たいみん》ほか二人、これまで度々千代本屋並びに花房屋に罷り越し遊興致し候上、女犯に及び候段、清僧の身分にあるまじき不届きの事に候、依って晒しの上本寺に引き渡すべきもの也。

山内裏門通り沢蔵主稲荷というあり。あい伝う、往昔《むかし》山門に白狐棲みけるが、みずから沢蔵主と名乗りて、夜な夜な学寮に来り宗法を論じたりとて、後、稲荷に勧請したるなりと縁起に記せり。その(10)妄誕《ぼうたん》不稽《ふけい》たるは今さらいうを待たざれど、兎に角前の蛙のことといい、由緒ある学寮にありて苦学したる者どもが、一朝板橋の食売女《めしもりおんな》のために破戒して、浄家の[11]棟幹《とうかん》たる本山の名を汚したるは是非もなし。しかれども七つ坊主の身に取りては、欠員なくては出世の道なきより、中にはこれら堕落の輩あるを喜びたるなるべし。

小石川極楽水の吉水山宗慶寺は、了誉上人隠棲の地にして、ここに草庵を結び、洛陽の祖跡を追慕して、庵の側《かたわ》らなる清泉を吉水《きっすい》とは号《な》づけり。しかるに越後少将の御母阿[12]茶の方の廟所となりたるより、清泉の名吉水を取りて山号とし、吉水山宗慶寺と称せり。宗慶は阿茶の方の法号なればなり。

ちなみに記す。[13]「江戸名所記」にいう、昔龍女形を現し、了誉上人に見《まみ》えて菩薩戒の脈譜を受け、その報恩としてこの霊泉を捧げけるとあれども、こは下谷幡随院の妙龍水の事蹟を誤解せし付会《ふかい》の説なりという者あり。またこの辺を極楽水と総称せしは、この井に依って名とすという。

大塚久保町の中台山光円寺は、行基の開基なれど、後、了誉上人の復興する所となり、浄土に改めたり。当寺を中台山と号せしは、この地もと中台村と称せし村落なりしによるという。以上二か寺の住職は、皆伝通院学寮より襲職せり。

さて了誉上人は、常州久慈郡岩瀬の城主白吉志摩守義満《よしみつ》の子なり。父母岩瀬明神に祈請し、暦応四辛巳年(一三四一)正月二十五日出生せしは上人なり。年五歳に及び父義満戦死して、采邑は奪われ、資財は賊のために掠められ、母子山に隠れ、落魄して年を経ること三年、後、父義満菩提のため同国瓜連の草地山常福寺の了実上人に托して(14)薙染《ちせん》したるは年八歳にして、聖冏《せいけい》と呼びたりき。

聖冏十一歳にして博く百家内外の書を修め、後、相州桑原の定慧上人の許に行きて修行すること五年、それより諸国を遍歴して故郷に帰りたるは四十六歳の春にして、草地山常福寺の住職たり。後、無量山の一宇を建立し、応永二十七年(一四二〇)九月二十七日齢《よわい》八十にて寂す。上人は面頂に光彩ありて、あたかも半月の如く四辺に耀《かがや》きたりとて、世称して三月《みかづき》上人ともいえり。

(五九〇四号、明治二六年五月二一日)

神田明神社内、音羽の護国寺境内、妙義坂などに大黒天の勧請あれど、小石川福聚院の霊像は、三国伝来に誇り、江戸市中は勿論、近在まで信者多く、柳営の仕女《しじょ》も来たり、諸侯の局も来たり、武家は境内に馬を繋ぎて武運長久を祈り、力士・歌舞・伎女輩は袖ふりはえて愛顧を求めんことを願う。さては市俗の男女は老幼打ち雑《まじ》りて高声に福徳円満を祈り、鰐口を打ち鳴らしては、百度目の(15)緡《さし》を頂き、太鼓を打ち敲きては、開帳料百疋を抛《なげう》ち、願望百日と称して、己が宗旨に拘わらず来たり詣でしも、いずれか霊験の著しきに依れるならずや、堂内厨子の前には金色の花瓶光り輝き、縄張の供膳数を並べ、立花《たちばな》の松青々として高く、時の草花美しう飾り立て、香炉は飛龍の彫物に人の目をひき、廻廊を巡りて舎利殿にいたれば、厨子の内輝きて尊く、堂内の壮観結構を尽し、加うるに衆僧法衣を連ねて群居し、[16]法楽万部の読経いとあり難く思われける。さればこの日の収入は、四季の別なく賽銭二百両に上り、御影の初穂は護摩の料などと併せて三百両以上なりしという。これ嘉永より安政年間甲子の景況なり。

しかるに維新後は、学寮も廃れ、地内ことごとく貸し地となり、伝通院朱印料は廃滅せしも、貸し地料にて充分維持の法を立て、大黒堂は目下福聚院住職布施諦山師（現今山内僧侶の中七つ坊主より立身せし者は、諦山師一人あるのみ）の別当となりおわんぬ。されば今は昔日の俤《すがた》さらになく、富坂上の中よし・武蔵野二軒の掛け茶屋も跡なく失せて、田むらやの煎餅・吉田屋の落雁、その他訓読の経・御縁起・御鬮《みくじ》の判断を商売とせし貧僧も、名残を留めず、身延出店の数珠の由緒、棕櫚の鬘《かつら》、木綿の犬売りたる店なども打ち絶え、ただ沢蔵蕎麦、枡屋の福徳豆と紅屋との今も変わらず昔の香《か》に匂うのみ。また門前の坊主湯は（伝通院の僧侶のみ沐浴する浴室にて、俗人の沐浴する者稀なり。故に坊主湯という）、学寮のなくなりてより、小町湯と改称せしも可笑《おか》し。坊主と小町とはともに両端の名なるをや、かくて四辺賑わしかりし場所も、今は草茂りて野辺となり、甲子には流石《さすが》に信者の往き来《こ》うを見れど、収入は昔日の十分一にて、大黒堂修繕費に充つる程の猶予なきに依り、今は信徒の勧めに任せ、院主諦山師は有志者の喜捨を乞いて、その足らざるを補い、専ら大黒堂の保存を計るとなん。

（五九〇五号、明治二六年五月二三日）

若衆

客あり、難じていわく、「若衆は人倫以外の動物ともいいつべし。なんじが筆の穢るるを憫《あわ》れまずや」と。これに答えていわく、「西鶴(1)ならばいざ知らず、春水(2)ならばいざ知らず、わが筆は穢るべからず。穢るるも、穢れざるも、筆執る人の心にあるぞかし。ましてわが業は徒らに人の快楽を買うためのみにあらず、徳川制度の行路には必ず一たび出逢うべきものに、今しも出逢いたるなり。いでいで一花咲かせて見せんず」と。客笑って去る。

その昔戦国の世にありては、女子の軍門に従うを許さず。許さざるにあらず、暗澹《あんたん》の場《じょう》、殺伐の気充ち満ちて、かの軟柔の嬌態を容るるの地なかりしなり。ここにおいてか、信長は蘭丸を愛し、秀吉は三成を愛せしとかや。以下の将士もまた各々その愛する所を以て従えけん。徳川の代となりて撥(3)乱反正の勲高く、将士家に還りて錦衣暖かく侍女花の如く春殿に満つる頃しも、なお余愛の捨て難くて、近侍せし小姓も多かりしとぞ。そが中に薩摩人士のこれを愛すること甚だしくして、風習今に絶えぬと人はいえど、われは知らず。ただ薩摩は武備に怠りなき国柄なりしと聞けば、この風説もあながちに虚妄ならずと見え、薩摩琵琶の歌にかの有名の美少年平田三五郎のことを物したるをば、今も謡いもて艶称するとなん。今その一節を抜く。

(前略)先を争い揉み立てる。乱軍危急のその中に、おそれもえせで佇立《たたず》める、三五ばかりの美少年、その名も平田の三五とて、流石《さすが》に縁《ゆか》りありあけの、月恥かしき顔《かんばせ》に、問わでもそれと白妙や、卯花色に威《おど》したる、鎧を着つつ頭には、故意《わざ》と兜を被らずに、白練衣の鉢巻し、貝鞍置きたる(4)黄《き》月毛《つきげ》の、六歳駒に打ち騎《のっ》たる、天晴《あっぱれ》優しき打扮《いでたち》よ、さて愛らしき武《む》者態《しゃぶり》よと、敵も味方も見惚《みほ》すまでに、交情も吉田の義兄清家が、前には賊に囲まれし、その後いかにありけんと、心一つに料《はか》りかね、踪跡《ゆくえ》を索《もと》め望みたる、(中略)しかりとては、また情《なさけ》なや年月日頃兄上よ、わが弟よと睦まじく、血筋も及ばず契りしも、思えば夢か幻か、有為転変は常なりと、かねて聞きしは、ここなりき。云々(下略)

読み来たれば一個の処女の如くにして、これ反って男児なり。今より見れば事可笑《おか》しくも訝《いぶ》かしき限りならずや。

さてこの風習に乗《つ》け入りて、一種の営業をなすものこそ顕れたれ。いわゆる若衆これなり。若衆はその始め俳優より分れ来たれるものと聞こゆ。

慶長年中、かの少将(5)秀康をして、男泣きに泣かしめたる(6)お国の妙技世に出でしより、次で永禄の頃女歌舞伎流行して、世に放蕩者多くなりまさりければ、寛永の末堅くこれを禁ぜられて後は、若衆歌舞伎なるもの専ら行わる。すなわち美少年をして演技せしめたるなり。しかるにこれも男色の弊風盛んに行われしかば、慶安五年（承応元年・一六五二）六月また令して若衆歌舞伎を停止《ちょうじ》せしに、生業を失い難渋に及ぶ者多ければとて、承応二年歎訴するものあり。物真似狂言と名称を改めて、さらに公許を受く。これ京摂劇場の始めなり。さて美少年の弊はその容貌を美し、人を惑わすにありとて、この時額《まえ》髪《がみ》を剃り除《すて》させければ、その後は立役・敵役をいわず茶筌髪《ちゃせんがみ》に結び、女形《おんながた》は月代《さかやき》の上に手拭を置き、女の身振りを写せしとかや。されど人の好《す》き心は額髪の有無によりて消長すべくもあらずと見えし、天和年中荻野沢之丞となん呼べる女形、始めて鬘帽子《かつらぼうし》というを製しぬ。これは真綿を坦《ひら》たく円《まる》く延ばして、その円の一端に糸を畳み込み、糸を輪に作りて、これを髷に掛け、前頭《まえがしら》に真綿を載せて月代を隠したるなり。これを沢之丞帽子と唱えて、永く俳優の用に充てしとぞ。また玉川千之丞といえるは、黒き綿帽子を上に折りこみて冠りしを、風流の物好《このみ》と評し合い、木綿の衣裳をゆき短かに着なせしに、その頃の男女現《うつつ》をぬかしぬ。またやでん帽子とて、四角なる絹の切れの四隅に錘《おもり》を着け、落ちぬように製して冠りしとかや。帽子の色はその人の物数奇にていろいろあり。その後水木辰之助という者縮緬《ちりめん》にて風流にこの帽子を製《つく》り、紫に染めしを、色香も深き紫帽子とてこよのういとしがりしとなん。兎ても角ても愛は人にありて、形にはよらざりしと見えたり。

（五八四〇号、明治二六年三月五日）

慶安五年の禁令は、時の町奉行石谷〈左近〉将監〈貞清〉なるものこれを奉行したりと聞え、これよりの後は若衆俳優を呼んで野郎《やろう》といい初《そ》めしが、幾程もなく、その禁やや弛みしと覚しく、延宝・天和・貞享の頃は、前に述べし如く若衆たち各々その服装に意を凝らして、人の愛顧を惹かんと勤むる程に剃りし前髪に、かえりて風情を添え、人の好き心はいやが上にほのめかされぬ。さればこの少年は独り舞台に上りて演伎するのみならで、客の招きによりては料理茶屋に時ならぬ花を咲かしめ、宴席に周旋して芸を演じ、さては傍《かたえ》に侍して夜を徹すること、その習わしなめり。この弊風元禄年間に至りていよいよ甚だしく、いつしかかの前髪をさえ蓄えて、業平(7)縢《かがり》となん呼ぶ髪に結いなし、(8)緑鬢《りょくびん》豊かに風を受けて、若衆姿の美しさに、野郎と呼ぶもいと惜しきばかりなりし。

これより先、寛永年間小田原に益田嘉友なる者あり。香具を売りて業とせしを、連《れん》尺《じゃく》という背負い箱に入れて売り歩きければ、人皆これを連尺といい合えぬ。かれ関八州を経廻《へめぐ》り、江戸にて多くの若衆を抱え、連雀座なるものを今の神田連雀町に設け、盛んに香具を売りけり。けだし連雀と連尺と音あい通ずるを以て、かくは書きしと見ゆ。されどもかれ品を売るに若衆を用い、かつ諸侯の邸《やしき》に出入《しゅつにゅう》せしめ、またその邸宅にても連尺の出入を許したるこそ、深き意味ありけれ。後、連尺の称を変じて香具行商人と呼び、香具売り、また香具師とも唱えしが、幕府御用達の町人中別に香具師なるものありければ、この行商の香具師と名称の混同するを忌みて、みずから香具所と呼び替えたりという。

されば香具師は、年齢はいずれも十三、四より十六、七を限りにて、眉目秀麗なるが多く、その花車《かしゃ》なるあで姿に花やかなる衣裳を装い、桐の箱の細く長きを浅黄染めの風呂敷に包みて背負い、編笠を冠り、白色の脚半を着け、草履を穿《うが》ちて市中を徘徊したるも、いずれか若衆俳優の遺利を漁りたるにあらずや。(9)

かかる風潮なりければ、その頃より若衆俳優その他の少年を抱え置きて、野郎には舞台の上の伎《ぎ》を兼ねさせ、他の少年には専ら客を引かしめて、一種の営業をなせしものの起こりけん。その抱え主その他より町奉行所に差し出したる詫状あり。左の如し。

差し上げ申す手形の事

一、私小仙と申す野郎抱え置き候段不届きに思し召し、急度《きっと》仰せ付けらるべく候処、この度は御宥免遊ばされ、ありがたき仕合わせに存じ奉り候。向後野郎並びに香具売りの類一切抱え申すまじく候。もしあい背き一人にても抱え申し候わば、その者は申すに及ばず、加判の者までいかようの曲事《くせごと》にも仰せ付けらるべく候。後日のため手形依って件の如し。

堺町吉兵衛店

元禄二年(一六八九)六月十八日

歌　仙

外六人

差し上げ申す手形の事

一、私悴小仙、堺町吉兵衛店歌仙方へ野郎奉公に出で候段不届きに思し召し、急度仰せ付けらるべく候処、この度は御宥免遊ばされ、ことに主人手前御取り放し下し置かれ、重々ありがたき仕合いに存じ奉り候。向後野郎は申すに及ばず、香具売りの類奉公にても、自分にても一切仕らせ申すまじく候。もしあい背き申し候わば、当人は申すに及ばず、加判の者までいかようの曲事にも仰せ付けらるべく候。後日のため手形よって件の如し。

堺町吉兵衛店
歌仙抱え
小　仙

元禄二年巳六月十八日

通油町源左衛門店
小仙親
弥次兵衛

差し上げ申す手形の事

一、私狂言芝居に出で候野郎ども儀いずれ方へも参らず、手前へも野郎出合いの客呼び候儀、前々より御法度に御座候処、いよいよ以て今より以後野郎の儀は申すに及ばず、芝居へ出で候野郎ども並びに主人ども申し付け、この旨急度あい守り申すべく候。もしあい背き、いずれ方へも参り候か、または手前へ野郎出合いの客呼び申す者これあり候わば、いかようの曲事にも仰せ付けらるべく候。この加判の者ども見及び、聞き及び次第早速申し上ぐべく候。並びに私芝居のほかに野郎抱え置き候よう御座候わば、これまた見及び、聞き及び次第早速申し上ぐべく候。右の趣あい背き申し候わば、太夫元は申すに及ばず、加判の者どもまでいかようの曲事にも仰せ付けらるべく候。後日のため手形よって件の如し。

堺町理兵衛店
太夫元　勘三郎
勘三郎抱え　今吉弥
外三人
家主　理兵衛

前文吉兵衛店・理兵衛店とは家主《いえぬし》なり。抱え主歌仙はけだし女形俳優なり。また歌仙ほか数名とあるを見れば、これただにその弟子として抱えたるにあらず。すなわちこの野郎を鬻《ひさ》ぎて芝居以外に一種の営業をなせしこと著し。ましてかの香具師は少年にして、野郎となり得ざるもののなりたるものと覚しければ、その他にもこれらの営業を野郎以外になすもののありしを想うべし。（五八四一号、明治二六年三月七日）

「世界一切の男美人なり、女に美人まれなり」と、安倍晴明[(10)]はいい、「女の面《かお》は白粉《おしろい》に埋むのみ。唇に紅花《べに》、歯を染めなし、額を作り、眉の置き墨自然の容《かたち》にはあらず」と。

その頃太鼓を敲《たた》きしもののありとかや。男色の元禄頃に盛んなりしは、前にも述べけり。若衆俳優を始めとして、香具売りその他の専業者も出でしからに、各々容姿を装いて客の心を引くことに勤めたるはいうまでもなく、衣裳などの昔ありしには似げなく、驕奢《きょうしゃ》に流れたること、西鶴の「大鑑」(11)を見ても著し。その言にいう、

その年の暮れに丹後鰤一本に塗り樽に入りし酒三升、盆前になれば三輪素麺十把もらいて、これにも礼状を遣わしける。また子供を始めて近付きになるも、芝居帰りを浜の水茶屋の口鼻に呼び込ませ、かりそめの盃して声のある子には小歌所望して、思うままの遊興、その後あそび仲間より集めて銀一両贈れば、釣り髭のある男、大夫殿より礼にきて、ただ今は千万かたじけなき仕合《しあわせ》と、三指突いて長口上申したりけりと大笑いして暮らせしに、今時の金剛に二角ずつ取らしても、さのみうれしがる顔つきをもせず。云々。

若衆の驕《おご》れること、これにてもわきまうべし。「大鑑」は京都の風を写したるなるべけれど、江戸の風もこれにて大概を推すべきになん。次に衣裳の好みを述べていえらく、

それまでは舞台衣裳も唐木綿に更紗の置形、地衣裳は加賀絹に中紅《ちゅうもみ》の裏をつけ、浅草島にむらさき付くれば、見る人おどろき、この上またもあるまじきと沙汰する程のことなりしに、近年の唐織金入毛類を着ること、いかに役者なればとて、身の上知らぬぞかし。

佐海《堺》町・吹矢《葺屋》町子供名寄せ

値段昼六つ切り　夜六つ切り

但し舞台子・蔭子とも同様なり

○仕舞い三両、片仕舞い昼壱両弐分、夜壱両弐分、ほかに小花壱歩ずつ

○他所行きは昼弐両、夜弐両

但し丸一日にても一時・半時にても同断

金井筒屋半九郎　金井三笑　若者　治助

市　下り　嵐　小太郎　亀谷染之助

市　亀谷八十八　下り　亀谷　亀菊

滝田屋藤吉　要助

市　滝中　雛蔵　滝中千代野

市　滝中　吾妻　下り　滝中　友勝

土佐屋弥吉　惣五郎

市　嵐　菊松　下り　嵐　金蔵

市　嵐　虎蔵

米屋久八　半助

中　小佐川虎七　小佐川三勝

これにてその衣裳の奢れるを知るべし。

「大鑑」に「衣裳好みして肌に明暮《あけくれ》という名香を焼《た》きしめ、かの茶屋に行きてみるに」といいしにても、その風情知るべく。若衆一たび人に愛せられて元禄の世に色香ある乙女子《おとめご》もなし。

元禄に次いで明和・安永・天明の頃には、若衆いよいよその勢いを逞しうし、舞台に上りて演伎するを主とするものを舞台《ぶたい》子《こ》と称し、宴席に侍して酒間に周旋するを主とするものを蔭子《かげこ》と呼び、両者の区別ここにますます明らかになりぬ。

図 5

明和元年（一七六四）出板の「菊の園」[12]（若衆細見の類なり）を観るに、その頃江戸市内に若衆の蔭子なるもの二百三十一人の多きにおり、芳町《よしちょう》・木挽町・湯島天神社内・麹町平河天神社内・神田塗《ぬ》師町《しちょう》代地・芝神明社内・外神田花房町・市ヶ谷八幡社内・佐海《堺》町・吹矢《葺屋》町の十か所に集まりて、各々客を引き媚を售《う》れる由を記せり。また明和五年の出版に係る「三《みつ》の朝《あした》」[13]という物の本によれば、佐海《堺》町・吹矢《葺屋》町の子供名寄せは左の如し〈前頁〉となん。

右表の内、市の印あるは、市村座出勤の分、中の印あるは中村座出勤の分と知るべし。またこの表によりて、その頃の値段を知るべし。題して子供名寄せという、またやさし。さにその頃若衆が客の招きにより て茶屋に行く姿を写す（**図5**）。

図 6

その白き小袖下に着て、水草などの模様ある振袖長《なが》に着け、桜花の紋所あるをはおり、帯は二重菱の地などをつい引き廻したる、いみじう美し。　（五八四二号、明治二六年三月八日）

挿画の都合によりて話頭《はなし》明和より再び元禄の昔に返る。さて元禄の頃に若衆姿のやさしかりしは、前にも述べたり。「左近、喜悦の迎いに小倫母子ともに輦車《れんしゃ》して来たり、御前に誘いけるに、わざとならぬ貌《かん》ばせ、遠山《とおやま》に見初《みはじ》むる月の如し。髪は声なき宿鳥《しゅくちょう》にひとしく、芙蓉の眸《まなじり》、鶯舌《おうぜつ》の声音《こわね》、梅すなおなる心ざし次第にあらわれ、出頭日に増し夜の友となりぬ」と物の本に見ゆるもゆゆし。されば寛永の頃前髪を剃りて綿帽子を掛けたる制、その頃も存したれども、美少年中には全く女姿《おんなすがた》に装うもありしならん。ただ若衆俳優は流石《さすが》に昔の型を忍びけん。元禄に次げる宝永・正徳年間の若衆の面影を左に描く（図6）。

男髷に結いたるあたり、綿帽子のみやびたる処、はだ襦袢の黒襟を見せて、三つ槲《むす》びの大きやかなる模様染め抜きの袷、艶《なま》めかしく着なしたる際《きわ》に、幾多の男心は迷いけん。降りて寛保の頃に至れば、世に男装するものなく、女装したる風情は左の図（図7）によりて著し。

羽織は蝙蝠《こうもり》羽織といいて、そのころ社界に流行せしものなりとぞ。衣裳その他の色、物の地模様など今は詳らかならねど、寛保より十年ばかり経て寛延三年（一七五〇）八月成田屋庄右衛門ほか十三人が、時の布告に対して差し出したる一札によりて、その大概を知るべし。一札の文言左に。

先年より勘弥座へ出し、または田舎へ出で候役者子供の儀、道中または町中へ稽古にて徘徊仕り候節、目立ち候衣服堅く着用致させまじく候。ただ今までは夏模様布帷子・絹縮模様物など着させ申し候えども、向後は夏無地紋付麻帷子、冬茶絹・黒絹無地紋付のほか着用致させまじく候。勿論紗綾縮緬は申すに及ばず、女子のあい用い候色絹類決して着用致させまじく候。他所より預かり置き候弟子ども別《わけ》て右の趣急度《きっと》申し付け、あい背かせ申すまじく候。もしあい用いざる族《やから》これあり候わば、一日も差し置き申すまじく候。

一、役者子供物干へ出で、あるいは見えすぎ候処にて物騒がしき体の儀一切仕らず候ようにあい慎しませ申すべく候。

図 7

一、塗下駄、三枚重ねの京草履、向後無用に仕るべく候。

一、召仕いの者ども、日和よき時節にも下駄をはき候儀決して無用に致させ申すべく候。あるいは大きなる風呂敷包みに三味線箱をあい添え、持ちあるき候儀、往来の障りにもあいなるべく候間、向後かさ高に持ち候儀致させまじく候。

右の趣堅くあい守り申すべく候。もしあい背き候わば、いかようにも仰せ付けらるべく候、少しも違乱仕るまじく候。そのため連判一札よって件の如し。

成田屋

寛延三庚午年八月二日　庄右衛門

外十二人

読者これによりて当時の風俗を思いやり給うべし。さて寛延の次は宝暦、次は明和なり。明和の頃もやはり寛延頃の風俗を捨てざりしと見えて、若衆俳優すなわち舞台子らの容姿すべて女装を捨てず。その風情は載せて前号の挿画《さしえ》にあり。そのほか舞台子・蔭子の細見ともすでに記したれば再び言わず。これより先、かの香具売りはいつとなく絶えたりしが、安永七、八年(一七七八、九)に至りて、また扇折《おうぎおり》なる一種の美少年顕れたり。編笠を冠り、白の脚半を着け、蝙蝠羽織の丈短かなるをば、大抵畳みて懐にし、扇形の底浅き組箱に扇骨と地紙とを入れたるを抱え、艶《なま》めきたる風俗して、年の四月より七月頃まで市中を徘徊し、客の需《もと》めに応じてその場に地紙を折り、これを骨にさす。これも扇折に托して別に営業をなしたるものにて、その風情やさしとて、これを一枚絵に摺り立てしもの、その頃世に行われしが、寛政に至りてこの美少年また絶えたりと聞こゆ。一説によれば扇折は明和の以前よりありしものにて、明和に至りて絶えぬともいえど、寛政には改革の事もあり、その時に至りて禁絶せられたりという方信に近しと思わる。しばらく記して疑いを存す。またいう、寛政の後、俳優羽左衛門扇折の姿に扮したることありしと。その風情想うべし。（五八四三号、明治二六年三月九日）

前来述べたる若衆俳優は、慶安前後の若衆歌舞伎における如く、美少年のみ集まりて演伎したるにはあらずと知るべし。いつの程よりか、大人といり雑《まじ》りて、立役・敵役《かたきやく》などの類と並び立ち、若衆形なるものとなり、あるいは女形《おんながた》となり、あるいは美少年を扮したるなり。かの綿帽子もその初め京摂劇場に行われ、江戸にては前鬘《まえかつら》を付け、紅《もみ》の布切れにて鉢巻きをしたりしを、宝永の頃若衆俳優水木辰之助江戸に下りてより、これに習いて綿帽子を懸けることとなり、その後元禄の頃萩野沢之丞なるもの、さがり帽子というを始めしとぞ。正徳年間の物の本によるに、木挽町六丁目・堺町・葺屋町を芝居の本場所とし、この三町内にはいずれも五、六軒の野郎《やろうや》屋ありしという。若衆果たして芝居に縁なかりせば、芝居町に限りてこの営業者のあるべき筈なきを、そのしからざりしは、若衆の舞台に立ち雑りしを知るべし。その頃徳川大奥の老女江島が俳優生島《いくしま》新五郎を木挽町の芝居茶屋に聘《へい》せし席上に、役者野郎・子供などを酒の対手《あいて》に呼びしよし見ゆ。

野郎すなわち若衆なり。これにても若衆の大人に立ち雑りたること著し。さるが故に芝居師は、十二、三歳の少年にして、眉目清秀なるを役者弟子として抱え入れたること、もとより疑うべきにあらず。左に安永の頃の証文を掲げてその証とす。

役者弟子奉公人請状の事

一、われら抱え弟子百松と申し、拾五歳に罷りなり候者、当酉の二月より来たる卯の八月まで、丸六年半限り、給金七拾七両にあい定め、ただ今手形の上にて残らず慥《たし》かに請け取り、貴殿方へ役者弟子奉公に遣わし申し候所実正也。しかる上この者に付き諸親類は申すに及ばず、ほかより違乱申す者これなく候。御勝手に付き江戸・京・大坂三が津は勿論、何国何方の役者中間へ、いか程の高給金にて遣わされ候とも、一言の申し分御座なく候。芸など不器用にて間に合い申さず候わばいかようとも引き下げ御遣わしなさるべく候事。

御法度の宗門にてもこれなく、宗旨は代々浄土宗にて、寺は京都大仏尊称寺檀那紛れ御座なく候。すなわち寺請け状取り置き申し候。御入用の節何時なるとも差し出し申すべく候。もしこの者取り逃げ欠け落ち仕り候わば、本人尋ね出し、その品々あい改め、極め置き候年季相違なくあい勤めさせ申すべく候。万一病死・頓死は申すに及ばず、喧嘩口論または何国何方の海川にて不慮にあい果て候とも、貴殿より御見届け候えば、この方へ御断りに及ばず、その所に御取り置きなされ、跡にて御しらせ下さるべく候。その節一言の申し分御座なく候。右のほかこの者に付きいかようのむずかしき出入り出来仕り候とも、われらいず方までも罷り出で、急度埒《らち》明け、貴殿へ少しも御苦労掛け申すまじく候。後日のため役者弟子奉公人請状よって件の如し。

京都祇園町近江屋嘉原借家
安永六丁酉歳　親方　三保木秀次郎
江戸堺町横町忠右衛門店
二月十六日　請人　柏屋　茂兵衛
証人　八五郎
奉公人　百　松

江戸屋新七殿

およそ一技芸を修めんとして、年期奉公する一少年が、その師匠よりして前文のごとき大金を請け取るは尋常一ようのことというべからず。しかるに役者弟子の奉公のひとりしかりしは、他の営業に利益を得るの目的あるが故なり。けだし明和に次げる安永の頃は、禁制すこぶる弛《ゆる》みて、明和の頃より起こりたる諸町内に蔭子を鬻《ひさ》ぐ者数多く、若衆俳優のほかかの専業者も、いずれも美少年を抱え入るるに他念なかりしものと見えたり。美少年は京・大坂出生の者に限り、他国の者を抱えず。年齢は十二、三歳より十七歳を限りにて、上方より三人・五人を引き連れ江戸に来たりて、抱え主を求めたりとぞ。されば江戸市中にはこれを取り扱うべき衒《ぜげん》というものなく、連れ来たりし者馬喰町に宿を求めて、直接に談判したり。これらは役者の弟子となるものに異なり、身代金《みのしろきん》ということもなく、相対にて貰い受けるもありしとかや。思うに美少年を連れ来たりしものは、かれらを欺き騙《だま》せるか、さなくば無告《むこく》の窮民を誘いしものなりと覚し。

（五八四四号、明治二六年三月一〇日）

安永の後、天明・寛政の頃、白川《河》楽翁公〈松平定信〉の革政、並びに天保年間水野越前守〈忠邦〉の改革を経て、大いに若衆の流弊を矯正せり。寛政の政《まつりごと》はいかに若衆の上に制禁を加えたるかを、詳らかにせざれども、想うにかの扇折という一種の男娼を禁じたるを見れば、この弊に着目したるには相違なく、はた寛保の頃より若衆は野良の名にめげず女装するの風を生じて、寛延の禁制もこれを矯《た》め得ず、明和の頃いよいよ盛んなりしよりするも、天保の頃にはますますその勢いを逞しうすべきを、後に記せる如く、天保度にはただ四町内にその営業者を留《とどめ》しを見れば、明和の後、天保の前において一たび若衆の萌芽を摘みしもの寛政改革にあらずして、はたほかにやあると思わるるなり。

さて寛政の改革を経て、若衆の流弊大いに減じたればにや、天保十三年（一八四二）改革の市尹《しいん》調書には、芳町・八丁堀・芝神明社内・湯島天神社の四か所を記して、そのほかに若衆ありしことも見えず。これをば同年二月を以て厳禁したり。されどなお遺類の

芝居小屋界隈に存せると察しけん。翌年十二月十八日の達しに、

この度すべて御改革仰せ出だされ候に付いては、市中風俗の儀までも改め候ようとの御趣意にこれあり候処、近来狂言役者ども芝居近辺に住居致し、町家の者同様立ち交じり、ことに三芝居とも狂言仕組み甚だ猥りにあいなり(中略)この節堺町・葺屋町狂言座並びに操り芝居そのほかに右に携わり候町家の分、残らず引き払い仰せ付けられ候。云々。

とあり、「狂言役者ども芝居近辺に住居致し、町家の者同様立ち交じり」とあるを読むに、ただに芝居役者が町家女子の風儀を乱すを指したるのみならで、芝居付属の若衆営業者の風俗に害あるをいいしものと見えたり。実に右四か所のほかにも堺町・葺屋町などに若衆を畜《か》うもの多かりしが、翌年二月浅草山の宿町裏に三芝居を移してよりは、若衆もおのずからともに移りて、その後は芝居茶屋の媒介により、密かに客を引きたりとなん。

されば従来幾度か剪除《せんじょ》せられて、なお雑草の如くに蔓《はびこ》れる若衆も、水野執政の英断によりてややその根を絶ちしものと覚し。さて天保年間の若衆は、その名称もおのずから明和の頃に異なり、舞台に上らざるを蔭間《かげま》といい、他国に出でて旅稼ぎするを飛子《とびこ》と称し(この称は元禄の頃にもありしという)、技芸の拙なるを部子《へこ》と呼び、これを抱ゆるものは、旅役者宿あるいは歌舞伎役者振付などの名義を用いたれど、俗呼んでこれを子供

宿といい、同業者相互の称呼は部屋といいたり。また抱え主は技芸すでに熟したるものの名前を角行灯《あんどん》に記して、戸前に掲げたり。されどこは表面を繕いたるものにて、男娼専業者も名を芝居の中に隠したるものなるべく、随って行灯に記せる名前は芸道の上下によらずして、揚代の多きを選みたるにはあらざるべくや。

その頃若衆の揚代は昼夜を問わず、一時を小といい、二時を大という。小の揚代は二、三種の酒肴付きにて金一分、大の揚代は二時にて一分二朱なり。別に後座《のちざ》とて、夜四つ時(午後一〇時頃)より明六つ時(午前六時頃)までを一分二朱とし、仕切《しきり》とて六つ時より六つ時まで昼夜とも買い切るものを三分とせり。天保九年以前若衆の扮装は、島田の高髷にて、模様の振袖、幅広の帯、顔には脂粉を施し、一見すれば良家の処女の如くなりしが、九年より後はその扮装また一変して、男装となり、髪は楽屋返しなどに結び、袴は着けざれども、常に羽織を穿《うが》ち、役者は茶屋へ行くとき編笠を冠りしとぞ。けだしこの時水野越前〈忠邦〉すでに要路にあり、これを補弼《ほひつ》して改革を遂げしめたる鳥居甲斐守〈耀《よう》蔵《ぞう》〉また町奉行となれるを見れば、十四年の改革はすでにこの頃よりその端緒を開けりと知るべし。

(五八四五号、明治二六年三月一一日)

水野越前の未だ改革をなさざるに当たり、江戸の市中芳町・八丁堀・芝神明・湯島天神の四か所に若衆の存せしことは前に見えたり。なかんずく湯島天神社内の若衆は、その初め宝暦の頃とかよ、旅役者津田屋清六というもの、妙齢の弟子を抱え置きて遊客の席に侍せしめたるに始まり、その後この業を営む者漸く増加して、天明年間に至りては華表《とりい》際より西側に十三軒、東側に揚屋とて、俗に子供呼び出し料理茶屋と呼ぶもの十七軒あり。これこの界隈に若衆の全盛を極めたる時なりとぞ。その後天保十二、三年（一八四一、二）頃には抱え主、揚屋《あげや》を併せてわずかに左の八軒に過ぎざりしとなん。

加賀屋　藤村屋　千代本　津賀屋　上州屋（以上抱え主）

横藤　津国屋　三谷屋（以上揚屋兼料理屋）

若衆の数もこれに従いてわずかに二十二人を留めしとぞ聞えし。

天保十三年禁制の令出でてより、市内に若衆の影を潜めたるのさまなりしが、ここに上野寛永寺の僧侶あい議《はか》りていうよう、「仏祖三経に(14)浮屠子《ふとし》のいいける如く、愛欲は女色より甚だしきなし。若衆世に絶えてこれより(15)妖洞《ようとう》に遊ぶものあらんには、一山の汚れおそるべし、慎しむべし」とて、湯島天神の己が支配地なるを幸いとし、別当喜見院に旨《し》を諭して、寺社奉行に照会し、その許可を得て、従前蔭子屋なりし菊仙の家を借り受け、院家職保養所の名義もて、喜見院の住職これが取り締まりをなす旨を届け出で、家主菊屋仙蔵に命じて、浮浪の少年の美目よきを選び、十七人を抱えさせて、一山僧侶が宴遊の(16)仙洞《せんとう》に供せしこそ肝太けれ。

院家職とは、京都貧乏公卿の二男・三男などの養育に差し支うればとて、(17)輪王寺宮《りんのうじのみや》の御庇護を願うものをいう。寛永寺にては依りてこれを聞き届け、引き取りて教育し、宮

図 8

の御側使いとなして後、天台宗の寺院に就職せしむるを例とせしが、その数平常五、六人より少なからず、十二、三人より多からざりし。けだしこれ文政の始めより天保末年までの光景なり。僧侶はこれを利用して、かれらに保養せしむるの名義を以て、みずから保養を取りたるこそ実に肝太けれ。

さて菊仙の構造はこれよりして以前の艶《なま》めきしさまに引き換え、左右を格子窓にしていと厳《おごそ》かに仕立て、若衆も常に袴を着け、脇差を帯し、いずれも大髻に結びてしとやかの振る舞い美しとも美し。座敷に出ずる時は振袖を着けたり。左にその風俗を描く(図8)。

揚代金は前に述べたれば、重ねて記さず。但し三本買わざれば、充分の歓楽なきに、大抵は揚代三分を払い、別に纏頭《しゅうぎ》として二朱を与えたりとぞ。料理は御養生所なるが故に、内料理をせず、池の端の清竜亭・無極庵などより取り寄せたり。遊び時間は夜四つ時(午後一〇時頃)限りにて、上野の鐘声を相図に喜見院より見廻りあり。

これより若衆は昼夜の別なく、己が馴染みの寺院に至り、持ち物を強請《きょうせい》し、小遣銭を乞うなど蒼蠅《うるさ》きことというばかりなかりしとぞ。蔭間の寺院に入り込むこと、昼間《ちゅうかん》は一切構いなし。但し一夜寺院に宿泊すれば、金二分の玉代を乞い受けて帰宿するの定めなりし。

多くの若衆の中には、僧侶に身受けさるるものもありき。身請けの料は一向定まりなく、当時の噂に拠れば、十五両以上二十五、七両なるが通例なりしという。

身請けされたる者の終わりは寺侍と定まりいたれど、中には御家人の株など買うて貰いたるもありき。勤め年期は十七歳を限りとしければ、この業に汚れし者は、その後も骨折り業に就くあたわず。されば貸本渡世となり、煙草のせり売り商となり、頼みなき昔馴染《なじみ》を頼みて山内を徘徊し、寺院の憐れみを受けて辛くも世を送るものの多かりしとぞ。俚諺《ことわざ》にこれあり。「角兵衛の上りと蔭間《かげま》の上りは仕方なし」と。(18)

芝増上寺の僧侶も同じく芝神明の若衆を買いしと覚し。けれども十三年の改革前にはここもただ四軒の営業者ありしのみ。すなわち左の如し。

中村屋　　亀田屋　　平松屋　　亀屋

この内平松屋・亀屋は料理兼業なり。ここの若衆の風俗もやはり湯島天神のものに同じきを以て省きつ。改革後は僧侶らひそかに品川の妓楼に通いしも多かりしとぞ。

品川の儲け七分は芝のかね

こはその頃の僧侶のさまを写したる狂句なり。増上寺の鐘は昼夜とも七分(八つ(二時頃)と七つ時(四時頃)の間を七分という)のほかは撞かざりしを以て、かくは詠み込みしならん。

さて前来叙し来たりたる若衆は、すべてこれを以て営業となしたるものなり。このほか諸侯に、寺院に小姓として奉仕せし美少年は、皆この記事中に入らずと知るべし。

（五八四六号、明治二六年三月一二日）

吉原の遊廓

吉原の起原

慶長年度以前は、江戸に一定の遊廓なく、傾城屋なるもの城下処々に散在し、あるいは二軒、あるいは三軒、多きも十数軒ずつあい駢《なら》びて色を鬻《ひさ》ぎ、その中やや青楼街とも称すべき観ありしものといえども、麹町八丁目の辺に十四、五軒、鎌倉河岸に十四、五軒、大橋の内柳町に二十軒余の傾城屋ありしに過ぎず。ここにいう大橋は常盤橋門外の辺を称《とな》えたるにて、柳町の名は京都に柳町といえる遊女町ありしより借り来たりてかく名付けたりともいい、あるいはその町の入口に二株の柳ありしよりかく号《なづ》けたりともいう。さてこの柳町の傾城屋は、江戸在来のものの起こす所なりしも、鎌倉河岸の傾城屋は江戸の漸く繁華の都となるに及びて、駿府弥勒町《みろくまち》(今の静岡阿部川町にて、いわゆる二丁町)より移転し来たりしものにて、麹町の傾城屋も京都六条より遷居したるものなりという。その他伏見の夷町《えびすまち》、奈良の木《き》辻《つじ》などより移り来たりて、二軒・三軒ずつ随意に開業したるを挙ぐれば、ほとんど指を屈するに遑《いとま》あらず。こは皆慶長五年(一六〇〇)関ケ原の役、天下の大勢徳川氏に風靡したる頃のことにて、諸侯もここに聚《あつ》まり、武士もここに集まり、商賈百工の徒も随ってここに蟻《ぎ》付《ふ》[1]したるなめれば、かの戦国の士が常にその陣中欝散《うっさん》の具としたる遊女も、いかでここに遷移せずしてあるべき。当時の状況の賑わしかりしこと想いやらるるなり。

　慶長十一年江戸の大城を拡修せらるるに当たり、前記柳町の地は御用地として召し上げられ、所在の傾城屋はことごとく元誓願寺前に移転することとなりしかば、傾城屋はこの機に付け入り、府下の繁昌に随いて屋敷替えなど多きを名とし、この際各所散在の傾城屋を纏めて一廓となさんことを願い出でたれども、認可せられずして止みにき。しかるに慶長十七年の頃、庄司甚右衛門(2)というものありて、さらに江戸市街の傾城屋を一所に取り纏めんことを企てて、遂に幕府の許可を得るに至れり。その願意はおよそ京都・大坂・駿府そのほか諸国の港市などには必ず公許の傾城屋ありて、その公許地の数二十を以て数うるに至れるに、江戸のみはかく繁栄に赴くにも似ず、未だ定まれる傾城屋なきは遺憾にして、ことに市街の取締上にも不便なりとて、左の三か条の趣意を陳じて、この挙の私事にあらず、大いに官のために謀るものたることを建言せり。

一、遊女を買い遊び候もの、遊興色にふけり、分限を弁えず家職を忘れ申し候て、断えず傾城屋に入り込み長居いたし候えども、傾城屋の儀はそのものの方より金銀をだに申し請け候えば、幾日も留め置き、馳走仕り候。しかる間おのずからその主人・親方への奉公を欠き、あまつさえ引き負い横領いたし候事は、傾城屋ども金銀を限り、幾日も留め置き候故と存じ候。一か所の場処御定め下されたく候て、只今までの有り来たり候所々の傾城屋を一所に集め、吟味仕り、自今《じこん》は一日一夜のほか長留めいたさせ申すまじく候事。

一、人を勾引《かどわかし》申し候ものの儀、前々より堅く御制禁遊ばされ候処、今以てあらあらこれある由、当時御府内においても、人を勾引候ほどの不届きものも数多《あまた》これあり候。その子細は、手前困窮なる者の婦を養子と名付け貰い置き、成長の後妾奉公、または遊女の奉公に出し、大分の給金を取り渡世に仕り候。かようなる不届きもの、かなたこなたよりみめよき娘を五、六人も養子に仕り、十四、五才に罷りなり候えば、右の如く奉公に出し申し候。実父母方申し分申し来たり候えば、種々偽りを申し、あるいは少し金子を出し申し候。実父母あい果て候か、または遠国などにて罷りあり候えば、己が自由にあい計らい、傾城などに売り渡し、大分の金子を取り申し候。かようなる不届き者どもは、人を勾引候事を仕るべきように存じ奉り候。この如くなる訳をも存知ながら、勾引者の養子娘を相対にて傾城奉公に召し抱え候ものこれあるように承り申し候。傾城屋ども一所に召し集め申し候わば、勾引ものの儀申すに及ばず、養子娘の筋を吟味仕り、さようなるものをば奉公に出し候わば、急度《きっと》御訴え申し上ぐべく候事。

一、近年世上御静謐に治まり候といえども、濃州関ケ原御平均の御事も程遠からず候えば、自然と透間《すきま》を伺い、悪事をあい企て申すべき諸浪人の類も御座あるべく候やと存じ奉り候。さようなる悪党の類は、人目を忍び、住所をもあい定めず流浪いたし罷りあるべく候。遊女屋の儀は、金銀をだに遣わし候えば、そのものの出訴・詮義仕り候義は御座なく候。幾日も留め置き申し候。右の如くの族《やから》所々方々に遊女屋などに罷りあり候事も計り難く候。このほか当座において不届き仕出し、欠け落ち致し候者、当分の在所には遊女屋に勝れたるは御座なく候間、所々遊女屋どもにかかわり罷りあり候わば、たとい御詮義ものたりとも、軽く御手に入り申すまじく候と存じ奉り候。この度願い上げ候通り、傾城町一か所にあい仰せ付け下され候て、この儀はことさら念を入れ、何ものにても見届けざるものの傾城町へ徘徊仕り候わば、そのものの出所吟味仕り、いよいよ恠《あや》しく存じ奉り候わば、急度口訴申し上ぐべく候事。

一、御公義様御広大の御慈悲を以て願い奉り候通り仰せ付けられ下され候わば、ありがたく存じ奉り候。以上。

右三か条の建言を約すれば、第一条は良家の子弟らが、父兄あるいは主人の眼を忍びて遊蕩するものの取り締まりに便なるを述べ、その第二条は良家の子女が勾引されて不合意的に娼妓に売られなんとするを防ぐの手段となることを弁じ、第三条に至りては大坂の余党なお処々に竄伏《ざんぷく》することを慮《おもんぱか》りて、これが取り締まりに遊廓を一所に取り纏むるの止むべからざることを述ぶ。要するに施政上・警察上の便利より建言し来たりて、一言私事に渉らざりしも、また巧みなりというべし。

（五六八四号、明治二五年八月一八日）

前号に載せたる庄司甚右衛門の建言はあたかも好《よ》し。幕府が天下を戡定《かんてい》(3)したる矢先に顕れ、施政の肯綮《こうけい》(4)にさえ当たりたりければ、直ちに時の町奉行米津《よねきづ》勘兵衛〈田政《たまさ》〉・本多佐渡守〈正信・老中〉の受け付くる所となり、追って何分の沙汰に及ぶべき旨を申し渡されたりしが、その後五、六年を経て元和三年（一六一七）の三月に至り、町奉行はさらに甚右衛門を召喚し、始めてその願いの通り遊廓の創設を許可せられたり。

編者いわく、徳川氏の武を偃《ふ》せたるは元和元年にして、その前は大坂との交渉も繁く、江戸市政にはなお未だ着手し到らざりしを以て、この認可もかく遅緩《ちかん》したることと覚ゆ。

右許可さるると同時に、庄司甚右衛門へ申し渡されたる制裁は左の如し。

一、傾城町のほか傾城屋商売致すべからず。傾城町囲いのほかいず方より雇い来たり候とも、先々へ傾城差し出し候事、向後一切停止《ちょうじ》たるべき事。

一、傾城買い遊び候者、一日一夜より長留め致すまじきこと。

一、傾城の衣類、総縫・金銀の摺箔など一切着申すまじく。何地にても紺屋染めを用い申すべき事。

一、傾城屋町屋造り普請方、美麗に致すべからず。町役は江戸町の格式の通り急度あい勤め申すべき事。

一、武士・商人体の者に限らず、出所慥《たし》かならず不審なる者徘徊致し候わば、奉行所へ訴え出ずべき事。

右の通り急度あい守るべき者也。

月　日

右第一条は、娼妓の取締上、遊廓外に遊女あるを禁じたるのみならず、また娼妓の廓外に出ずるをも制したるにて、後世吉原の娼妓が大門を限りて一歩を踏み出だすことを得ざるも、全くこの令に基づきしものと知るべし。第五条の如き警察上の必要より起こりしものにて、怪しむに足らざれども、第二条以下四条の客の流連《いつづけ》を禁じ、娼妓の美服を禁じ、青楼の華奢を禁じたるなど、今日より観れば趣旨の親切なるが如く、さりとて馬鹿らしくも見ゆ。また以て当時勤倹を尊びたる風の一般を知るに足るべし。

さてこの時始めて遊廓を設けたる地は、葺屋町の下(今の和泉町・高砂町・住吉町・難波町)にて、二町四方の地面を賜る。ここ一面に生い茂りいたる葭茅《よしかや》など苅り払いて経営したればとて、葭原となん唱えたるを、後、佳字を選みて吉原と書くに至れりとぞ。実《げ》に葺屋町の地形《じづら》普請に取り掛りたるは元和三年にして、遊廓を開業したるは同四年十一月なり。

さてかの庄司甚右衛門は、遊廓の創設とともに吉原町の総名主を申し付けられしが、当時吉原の町名は、

江戸町　一丁目　二丁目

江戸町とは、この遊廓の江戸とともに繁昌せんことを祝して名付けたるにて、一丁目には最初柳町にありしものあい集まり、甚右衛門もここに住いぬ。二丁目はもと鎌倉河岸にありしもの、すなわち駿府より移転し来たりしものなり。

京　町　一丁目　二丁目

京町は、もと京都より移り来たりて麹町にありしものの転居したる処とす。二丁目の分は既に遊廓創設の挙あるを聞きて、新たに上方より遷移し来たりしものと聞こゆ。

角《すみ》　町《ちょう》

角町は、京橋角町より移りしものにて、この町は寛永三年(一六二六)に至りて設けたるものなり。

ちなみに記す。吉原創業の(5)曩祖《のうそ》たる庄司甚右衛門は、もと小田原北条家の士なりしが、天正十八年(一五九〇)小田原落城のとき、甚右衛門歳甫《はじ》めて十五歳にして、江戸に流落し、柳町に所縁あるをもて、ここに住居し、ついに傾城屋を業とするに至りしが、みずからその賤業を恥じて、家系の来歴をいわず。正徳元年(一七一一)十一月齢六十九を以て終わる。始めの名は甚内といいしが、慶長年間横山町に勾崎《こうさき》甚内という悪漢《わるもの》あり。庄司甚内と訴訟のことありて奉行所に出でたるとき、原被両造の同名なるを紛らわしとし、ことさらに奉行の命によりて甚右衛門と改名したりとなん。甚右衛門の子孫は爾後遊女屋を業とし、兼て名主を勤め、甚右衛門・甚之丞・又左衛門など代々その名を異にしたるも、屋号は西田屋といえり。享保時代の(6)庄司は又左衛門勝富《かつとみ》といい、道恕《どうじょ》心斎と号し、(7)「洞房語園」という書を著わして、吉原の沿革を叙述したることあり。今はその後裔のありやなしやを知らず。

（五六八五号、明治二五年八月一九日）

前号の記事によれば、吉原遊廓の創業者たる庄司甚右衛門は、小田原の遺臣にして、十五歳のときかの柳町の所縁にたよりて立脚の地をなし、ついに傾城屋となりたる如くなれども、また一説によれば、甚右衛門の叔父何某は、その以前東海道吉原駅にありて、旅舎《はたごや》の業を営みおりしを、小田原落城（天正十八年）のとき甚右衛門尋ね往きて、ここに寄寓しけるが、この甚右衛門生来《うまれつき》(8)機警《きけい》の才に富み、当時豊臣氏の世にありて、早く既に(9)撼天動地《かんてんどうち》の世変《せへん》あるを観破し、最早や江戸ならでは身を立て、家を起こすの地なきことを察し、しきりに叔父何某に勧めて、そのかつて抱え置ける足洗女《あしあらいおんな》（近世の飯盛女《めしもりおんな》に同じ）を具し、家を江戸に移さんことを説きければ、叔父もその説を容れて、挙家江戸に移ることとなり、同駅の人もこれに倣《なろ》うてともに遷移するもの二十五家の多きに及べりとなん。尤も庄司を始め一行の遷居者は直ちに江戸に入ることをあえてせずして、荏原郡荒井宿（品川の南大井村の辺なり）に止《とど》まり、一旦ここに居を定めて、各々傾城屋の業を開きたり。これ実に天正十九年のことと聞こゆ。時に叔父に一女ありしを、甚右衛門は従兄弟《いとこ》ながらに(10)伉儷《こうれい》の礼を行いてしかば、ここに叔父の家を継ぐこととなり、ますますその業の盛大を謀り、ついには江都《こうと》に出でて一大遊廓を開かんことを発心しつつありしが、時移り物変わりて慶長五年(一六〇〇)というに、家康公兵を率いて登上(関ケ原の役)せんとの聞こえあり。時に甚右衛門何おもいけん、大井村の海岸に数戸の茶店を設け、抱えの遊女を一様に粉装《いでたち》して、ここにおらしめ、みずから壮士袴を穿《うが》ちて、路傍に跪座《きざ》し、駕《かご》の至るを待ちいければ、公これを怪《あや》しみ、近臣をしてかれは何者なりやと問わせける。甚右衛門心ひそかにわが図《はかりごと》なれりと喜び、謹んで答うるよう、「小奴《やつがれ》は当所遊女の長にて候が、今や天下万民のため御老体をも厭わせられず、遠く戦地に臨ませ給う。小民らの安堵、業に従うも皆これ御武徳の高きによると。誰か感佩《かんぱい》(11)し奉らざるべき。依りていささか御首途を祝し奉り、かつ抱え遊女どもをして、御供の方々へ粗茶を献じたく罷り出で候」と、いとも爽やかに申し述べたりければ、公は莞爾として微笑せられ、「奇特のことぞ」と上意ありしが、既にして関ケ原の役に大捷(12)を得て、凱旋せられけるときも、甚右衛門は遊女を出すことかくの如くして、再び「大儀なり」との上意を得たりという。これ意中計画の伏線を張りたるにて、かれがなかなかの狡猾者《こうかつもの》なりしこそ、おかしくも面《つら》憎けれ。さて関ケ原役後は諸国の遊女屋江戸に移住するもの漸く多く、なかんずく柳町に最も多かりしかば、甚右衛門も再び柳町に転居してその業を営みおりしを、大城修築のために取り払われ、元誓願寺前(誓願寺は当時神田須田町にありしという)に移転を命ぜられたること、前号に記すが如し。

庄司甚右衛門が江戸に撒布《さんぷ》せる傾城屋を聚めて、一遊廓たらしめんことを発議したるは、誓願寺前に移転したる後のことなるが、当時その同業なる山田屋宗順(後、玉屋山三郎とて有名の妓楼あり)・岡田屋九郎右衛門などに謀りたるに、皆甚右衛門の議を不可とせり。その説たる、「遊里はもと少年輩をして放蕩に耽《ふけ》らしむるの具なり。今処々に散在して黙許に付せらるればこそ、我れ人業に安んずることも得るなれ。公然免許さるるにおいては、上より遊蕩の道を開かるるにも似つべし。この請願に心を労するの徒労なることは、前年より請願するものありしも、未だ許可せられざるにても知るべし。云々」というにありしが、独り甚右衛門は思う所ありて、前号に記せし三か条の趣意もて建言し、一時大坂陣のためにその許可の遅緩したるにも拘わらず、元和二年(一六一六)に至りて本多正信より家康公へ甚右衛門が願意を上申したれば、公これを聞こし召され、「甚右衛門といえるは、さきに関ケ原発向のとき、大井村の路傍に我を迎えたるキミガテテ(昔時遊女を君と称えたるより、楼主を遊女が親方と言い習わせしとなん)なるか、かれは市人には似ず、その志殊勝《しゅしょう》のものぞ。将軍に稟《りん》して(13)(この時既に秀忠公将軍職にあり)、よきに沙汰せよ」との命ありしより、その翌元和三年三月遂にかの葺屋町の地に一大遊廓を創立せるに至れるなり。

葺屋町の近辺の葭茅を苅り払いて経営功をなしたるより、その廓を葭原と号《なづ》けたるよしは、前にも記せしが、また一説によれば、甚右衛門の家もと東海道吉原より移転した

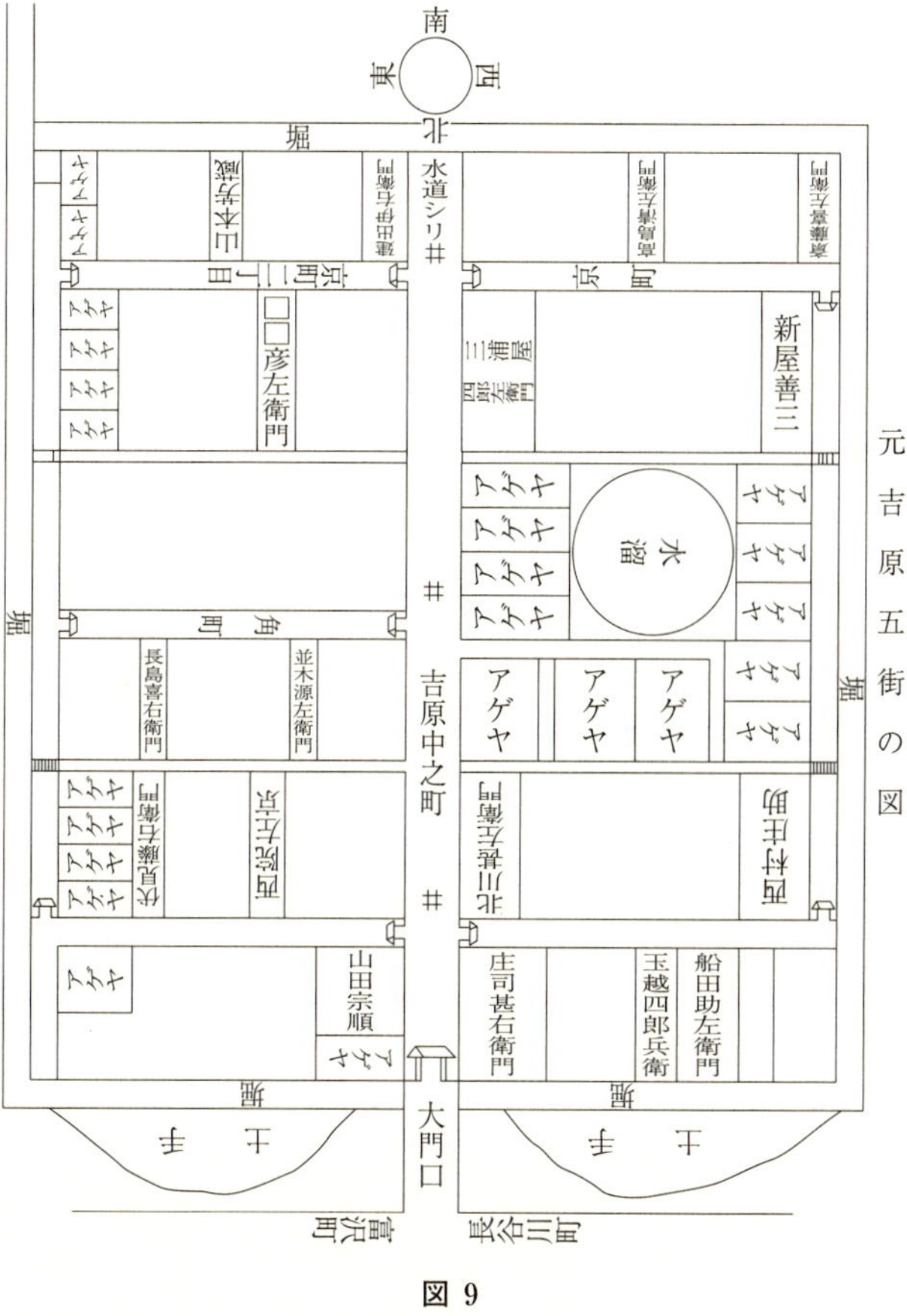
元吉原五街の図
南
東
西
北
堀
水道シリ
京町二丁目
京町
新屋善三
三浦屋四郎左衛門
□□彦左衛門
三本木勘蔵
角町
水溜
アゲヤ
並木源左衛門
長島喜右衛門
吉原中之町
西村庄助
北川甚左衛門
西京作
伏見藤右衛門
山田宗順
庄司甚右衛門
玉越四郎兵衛
船田助左衛門
大門口
土手
富沢町
長谷川町

図 9

るとのことなれば、その故郷の名にちなみてかくは号《なづ》けたりともいう。既にして遊廓は吉原一か所に定まり、府下に散在せる傾城屋を厳禁せられたるより、われもわれもとこの地に娼楼を建築することとなり、普請の落成したるものは、われ先に開業せんと、甚右衛門に請いたるも、甚右衛門は輙《たやす》く許さず。「およそ遊廓のなる上は、われ人ともにこの廓の繁昌を企図せざるはなし。しかるに人各々資力の差ありて、普請の落成もおのずから遅速あるべし。もし開業あい先後して区々《まちまち》たらば、遊廓の体裁に欠くる所なきを得ずしかず。相互に資本を融通して普請を急ぎ、(14)闠廓《こうかく》一時に開業せんには」と。ここにおいて元和三年十一月打ち揃うて業を開き、実に左図(**図9**)の如き(15)歌吹海《かすいかい》を現出したるは、これなん今もなお大門通りの名を幽《かす》かに大丸の横通りに留めたる元吉原の濫觴《らんしょう》にぞありける。

(五六八六号、明治二五年八月二〇日)

元吉原の繁昌

元和三年(一六一七)庄司甚右衛門の計画にて、葺屋町の近辺に一遊廓を設けしことは、前号に記するが如しといえども、その前江戸市中処々に遊女屋の散在しありし頃は、もとより一定の制裁もなく、かつ戦国の余弊とて、遊女というものをむげに(16)醜陋《しゅうろう》のものとも見做《みな》さざりしことなれば、客の招きあれば、遊女屋より人を付け添え、いずれの地、いずれの家にも出し遣りて、客の遊宴に侍せしめたること自由にして、これを遊女の町売りと称えたりしが、甚右衛門の計画にて吉原(今よりいえば元吉原なり)の遊廓興りしより、かの五か条の規則を制定せられて、市中各所の遊女屋を禁ずるとともに、この町売りということをも併せて禁ぜられ、ただ神仏参詣のとき、楼の若者付き添い出ずるのほかは、遊女の大門外に遊ぶを止《とど》め(前号遊女の外出は一切禁ぜられし如く記せしは誤り也)たれば、八百八街なる大江戸の艶事を、とみに吉原二町四方の一小区域内に取り入れて、専売の権を占めたる姿となり、ひとり遊客のみならず、無邪気なる見物人もあい競うてここに逍遥したれば、廓内の繁昌譬《たと》うるに物なく、わずか四間ばかりなる中の町の街幅《まちはば》にてありながら、女・童《わらべ》などは遮《さえぎ》りて向こう側に到り得ざるばかりの雑沓を極めたりしが、寛永十七年(一六四〇)の頃、町奉行は遊廓の夜遊びを害ありと見認《みとめ》られ(勤番の士・商家の手代など遊興に耽りて帰期を過《あや》まるの害ありしによるという説あり)、吉原の遊興は昼間に限り、夕方燈籠に点火するを相図に、万客各々帰途に就くべき規定となれり。けだし燈籠は「たそや行灯《あんどん》」と称えたるものにて、楼前必ずこれを建て置き、晡時《たそがれ》より点火するより、かく名づけたりとなん。されば其角《きかく》の(17)「それよりして夜明烏やほととぎす」の句意に反し、当時のきぬぎぬは、晩鴉《ばんあ》の声を恨みしなるべし。しかるにこの頃よりして、市中湯屋の風俗すこぶる紊乱《びんらん》し、二百余軒の湯屋に垢流し女と唱うる恠《あや》しき女子を蓄え置き、昼は表面より浴客の待遇を事とするも、夜間は密かに客を迎えて遊女類似の醜業を専らとしたるより、一時吉原遊廓の衰微を来たせり。想うにこれ吉原の夜遊びを禁じたる結果なりしこと疑いなし。さて吉原の夜遊びはその後明暦三年(一六五七)新吉原に移るに及んで、再び許可せられたるが、こは新吉原の部に至って詳述すべし。

元吉原の課役

元吉原の課役は、かの五か条の制規にも載するが如く、他の普通町家《ちょうか》と同じく賦課せられたることとなるが、その他大城御煤掃きのとき、または御畳替えのとき人夫を出して、その役務を執らしめ、失火のとき消防人足を繰り出せしを始めとして、山王・神田の両大祭には傘鉾《かさぼこ》(山車の類)を出し、愛宕の祭礼には禿《かむろ》のうち、ことに容貌のすぐれて麗わしきものを選み、これに美服を粧《よそお》わして練り往かしむるなども、またその課役の一種として、吉原の負担したることとなりし。なおまた三奉行(寺社・勘定・町奉行)が公務のため評定所に出席する日、すなわち幕府時代にいわゆる式日には、太夫とて遊女中の上等なるものを給仕として差し出し、日除けをなせし高瀬船を山谷より艤《ぎ》して、これに太夫を乗せ、直ぐに辰の口まで漕ぎ行かしめたること、吉原の課役として勤めたる一義務なりしという。今より想えば堂々たる政府の公庁へ、娼妓を召して給仕さするなんど、ほとんど人の想像にも嵌《は》まらざる事ながら、これぞ古代の遺風にして、恠《あや》しむにあらず、「平家物語」(18)の仏《ほとけ》・千寿《せんじゅ》の如き、「義経記」(19)の静《しずか》の如きはさら也。「東鑑」(20)には、頼朝が富士の狩りに手越《てごし》・喜瀬川《きせがわ》の遊女どもを召し集《つど》い、里見冠者義成《よしなり》もて傾城の別当に補《ほ》せらるるなどあり。当時の白拍子《しらびょうし》の今の遊女と品操の異なるあるにも拘わらず、上流社会にこれを弄びしことの公《おおやけ》なりしを知るに足るべし。ことに足利以後の戦国となりては、兵馬倥偬《(21)こうそう》の際、鬱情を散ずるの要具とし、これを陣中に弄びたること、ほとんど常なりしことなれば、徳川政府創業の当時、この事ありしも怪しむに足らず。されどかくの如き蛮風の到底長くその痕跡を残すべくもあらざれば、その後十余年、寛永年度に致りて幕府はこの旧慣を廃絶したり。また以て三代将軍時代世風の革新したるを看るべし。

（五六八七号、明治二五年八月二一日）

元吉原の移転、新吉原の経営

元吉原創業のときは、幕府天下を定めて未だ幾《いくばく》ならざる際とて、江戸の市街もなお半ば武蔵野の痕跡を存せしことは、かの地の葭茅などを芟《か》り払いて阡陌《(22)せんぱく》を形成したるにても知らるべし。しかるにその後四十年の星霜を経て、明暦年間（四代将軍家綱公の世）に至りては、既に三代将軍の大政略もて、徳川氏の基礎も立ち、社会の秩序漸《ようや》くその緒に就きたる後にしあれば、江戸市街の拡張改良も着々整理せらるる時機となり、元吉原の位置は遊廓として存するの不適当なるを感ずるに至れるより、時の町奉行石谷〈左近〉将監〈貞清〉は、明暦二年（一六五六）十月九日を以て、元吉原町年寄どもを奉行所に召喚し、

「その遊廓は御用地として召し上げらるるが故に、所替え申し付ける」旨を言い渡し、二者「その代地は本所のうち、もしくは浅草日本堤の下において下付せらるべければ、二者の内一を選んで願い出ずべき」と命じたり。しかれども元吉原の遊廓は既に四十年来営業し来たれるものなるに、今さら遠方に転地申し付けらるるは、事情すこぶる困難なる趣もて、年寄らはしきりに哀訴したれど、町奉行は当時市政の方針上かくの如き小利害に拘々《こうこう》たることあたわざる必要ある折柄なれば、断然かれらの請願を拒絶せり。依って元吉原の年寄らも止むなく移転のことに決定し、協議の上、日本堤の方に移るを可として申し上げたれば、ここに始めて新吉原の移転地は確定したることと見ゆ。しかるに町奉行においても、かれらが移転の苦情を憫察《びんさつ》したりけん。移転後の新吉原には特に左の五か条の利益を付与せられたり。

(23)

一、ただ今までは二町四方の場所なれども、新地には二町に三町の所、五割増しに下され候。

一、ただ今までは昼ばかり商売致し候処、自今昼夜の商売御免也。

一、遠方へ遣わされ候に付き、山王・神田の御祭礼の町役並びに出火の節火消しなどの事御免也。

一、町中に二百軒余これあり候風呂屋、ことごとく御潰し遊ばされ候。これは風呂屋隠し遊女差し出し候故也。

一、御引料御金一万五百両下し置かれ候[小間《こま》一間に付十四両]。

右は元吉原移転に付き、幕府の恩典を布《し》かれたる箇条なるが、同年十一月に至りて元吉原五街の年寄並びに月行事《がちぎょうじ》は浅草御蔵にて、その移転料一万五百両を拝戴し、かつその年は既に歳末に迫るを以て、新地の地形普請は明年春より取り掛かるべき旨を命ぜられたり。

想うにその移転料は小間割り十四両なりしといえば、今の金位に引き直して少なくも百両以上に当たるべし。試みに現今市区改正の移転料に視《くら》ぶれば、すこぶるその割合の寛裕なるを見るべし。しかして独りこれのみならず、その地域において五割を増賜し、諸役を解除し、はた従来営業上の大障碍たりし夜業を許され、遊廓の大勁敵《だい(24)けいてき》・大競争者たりし満都の垢流し女《め》(売淫)を禁歇《きんかつ》したるが如き、かれら移転の苦情を医《い》して余りありというべきのみ。

既にして明暦二年も暮れたれば、これより新地の地形にも取り掛からんとするに際し、生憎《あいにく》や明暦三年正月十八日は、かの有名なる本郷丸山火事にして、元吉原の地も祝融(25)の怒りに触れ、闔廓《こうかく》看る看る烏有に帰したり。しかるにこの時未だ新地の地形にも着手せざることなれば、とりあえず旧地に仮家を建て設けて一時営業し、一方には新地の普請に取り掛かるべき手段なりしも、いかにせん古来未曽有の大火にて、江戸市中の混雑一方ならず、ために新地の地形も三月上旬に至りて始めて着手することを得たり。

しかれども地形こそ三月上旬に着手したれ、その普請は六月の頃に至りてなお落成せざりし。想うにかくの如きことは、往々あり勝ちのことにして、あるいは金主との相談、遣り繰りの算段など心ならずも延引したることとならん。しかるに町奉行においては、兼て市区拡張の計画あるに際して、たまたま大火災に逢いたることとなれば、一層移転の遅緩すべからざるを感じ、さらに命を下して六月十五日までに悉皆旧地の仮家より移転すべきを厳達せり。されど実際なお新地の普請も落成せざることとなれば、町奉行はさらに便宜法を案出し、今戸村及び鳥越・山谷の農民に命じて、新地普請落成までその住宅を遊女屋に貸与せしめ、宿賃は相対にて取り極むべしと諭告せり。ここにおいて元吉原の遊女屋は六月十四日・十五日を以て浜町の河岸より屋形船を艤装し、これに傾城どもを乗せて引き移らせ、その山谷・今戸辺に到らんとするものは、山の宿または金龍山下へ船を着け、その鳥越に往かんとするものは、駒形堂へ着くもありて、中には玉ぶちの編笠冠りて、盛装陸路を取り、浅草観音の詣でを兼ぬる遊女もあり。あるいは酒肴を以て遊女の船に贈るもあれば、あるいは見舞いとして遊女の船に追随する遊船もあり。墨田川の漣波《さざなみ》も華顔の笑靨《えくぼ》に羞じらい、浅草寺の観音も生ける菩薩には一着を輸するの観ありて、見物人の雑踏を極めたりしは、今も昔も都人一般の情なんめり。

さて今戸村・山谷・鳥越の三か所における表通りの農家は、多く元吉原の遊女らが一時仮の営業場となり、新たに許可されたる如く、昼夜とも営業に従事したり。これぞ後世遊冶者《ゆやしゃ》流の間に嘖々たりし、吉原の仮宅《かりたく》ということの権輿《けんよ》(26)なりとは知られたり。既にして新地日本堤の普請も七月中に大略《ほぼ》落成してければ、漸次随意に引き移り、八月十日に至りてことごとく移転のことをおわりたり。さればかの今戸・山谷・鳥越の仮宅に営業したる時日は、長きものにて五十余日、短きもの三十余日を出でざりしなり。

右の如く明暦三年八月十日までに漸次引き移りたる日本堤下の遊廓は、元地の吉原にちなみて新吉原と号《なづ》けたるにて、すなわち今の北里なり。当時新吉原の街衢《がいく》は、四囲堀を廻らしたる正方形にして、竪は京間百三十五間、横は百八十間、総坪数二万七百六十七坪、北向きに大門を設けたるなど、今時とその形跡のさして異ならざるべければ、しばらくこれを細記せずもあらなん。但し始め大門を設けしとき、大門口より土堤まで五十間の道を一直線に付したるを、両町奉行見分して、これを不可とし、さらに三曲路に作り替えたりという。しかして当時の町名は、かの元吉原の五街(江戸町弐・京町弐・角町一)に加わうるに、従来五街中に散布したる揚屋《あげや》の類(揚屋は往時遊女を招聘して遊びたる所、後に詳らかにす)を一所に聚《あつ》めて、揚屋町なるものを新設したるに止まり、今の如く繁雑なる町名ありしにあらざるなり。その後寛文八年(一六六八)(新吉原へ移転後十二年)に至り、江戸町二丁目の屋敷内を切り開きて新道を設け、ここに堺町・伏見町の二町を新設したるが、こは元吉原の頃かの垢流し女などいえる隠し売女の類横行したるより、新吉原へ移転のとき、市中二百余軒の風呂屋を潰して、移転報酬の一か条としたることは前に記するが如くなりしが、さりとてその後もなお市中にはひそかに淫《いん》を売るものありて、あたかも飯上《めしうえ》の蒼蠅《あおばい》の如く、随《したが》って払えば随って起こり、到底根治法を施すにあらざれば、一掃し難きを感ずるに至りて、寛文年度これらの淫売女の徒を吉原に駆り入るることとなり、ために七十余戸の妓戸を新吉原中に増加するに至りしを以て、前記堺町・伏見町の二町を設けて、これに新来の遊女屋を借宅させたるに起こりしという。その他何河岸といい、何尻というが如き小字《こな》は、随時便宜より称え出だしたることにして、一々これを挙げんも煩わしけれど、中にもその名の奇なるもの二、三を記さんに、江戸町二丁目の角を、往時待合の辻といえり。こは当時遊女らがこの辺に床几《しょうぎ》を並べ、毛氈を敷き、これに腰うち掛けて遊客の来たるを待ち合いたるによりて、かく号《なづ》けたりともいい、また一説には遊客らがあい前後して来たるとき、互いにここに待ち合わせたれば、かく称《とな》うるともいえり。その他水道尻に下等の遊女屋二十五軒ありしとて、ここを天神河岸というが如き、京町二丁目の河岸における下等店《みせ》は客を執《と》らえて放たざること、あたかも鬼が渡辺の兜を攫《つか》むに似たりとの意より羅生門河岸と称するが如き、庄司の息子西念なるものの名にちなみて京町一丁目の河岸を西念河岸というが如きの類多し。

付けていう。前号元吉原の課役といえる記事中、遊女が評定所の式日に給仕として船にて伺候したることを述べしが、その乗船は山谷より艤《ぎ》するが如く記せしは誤りにて、こは元吉原付近の河岸、すなわち浜町河岸辺より漕ぎ出せしものなり。しかして朝倉量衡《かずひら》が「軍集」といえる本には、「六尺に大模様の衣類を着せたることは、昔、遊女評定所の給仕に出でけるその六尺に着せたる。云云《しかじか》」とあるをもて推せば、新吉原に移りたる頃は、あるいは駕籠にても往来したるものか。(27)（五六八八号、明治二五年八月二三日）

遊廓の行政、警察

遊廓の設けのもと警察の便より許可されたることは、庄司甚右衛門に交付されたる五か条にても知らるれども、幕府が大門外に建設したる高札は左の如し。

一、前々より制禁のごとく、江戸町中端々に至るまで遊女の類隠し置くべからず。もし違犯の輩あらばその所の名主・五人組・地主まで曲事《くせごと》たるべき者也。

五月

一、医師のほか何者によらず乗物一切無用たるべし。付けたり、槍・長刀門内へ堅く停止たるべきもの也。

五月

右の如く一方には、市街各地の隠し売女を禁じ、一方に吉原一か所を打ち開きたれば、満都の遊客おのずからここに集まり来て、悪漢無頼の徒も随ってこれに輻湊《ふくそう》することとなりければ、当時の町奉行は吉原を以て盗賊捕拿《ほだ》の好猟場視したることとなるべし。されたのば大門も今の如く両個の鉄柱に、桜痴(28)・情仙の連句を鋳たる如きの比にあらず、堅固なる両扉を設けたる腕木門の渋墨くろぐろと、金具もいかめしく、黎明これを開きて引け四つ(夜十時)これを鎖し、側《かたわ》らに設けたる潜りによりてのみ夜中通行を自由ならしめたり。さてまた大門左腋《わき》に門番所を設けて通行を監せしが、この門番所は大門内外を見渡すことを得るため、表面を格子に作り、門内は張番所の如くになし、この内には門番のみならず、町奉行隠密廻りと称うる与力・同心、昼夜二人ずつ交替にて常に出張しおり、幾多の岡引(同心の手下也)をして張番せしめたり。この門番所は兼ねて隠密掛りの出張所なりければ、ここをば特に面番所《めんばんしょ》と称したりとなり。夜間は土堤下五十間より土堤上に至るまで、チラホラ岡引を配付し置きて非常を警《いまし》め、不審と見認《みと》むるものあれば直ちに捕えて、かの面番所に拘引せしめ、また廓内の者は盗賊・喰い逃げなどあるか、その他の事故あるときは、直ちにこの面番所に訴え出で、捕拿上必要と認むれば、直ちに大門を鎖閉して、かの(29)匪徒《ひと》を探ること、なお袋の鼠における如し。されば前記の高札に槍その他の兵器を携えて大門に入るを禁じたる、医師のほか乗物を用ゆるを禁じたる、いずれもこの袋鼠《ふくろねずみ》の逮捕に便ずるためなりしこと知るべし。但し両刀は大門を通るに差し支えなかりしも、茶屋に至れば必ず茶屋にてこれを預かり、直ちに登楼すれば、その楼において必ずこれを預かり、決して帯刀にて遊興せしめざる制規なりし。

右隠密掛りのほか、町奉行付き定廻り同心二人ずつ廓内を巡視することありたれども、こはただ表面上の観察に止《とど》まりたることにて、実際の警察は前記隠密廻りの面番所にありしことと知らる。されば面番所の与力・同心及び岡引の類は、その威廓中を震わしめたるものにして、毎日三度の食事には、廓内の町費もて立派なる会席料理の饗応を受け、紋日の五節句(などをいう。後に詳らかなり)には必ず一人千疋〈銭一〇貫文〉程の目録を廓内より贈られ、勤番交替のときは山谷より八丁堀まで船にて送られたりとぞ。

面番所の役人は廓内に威福を弄する代わりに、また廓内のためにも謀りたること多し。中にも妓楼営業時間のことは面番所にて取り締まりをなし、夜四つ(今の十時)と九つ(今の十二時)との両回に柝《たく》を撃ち、その四つの撃柝をもて娼妓の店張りを終わるものとする制規なりしが、実際正当の四つ時にて店張りを罷むるは、営業上廓中の不利なればとて、ここに廓内の妓楼らはかの面番所の与力らと協議をやしたりけん、面番所は撃柝の猶予をなし、たとい金龍山の鐘は四つを報ずるも、なお廓内に柝を撃たず。九つの鐘を聞きて、始めて四つの柝を撃ち廻り、あい踵《つい》でまた正九つの柝を撃ち廻るを常とせり。しかして前者を引け四つと称し、後者を鐘四つと称して区別したるも可笑《おか》しからずや。

ここにまた奇なることこそあれ、右町奉行の同心のほか別に水戸邸より御目付同心(町奉行の定廻りと同様のもの)、並びに押《おさえ》(御目付同心の下役なり)の輩をして毎月二回ずつ吉原を巡察せしめたることこれなり。こはもと日本堤の地は水戸邸の塵埃《ごみ》捨て場として拝領したりけるを、移転の際吉原へ下賜されし因縁よりして、この事ありといえど、その起原得て考え難し。尤も月に二回ずつの巡視は名義のみにて、実際廓中の取り締まりをなすにもあらず、ただ同心・押の輩は、朝より小石川の水戸邸を出で、鼠小紋の木綿羽織に㊎の印を背の上にほのめかせて廓中に入り込み、(30)悤々《そうそう》一巡し去りて、月行事の茶屋にて饗応を受くるのみ。されば水戸家の巡視は遊廓に取りて利もなく害もなきものなりしが、これよりして水戸家の同心・黒鍬・手代(ともに足軽)の輩は、主家の吉原に関係あるを名として、吉原の遊興に巾を利かせたること多く、たとえば始め水戸の家来たることを(31)隠晦《いんかい》し、密かに葵御紋付きの状箱などを懐にして登楼し、さて翌朝勘定の際ことさらに一銭の所持なきを以て言《こと》をなし、楼の若いものらが苦情を称えて行灯部屋などに入れんとして、混雑する途端に、かの御紋付き状箱を取り落して毀損し、若者らがこれを視て少しく色めくを、得たりと付けいり、大声怒号して水戸家の御用を妨げたりとなし、結局前夜の勘定を踏んで立ち帰ること、かれらの慣手段なりしとなり。

南北の両町奉行は、毎年一回必ずあい伴って吉原の遊廓を巡回することを慣例とせり。しかして当時町奉行の儀仗として槍を持たせ、長棒駕籠に乗りたること勿論なれど、かの大門外に至れば、尋常一ようかの高札の文面に辟易して下乗したるも可笑しく、槍もまた大門外の供待所に留め置き、ただ看る肩衣の扮装凜々《りり》しく、徒歩にて入廓せり。この時かの面番所に控えいる与力・同心・岡引らは、ことごとく土下座をなし、廓内の名主・月行事・五人組らは、袴羽織、跣足《はだし》にて出で迎え、廓内の仕事師らは喝道《したにいろ》の声勇ましく、金棒《かなぼう》引きて先導をなし、各楼主は各々その軒下にて跪拝《きはい》し、巡回中は廓中の鳴りものを禁ずるをもて、さしもの歌吹海《かすいかい》(32)も闃《げき》として音なかりしとなん。さて奉行は横町に至るまで残る隈なく一巡し去るに過ぎずして、既に廻り終われば、会所(大門内の右側)に立ち還りて、茶菓の饗応を請け、それより帰途に就くを例とせり。かの賢奉行たりし遠山金四郎(後に左衛門尉)〈景元〉が、遊女某のために「オヤ金ちゃんだよ」と呼ばれたることは、前には町奉行所においての事なりしが如く記せしも〈上巻一八二頁〉、一説にはこの巡回のとき、廓内の旧知己に垣間見せられ、今日の町奉行は昔年《せきねん》冶《や》遊《ゆう》の金チャンなりしことを看破《かんぱ》せられしなりともいう。

(五六九三号、明治二五年八月二八日)

吉原の町制

元吉原の頃は、庄司甚右衛門総名主となりて、全遊廓を支配し、各町に月行事なるものを置きて、その町限りの事に与《あず》からしめ、政府に係る事務は勿論、その自治に係る町割その他の事務を管理し来たりしが、その後明暦年間今の新吉原へ移転の頃に至りては、三浦屋四郎左衛門(初名九郎右衛門)総名主となりて、全廓の事を左右せり。さるをその後いつ頃よりか総名主というもの止みて、四人の名主を置くこととなり、かつ従来は庄司甚右衛門といい、三浦四郎左衛門といい、総名主を勤めたるはいずれも妓楼の主人なりしを、ここに至って名主は専業となり、寛保年間には江戸町に西村佐兵衛、角町《すみちょう》に山口庄兵衛、京町に駒宮六左衛門、新町《しんまち》に川瀬喜左衛門ありて、全廓を支配し、月行事は旧に依りて各楼主月番に勤務したり。さてこれより後は、名主は世襲することとなりたれども、さりとて実際は真の世襲にもあらず、番代と称えて名主の株を売買すること、なおかの御家人株の如くなりしが、その中にも従来の家名をそのままに譲り渡すものと、全く先の家名を廃絶して後人の新家名を名乗るものとの別ありて、株の代価を異にせりという。

名主は各々二人、もしくは三人の書役《かきやく》を属使し、大門内右側の会所に出勤するを常とせり。尤も名主のうちにも外出《そとで》・居残《いのこり》・出役待遇《しゅつやくあしらい》・明《あ》きの四課に分かち、四人にて順次輪番にこれを勤めたりしが、この「外出」というは、町奉行所に出張するを専務とし、「居残」は会所に詰め、「出役待遇」は隠密掛りなどの接待を専務とし、しかして「明き」は予備として閑散におるものなり。さて名主の事務は、町奉行へ対する願い伺い、いえばさら也、廓中の人別帳を管理し、遊女の新たに入籍するものあれば、その身元など糺して、これを登録し、廓中に故障公事などあれば、百方勧解して事を公《おおやけ》にせざるを勉め、あるいは桜の植え付け、仁和賀《にわか》の催しには必ず奥書して願い出ずるなどのことを取り扱いしが、ことに遊客の掛り合い、情死の取り片付けなどにて町奉行所に出廷すること多く、ほとんど寧日(33)とてはなかりしとなり。名主の給料は時代によりて差あること勿論ながら、天保年間の給料は年に七両ないし十両にて、その付属の書役へは、この給料中にて支弁したり。されど名にし負う場所柄なれば、各楼よりの贈りものなど少なからざりしことを思い合わせば、その生活は給料のみをもて標準とはなし難かるべし。

吉原の名主とても、町奉行所の取り扱い上別に他の市中の名主と異なる所なかりしかど、ただ将軍御代替わりのとき、江戸市中の名主どもは、能狂言陪覧の栄を得たるに、独り吉原の名主のみはこの栄に与かるを得ざりしとなり。このほか江戸市中の名主には一番組より二十一番組までの組合ありて、各々交際を取り結びしも、吉原の名主は番外にて他の組と絶えて交際することもなかりき。

廓中に捕りもののあるときは、前記の隠密掛りにてこれを捕うること当然なれど、もし悪徒強暴にして手に余ると見るときは、隠密掛りはことさらに知らぬ顔して、これに着手せず。ひそかに名主に嘱して、月番町奉行所に急訴せしめ、直ちに御捕り方を差し廻されんことを請わしむ。月番町奉行は、この報を得て直ちに非番町奉行(南町奉行月番なれば北町奉行は非番なり)に急便を走らせ、三人の捕り方同心を召して、これに自己付属の捕り方同心三人を併わせ、検使与力一人を監督として付き添わしめ、吉原に向わしむ。この時町奉行は右与力・同心を座敷に召し、三方に「結び熨斗《のし》」載せたるを出だす。ここにおいて一行の与力・同心一礼すれば、町奉行襟を正して左の如く申し渡す。

新吉原に捕り籠もり者これあり、名主何某より訴え出で候に付き、召し捕りに参るべく候。御奉公第一の儀に付き、出精致し捕らえ申すべく候。万一いかようの義これあり候とも申し上げ、跡式あい立ち候よう致し遣わすべく候。捕り方甲乙の儀は検使の見分に仕るべく候。すべて検使与力の差し図にあい任せ、争論に及ぶまじく候もの也。

さて右の読み上げ済めば、直ちに七人の捕り方は玄関より出でて、名主を先導とし、船に乗りて吉原に赴くなり。

新吉原の公役及び町費

元吉原の新吉原へ移転のとき、消火並びに祭礼の課役を免ぜられたることは、前既に記するが如くなれど、その後いずれの時代よりか再び火災・水道・祭礼の三課役を負担することとなり、およそ間口五、六間の家を有するものを一人役とし、一人役の家にて一年二十二、三人の人夫を出すの慣例なりしが、享保七年(一七二二)に至りてことごとくこれを改正して、銀納となせり。その制は町地《まちち》を三等に分かち、上等は京間五間を一人役とし、中等は七間を一人役とし、下等は十間を一人役とし、しかしてその一人役はともに役夫十五人を出だすべき割合とし、一人に付き銀二匁を以て銀に換算せり。これを公役銀と称す。この公役銀は降って文化・文政の頃に至りて、毎歳六十両二分と銀二十六匁を負担せりとなん。なお右のほかに町費とて吉原廓内に係る協議費の如きものありしが、この町費にも一町小間・総町小間・火消小間・祭礼小間の区別ありて、公役と並び課せられたり。

（五六九四号、明治二五年八月三〇日）

遊女の沿革

かの白拍子といいし頃の遊女は、しばらく措《お》き、徳川時代にも柳町を始めとして、元和後の元吉原、明暦後の新吉原に至るまで、時代につれてそれぞれ遊女の名称・風俗・価格などを異《こと》にせしもの、まことに(34)饒多《さわ》なるべし。吉原遊廓の起原を記せしにつぎて、遊女の沿革を読者に紹介せんこと、また無用の業にはあらじ。さわれ紙に限りありて、仔細に説明することを許さざるをいかにすべき。今はただその一斑を記さんのみ。

太　夫

遊女のうちにも、太夫・格子・端《はし》・局《つぼね》・散茶・梅茶などありて、古今その名称を異にしたり。別けて太夫は、遊女中色芸《しきげい》ともに勝りたるものを称したるにて、その称謂《となえ》はもと京都に起これりとかや。慶長以前は遊女ども皆小舞《こまい》・乱舞などの嗜みあり。一年両三回四条河原に舞台を構えて芝居を興行し、能太夫・舞太夫をも遊女の輩にて勤めたりしが、その頃は貴顕紳士もこれを遊観したりければ、今日の太夫は誰《た》が家の某《なにがし》傾城が勤むるなど、上流社会にもおさおさ取り囃され、遂には色芸並び勝れたる傾城をばすべて太夫と総称することとなりしとぞ。されば太夫の称は、江戸の遊女屋の柳町にありしこ

ろよりありしこと勿論なれど、寛永二十年(一六四三)(元吉原の時代)の細見「吾嬬《あずま》物語」[35]に、

前略、今様を唱《うた》いて朗詠し、扇子おっとりしおらしく舞いたるを太夫と名付け、すこし品おとれるを格子と名付け、端という。さてまた亡八(亡八は妓楼の事をいう)貧しくてするわざもかなわねば、端となしおくもあり。しかれどもあだし世のきのうまで時めきし太夫も、はしになるあれば、はしまた今日は太夫となる定めしことの定めなき、はかなさよ。云々、

とあるによりて見れば、天晴れ太夫ともなるべき素質あるものも、楼主の勝手あしくして、その教養も行き届かず、芸事はさら也。衣服・調度も整わざれば太夫の名を冒《おか》すこと得て望みがたく、また一旦太夫となれるものも、客の待遇おもしろからざるか、あるいはその他の過失あれば、貶《おと》等されて格子以下の遊女となれることありしと知るべし。現に天和年間(新吉原開創後二、三十年)の頃出板せし遊女評判記の一種なる「吉原買物の調」[36]という本に左の文を載せたり。

買物

内々仰せられ候われら出入りの屋敷に、安き払い物候わば御調《しら》べなされたき由御尤もに存じ候。京町三浦内に小紫と申す者御座候。去る頃まで上官にて候えども、御さがりにてふりこうにもなり申し候。生れづきほそながくうつくしく候心ね浮気に

面白く候。

右にいう小紫は、当時三浦屋の高尾と並び立ちて全盛の太夫なりしも、過失ありて格子に貶《おと》されしことを嘲けりしものと覚ゆ。太夫が格子以下に貶さるれば、随ってその価《あたい》も格子、もしくは端の価に減じ、その身の不面目なること勿論なれど、さりとて近代の娼妓らが甲の大籬《おおまがき》にて不評判なりとて、乙の小見世に転籍し、乙の小見世にてもなお不評判なりとて、遠く田舎に鞍替えするが如き類にはあらずして、ただ同一楼内にてわずかにその位置を替ゆるに過ぎず。いわば今の妓楼にて、玉高《ぎょくだか》の多少によりて女郎の位次《いじ》を定め、毎月玉高最多数のものを挙げてお職とするの類なるのみ。想えばこれ太夫の格子以下に貶されたる遺風の存するものにて、そのいわゆるお職とは、太夫職の異語なることとも知らる。

太夫は、古来格子の中にて見世を張らざりしこと、「洞房語園」[37]「北女閭起原《ほくじょりょきげん》」などの書によりて明らかなり。されども万治年間出板の「高尾物語」[38]に、高尾太夫が格子の内より客と密話するの風情を画《えが》きたるより推すに、当時は太夫といえども見世を張りたるにや、あるいはこはただ[39]狎客《こうかく》の来たりしによりて、ことに見世先に出で迎えたるを描きしものにや。

さて太夫の称はいつ頃より廃《す》たれたるや詳らかならざれども、明和年間にはなお玉屋山三郎方に二人太夫あり。その後十余年にして安永年間の細見には太夫の名称のみありて、闔廓《こうかく》一人の太夫あることなく、なお三十年を経て文化年度に至れば、既に太夫の名実ともに消絶して、また跡なきを看る。されば太夫のその人は、明和より安永に至るの間に止み、その名は安永以後に絶えたること知るべし。

端女郎

端女郎といえるは、柳町時代より寛保頃までの称なるが如し。しかして端女郎は新吉原に至りては、尤も下等の称となり、太夫・格子の下に属したれど、柳町の頃は遊女屋もなお進化の初歩にありて、風俗素朴なりしは勿論にて、その家屋の構造より、遊女の衣服・調度の如きも決して後世の如く華奢なりしことを見ず。さればこそ遊女の種類も太夫と端女郎との二種に過ぎずして、太夫以下の遊女は皆端女郎と称したるにて、その見世張りの如きも、後世において発達したる有様《ありさま》あるにあらず。太夫は見世張りせずして、格子以下の遊女のみ部屋を出でて、規定の時間内見世先に列座し、以て客に衒《てら》うの制もなく、太夫も端女郎とともに格子内に雑処したるものに過ぎずと思わる。しかれどもその雑処の中にもおのずから上下の別ありて、太夫は中央の座を占めたるも、下等の遊女は片よりて端居《はしい》したるより、さては下等の遊女を総じて端女郎と名付け初めけん。されば柳町時代における端女郎は、元吉原以後の格子女郎と局女郎の二者未だこれなかりし頃の下等遊女と看て不可なからん。

寛永年間細見記抄出

江戸町	
一、せんえもん内　はし	いちょう、たかお、ふしみ、さ月
一、甚右衛門内　はし	むえもん、たかお、ふしや、いくた、やなぎ、たんご、たのむ、しげさぜん

京　町	
一、わか上ろう内　はし	まつかぜ、たんしゅ、わかさ、たかお、大さか、せきしゅ、せきや、かめのすけ、かわず、しまのすけ
一、九郎右衛門内　はし	おとわ、小太夫、まつばら、おとめ、はつせ、さきょう、まつかぜ、むさし、とがわ、たかお

柳町時代の遊女屋の素朴にして、後世の如く発達なかりしことは前記の如しといえども、元吉原に至りてもなおその遺風の存したることと勿論にて、有名なる遊女屋にも、あるいは太夫の女郎なかりしことあり。寛永年間の細見を看るに左の如し〈上図参照〉。

右の内、甚右衛門はかの庄司甚右衛門の家にて、九郎右衛門は後に三浦屋四郎左衛門といいたる家なり。ともに元吉原開基以来有名なりし遊女屋なりしが、その家にしてなおかつ寛永十九年(一六四二)の頃には太夫なく、ただ端女郎あるを看ること右の如し。以て当時の状況を想い見るべし。

（五六九五号、明治二五年八月三一日）

格子女郎

格子女郎の称謂《となえ》のいつ頃より起こりしやは詳らかならざれども、寛永年間の細見などよりこれあるを看れば、いずれその頃よりのことと知らる。「洞房語園」に、

格子とは、大格子の内を部屋に構え、局女郎より一と際勿体を付ける。局に対し紛れぬように格子という名付けたり、

とあり。しかしてこの局女郎は、元吉原以来のことにて、柳町時代になかりしよう思わるるに、これに対して「格子という名付けたり」とあるより推せば、あるいは格子と局とは、元吉原開業後に至りて、かの柳町以来の端女郎中より新たに等差を起こしたるものなるべし。されば柳町時代には太夫の下、ただ端女郎に止《とど》まりしを、ここに始めて太夫の下に格子女郎と局女郎との二者を看るに至りしならん。

さて右にいえる「大格子の内を部屋に構え云々」とあるその部屋はいかなるものなりしや。想うに当時は遊女屋の歴史においてなお草味未開《そうまいみかい》(40)ともいうべき時代なれば、太夫はいざ知らず、以下の遊女らが各々自己独占の座敷を有したるなどのことなく、見世を張るも格子の内においてし、化粧をなすも格子の内においてし、衣服の着替え、髪の結い上げ、一つとして格子の内においてせざるはなく、衆多《あまた》の遊女ここに雑処して、寒夜

には火炉《かろ》の熱を分かち、暑日には午睡《ひるね》の夢を通わせしと知らる。さればこれを「部屋に構え」とは、その起居をここにしたるをや指しけん。近時いわゆる娼妓の部屋というものを以て、一概に想像せんは僻事《ひがごと》なり。

局女郎

局女郎の名称は、もとあるやんごとなき(41)御息所《みやすどころ》、しかじかの事ありて、芸州広島の辺にさすらいい給いしとき、供奉《ぐぶ》しまいらせたる女房たちの活計《たつき》に困じ給いて、憂き川竹の流れに身を委ねたることありしが、官女の居所を局《つぼね》といいしより、ついに遊女にもこの名を擬《なぞら》うに至りしという説あり。されどもこは亡八者流がその醜業の名を清めんとての(42)牽会《けんかい》説ならでや。編者より評せんに、こは下等遊女の見世付きの構造が、たまたまかの官辺の長局などいうものに、ややあい似たる処あるよりいい習わせしに止《とど》まり、かの広島に流落されたる上臈その人より起こりし名にはあらずとこそ思わるれ。

さて局女郎は柳町時代にはなかりしものにて、元吉原開業の後、古代の端女郎より格子女郎とともに起こりしものの如しとのことは、前文すでに記せしが、要するに格子・局の類起こりし以来は、太夫の次を格子女郎とし、またその次に位するものすなわち局女郎なれば、当時の遊女中最下等のものなりしこと疑いなし。かつ当時の局女郎なるものの見世張りせし局見世の構造より視るも、その一斑を知るに足るべし。今享保五年

図10

（一七二〇）出板の「洞房語園」に載する所によれば、局の構え様は、表に長押《なげし》を付け、内に三尺の小庭あり。局の広さは九尺に奥行二間、あるいは六尺に奥行二間なり。中閾《なかしきみ》と庭との間中《まんなか》に幅二尺かまたは一尺五寸ばかりの籬《まがき》(43)あり。表の鶉格子《うずらごうし》(44)と庭との片側に長さ三尺に幅一尺五寸ばかりの腰掛けを付け、三尺の入口にかちん染めの暖簾をかけ、縫留《ぬいどめ》に紫革にて露を付ける。

試みに右の文によりて当時の局店《つぼねみせ》を想像するに、けだし左図（図10）の如き見世掛りなりしものと思わる。さてその入口にかちん染め（褐色）の暖簾ありて、その縫留に露革を用いたるなど、おのずから奇古の容体《みえ》はありしものなるべきも、家作りよりいえば、ほとんど近代の切り店に髣髴たるものと見るべし。尤も当時局女郎の揚代金二十匁を今の金位に引き直せば、ほとんど二円内外に当たるこそいと貴《たか》けれ（当時の行われし慶長金を大約《おおよ》そ今の金位の六倍として換算す）。また寛永年間有名の剣客宮本無三四が、京町河合権右衛門の抱えなる雲井という局女郎に語らいたること、物の本に見ゆるを以て思い合わすれば、局見世の構造の前記の如くなるに拘わらず、局女郎の品《ひん》は近代の切り見世に居並ぶものの如く、無下《むげ》に下等なるものにはあらざりしこと想いやるべし。

局女郎は元禄年間より漸く廃れたること「洞房語園」に記しあれど、その後歴世の細見記にもなお局見世の名のほの見ゆ。こは古今その名を同じうして、その実を異《こと》にせるものと知らる。

散茶女郎

散茶女郎は、寛文年中市中の隠し売女を吉原に駆り入れたるとき起こりしものなり。これより先、明暦年間元吉原の遊廓新吉原に移転のとき、江戸市中二百余軒の風呂屋に行われし垢流し女という売淫を禁ぜられしも、その後なお市中各所にこの売淫の行われたるを、寛文三年(一六六三)抱え主をして吉原と示談の上、入廓せしむることとなり、七十四人の抱え主、五百十二人の遊女、新たに吉原へ入籍移転することとはなりぬ。前に記せし堺町・伏見町の起こりしもこの時なり。しかるにこの新来の遊女屋は、従来の風呂屋なりしが故に、その普請もおのずから風呂屋の家作りを用い、局見世を広く構え、大格子を付け、庭も広く取り、及台《きゅうだい》とて暖簾の側《そば》に三尺四方ばかりの腰懸けを設け、及《ぎゅう》(あるいは牛とも書す。楼の若いものをいう)を付け置きて、客を引き入れたる。これぞ散茶女郎の起原にして、今の中見世以下の妓楼の構造も、概ねこれに拠るものの如し。

さて何故にこれを散茶と名付けたりやというに、当時の俗、煎茶は袋などに入れて沸湯中に振り出したりしが、独り散茶(当時(45)輾茶《てんちゃ》を散茶と称したりと)に至りては、振ることを要せず。しかるにこの風呂屋女郎は、従来吉原女郎の意気地ありて、富豪といえども意に愜《かな》わざれば靡《なび》かざるが如き風なく、何人をも程よく待遇して、いわゆるふることのなかりしかば、さてはそのふらざるに擬《なぞら》えてかくは名付けたりとなん。

梅茶

その後元禄のはじめに至りて、梅茶女郎というもの起こりしが、これも散茶に類するものにて、その家作り少しく散茶に劣りしより、散茶に水をうめて薄くしたるに似たりとの謎よりかくは名付けしものとぞ。

（五六九六号、明治二五年九月一日）

遊女揚代の沿革

元吉原より新吉原へ移転の時代には、太夫の揚代《あげだい》銀三十七匁にして、格子は二十五匁、局は二十匁なりし。尤も当時は昼遊びのみにして、夜遊びを禁じたること、前にも記するが如くなれば、この揚代も昼のみのことと知るべし。今これを銭に換算すれば、三十七匁は五貫百十五文に当たり、二十五匁は四貫百六十六文に当たり、二十匁は三貫三百三十三文に当たる。銭相場を仮に十貫文替えとし、慶長金と今の金位と六倍の差あるものとすれば、太夫は今の金にて三円余、格子は二円四十銭ばかり、局にても二円内外に当たるものとす。太夫の三円余はその品格に割合して高価ならざるに似たりといえども、格子以下局女郎の二円以上なるは、すこぶる不廉にして、太夫との権衡《つきあいじょう》上よりいうも少しくその当を失うが如し。これにてもまたかの局などいう遊女のむげに下等ならざりしことを知るに足らん。想えば当時はかの遊女を公庁に召したる時代を距《さ》ること遠からざることなれば、大名・旗本を始め、身元あるものもこれに接するを憚からざりしは勿論にて、吉原通《つう》という(46)冶遊《やゆう》も概ね上流の武家にあらざれば、富豪の町人なりしことと思わる。昔時遊廓通いの画巻《えまき》などにも、遊客は武家の姿多きをもても知るべし。されば遊女の高価なるも、あえて怪《あや》しむに足らず。しかして下等社会の必要に応ずるには別に市中に隠伏《いんぷく》したる魔界ありしことならん。

その後寛文年間(新吉原移転後十余年)に至りて、局の価十五匁、すなわち金一歩に減価したることあり。これ前号に述べたる散茶見世の新たに吉原に開業したるときにて、散茶女郎の価《あたい》は十五匁にして、ことに接客の風も新様なりしより、これに競争して局女郎もかく減価したるものと見ゆ。

新吉原以来は、夜遊びも許されたることとて、揚代も昼夜の定めとなり、その価も漸々昂《のぼ》りて、貞享年間(新吉原へ移転後三十余年)太夫昼夜七十四匁、格子女郎昼夜五十二匁、寛保年間(新吉原移転後八十年余)に至りては太夫八十四匁、格子六十匁となり、金一分なりし散茶も金三分・金二分・金一分の三等に分かれ、局女郎はかえりてその価を減じて八匁となりたり。想うに従来遊女の階級の単簡にして、太夫といい、格子といい、局というもその品等において、(47)月鼈《げつべつ》の差のなかりしも、ここにおいて徳川時代の盛運とあいまって、遊廓の進化を来たし、その品等もすこぶる複雑の階級を看るに至りて、上等品のますます高価なると同時に、すこぶる安価なる下等品も出で来たりしなり。されば遊女の階級の複雑に至りしは、貞享以後寛保年度の間にありしことと見て可ならん。かつ寛保の細見を看るに、数千人の遊女中太夫はわずかに玉屋山三郎の小紫、三浦四郎左衛門の薄雲の二人あるのみにして、格子も十九人に過ぎず。その他は皆散茶・局の類なり。これを元吉原の頃(寛永年間)太夫七十五人、格子三十七人、端女郎八百八十一人ありしに比すれば、その変遷の著しきを見るべし。想うに五百余人の散茶なるもの、寛文年間吉原に入りし以来は、その価の低きと、客の待遇の新様にして人気に投じたるによりて、吉原廓の権は漸く散茶以下の女郎に帰し、古風にして格式などに拘わりたる太夫・格子など優等の遊女は漸く衰微して、その跡を収むるに至りしこと明らかなり。

太夫以下の揚代は、宝暦年間に至りてなお寛保の頃と異《こと》ならざれど、有名なる三浦四郎左衛門の家(三浦の家は宝暦五年(一七五五)に廃絶す)にも、既に太夫・格子の遊女なく、ただ玉屋山三郎に二人の太夫、十九人の格子を存するのみとなり、ますます散茶以下の流行を見るなり。かつ局はここに至って始めて六寸の称えあり。六寸とは銭六百文にて切り売りをなすのいいなりという。しからば後世の切り店は、この時代より始まりたるものと見ゆ。その後十年明和年間の細見を見るに、なお太夫・格子の名を存す。しかれどもこの時に至りては、かの玉屋山三郎の家を始めとして、闔廓《こうかく》一人の太夫・格子あることとなし。その後二、三十年の間は、揚代に小異同あれど、大略右の如くにてありしが、寛政年度に至りて吉原遊廓の楼主協議して、「吉原町規定証文」なるものを定め、楼を以て等《とう》を立て、大籬《おおまがき》・交《まじ》り半籬《はんまがき》・総半籬・小格子長屋(切り見世)の区別をなすに至り、遊女の称もまた古代の太夫・格子・散茶などいうを廃し、ただ価格によりてその品等の上下を定めたるのみ。しかして当時の価格は、金一両一分・金一両・金三分・金二分・金一分・金二朱の差等ありて、その他は銭見世とて、六百文切り売りの類なりしと知らる。（五六九七号、明治二五年九月二日）

遊女屋主人

往昔遊女屋に楼号なく、元吉原の頃かの庄司甚右衛門を始め、山本芳蔵・玉越四郎兵衛・三浦四郎左衛門など皆その氏名を称し来たりしが、後、いつ頃よりか屋号を用い、庄司は西田屋といい、三浦は三浦屋と称するに至りき。しかして遊女屋が楼号を用いたるは、その後遥かに降って天明年間にあり。当時全盛の遊女屋扇屋宇右衛門なるもの始めて五明楼と号《なづ》けたるより、丁子屋は鶏舌楼《けいぜつろう》、松葉屋は松葉楼(松葉楼は始め松葉館と名付けしを、御三家の邸を館と称するに対し憚りありとて松葉楼と改称したり)と呼ぶに至り、われもわれもと競うて楼号を付することとはなれり。往昔は楼主の事を遊女が親父《てて》といいたること前にも記せしが、またこれを単に爺《おやじ》とも称したり。寛永の頃流行せ

し小唄を看るに、

　おやじが前の竹れんじ(48)、その一ふしのなつかしやなつかしや、おやじが前の竹れんじ、せめて一夜はちぎらばやちぎらばや、おやじが前の竹れんじ、幾代も千代も契ろもの、千代も八千代も契ろもの、

などありて、そのいわゆるおやじとは、楼主をさしていうなり。また今のよし町にあるおやじ橋は、元吉原の頃かの庄司甚右衛門が吉原通いの客路《きゃくみち》に便せんと架け始めたるをもて、かく号《なづ》けたりというにても知るべし。

　さて往昔遊女屋の未だ発達せざりし時代はしばらく置き、近世に至りて大籬など称する妓楼に至りては、その仕組も大仕掛けなりしなれば、その家に主人たるものはいずれ酷薄残忍の性質に、兼ぬるに一種機警《きけい》の才あるものを要したること勿論なり。否、この二性質あるものにあらざるよりは、遊女屋の主人としてその家業を維持すること難かりしなり。そはかれが支配する所の動物は、一と筋縄にて往かぬもの多ければなり。今楼内の部署を挙ぐれば、帳場に番頭とて衆《おおく》の若者を総轄するものあり。これに属する若者若干人のうちには、見世番とて客を引接するもの、不寝番《ねずばん》とて(49)三更《さんこう》の頃油差しに廻るを専務とするもの、二階廻しとて台屋《だいや》の者を取り次ぎなどするものあり。その他風呂番・料理番・飯焚きの類、皆若いもののうちに数えらる。いずれ一方ならぬそれ者の果てならぬはなし。かつ二階には遣手《やりて》ありて、遊女・新造《しんぞ》・禿《かむろ》などの取り締まりを専務とする

ものあり。加うるに外来のものには、髪結・按摩・台屋・遊芸師匠などありて、その出入りも繁ければ、これに対する取り締まりをも要すべく、あるいは外にあっては時に月行事《がちぎょうじ》の輪番にも当たり、寄合にも出席するを要すべく、なかんずく玉の買入れには金策の多忙なりしこと、概して遊女屋主人第一の苦心なりと知らる。さればその生活こそ楼内の下座敷の奥まりたる一隅に、華美なる部屋を構えて、座蒲団裕《ゆたか》に銀の烟管《きせる》脂下《やにさが》りに烟草くゆらし、悠々閑雅なるに似たるのみならず、多くは向島などに寮(別業)をも設《しつ》らいて、贅沢なりしことかれらの常なりしも、胸中の遣り繰りはなかなかに想い遣らるるばかりなり。

右は大籬の楼主に就いて、その居常の状態をいうなれど、小見世の主人に至りては、みずから若者をも勤むる如きものありしこと勿論にて、もとよりこれと月鼈《げっべつ》の差異ありしことと知るべし。

遊女の仕置き

遊女屋の主人が最も力を用ゆるは、遊女の仕置きにありと知らる。但し遊女の仕入れ方、あるいはその教育法なども、かれらにあって大切のことなりしこと勿論なれど、その仕入れ方は女衒《ぜげん》なるものありて、好《よ》き玉あれば必ずこれを遊女屋の主人に持ち込むべき仕組みなれば、さまで楼主その人の手を労するにも及ばざりしならん。その教育法の如きもまたしかり。当時のこととて、上等の遊女となさんには、琴・三絃はものかは、活花・茶の湯・手習いの稽古を要し、腰折にもせよ三十一字《みそひともじ》の真似ごと、俳諧の一句位は拈《ひね》り出すの教育を要し、部屋の床の間には(50)古文真宝《こぶんしんぽう》、仮名付きの唐詩選など飾りおきて、おぼろげにも読み得させんことを期したりとこそいえ、これらの諸芸を教ゆるには、各々専門の師に就かするにて、さまで楼主自身の尽力を要せざりしならん。しかるに遊女の仕置きに至りては、最も楼主の苦心する所とす。けだし人身売買を禁ぜられし明治の昭代こそ、楼主と娼妓との関係も、おのずから面目を改め、その裏面はいざ知らず、表面は兎も角も任意の出稼ぎという名義もあることなれ、徳川時代の遊女は大概《おおむ》ね二十五年を年期として身を濁流に投じたること、人の知る所ならずや。されば朝(51)に越客《えつきゃく》を送りて、夕に呉客《ごきゃく》を迎うるの憂《う》きふしは、今も昔もかわらざらめど、その人権を枉《ま》ぐるの点に至りては、同日の比にあらざること勿論なり。しかして当時楼主らが遊女の人権を束縛せし器械《機会》は、ただ一の仕置きありしのみ。古今人情を同じうするものとせば、かの元吉原の頃より遊女の仕置きありしこと勿論なれど、当時の責め方に至ってはこれを知るに由なきを以て、今はしばらく文化・文政頃の仕置き一斑を記して、当時楼主の動作いかんを知らしめんとす。

　仕置きとて吉原一般の規定あるにあらざれば、楼によりて寛厳その度を異《こと》にしたれど、その普通の責め方を挙ぐれば、楼主が最も意を用ゆるは、遊女が情人に溺れて他の客を

粗略にするを責むるにて、

コレ浮舟、この頃は格子に地色《じいろ》(地廻りを指す)でも出来たと見えて、大分ソワソワするが、身体へ虫が付くと、まず二朱・一分の小金から喰い始め、櫛笄《こうがい》から着るものまで喰った。上《あが》りは髪を喰い、小指を喰って、それから臓腑へ喰い込み、その挙げ句は命までも取るおそろしい虫ダー。悪いことはいわネー、用心サッセー。

というが如きはまず責め方の第一着手にして、この時は未だ情人への立て引き甚だしからずして、さまで楼主の懐にも影響せざるうちと知るべし。

遊女の溺情《できじょう》なお一歩を進めて、右の強異見《こわいけん》も用いず、有益なる客筋を振りて、かの情人に逆上するときは、いよいよここに責め方の真面目を現し、

楼主　コレ浮舟、前晩《ゆうべ》初会の客は甚介かは知らネーが、振ったのだな。

遊女　イエキツー歯が痛みんして、つい廻らぬからでありんした。

楼主　オメーは近頃デーブ鰭《ひれ》が付いて来たから、客衆に依って癪《しゃく》が起こったり、歯が痛み出したりする様子ダガ、まだ早かろうぜ。

との小言の終わるや否や、他への見せしめなりとて、若者に命じて終日これを梯子《はしご》下に縛し置き、一日わずかに二食を与うるを例とす。(五六九八号、明治二五年九月三日)

さらに遊女仕置きの実例を挙げんに、文化の頃吉原の半籬《はんまがき》に鶴吉《つるよし》と呼べる妓楼ありしが、そが抱えの女郎錦木《にしきぎ》が客を振りたりとて、鶴吉の楼主は例の仕置きに取り掛り、か

よわき錦木を赤裸として、梯子段の裏に縛り着け、臀《しり》打ち敲きて懲らしめたるも、なお慊《あきた》らずとや思いけん、さらにそのまま行灯部屋の小暗き処に押し込め、一抔の(52)面桶飯《めんつうめし》に沢庵の残片《しっぽ》を宛行《あてが》い置けるに、あにはからん、翌朝に至りて看れば、既に錦木は絶息しいたるより、さすがに楼主も吃驚《びっくり》し、俄かに医者よ薬よと騒ぎ立つれど、その甲斐もなくついに横死を遂げたりとぞ。しかるにこの時医師の診断には、その死体のあたかも肬《いぼ》蛙《がえる》の背の如くなるは、(53)終宵《しゅうしょう》蚊に噉《くわ》れたるにて、致死の原因は全くこれがためなりといいたりとか。想うに楼主は医師と謀らいて、かくは表面を取り繕わんとしたりけん。されどもこの事遂に公《おおやけ》沙汰となりて、隠しもえならずなりしが、ここに鶴吉楼の妓夫《ぎゆう》重吉というもの、少しく義気あり、己《おのれ》、(54)解死人《げしにん》と名乗りて、名主に訴え出でたるより、名主はかの面番所並びに北町奉行所に届け出でて、検使を乞い、全く重吉の殴打によりて死せるものと検証せられ、重吉は伝馬町の牢獄に投ぜられたり。楼主は重吉の義気に感じ、その拘引さるるときに臨みて、「もし処刑にもなるの時機には、何なりともツル入れをなし遣わすべし」など約したりとか。しかるにその後重吉は佐渡へ遠島申し付けらるることとなりしを以て、かの地に至るの用意として金五十両を恵みくれよと、牢屋敷の下男に頼みて楼主に言い遣りけるに、楼主はここに至って前言を食《は》み、身代わりの重吉にわずか五十金を与うることを否《いな》みたるより、重吉は楼主の少恩無情なるを怨み、「かれかくの如くならば、われもまたせんすべなくてや」とて、這い出し（処刑に臨み牢内より訴え出ずるを這い出すという。徳川制度牢屋敷の部〈上巻二四一頁以下にあるが、「這い出し」についてては言及がない〉を参看せよ）たれば、ここに始めて主人の罪跡分明となり、主人は重吉に入り替わりて遠島の刑に処せられ、一家断絶せりという。鶴吉は江戸二にて目下中米楼のある所なりしとぞ。

右の如きは仕置きの末、誤って死に致したるより事の公になりもしつれ、吉原の遊廓に(55)此般《しはん》の苛責あることは、あえて珍らしからず。かつその仕置きに取り掛からざる前にも、女郎らが遣手《やりて》の異見を耳にすること常にして、時にあるいは煙管・塵払《はたき》の類もて連打を喫すること多しと知るべし。されば遊女らが楼主の仕置きの苛酷なるにえ堪えずして、その楼に放火したる実例少なからず。中にも尤も著しきは、嘉永二年（一八四九）八月五日の放火事件なりき。今その事の始末を聞くに、京町一丁目梅本屋佐吉といえる楼主は、もと越後者にて、郷国《きょうこく》の女を抱え来たりて、小見世を出だせしが、女郎の監督やかましくして、金銭の達引《たてひき》を禁じたれど、その代わりには客への接待を程よくせしめたるより、一時繁昌を極めたり。しかるに天保以来水野越前守〈忠邦〉の革政により、江戸市中の不景気は一と方ならず、中にも吉原は最も影響を蒙りて、遊客少なかりしより、さなきだに残忍なる梅本の楼主は、家業の不景気を女郎の罪に帰して、畢竟《ひっきょう》これ客の取りなし悪しきに依るとて、女郎を責むること甚だしく、縁の下に穴を掘り、鉄鎖もて女郎を縛したるまま、この穴の中に入れ、上より六尺の鉄棒もて責めさいなむこと折々なりしのみならず、休業日(当時将軍日光御社参などあるときは、町奉行より市中の商業を停止《ちょうじ》したり)には、終日わずかに一食を与うるに過ぎずなど、その行いの残忍なること、悪魔の巣窟たる吉原廓中にても、おさおさ評判の高かりしとぞ。さればこの楼に蠢《うご》めきいる女郎らは、常に[56]苦楚《くそ》の下に呻吟《しんぎん》したるも、楼規ありて苟《なお》も外出を許さず。ここにおいて十六人の女郎ひそひそ語りあいて一工夫を廻らし、付木《つけぎ》五把を取りて火鉢に投じ、烟りの揚がるを看て、あわただしく火事よと呼ばりたるに、比隣《となり》の人もかねて悪《にく》みいることとて、大勢集まり来たりて、わざと家を毀壊《こわ》しければ、この騒ぎに乗じてかの十六人の女郎は、名主深見勘四郎に駆け込み、届け出で、ついにこれ町奉行所の吟味となり、責め道具は奉行所へ官没せられ、梅本屋佐吉は遠島の刑に処せられ、女郎もまた放火の罪もて四人は遠島に処せられ、残る十二人は押込《おしごみ》に処せられたり。

以上記する所は、楼主なるものの女郎に対する仕置きにして、妓楼の主人のすべて残忍なるを知らしめんとて物しつるが、さりとてまたたまさかには人間らしきものなかりしにあらず。文化・文政の頃、廓中に全盛なりし大上総屋治右衛門・扇屋宇右衛門などは、まずその人なるべし。上総屋の主人は、俳名を一磨《いちまろ》といいたるが、扇屋宇右衛門も墨河と号し、[57]加藤千蔭の門人にて、歌などよくしたれば、少しは物の基《ことわり》も弁えたりけん。この両家は大いに他と異なりて、女郎の仕置きを行わず、かえって客取り多き女郎に賞与を与えて稼業を奨励したりという。今扇屋に就いてその一例を挙ぐれば、当時扇屋のお職女郎は花扇と滝川の二人なりしが、中にも花扇の方客多かりしかば、楼主はいかで滝川をも花扇と比肩せしめんと鋭意し、ある時花扇に与うべき賞品を、ことさらに間違えて滝川の方へ持たせ遣り、また使いをやりて、先程の品は花扇の方へ遣わすべきものなりしとて、一層わろき品を滝川にとらせたれば、滝川これより競争心を起こして客を牽《ひ》くことに力を用いたりとぞ。されば扇屋の女郎は挙げて競争に熱心し、無理算段にも客を迎うるの風となりしより、ついに客を呼び通すことあたわざるもの多く、かの滝川も遂に自殺し、花扇もまた廓下にて滝川の幽霊に逢いたりとの神経病を起こして、扇屋は双玉を一時に失ない、家業漸く衰えて、また振るわざるに至りしとぞ。編者より評すれば、扇屋主人の所為は汚濁中にあって、独り汚濁に染まざるものというべきも、その衰頽《すいたい》ここに至れるは、遊女屋という生業の元来正理とあい容れざる証左にて、いやしくも少しく人間らしき所作あれば、かえってその家の継続し難きを知るに足らなん。

（五六九九号、明治二五年九月四日）

遊女の病気・死歿

遊女に悪疾多きことは勿論にして、今こそ検査所、または病院など起こりて、月々の検査に病毒を未だ甚だしからざるに防ぐの法もあるなれ、往昔《そのかみ》徳川時代にあってはもとよりかくの如き保護法なく、かつ医方も草根木皮の世の中なりしことなれば、一旦疾《やまい》に罹るものは到底回春の期も覚束なく、はた遊客・遊女ともにその毒に感染するもの今より多かりしこと想い見るべし。廓中の習慣に(58)黄連《おうれん》・甘草《かんぞう》・丁子《ちょうじ》・山椒・隈笹《くまざさ》・灯心・梅干・膠《にかわ》・松の実の九種に、体中不潔の毛三筋を加え、これを黒焼きにして、ある(59)焮衝《きんしょう》の薬なりと称し、真面目に客に贈りたることありしにても、当時廓中に病毒の延蔓《えんまん》甚だしかりしことを知るに足らん。されど遊女の疾に罹りしとき、その病症のさまで重からずして、癒ゆべき見込みあるものは、いかで早く回復させでは、楼主の懐にも影響すること少なからざれば、分に応じて療養に心を配り、かつその病妓の全盛にして、お職などいうものなれば、楼主の心配も一方ならずして、これらは皆寮と称する楼主の別野に送りて、新造二人・禿二人を付け添え置きて、手当もおさおさ怠らざるべきが、平生借銀などあるが上に、疾も軽からずして、回復の見込み覚束なしと見るときは、その取り扱いの冷淡なることことに甚だしく、ただ楼内の病室として設けたる薄暗き小部屋に投《ほう》り込み、廓内の藪医者よびて、わずかに投薬せしむるのみ。その看護に至りては、ほとんど見るに忍びざる有様《ありさま》にて、ほとんど食物も宛行《あてが》われざる程なりしが、病ますます重りて、到底回復の見込みなしと見るときは、その長く費用をかけて飼い置かんよりはとて、証文巻きて親元へ引き渡すこともありしという。

　全盛なるお職女郎の病気のときは、寮に出養生すること前記するが如くにて、医薬その他いずれの手当も厚かりしが、さりとて寮に出養生中の食物その他日用の賄い、付き添い新造・禿の手当は、皆その女郎の負担なりしといえば、これとてもなかなかに気楽ならず。ことに平生馴染《なじみ》の客に手紙を出すことを禁じたるは、ひそかに情客に接するなどのことあらんを防ぎしものと思わる。

女郎の死去するときは、その取り片付け無造作にて、まずその町の月行事《がちぎょうじ》より名主に届け出で、府下に親元あるものは、親元と判人とを呼びて、これに引き渡し、親元遠国なれば、ただ判人を立ち合わするのみにて、楼主より土堤の道哲庵（今は遍照院という）に葬むる。その式はいわゆる投げ込みとて、共同の壙穴《あな》に埋却するのみ。葬式料は大見世にて二朱、中見世・小見世にて一朱を費やすに過ぎず。

付けていう。土堤の道哲庵は、日本堤の下にあり。いつ頃のことにや、高尾（万治年間二代目の高尾という説あり）の情客某、高尾の死を悼み、道心発起してここに庵を結び、法号を道哲といいしより、道哲庵と称するに至り、後世廓中遊女の葬式は皆この庵にて執り行いしとぞ。維新後は遍照院と号して今に存す。〈土堤の道哲庵を、今遍照院と称するよし記したるは誤りにて、同庵はもと開山を念誉上人といい、弘願山専称院西方寺と称したるを、一時道哲なる人住居したるより、俗に道哲庵と称したるも、その寺号は今なお弘願山専称院西方寺と称するなり〉（訂正）

遊女の堕胎

女郎の妊娠すること間々これなきにあらざりしが、かれらの夥伴《なかま》にて妊娠するを辱《はじ》とし、忌むこと甚だしく、ことに徳川時代には堕胎の禁もさして厳峻ならざりしこととて、多くは山牛蒡《やまごぼう》など用いて、ひそかに流産せしむること常なりしという。想うに女郎にして分娩すれば、結句、楼主の煩累《はんるい》を増すこと少なからざれば、堕胎は楼主の教唆に出ずること疑いなく、これを恥辱とすることも、あるいは楼主より起こしたる慣習なりと思わる。さればこそ往昔は遊女にて分娩したるためしもあるなれ、世間に膾炙《かいしゃ》(60)せる子持ち高尾の如き、すなわちその一例とす。延宝中(今を距《さ》る二百二十余年前)出版の菱川の画本《えほん》に、高尾平産の図を載せて、左の文を添ゆるを看る。

高尾平ざんの事

一、吉原高尾の君に、ふかきおてきのありけるが、まことにかりそめにあい初て、いとふかく、しなば一所と、たのみをかけてふく程に、身上をいかのぼりにふき上げ、あがりなまずとなりて、もはや、ぬめりをかえすこともならず、ようよう古かみこの、かさかさをなんきて、三浦がこうしにたたずみ、つめをくわえ、あさましかりけるに、高尾ちらとみて、ものあわれに、かなしく思い、その夜身上がりし、しみじみと、あい、それよりさまざま見とどけるに、いつしか、けいもじ(傾城の義か)にまれなる身もちになり、いといつくしき玉のようなるややを生まれしなり。さてさて、けいもじのよき気付きなれば、いずれにも、きざみて少しずつ、のませたしとおもわる。

（五七〇〇号、明治二五年九月六日）

道中

元吉原の頃は、廓中に揚屋《あげや》というものあり。遊女を弄ばんとする人は、必ずまずこの揚屋に就きて酒肴《さけさかな》を命じ、意中の遊女をこれに呼びて遊興し、茶屋は別に揚屋に付属して、客の用途を周旋したるに過ぎず。しかして遊女屋その物は、ただ遊女を抱え置きて、揚屋の招聘《しょうへい》を待つこと、あたかも現今京坂に行わるる置屋と揚屋の別あるが如くなりき。かつ遊女を聘するときは、揚屋の主人証文を遊女屋に出して、某《それがし》遊女を借り受くるの制にて、これを揚屋証文と称したり（こは後に揚屋の部に至りて詳らかにすべし）。さて右の如く遊女が招聘を受けて揚屋に往く、これを道中とはいい習わせり。けだし江戸町の遊女にして、京町・堺町に至るあれば、京町の遊女も江戸町に至り、伏見町に至るなど、たまたま遠国の地名にちなみたる街衢《がいく》を往来したれば、さてはこれを遠国の(61)羈旅《きりょ》に擬《な》してかくは名づけ初めけるとぞ。しかるに新吉原に移転の後、いつ頃よりか揚屋というもの漸く廃たれて、茶屋のみ残り、遊客の周旋も独り茶屋の司る所となり、遊興も茶屋においてするか、否《しか》らざれば直ちに遊女屋に就いて催すこととなりしが、ここに至って遊女もまたあらかじめ約束の客なきときは、初夜のうち必ず茶屋に至り、暫時その見世先に座を占めて姿色を衒《てら》うこととなり、しかも上等の茶屋は、仲の町にありしを以て、ついに近時に至っては遊女の仲の町に出ずるを道中といい、その茶屋にて見世を張るを仲の町張りと称するに至れり。想えば古代においては客の招聘に応じて出ずるを道中といいしにて、いわば必要上より起こりしものなるも、近代に至りては廓中一種の虚飾となり、優等の遊女がその姿色を衒い、全盛を誇るの広告法となり、吉原といえばすなわち道中ということを連想するまでに馴致《じゅんち》せり。

道中の扮装

道中の扮装《ふんそう》も、また今昔《こんせき》その趣を異《こと》にする所少なからず。尤も古代とて遊女はおのずから遊女にして、(62)冶客《やきゃく》を蕩《と》らかすの具は、主として装飾にあることとなれば、その華美を尽くしたること勿論にして、かの遊廓(元吉原)許可のとき、幕府の下せる五か条にも「遊女の衣類、総縫・金銀の摺り箔など着申すまじく、何地にても紺屋染めを用ゆべし」と令したるにても知らるべし。さりながらその総縫など称するものも、後世精巧なる金糸縫いの類とは見るべからず。しかるにその粗拙なる縫いものすら、なおかつ禁ぜられ、一時は絹・紬の無地、あるいは縞ものに限りしことなれば、元吉原頃の遊女は道中の扮装《いでたち》とて別に看るべきほどの盛装を凝らしたるにあらざるべし。ましてその道中は後世の如く広告的の道中にあらずして、ただ客の招きに応ずるに過ぎざるをや。しかして裲《うちかけ》その他衣服の制も、当時はおのずから素朴の風ありて、新吉原に移転後といえどもなお袖口窄《せま》くして、ほとんど筒袖の如く、帯も幅狭くして三、四寸を出でず。後にて尋常に結びたるが、こは寛永年間には平人の女帯一寸五分ないし二寸に過ぎざりしことなれば、遊女の帯はなお平人の帯に比してその幅広かりしことと知るべし。髪も元吉原の頃より新吉原に移りたる頃までは、ただ毛の尖《さき》を糸もて結びたるを、背後に垂れたるのみ。新吉原へ移転後に至りて、わずかに頭上に綰《たが》[63]ぬることとなりたるも、なお当時伽羅の油などいうものなければ、近代の遊女の如く鬒髪《しんぱつ》[64]、油を添えて、いよいよ黒く鬢髱《びんたぼ》[65]蟬《せん》翼《よく》翻り、高髷《たかまげ》[66]、蛺蝶《きょうちょう》飛ぶの風情あることなく、勝山・島田・兵庫などいう髪形は、新吉原移転後遥かに後の事と知るべし。履《はき》ものもまた草履を穿《うが》ちて歩行したるに過ぎず。その後いつ頃よりか、わずか草履の先に爪隠しとて、今の下駄の爪革ようのものを付するに至りしこと、物の本に見ゆ。その後享保年間に至りて、角町菱屋権左衛門に芙蓉と呼べる遊女あり。始めて駒下駄を穿ちて道中したるより、漸く下駄というもの行わるといえども、なお当時の駒下駄なるものは、後世遊女の穿ちたる三枚歯《さんまいば》には似べくもあらず。

　一般の風俗右の如くなれば、当時道中の景状もおのずから奇古の風ありしは勿論ながら、中にも奇なるは、元吉原の頃、雨中の道中に遊女が男の背に負われたること、これなり。その両脚《りょうきゃく》を曲げて男の背後に負われ、片手を肩に掛け、片手を張臂《はりひじ》[67]するなどのお

図 11

かしさ、露をだにいとう大和の女郎花、それかあらぬか、雨には濡れじの覚悟、長柄の傘さし翳させたる風情、これぞ当時雨中の道中なれど、後、晴天の道中にもこの長柄の傘を用ゆるに至りしは、全くこの遺風なりとぞ知らるる。

新吉原に移りし後は、背負わるること止みたれど、なお雨中には駕籠に乗りて道中しけることありしという。

（五七〇一号、明治二五年九月七日）

道中

吉原古代の道中における扮装《ふんそう》は、前号既にその一斑を物したるが、その後徳川時代文物漸《ようや》く粲然たるに及んでは、遊廓の風俗もみずから華美に傾き、ついにかの五か条に規《き》せられたる質素の風も弛みて、衣裳の好みに善美を尽し、髪の飾りに奢侈を極むる事となりしが、そがうちにもあるいは世の好尚に随いて遊廓の風俗を変じたることもあるべく、あるいは遊廓の時様《じよう》よりして、世の流行を動かしたることもあるべし。たとえば新《しん》町《まち》山本屋の勝山、一種の髪形を結び始めたるより、一時勝山髷世の流行となりしのみならず、その少しく変態したるものは、遂に今の良家細君の髷として恠《あや》しまざる丸髷となりしにあらずや。帯の如きも一纏《いってん》よく胸・腹・腰の三部を包了する底の大幅となり、かの赤髯《せいようじん》をして、日本の女帯を寰宇《せかい》(68)女装の三大不思議中に数えしむるに至りしも、その流行の淵源を尋ねれば、むしろ良家女流の好尚より出でしにあらずして、かえりて遊廓より起こりしにはあらざるやと思わるるなり。兎まれ角まれ吉原の風俗の変遷は右の如くなれば、その道中の扮装もおのずから今昔《こんせき》の相違甚だしく、ことに文化・文政の頃は俗にいわゆる大御所様時代(十一代家斉《いえなり》公)とて、徳川三百年間の黄金世期なれば、徳川時代において遊女の扮装の華美を極めたるは、まずこの時代をこそいうべけれ。さればここに物する近代道中の扮装は、概ね文化・文政頃の遊女に就いていうことと知るべし。

前にもいうが如く、道中は遊女が最もその全盛なるを誇示する所の広告法にして、万花叢裏第一の名を博するもこの時にあり。王公貴人の寵を得るの機会もまたただこの時の風采・威儀・容貌のいかんに胚胎することとなれば、その装飾に力を用いたることというもさら也。褄のとり方、足の踏み出しを始めとして、座《ざ》作進退《さくしんたい》・言語の微《び》に至るまで、いやしくも一種の(69)風丰《ふうぼう》を備えんと勉めたるこそ悪《にく》けれ。

道中を勤むるは、いずれ大籬《おおまがき》の遊女ならぬはなく、しかもその楼のうちにても「呼《よび》出《だし》」と称《とな》うる全盛の遊女に限れることとなれば、一楼多きも三、四人に過ぎざるべし。その見世張りする茶屋は、楼主の懇意なるか、遊女の懇意なるか、または遊客の懇意なるちなみによりて、某の遊女は何屋という茶屋に道中するなど、おのずから定まりありしが、さりとてまた茶屋に立ち寄りて、見世張りをなさず、ただ道中の扮装《いでたち》にて中の町を一巡するに止《とど》まりしものもありしという。

道中の衣服は、春夏秋冬各あい異なるは勿論なるが、今はしばらく桜花三月の候に就いていわんに、無垢三枚の小袖に襠《しかけ》(70)ぞろりと襲《おそ》い、大巾の帯前にて太鼓に結ぶあり、あるいは両端を末広に長く垂るるあり。髪は立て兵庫なるあり、島田なるあり、否《いな》らざれば下げ髪、勝山の四種に出でず。笄一本を貫くあり、あるいは否らざるあり。しかして簪《かんざし》は概ね六本ないし八本と知らる。さては黒塗りの三枚歯《さんまいば》の高下駄重たげに蓮歩《れんぽ》(71)を運ぶ、これなん道中扮装《いでたち》の概況なり。今その装飾品に就いてなお一々細を趁《お》い、繁に入りて記さんに、襠の地は繻子・緞子《どんす》多く、あるいは七子《ななこ》(72)の類もありたらん。縮緬などその品質の柔かなりしものは、袱紗《ふくさ》(73)襠《かいどり》とて、蕭洒たる意気姿にこそ似つかわしけれ、遊女道中の如き一種の威儀を張るものには用いざりしと知るべし。襠地《かいどりじ》の色合いは、黒あるいは草色多く、その模様の如きは、もとより一定ならざれど、色糸または金糸もて、獅子に牡丹を高縫いにし、金色燦爛たる三尺大の獅子、今や吼哮一声飛び懸からんずる猛勢を、背後の裾に顕わし、肩に紅黄《べにき》牡丹の大花輪を縫い出し、その中間の背中には一面練《ねり》糸《いと》もて瀑《たき》を落としたるなどは、現に当時目撃したる人の実話にして、その盛況は実に一見遊冶郎(74)をして魂《こん》飛び魄《はく》消するの思いあらしめたりという。しかしてその小袖無垢の三枚ものは、綸子あるいは綾の類多く、その上着には五つの定紋を団餅《ぼたもち》大に縫い出しあり。模様は三枚ともあい同じく、草花あるいは唐模様を織り出したるもの、あるいは染め出したるものありて一ようならず。色合は花色に水色、紫に緋などの取り合せしたるもの多かり。下襦袢は二枚にして、その一枚は半襦袢、その一枚は長襦袢にて、いずれも緋縮緬の胴袖、襟は白多くして、種々の中形あるもの、あるいは縫模様など一ようならず。右の襠《かいどり》と三枚の小袖は、いずれも無垢にて、(75)裾《すそ》フキはおよそ三、四寸もあらんかと思わるるばかり、いかにも重たげに見ゆれど、かの(76)繊手《せんしゅ》はよくこの四襲《よかさね》の裾を右の手にて中央に一握し去り、外八文字《そとはちもんじ》という歩法《あゆみほう》もて優悠仲の町に出ずるを看る。

尤も遊女の衣類は、(77)比翼仕立てになすこと常なれば、外見ほど重くもあらざるべきか。外八文字の踏み方は、まず歩を出さんとするとき、裾を側面に蹴ると同時に、足を外より内に廻して一歩を横に踏み出すにて、かくの如くすること歩一歩にして練り行く姿、美といわんか、否、むしろ奇といわでや。ことにその下駄の如きは、黒塗り畳付きにして、鼻緒などは尋常なれど、屐歯《まいは》三枚ありて、高さ五、六寸に余るものなれば、その歩を運ぶの不便なる、想えばいかばかりなり。しかざれどかかる奇態を衒《てら》えばこそ、人目を牽《ひ》くの具ともなりしなり。（五七〇二号、明治二五年九月八日）

大籬の「呼出」女郎が、あらかじめ約束の客なき夜は、必ず道中に出ずること前に記すが如くなれば、あるいは一楼より同夜数多《あまた》の遊女を道中に出すこともありしが、天保の頃に至りては一楼一人ずつ道中に出すこととなり、その楼の「呼出」女郎中順番に道中せしめたりとなん。されば道中は毎日あるにて、しかも大籬よりは毎戸必ず一人を出だしたりといえば、廓中の道中は当時さまで珍らしからざりしならんに、なお道中の人口に(78)嘖々《さくさく》たりしは、その扮装と行列の人目《じんもく》を驚かし易《やす》かりしに依るべし。

道中の時間は必ず点灯頃よりするを例とす。その行列は先導の若者、まず箱提灯を持ち行く。箱提灯の形は今の茶屋提灯と異なるなければ、詳しくは記さず。その表面には遊女の定紋を付しありければ、当時廓遊びの通《つう》と称したる地廻りの如きは、この提灯の紋所を看て、那《あれ》は何楼の某妓なりということを諳《そ》らんじいたる馬鹿者もありしならん。さて提灯持ちの若者に次ぎては、二人の禿《かむろ》並び行く。その扮装《いでたち》は揃い三枚襲《かさ》ねの振袖、裾の(79)袘《ふき》一寸五分、二寸もあらんかと思うばかりのものを、右の腿《もも》の上にて鹿の子絞りなどの(80)扱《しごき》もて搦《から》げ、その扱の両端を長く垂下《すいか》す。故に振袖の裾は踝《くるぶし》の上二、三寸に止まり、独り長襦袢のみ下に垂るるを看る。こはその歩行に便したるものにや。振袖の地は縮緬など多く、地色は緋・萌黄・浅黄・紫など多し。模様はその主人たる遊女の襠《しかけ》の模様にちなみたるものを付し、たとえば遊女の襠鳳凰なれば、禿・新造の衣裳に桐の模様を付するの類にて、裾模様あるいは腰模様を色糸にて縫い出し、あるいは染め出すなど一ようならず。振り袖は闊袂《ひろそで》にて、袂口の半ばより少し上の所に美麗なる色糸もて造れる二筋の紐着けて、これを「叶」に結び、紐の先に(81)参々《しんしん》たる総《ふさ》垂る。あるいは薬玉《くすだま》の如く上に鞠ようのものを着て、これに総を垂るるもあり。しかして前者を大角豆《ささぎ》と称し、後者を大角豆薬玉と称したり。禿の髪は禿島田にて、賑やかなる紫陽花《あじさい》ようの簪多くを挿し、項《うなじ》にはバラ金華《はな》やかに結う。されど禿の中には坊主禿とて、項に(82)罌粟《けし》坊主ほどの髪を置き、これを結いて花簪挿すこと前の如し。坊主禿には(83)外郎《ういろう》頭巾を冠らせたり。帯は品質一定ならざれど、竪ヤの字という結い方なり。下駄は黒塗りのポックリにて、普通の品と異なるなし。さて禿は右の扮装《いでたち》にて道中の遊女に先だつことなるが、こは定まりたるにもあらずして、あるいは遊女の後に随い、あるいは側に添うこともありと知るべし。しかして禿は多くは持ちものあり。これも一定ならざれど、正月には美しき大羽子板を抱《いだ》き行くを例とす。常には一人の禿人形を持ち、一人の禿錦の袋に深紅《しんく》の紐豊かに垂れたる守り刀を捧持す。されどまた莨盆《たばこぼん》と煙管とを持ち往くこともあり。

さて禿の次ぎには、かの道中の主人公たる遊女が、前号に物したる服装にて徐《おもむ》ろに蓮《れん》歩《ぽ》を運ぶ。しかして遊女その人の次には二人の新造《しんぞ》往く。新造の衣裳はやはり三襲《さんまいがさね》にして、遊女とさして異ならざれど、襠《うちかけ》あることなし。帯は前にてお太鼓に結ぶ。髪形は島田にて、鼈甲《べっこう》の櫛一枚(遊女の櫛は二枚なりと知るべし)を挿し、簪《かんざし》も鼈甲にて七、八本を挿す。下駄は尋常の黒塗りポックリなり。新造と禿と行列の位置を前後することありしは、前にも記すが如し。しかれども新造は何一つ持つものなく、ただ右手もて褄を取るのみ。

雨天には道中をなさず。されど晴天にも長柄の傘を翳すを例とす。これ古代雨天道中の遺風ならん。楼の若いもの道中の遊女に陪《ばい》してこの傘を翳《かざ》す。その翳し方は、右手を倒《さかさ》にして柄の下部を握り、傘を背後より右肩の上に立て、しかして左手を以て柄の上部を把《と》る。傘は縁日飴屋の傘より少しく小にして、蛇《じゃ》の目《め》の外輪《そとわ》に定紋を散らす。柄は九尺以上ありて、黒塗りもあり、あるいは篠にて捲《ま》きたるもあり。

右のほかなお遣手《やりて》は必ず道中の行列に入《い》る。遣手の風は瀟洒《しょうしゃ》にて、小紋縮緬に唐繻子の帯など結ぶを、まずその扮装として見るべし。髪飾り・下駄の好みまたこれに応ずること勿論なり。また皮羽織着たる若もの、別に徒手にて付き添うことありしが、これらは楼によりて一定ならずと知るべし。

さて茶屋にてはかねて某《なにがし》の遊女の来ること打ち合わせあることとなれば、見世先・座敷などことに掃き潔めて待ちおることとて、かの遊女が箱提灯前にほのめかせ、新造・禿・遣手・若者前後を擁して、徐歩八文字踏みて練り来るを見れば、茶屋の夫婦はさら也、平生その遊女の愛顧を受けいる幇間《ほうかん》・芸妓などもこれを軒下に迎えて、(84)喃々《なんなん》お世辞の愛嬌も少なからず慇懃に挨拶などす。されど遊女は威儀取り繕ろい、ことさらに横柄に構えて、言語《ことば》鮮《すくな》し、ただ看る、茶屋の見世先。敷物しきたる腰掛けに休息して烟草くゆらし、禿・新造前後に付き従い、箱提灯を前に据うるを、莨盆・烟管を携うものは、この時これを取り出させて用ゆるなり。ここにて暫く街上の夜景など眺めて、間もなく帰途に就く。その行列また来る時のごとし。これにて道中済む。

（五七〇三号、明治二五年九月九日）

遊女の衣食住

大籬、交じり半籬、総半籬、上中下の娼楼に座敷持ち・部屋持ちといえる区別ありしが、その部屋持ちとは、己が常に起居寝食する部屋を有し、客あれば客をもここにひくべきものをいい、その座敷持ちとは、常に己の棲息する部屋のほかに、別に客を請じ入るべき座敷を設《しつ》らい置けるものをいいしなり。されば既に座敷持ちといえば、部屋あるは勿論にして、ことにかの呼出と称する全盛の遊女などは、部屋のほか二つ・三つの座敷をも有するものありしと知るべし。部屋を持つには、最初稼ぎに出ずるとき、まず好《よき》客《きゃく》を得れば格別、楼主より借金して一通りの部屋に要する必要品を備うることとなれば、その造作を始めとして、箪笥・長持・火鉢・茶器・鏡台の類、皆その遊女の器量により て品位の差違あるにて、黒塗り鍍金具《めっきかなぐ》の箪笥・長持に積み夜具(85)を蓄え、道中の晴衣《はれぎ》を入れ置くもあるべく、あるいは白木鉄金具の前桐箪笥に、下駄・炭の類、隠し置けるもあるべく、これらは今も昔もさしてその様子の異なることなしと見るべし。その座敷を持つということも、半籬などいう中以下の娼楼にもありしにて、これにも等差のありしこと勿論なるが、こは部屋を持つと大いにその趣を異《こと》にし、狎客《なじみのきゃく》に強請《ねだ》りて設らい貰うを常とす。中にも大籬の遊女に就いていえば、客の最も豪遊を事とするもの、たとえば当時の御用町人とか、または諸大名の御留守居とかいうものが、ことに自己張宴《ちょうえん》の座敷を設らい置かんとて、ことに楼内共有の座敷を造作し、爾来その一間の修繕はさらなり、朝夕掃除の女にも心付けを取らせ、煤掃きの男にも祝儀与うるなんど、すべてその費用を負担したるなり。されば座敷を持つは、部屋を持つと同日のことにあらずして、つとに枕席の間《ま》においてかの豪客の心を擘《と》るの政略を要することなれば、これには番新《ばんしん》（番頭新造のこと也。後に出ず）などもおさおさ謀議に参じて、内外より遠く近く持ち掛け、遂に(86)鼻下長《びかちょう》をして首尾好く幾許《いくばく》の黄金を擲《なげう》たしむるの技倆ありて、初めて座敷持ちとなることなり。

　座敷の間取りは、十畳もあり、十二畳もありて一ようならず。しかしてその次の間を部屋とするもの多し。されど二つ・三つの座敷を有するものは、部屋と隔たりたる処に座敷を設くるもありし。座敷の体裁は黒縁《くろべ》りの畳、板張りの天井、壁と襖《ふすま》は張り付けにて、客の紋所と遊女の紋所とを比翼にしたる模様を金箔もて散らし形にしたるなど、多く襖には人物・山水絵《え》がけるもあり。障子は黒塗りの本骨《ほんぼね》にて、長押《なげし》・欄間の作りも上品に、床《とこ》には軸もの・花入れ、四季折々の時候ものを見る。床端《とこぶち》は黒塗り、床柱は自然木など用ゆるもの多かり。床脇には違い棚あるを常とし、その上には碁・象棋・双六盤・本箱・箏・三味線・茶器・香具など、処せきまで置き並べたる。まずその一斑と知るべし。次の間の部屋には、長火鉢、朱羅宇の烟管、差し蓋の箱に山八(87)の烟草もあるべく、鉄瓶の湯には常に(88)松風《まつかぜ》を聴き、(89)蠅帳《はいちょう》のうちには煮豆・香の物留守居したらんか、その側《そば》には黒塗り真鍮鍍《めっき》の金具装いたる長持簞笥あり。簞笥にはかの道中の晴れ衣《ぎ》なども入りたるべく、長持には積み夜具など蓄えたりけん。

部屋持ちの遊女は、いわば一戸の主《あるじ》にて、新造二、三人、禿二人ほど召し使いたれば、独り己の装飾品に費えを要したるのみならず、これら新造・禿なんどの衣類・粧具《そうぐ》より履《はき》ものまでを調度するの負担あり。かつ幇間・芸者・茶屋などへの心付け、紋日には出入りの髪結・茶屋の女・楼内の若者などに臨時の心付けをも要し、または茶の湯・活花・箏などの遊芸師匠も折々訪《とむ》らい来たること常なれば、これにも酒肴《さけさかな》など饗《もて》なし、五節句(すなわち紋日)には、二朱もしくは一分は与えでは済まじ。これらの諸費も皆かの狎客《なじみきゃく》の金嚢より(90)賺《すか》し出だすことにて、その政略もなかなかに忙《いそ》がわしかりしものとぞ。ことに正月の晴れ衣に一と苦労を卸せば、間もなく桜花の好時候となりて、時に応ずる支度を要し、雪と散る花を恨みて春を送れば、またまた杜鵑《ほととぎす》の声に夢破られて、更衣の調度も気に掛かり、次ぎては燈籠・仁和賀《にわか》より暮れの餅搗きに至るまで、いずれ費用の掛からぬはなく、かつ朋輩中己れより下位におるものも、怜悧にて何くれ意気地を張り、競争せんなど試むるものもあれば、これに輸《ま》けんも悔やしとて、万事上座の遊女は多費なりしという。

(五七〇四号、明治二五年九月一〇日)

下等遊女の境遇

前に物したる座敷持ち・部屋持ち、大籬・交じり半籬・総半籬にもありしことながら、総半籬すなわち小見世には、座敷もなく、部屋もなく、客あればただこれを割り床にひきて待遇するに過ぎざりし者も少なからず。さればこの類の遊女の常の棲息は、楼内においての十二畳ないし二十畳もあらんとおぼしき広間に雑居するにて、広間の隅には張り子の葛籠《つづら》・鏡台その他の雑具を雑陳し、火鉢の如きは数人にて共有するに過ぎず。入口には上草履《うわぞうり》散乱するものと思うべし。この雑居室を寄場《よせば》と称したり。さてこの寄場に雑居する如き遊女は、勿論見世を張るものにて、髪はいずれも唐輪《からわ》・島田などにて、これにバラ金の根掛けを装い、あるいは鹿の子絞りの切れを掛く。櫛・笄は朝鮮鼈甲にあらざれば、馬爪《ばず》にて、襠《うちかけ》は大縞の御召し縮緬多く、襠の下には紛《まが》い縮緬の緋の小袖など着たり。これらの衣類は仕着せとて、楼主より無料にて貸し与えたるものにして、翌朝に至れば楼主に返上し、さらに平生所有の粗衣を着るなり。すべて遊女の扮装は前に物したる道中の衣裳といえども、その表面をこそ人目を驚かすばかりの華美を装うなれ、袖うら・胴うらの如きは紅木綿《べにもめん》などを用ゆること常なりしが、ましてここにいう下等遊女の仕着せに至りては、ただ外見を装うを事としたること勿論なれば、なべてその衣類は仕入れ物なりと知るべし。かつ見世張りのときといえども、帯はかの上等遊女の道中の如き幅帯を結ぶことなく、常に板帯に過ぎず。当時この般の遊女が見世張りのとき、

(91)酒中花《しゅちゅうばな》を簪に挿すの風一時流行したることあり。

素見《ひやかし》「ナンダ酒中花なんぞカラメ付けて馬鹿らしいジャネーカ」

遊　女「まだ年がいきいせんわ」
素　見「年が往かねえも気が強い。オメイ今年で三度琉球人に逢ったろー」
などの冷評を受くるは、当時格子先の問答なり。遊女の品格、客の人柄おのずから想い見るべし。(92)
　食事はかの座敷持ち・部屋持ちの類へは三度とも二品位の菜を添えて、禿持ち運ぶなれど、その他の下等女郎・新造・禿の類は、その楼の食堂に会して食らう。楼によりては二食もありしとぞ。しかして食物はなべて粗末なるは勿論にて、米も三年米などいう虫臭きフケ米を用い、菜とても芋の煮ころ、小魚の干もの位に過ぎず。されば高下を問わず遊女の買い喰いを好むことは、今も昔も異ならず。
茶屋の女「おいらんお文《ふみ》をお出しなされまし」
遊　女「オヤ今日は人がいきんすか」
茶屋の女「遣わします」
遊　女「そんならちとまってくんなまし。あのそなたのとこのいつもの瓜の香のものはありんせんか」
茶屋の女「まだございます。上げましょうか」
遊　女「そんなら文をかくうち持って来てくんなまし。後生でござんす」
大楼上等の遊女にして、なおかつ右の如し。中以下に至りてその食事に卑しかりしこと推して知るべし。ことに中小楼において引け四つ(午後一〇時頃)過ぐれば、禿廻しの老婆が皺枯声《しわかれこえ》を出だして「子供ら寝サッセー」と叫ぶや否や、お茶挽き女郎はあたかも大赦に逢いたる風情にて、各々衣裳裹《から》げてかの寄場に馳せ入り、仕着せぬぎて衣桁《いこう》に掛け置き、さては常衣《ふだんぎ》の着做《きな》しもしどろに、ここかしこ客の冷炙残肴《れいしゃざんこう》を貰い集めて、箸つきよせ喰ろう有様《ありさま》さながら餓鬼の群がれるごとし。

小見世の遊女は概ね右の如き風俗にてありたれば、衣食の料にまれ、または情客《なじみ》への立て引きにまれ、兎角借銭の嵩むはあり勝ちの事にして、その極ついに首も廻らぬ仕義となること多し。ここに至ればかれらは到底その楼にて負債返弁の見込みなしと観念し、最早や他に好手段もなければ、今一度岡場所にて稼ぎ直さんとして鞍替えするもあり、または廓中の切り見世にて叩いて看んなど決心するもの多し。

(五七〇五号、明治二五年九月一一日)

切り見世

切り見世は、京町一丁目・二丁目の裏路次と、角町《すみちょう》へ折り曲がりたる所とに設けありたる最下等の局見世《つぼねみせ》にして、その長屋は一の長屋より五の長屋に至る五部落のほか、三日月長屋・松葉長屋・関長屋など呼べる三部落ありき。但しこの三部落は天保十三年(一八四二)水野越前守〈忠邦〉革政のとき、岡場所の切り見世をことごとく廓内に移されたるより新たに起こりしものといえば、その前は五部落なりしことと見ゆ。長屋の路次はほとんど二人並び行くを許さざる程狭くして、下を板敷きとなし、その入口より終わりに至るの間、右曲左折して羊腸ただならず。あたかも今の勧工場(93)に入りたる如き所もありたり。路次の入口には必ず木戸の設けありて、ここに三尺程の細長き赤色の提灯に、局の字を長たらしく記したるを吊るせり。これなん長屋街の標牌《かんばん》なりと知らる。しかして長屋見世は、両側に相対しいたるもあり、または片側なるもありしが、その路次の狭きこと右にいうが如くなれば、いやしくもここに脚《あし》踏み入るるものは、すなわち長屋に意あるものと見做《みな》され、さてはかの恠物《かいぶつ》のために(94)右《う》纏左糾《てんさきゅう》せられて、ついにその窩中に軟縛し去られ易《やす》きなり。長屋の構造は一棟を数十戸に分割し、一戸の間口六尺に過ぎず。入口は三尺を板戸とし、三尺を羽目板とす。入口の柱には地口行灯より少しく小さき角行灯を掲げ、その表面に何屋と記し、左右に千客万来・火の用心など記しあり。その内に入れば、三尺ばかりの踏み込み庭あり。その腋《わき》を板敷きとし、これに接して二畳敷きの座敷あり。ここには粗末なる莨盆《たばこぼん》に烟管、薄暗き丸行灯、さては夜の物敷きあるのみ。その後ろになお二畳の一間あり。これと見世の間《ま》との中仕切りは三尺を襖とし、その側《そば》の三尺は鴨居と閾《しきい》との半ば以下を細格子とす。その奥には雪隠と勝手を設く。あるいは右の二間の上に中二階設けたるもあり。概していえば奥行三間、間口一間の細屋なりと知るべし。さてこれらの切り見世には一戸一人の女を見世張りさすることとなりしが故に、一人の抱え主にて二、三戸、もしくは八、九戸の切り見世を有したるもあり。切り見世の抱え主はやはり何屋何兵衛など称しおりしも、その人となり、いずれ一筋縄のものにてなく、側《かたわ》ら岡っ引の手先を業とするもの、あるいは妓夫《ぎゅう》揚りにて、廓中の辛酸を嘗め尽くしたるもの多かりしとぞ。

往時吉原の遊女は、かの大籬を始め、中小の見世に至るまで、入籍のとき身代金を請け取りたる上は、平生の稼ぎ高より幾分の分け前を受くることなかりしが、独り切り見世の制は、これに異なりて、稼ぎ高の分配法ありしなり。この類の女郎が切り見世に入るときの身代金は、十両・十五両、あるいは極めて上玉なるも二十両に上《のぼ》らざりしが、その代わりには年期も三年ないし五年の短期にして、衣食も抱え主にて持ち、かつその女の腕前によりて稼ぎ高の一割・二割、あるいは三割を収むべき契約をなすこと多く、あるいは一日若干の上げ銭と雑用とを抱え主に収め、みずから衣食を負担して自前稼ぎをなしたるもあり。けだしこれらの女郎は尋常一ようの稼ぎ方にては、到底抱え主を満足せしむべき望みもなければ、ことにかくの如き制を設けて、客取りの乱暴手段を奨励したるものと見ゆ。さればその楼主の乱暴なるはさらなり、ここに出稼ぎする女郎もまた山に三年、海に三年の(95)莫連女《ばくれんおんな》なるを上玉としたるなり。否、莫連なるにあらざれば、勤め難かりしなり。前にもいうが如く、切り見世女郎は既に小見世にて食い詰めたるものが、最後の決心にて入籍するを多しとし、素人より直ちにここに入ること絶えてこれなかりしというにても知らるべし。故にまたその年齢も大概三十以上のもの多く、あるいは夜目にはなお中年増と見ゆるものも、よくよく看れば既に五十の皺を、満面の白粉《おしろい》もて打ち消しおるものもありしとか。「昨夜の幻妻、(96)今暁看れば眼珠《めだま》飛び出す面《つら》蟹の如し」、(97)風来山人の狂句も想い出でられて可笑《おか》し。

切り見世の客はいずれ三尺帯・紺看板・ヒッカケ草履・手拭肩に掛くるの徒にほかならずといえども、あるいはやや上流の人にても、好奇心より一たび切り見世見んと立ち入るものも稀にはありし。しかるに切り見世女郎の抱え主らは、常に金棒などもちて、木戸口より内を廻りおりしことなれば、侍にまれ、商工にまれ、木戸内に入りて素見《ひやかし》がましく戸前に躊躇するときは、内よりかの莫連女が無理に牽き入るると同時に、外より抱え主が押し込むなどの暴手段に逢着すること多かりき。いやしくもここに足踏み入るるものは、まず袋鼠の窮あるものと知るべし。しかして一旦切り見世の中に牽き入れらるれば、樫の木もて造りたる猿落ちて、また出ずるを許さず。奥の一間《ひとま》には抱え主の嚊《かか》おりて「お直しを願いな」と呼び、一回百文の鉄砲料一廻《いっかい》にて済ますことなし。かつ少しく客の扮装《いでたち》に見る所あれば、無理にも中二階へ押し上げ、酒肴《さけさかな》を出して嚢中の銭を絞り取る。是れその慣手段とす。

（五七〇六号、明治二五年九月一三日）

禿

禿《かむろ》は後来遊女たらんとする少女の七、八歳より十一、二歳の頃、先進の遊女に付従するものをいうにて、その称は多く頭髪を剃りて、頂《いただき》にわずかを残し置けるより、かくは名づけ初めけん。されど年やや長じて垂髫《たれがみ》なりしものをもなべて禿とは言倣《いいなら》わせり。小本など看るに、小職豆《こしょくまめ》どんの称あれど、こは岡場所に限れる名にて、吉原にてはすべて禿と称したり。禿はいずれも七、八歳にて身を廓内に投ずるものなれば、その身売証文とて、通常奉公人の証文を以てし、身代金の如きは玉の醜美と年齢の長幼によりて多少の差あること勿論なれど、概して七、八年の年期にて二両二分内外なりしという。さてかく少金もて抱え入れたる禿は、楼主の見込みによりて、先進の遊女に付属せしめ、爾後禿の身に要する衣裳その他の調度は、一切挙げてその遊女に負担せしむるを常とすれど、さりとてまた付属せしむべき適宜の遊女なきときは、楼主みずから監督して座右の雑事を取らしむるもあり、あるいはすこぶる上玉にて、大いに後来に望みあるものは、これを楼主の娘同様に取り扱い、琴・三絃・茶の湯などの教育にも心を籠むることあり。

禿の名は、楼主の命ずる所なりしが、遊女の名の儼《いか》めしきに似ずして、多くはあどけなき字を呼び、かつ三字の名に限りて、四字以上の名を用いず。ことに遊女付属の二人禿には、概して両々あいちなみたるもの、たとえば浪路に千鳥、呉織《くれは》に漢織《あやは》の類を以てしたること多し。

遊女づきの禿は、常に遊女の側《そば》に侍して、何くれその遊女の雑事を弁じ、食事の給仕、煎茶の持ち運び、さては煙草の吸い着けまでことごとく遊女の頤使《いし》に随い、あるいは遊女の使いとして廓内に買いものすることもあり。客の(98)盥嗽《かんそう》に湯など運ぶこともあり。されど酒宴の席には、ただその遊女の側に侍するのみにして、その間《かん》に周旋して杯酌《はいしゃく》のことに与《あずか》ることなし。

　楼主付きの禿は、常に楼主のために雑事に使役さるることなれど、もし遊女付きの禿が病気にて引き籠ることあれば、楼主付きの禿を出して、その欠を補い、あるいは隣楼において禿の数足らざるときは、これに貸し与うることも少なからず。

　禿は吉原開業の始めよりありしことにて、その当時太夫・格子は二人禿・三人禿とて、各二、三人を伴い道中することとなりしが、かの散茶女郎はただ一人の禿を伴うの制にて、たとい散茶の遊女が資力ありて、二、三人を伴わんとするも、格式にあらずとて、これを許さざりしなり。しかるにこの制の弛みたるは、宝永年間のことと知らる。当時新町《しんまち》中近江屋《なかおうみや》の都路《みやこじ》といえる散茶女郎が、禿二人を伴《つ》れて道中せしかば、制規に違うとて痛く廓中の咎を受けたることあり。しかるに都路の伴いたる禿の内、一人はその妹女郎の禿なりとの弁解にて事済み、それより以来は誰《たれ》かれの別なく、二人を伴うこととなれり。しかれども文化・文政の頃に至りても、なお楼の大小と遊女の上下によりて、一人禿・二人禿の別ありしことなり。たとえば大籬にていわゆる座敷持ちなるものは、勿論二人禿なれども、その部屋持ちなるものは、一人禿なりしが如き、また交じり半籬においても、黒の入山《いりやま》(座敷持ちにて二分)は、二人禿にして、白の入山(座敷持ちにして一分)は、一人禿なりしが如き、また総半籬においても、座敷持ちには一人の禿を伴うものあれど、部屋持ちには禿を付せざりしが如き、その楼により遊女の品等によりて区別ありしこと知るべし。

禿の教育は、右にいう楼主の娘分とも倣《な》して養育する如き、上玉には諸芸の蘊奥《うんのう》を極めさすることも、あるいは絶えてこれなきにあらざりしならんといえども、その他のものに至りては、手習いとてわずか四十八字を読み得るを極度とし、あるいは「庭訓往来」の少しも生読《なまよ》みするなどに止《とど》まるべく、その他はわずか三味線を弄ぶに過ぎざりき。

禿の衣服は、かの道中に出ずるか、または接客のとき、遊女に随うときは美麗のものを装えども、平居《ふだん》には概ね木綿の縞、あるいは紋付などの衣類を着け、紫色・紅色の綿繻子の半衿《はんえり》掛け、納戸色の胸掛け(油屋と称《とな》うるもの)を懸けいたり。

禿の食事は、三度とも台所の傍らにて、新造・若者打ち交じり喰らう。

禿の寝所は、別に設けたるものなく、ただその遊女の部屋の次の間に入りて臥するに過ぎず。昼は閑暇なれば、廊下などに遊戯す。

概していえば、禿は遊女の孳子《たまご》として、廓内の風俗に習熟せしむるを主としたるにて、中にも後来望みある資質あるものは、幼時より諸芸の教育にも心を入れたるはさらなり。客の待遇送迎より座作《ざさく》進退、里語《さとことば》の如きに至るまで、居常《ふだん》姉女郎に侍して、耳聞目撃し、おのずから廓内の風俗に浸染し、さては成長の後、一般世界の風と異なりたる一種の風采を陶冶し来たれるなり。想うに往昔《むかし》吉原の遊女がその言語の特殊なるのみならず、岡場所と称する他の遊女場と異なりたる風俗ありて、泥海中第一の仙郷《せんきょう》として、遊冶郎を溺殺したるものは、禿養成の仕組みありしによることとなるべし。

（五七〇七号、明治二五年九月一四日）

新造

新造《しんぞ》というもの、概ね未だ客に接せざる少女の遊女に付属しおるをいうなれども、同じく新造のうちにても、番新《ばんしん》すなわち番頭新造と称うるものは、少女にあらずして、いずれ三十以上の年増にあらざるはなく、既に憂き川竹の辛酸を嘗《な》め尽して、かの二十五年の年期をも勤め上げたるソレ者を以て充つるを常とす。されば新造のうちには読んで字の如きものと年増との両者ありと知るべし。

読んで字の如き新造の類は、概ねかの禿より生育《おいたち》て、年齢十三、四歳となりしものの衣服・髪形など、すべておとなびたる風装《なり》をなさしめ、なおその遊女に付属し置きて、遊女の接客法など何くれ見習わしめ、既に遊女として独立せしむるに足るべき見込みあるに至れば、楼主はその新造の姉女郎と協議して、突き出しとなし、始めて遊女とす。されど新造のうちにも玉の差等ありて一ようならざれば、その最も後来に望みあるものは、容易に突き出しをなさず、姉女郎の御役として、豪客の愛顧を待ち、呼出女郎として突き出すこととなるが、さもなきものは、楼主より支度をなして「新造つき申さず」の中等女郎とすること多し。しかしてその呼出女郎となるべき上等新造は、新造のとき色を鬻《ひさ》ぐことなきも、その他に至りては、姉女郎に付属しおりながら、客の需《もと》めに応じてひそかに売り出し、その代《しろ》として客より請け取る金は、皆己《おのれ》これを懐にして、突き出しの入費を補うの料としたり。楼主これを窺い知るも、あえて咎めざりしという。

禿より進化して新造となるときは、楼主はさらに親元並びに判人を呼びて、従来の年期を改め、さらに二十五年の年期を入るることを契約し、証文を改む。これを「又証文」と称したり。しかして「又証文」の金額は、本人の色芸によりて差等あること勿論にして、一定ならずといえども、要するにかの禿なるものは、始め七、八歳より十三、四歳を限りて年期を契約し、ここに至りてさらに色を売るの年期を契約したるなり。されば親元は禿の年期明くるに及びて、「又証文」を入るるを肯《がえん》ぜず。禿にて滞りなく勤めたる上は、これにて暇取りたしと乞うときは、楼主もこれを拒むを得ざりしが故に、往々親元が女衒《ぜげん》と心を合せて暇を取り、さらに他の楼に遊女として売り込むことありしという。されば楼主もまた始め禿を抱え入るるとき、至極の上玉と見込むときは、かの短年季二両二分などの安価にて抱え入るることをなさず、直ちに二十五年期にて買収するを常とせり。

新造と称するものは、禿より進化するもの多しといえども、なおその他に一種の新造あり。こは禿より生育したるにあらずして、既に十四、五年の年歯《とし》に達したるものを、人間界より買い入れたるもの、すなわちこれなり。この類の新造もその玉の品によりては、遊女付きの新造として、吉原の遊女たる風俗を教え込みて、中等女郎に突き出すこともあれど、その姿色の到底後来に望みなきものは、新造の名を呼びながら、直ぐに安価もて客に接せしめたり。故にこの類の新造遊女（新造にして客に接するを編者仮に新造遊女と呼ぶ）は、部屋もなく、座敷も持たざるものにして、その上好《よ》き狎客《こうきゃく》に遭わざるときは、年季中遂に新造遊女にて朽ち果つるもの少なからず。されば新造の名もて客を取るも、年歯《とし》既に三十に近きものもありし。

新造の衣類・諸調度は、その遊女付きのものは遊女の負担にてありしが、新造にて公然客を取りしものは、衣類より髪結銭に至るまで、みな楼主より支給したり。遊女付きの新造は、すべて貴嬢《きじょう》の腰元の如く、何くれとなく座辺の雑事を弁じ、姉女郎の客あればともに広座敷にも出でて、姉女郎に侍座し、また酌も取りたり。

（五七〇八号、明治二五年九月一五日）

番新

番新《ばんしん》は、番頭新造の略語にして、年歯《ねんし》概ね三十以上のもの多く、しかしてかの新造付きと称する遊女には、必ず番新一人、もしくは二人を付属せり。たとえば四人の新造を付属するものは、その内二人を番新とし、二人を少女の新造とすること常なり。さてこの番新なるものはいかなる成立《なりたち》のものぞといえば、概して廓内にて人となり、遊女の勤めをも経過して、年季明けの後、好《よ》き情客もなく、その身を寄するに処なきもの、さらに楼主と約束して若干の給料もて番新となりおわるもの多し。あるいは年季明けたる上、一旦廓を出ずるも、事によりて再び身の置き所なきに至り、さらに遊女たらんと欲するも、年歯《ねんし》既に春を鬻《ひさ》ぐに晩《おく》れたるをいかんせん、さりとてもと遊女のなり上りなれば、世間に立ちて実業執らんこともえなり難きもの多かりしが、この輩多くは番新の適当たるものにして、馬道（大塚屋、廓内遊女屋の奉公人受け宿なり）の紹介を便《たよ》りて妓楼に住み込みたる多し。楼主においても番新の欠員あれば、大塚屋に注文して補充したりという。あるいは帳場番頭の妻にして、番新を勤めいたるもあり。この類もまた大塚屋の手を経るを例とせり。

番新の勤め方は、まず上等の遊女に就いていえば、その遊女名指しにて初会の客あることを茶屋より報じ来たるときは、番新まず斥候《ものみ》として茶屋に至り、客人に接してその人の野暮か通《つう》か、はた半可なるか、さては懐中の温冷に至るまでを、世辞愛嬌の問わず語りに洞察す。これらはまず番新の腕前を顕すべき第一着の手段とこそ知らるれ。それより一旦帰楼して、己《おの》れの主人たる遊女に支度を促し、再び己れ案内して遊女を茶屋に伴い往きて客に紹介し、茶屋にて酒宴の間《ま》も、おおさ遊女と客との間に周旋して、万事に抜目なく、宴おわりて楼に還り、客既に寝に就けば、屛風外耳を傾けて、客の挙動を察し、翌朝に至れば客の種類によりて、ひそかに後来の政略を遊女に授け、裏より馴染みさせては、紋日の無心などその時機に応ずるの掛け引き皆番新より出ずるものと知るべし。

大籬・交じり半籬までの番新は、その遊女の種類によりて差こそあれ、概ね右の如きものなりしが、総半籬すなわち小見世に至りては、遊女に付属する番新なるものなく、一楼一人の番新を置き、これをして全楼遊女の事に当たらしめたり。

番新の常衣《ふだんぎ》は、大籬・交じり半籬にて、紬・絹紬《けんちゅう》・銘仙の類にて、帯は黒繻子を巻き帯にす。羽織・袢纏《はんてん》、前掛けの類を用ゆるを許さず。仲の町などに出ずるときは、大縞の御召し縮緬に繻子の帯を巻き、夏気は縮緬中形の単物《ひとえもの》、あるいは数寄屋の帷子《かたびら》を素肌に着なしたるもののよし。

番新の給金は、天保年間大籬にて年七両ないし八両、交じり半籬にて五両ないし七両、半籬にて四両以下なりしという。されど遊女の買い入れ品は、いずれ番新の交渉する所なれば、商人より幾分のカスリを取ること番新の常にして、商人もまたこれを許し、楼主もまたこれを黙過したり。天保年間一歩の台の物より五百文は番新の懐にする所なりしという。

（五七〇九号、明治二五年九月一六日）

遊女の突き出し

突き出しとは、新造《しんぞ》の始めて遊女として客を取るの時をいうなり。されど新造にも前記するが如く、成年にて入廓するものと、七、八歳より禿として廓内に養育せられたるものとの二種ありて、しかも後者のうちにも、その玉の優劣によりて、突き出しの方法を異《こと》にし、やや劣等なるものは、楼主より支度を調えて突き出すことなれば、その成年にて入廓するものと、禿揚りのやや劣等なるものとの突き出しは、その支度などにおいてさまで記すべきことなしといえども、独り禿揚りの新造にして、容色衆に勝《すぐ》るるか、あるいは容色はさまで称するに足らざるも、遊女として天晴れ後来に望みあるものは、突き出し悤々《そうそう》かの呼出と称《とな》うる遊女となし、大いに売り出さしめんと計画することにて、楼主もこの種の新造をば、容易に突き出さず、これを突き出さんとするときは、あらかじめまず楼主よりその姉女郎に向かって突き出しを依頼するを常とす。これを御役と称したり。さて御役の依頼を受けたる姉女郎は、いずれその楼に全盛の遊女にして、楼主もまたその遊女の全盛なるを見るにあらざれば、依頼せざることなれば、遊女の夥伴中《なかまうち》にも御役を依頼さるるは、こよなき名誉としたり。されどこの御役の突き出しには、莫大の費用を要し、春時《しゅんじ》の突き出しには、三百両ないし五百両を費やし、夏時《かじ》にても二百両以上を要したれば、楼主もその辺を斟酌《しんしゃく》し、多くは衣裳の費《つい》え少なき夏時を選みて依頼したれど、あるいはその姉女郎の狎客《こうきゃく》に金穴《きんけつ》あるを見留むるときは、桜花の時候にも依頼することありしという。しかるにこれを依頼されたる姉女郎は、もとより客の懐を当てにて引き受くることなれば、百方その策に苦心し、その政略に就いては番新にも謀議の上、客に強請《ねだ》ることながら、かくの如き大金を一時に投ずるは、尋常遊客のなし得べきにあらざれば、突き出し支度の目星に指さるるは、まず金銀座の役人、蔵前の檀那、否《しか》らざれば日本橋の魚河岸・神田青物市場・新川の酒問屋などにありしという。中にも両市場の商賈は、一種の意気ありて、いわゆる江戸っ子中の江戸っ子なるもの多かりしが故に、たまたま馴染の遊女より新造突き出しの費用を依頼さるるときは、これを拒絶することをなさず、かえりて己《おのれ》の栄誉として肯諾《こうだく》するの風あり。あるいはその人の都合悪しきときは、市場の衆議に掛け、今回かくかくの遊女より突き出しを依頼されたるも、己都合悪しければ、一時市場の共有金もてこれを弁ぜんと請えば、同じく侠気もて満たされたる社会とて、多くはこれを拒むものなく、共有金を給して突き出しの費に充つることもありしという、また奇ならずや。さればその金銀座役人・御用達町人などより送れる積み夜具には、さすがその名を憚りて、ただ「より」と書《しょ》しありしも、両市場より送れるには「魚河岸」、あるいは「神田市場」と筆太に記したりとぞ。

突き出しの支度・儀式

突き出しの費用に二百両ないし五百両を要したりといえば、今の金にて少なくも千円ないし二千五百円に当たるべし。さりとは多費ならずや。しかれどもその支度の今時と異なりて、花美を尽くしたることとなれば、あるいはかくの如き金額を要したるにてもあるべく、かつ当時の豪客が揚州一夢[100]のためにかくの如き金額を擲《なげう》ちたることも、当時奢《しゃ》[101]靡《ひ》の世にありては、恠《あや》しむにも足らざるべきか。突き出しの支度は積み夜具を以て最となす。積み夜具は蒲団三枚・夜着一枚にて、その蒲団は三枚とも鏡仕立てとて、五、六寸の幅に四方を縁取り、中央を別の切れにて仕立て、縁の地は緞子など、多く中央を縮緬とする多し。その色・模様は定めなし。夜着は縮緬地に色糸、あるいは金糸にて壮麗なる模様を縫い出す。その裏地は甲斐絹多し。夜具蒲団は越後屋・大丸屋のうちに注文するを常とし、代価はおよそ五十両前後なりしという。越後屋・大丸にてこの注文を受くるときは、突き出し女郎の紋所を付したる黒塗りの枕と夜具蒲団包むべき風呂敷の萌黄に定紋唐草染め出したるを祝義として贈るの習慣なりしとぞ。

次に費用を要するは、座敷の積み物なり。座敷の積み物とは、幅三尺に竪六尺ほどもあらんかと思ぼしき白木の大台に、七子《ななこ》・縮緬その他の反物を始めとして、莨《たばこ》入れ・扇子など種々の品物を処狭きまで積み累ぬるをいうなり。こは皆その遊女が平生懇意の人々に祝儀として取らする料なりと知らる。たとえば茶屋の夫婦・幇間《ほうかん》・芸妓その他歌・俳諧・活花・茶の湯などの師匠には、黒羽二重あるいは黒七子に、己の紋付きたる羽織を贈るを始めとして、楼の番頭夫妻・遣手・若者より出入りの女髪結・台屋・肴屋八百屋に至るまで、いずれ仕着《しきせ》与えざるなしといえば、たとい人によりてその品を異《こと》にし、中には唐桟(102)の如き粗物もありしなれども、かく往き渉りたる祝儀には、少なからざる費用を要したること勿論なり。

その他道中着の如きも、この時の工夫に属することにて、その扮装《いでたち》は前号に物したる如くなれば、これにも少なからざる費用を要し、その他座敷の盛飾(突き出し女郎にはなお未だ座敷・部屋を有せざれば、本文の座敷は姉女郎の座敷と知るべし)などにもおさおさ多費なりしなり。

さて突き出しの儀式は、当日より十日ばかり前に、姉女郎の懇意なる家七か所より鉄漿《おはぐろ》を貰い聚《あつ》め、これをもて歯を涅《そ》む。この日をつけ初めとて、楼主は蕎麦その他の料理を調え、楼内は勿論平生出入りの茶屋・船宿などにも贈るの例なり。また突き出しの日に至れば、その楼の格子前と、突き出しの入費を負担する客の来遊せる茶屋の前に、蒸籠《せいろう》を堆《うずたか》く積み累さぬ。蒸籠は幅一尺余に長さ二尺もあらんかと思わしき塗り箱に、菓子屋の印付きたるにて、中には蒸し菓子入るる趣意なれど、実際はこれを入るるにあらずして、ただ形容を示すのみ。なお料理店の開店に酒樽堆く積み累ぬるの類と知るべし。

姉女郎は突き出しより七日間、突き出し女郎を率いて仲の町に道中し、新造・禿・番新など例の如く付き添い、懇意の茶屋に至りて披露す。されど姉女郎を始め、突き出し女郎は容体ぶりて挨拶などすることなく、ただ番新より突き出し女郎の名を披露するに止《とど》まれり。

姉女郎の朋輩よりは、思い思いの衣類を贈るを以て、突き出し女郎は七日間交わる交わるこの衣類を着るを例とす。

付けていう。成年にて入廓するもののうちにも、必ず美玉なかりしにあらず。されど本文の如き突き出しをなし、直ちに呼出女郎に出でて道中するは、必ず禿より生長し、しかも色芸兼ね備えたるものに限りしにて、成年にて入廓するものは、たといいかなる尤物《ゆうぶつ》[103]にても、呼出女郎となることなかりしという。天保年間出雲少将の侍妾たりしお光といえる女は、ま組の頭《かしら》友蔵といえるものの娘にして、色芸とも出色のものなりしが、老公逝去の後、暇《いとま》となり、みずから好んで吉原に入り、京一の岡本屋長兵衛より「思えば」と名乗りて遊女に出で、一時評判なりしも、ついに呼出とならずして止《やみ》たりと。これらはその一例として見るべき者ならん。

（五七一〇号、明治二五年九月一七日）

遊女の身売

遊女の身売といえば、いずれ親元貧困に迫まりて金策の方便なく、泣く泣くもその最愛の娘を女衒《ぜげん》の手に渡すの悲境に出ずること、往々小説などに物する所なれども、実際においては決してかく哀れなる者のみにあらず。前号に掲げたるお光の如き、みずから好んで身を泥海に投ずるものはしばらくこれを擱《さしお》き、親のために売らるると称するものも、その親はいかなる必要ありしやと問えば、あるいは神田の祭に綺羅を飾りて人後に落ちざる支度なさんなど、貧の張り臂《ひじ》のため、ままよ我が娘を売りても一時の費用に充てんと、急にその娘を女衒の手に掛くるもありたりといえば、その事情もとより千差万別なりと知るべし。ことに戸籍の取り締まりも厳ならざる当時にあっては、女衒なるもの諸国の同業者と牒《ちょう》し合わせ、拐帯者《かどわかしもの》などを廉価もて買い入れ置き、これを養女として養い置き、年頃を待ちて遊廓に売り込むの手段も多かりしといえば、中には親のためにもあらず、また自己のためにもあらずして、空々漠々我が身にして我が身を知らざりしものもありしなるべし。

楼主が遊女を抱えんとするときは、必ず出入りの女衒に就きて相談し、親元より売り込まんとするときも、また女衒に就きて相談す。女衒は遊女の仲買なり。しかして女衒において相当の玉ありと見るときは、目見えとして楼に伴い行き、若干日《そくばくひ》楼に預け置きて、楼主の意を決せしむ。既に楼主もこの玉を善しとして抱え入るるの相談纏《まと》まるときは、女衒は左の証文を親元より差し入れしむ。

年期証文の事

何　某

何　歳

このお何と申す者、何町何兵衛店何助の娘にて、貴殿方へ二十五年一杯の暁まで金子百両にて御抱え下され、水金（不見金か）として金何両御渡し下され、慥かに請け取り申し候。跡金の義は、人別と引き換えに致すべく候。このもの勤め中横合いよりかれこれ申し候ものこれあり候わば、われら罷り出で埒明け申すべし。貴殿へ対し少しも御迷惑あい掛け申すまじく候。宗旨の義も代々何宗にて、寺は何町何寺檀那に紛れこれなく候。年期証文後日のため依って件の如し。

親元　何　某
請人　何　某
家主　何　某

三浦四郎左衛門殿

入籍後は、親元病気のときといえども決して帰省を許すことなし。されども江戸市内、ことに浅草など近辺に住める親が重病に罹りて九死一生と聞く時は、楼主もさすが見るに忍びず、遊女を重病なりといい立てて、左の鑑札を渡し、大門を出で帰省せしむることとあり。

一、この方支配長次郎店某抱え遊女大和路、医師方へ主人ただ連れ罷り出で候由、これに依り大門相違なく出すべく候。以上。

名主　何　誰

大門四郎兵衛殿

右病気遊女帰り切手昼七つ半時（午後五時頃）限り

表

揚屋町年番 名主 （焼印）

裏

女一人

証文には必ず親元の印を要し、証人には親元の親属を以てし、かつ親元所在の家主これに連判するを要したり。されど女衒においてかねて買い入れ置ける養女の類には、真の親元を問わずして、女衒みずから親元となり、女衒の親戚を証人とし、女衒の家主をして加判せしめたりという。想えば当時人身売買の行われたるすら慨歎すべき限りなるに、まして実父母にも知らせで、この売買の行われたる、その惨いかにぞや。

欠落

遊女の身売り既にしかり、孝養のため身をここに委ぬるの徒は鮮《すくな》くして、多淫の性みずから好んで泥海に遊泳するか、否《しか》らざれば人のために奇貨おかるるの類多しとせば、その人となりも概ね温良のものなく、ことに廓内の習い、性となりて終には浮気に世を送るの風となり、ここにおいてか、身に纏綿《てんめん》たるものはただ情郎《じょうろう》と借金とのみにして、欠落《かけおち》もまたこの二原因にほかならず。

遊女の欠落するときは、楼主は百方手を尽くしてこれを穿鑿し、かの面番所にも届け出でて、同心・岡引の探索をも依頼したることとなれば、多くはこれを捉うること容易なりしという。さて欠落の遊女を捉え来たれば、楼主はこれに強意見《こわいけん》を加え、あるいは科《とが》によりては仕置きに掛くることもありしが、結局欠落に係りて費やしたる金額を本人の負担とし、これを見積もりて若干の年季を増すを常とし、再犯以上に至れば鞍替えを命ずるを例とす。されどかく悪習のある遊女を、同廓内に鞍替えさするは、廓内同業者の忍びざる処なれば、まずひそかに出入りの女衒に委細を含ませ、これを岡場所に売り込ましむ。女衒は岡場所それぞれ口を掛けて、その需要を求む。さて岡場所の楼主にしてこれを抱え入れんとするものは、まずその現在の楼主を聞き置き、ひそかに番頭を遣りて、試みにこれを買わしたる上、その様子によりて相談を定むるという。

情死

遊女に情死の多きこと勿論なれど、さりとて今時《いまどき》に比すれば往昔は情死の少なかりしこと事実なりとて、古老は誇りがに物語れり。今その理由を聞くに、徳川時代においては、もし遊女の客と情死を謀りて遂げざるときは、客も遊女も日本橋の晒場《さらしば》へ三日曝されたる上、穢多《えた》に下げらるるのみならず、仁太夫《にだゆう》は早くもこの事を読売として満都の評判に登すなどの恥辱もあり。ことに情死を謀りたる楼の座敷は、畳・建具より造作一式を挙げて穢多に下げ下さるるの制なりしが故に、穢多は遠慮会釈もなく来たりて座敷の取り毀《こわ》しに掛かるより、楼主の迷惑一方ならず。これを内分に済まさんには、宜しく巨額の金を穢多に賄賂せざれば聴かず。情死の変はいずれ楼主の大損にあらざるなし。かつ客と遊女はともに穢多の方に引き取られてその籍に入ることとなれば、客の家あるいは遊女の親元なども、各々穢多に袖の下を遣い、また名主と協議して、名前替えをなし、ひそかに穢多よりその人を取り戻すの煩いもありしなり。情死をなし遂げたるものは兎も角も、もし未遂なるときは、ひとり楼主の迷惑のみならず、客も遊女も等しく名と金とを失うことかくの如くなれば、本人も自然これをなすに憚りたるべく、楼主もまた二階の取り締まりに心を配り、遣手・番新不寝番《ねずのばん》をして、夜中の見廻りを厳にしたり。右に記したる情死未遂の客と遊女を日本橋に曝したることは、元禄年間より始まりしことなり。当時近松門左衛門、「曽根崎情死《しんじゅう》」[104]という院本[105]を著わし、世に流行したるより、廓内とみに情死多かりしかば、これより三日晒しの刑を設けて、一層情死の弊を矯《た》めたりという。

落籍

天保年間兵庫屋の呼出遊女行岡《ゆきおか》なるもの、富沢町のある呉服屋に身請けせられしときは、山谷より舟にて向島の大七(当時有名なりし料理茶屋)に至り、ここに親族を集《つど》えたるのみならず、廓内よりは芸妓・幇間・新造・禿・若者四十余人に仕着せを与え、これを舟に乗せて大七の宴席に侍せしめ、仲の町通りへは赤飯と鰹節とを贈れりと、これらは廓中にても稀に見る所の落籍《らくせき》にして、尋常遊女の落籍はかかる儀式あるにあらず、あるいはただ赤飯蒸して朋輩に振舞うに止《とど》まるもあり、あるいは何の挨拶もなくして出廓するもあり。ことに廓内一種の人情として、遊女の落籍するときは、その本人こそあたかも地獄を脱するの思いもあるべしといえども、朋輩にあってはかえってこれを懌《よろこ》ばざる色ありとなん、これらは妬心《ねたみしん》より起こるものにや。

同じ落籍といえるうちにも、年季明けて廓を出ずるものは、ただ楼主より証文を請け取るにて済めど、狎客《なれきゃく》のために根引きさるるときは、楼主は身請証文というものを客より請け取りたり。元禄年間の身請証文を掲ぐれば左の如し。

三浦屋四郎左衛門方遊女薄雲身請証文

その方抱えの薄雲と申す傾城、未だ年季の内に御座候えども、われら妻に致し色々申し候処相違なく下され、その上衣類・夜着布団・手道具・長持まであい添え下され辱《かたじ》けなく存じ候。すなわち樽代として金子三百五十両その方へ進め申し候。自今以後御公儀様より御法度仰せ付けられ候江戸町中ばいた遊女出合い御座敷は申すに及ばず、道中茶屋・旅籠屋さようなる遊女がましき所に差し置き申すまじく候。もしさようの遊女所に差し置き候と申す者候わば、御公儀様へ仰せ上げられいかようにも御掛りならるべく候。その時一言の儀申すまじく候。右の薄雲もし離縁致し候わば、金子百両に家屋敷あい添え隙出し申すべく候。後日のためよって証文件の如し。

元禄十三年(一七〇〇)　貰主　源　六
辰七月三日　請人　吉右衛門
同　半四郎
四郎左衛門殿

(五七一一号、明治二五年九月一八日)

年中行事

正月　後朝《きぬぎぬ》の客衣《かくい》に一痕の虚涙《そらなみだ》点ずるに慣れたる暁鴉にも、元旦の声にはおのずから送るべき客も鮮《すくな》く、常には睡たき眼に、あな眩しと窓櫺《れんじ》に背向きたる朝暾《あさひ》も春たつ晨《とき》としおもえば、何とのう麗らかにも拝まるべし。各楼の遊女は朝疾く起きて、沐浴盛装し、番新・新造・禿もおのおの晴れ衣着《ぎ》くるに忙《いそが》わし。既に支度整えば、禿もて遣手部屋に報ず。遣手は遊女らの支度調うたるを知るときは、廊下を廻りて「サア皆広間へ出さっせえ」と呼ぶ声に応じて、遊女は番新・新造・禿など伴《つ》れて広間に出で、設けの席に着く。広間は楼の構造によりて斉《ひと》しからざれど、その着席の次第は概ねあい同じ。まずその上席に屏風折り廻し、ここに楼主夫妻座を占め、その両側に引手物夥多《あまた》積み、楼主の座前に蓬萊台据ゆ。蓬萊台の前には遣手、楼主に向かいて座し、その左右に銚子・取り肴を置き、番新二人杯酌の事に任ず。広間の両側には同じく屏風を立て、ここに楼内の遊女一列に(106)駢《へんざ》座す。広間の中仕切りの襖《ふすま》外《はず》したる次の間には、右に禿、左に新造居並ぶ。これぞ大籬にて、元旦を祝するの賀筵とは知らる。楼主は黒羽二重(あるいは浅黄羽二重)の紋付に麻上下着け、妻は黒あるいは小紋縮緬の紋付小袖に帯を御太鼓に結びて、徐《おもむ》ろに座に付けば、遊女はじめ新造・禿ども少しく体を屈めて「親方御目出度うござんす、おかみさん御目出度うござんす」と、初春の寿《じゅ》を述ぶ。楼主はこれに会釈して「目出度し、また今年も繁昌するように頼みました」と述べ、女房も「サァ目出度く祝いましょう、何卒あい変わらず繁昌するよう祝いましょう」と。これより屠蘇の献酬をなし、遣手・番新の輩をして引手物を配付せしむ。引手物は遊女・新造・禿ともに二襲《ふたかさ》ねの衣類にして、遊女には縮緬、新造・遣手には紬、禿には若松の模様ある木綿の衣服与うる

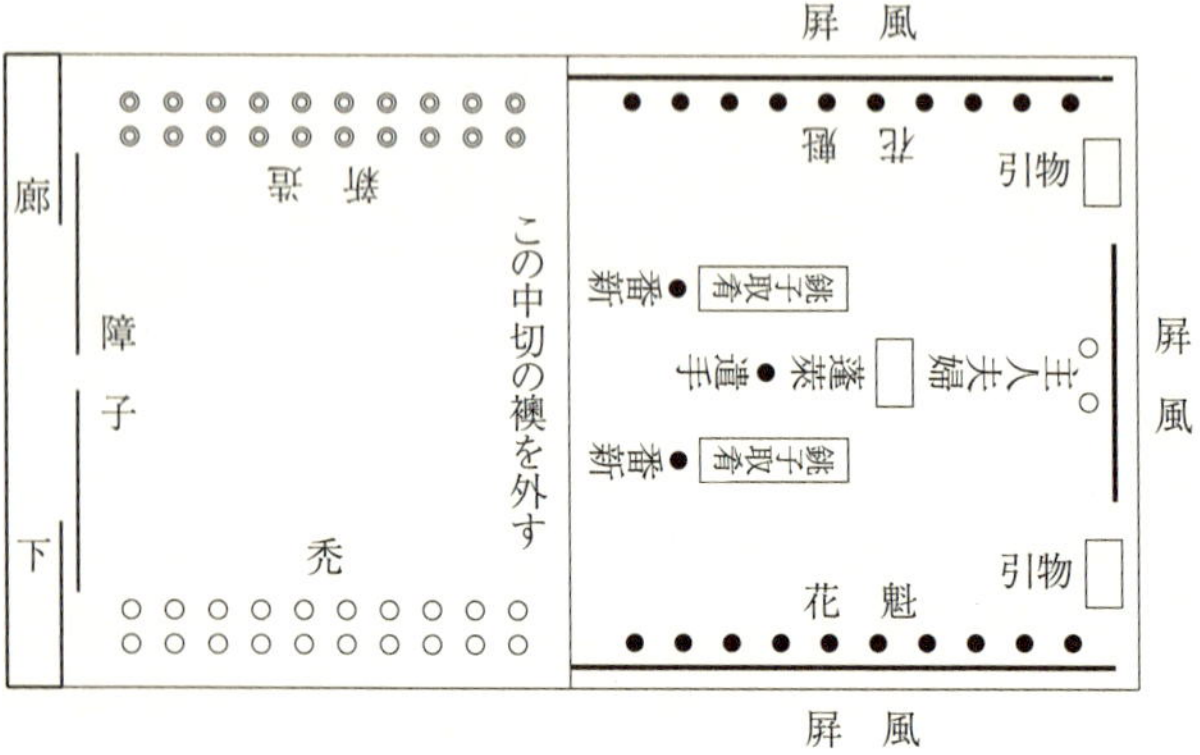

図 12

を例とす。

松飾りは、妓楼・茶屋ともなべて建つるなれど、中の町の松飾りには、飾り海老の上に家の標《しるし》ある傘を翳《か》ざして雨を防ぐの風、奇というべし。また横町の妓楼に建てたる松飾りは、背中合わせの松飾りとて、三尺ばかり隔てて二重に設けたるもおかし。

遊女は既に右の如く楼主への年礼を済ましたる後、互いに朋輩の部屋に廻りて年始を寿《じゅ》し、昼過ぎより茶屋に出ず。これぞすなわち道中始めにして、その扮装《いでたち》は常の道中と異なるなしといえども、禿をして大羽子板を持たするを例とす。茶屋への年玉は桐の小箱入り盃にて、これは遊女の定紋を付け、何楼何屋何誰と記しあり。二日は買い初めとて楼々にて蛤《はまぐり》買うを例とす。門には大黒舞・大神楽引きもきらず、遊女は競うてこれに祝儀とらせ、舞わするなどことごとし。この日茶屋の女房答礼として、各遊女の部屋を廻る。

狎客《なじみきゃく》ある遊女は、かねて去年の冬より約束して三が日の仕舞いをなしあれど、二日よりはその客の来たり遊ぶこと多ければ、真に遊女の勤めを免がるるは、ただ元日一日のことと知るべし。

二日の初客には、部屋にて屠蘇を進め、吸もの・口取・焼ものなどありて、台の物もおのずから平素よりも手厚し。楼の妻は白襟紋付の小袖にて客の座敷に出で挨拶す。遊女よりは客に小菊(107)半紙・手拭など贈る。

七種(七日)より十五日・二十日正月と称《とな》うる紋日に至るまで、多少楼内の祝いあれど、さして記すべきことなし。楼によりては六日年越し、十四日年越しなど祝いて、遊女が楼主の部屋に至り、祝儀を述ぶる家例もあれど、これもわけて記すべきほどのものにもあらず。

二月　初午には廓内の鎮守黒助稲荷を祭る。各楼にては遊女の名を記せし提灯を軒下に吊るし、赤飯・油揚・菓子・果物など供う。当日の客は遊女伴いて稲荷に詣ずるもの多し。

三月　雛祭りするもの稀なり。但し上巳の節句頃より廓内三景気の一つとして、一種の人に持て囃さるる桜の植え付け始まる。こは後に詳記する所あるべきをもて、ここにはいわず。

四月　記すべきことなし。

五月　五日は端午の仕着せとて、上等の遊女は新造・禿・若者に至るまで、単衣《ひとえぎ》の仕着せを給す。また小見世の楼主もこの日一体に抱えの遊女に夏着の衣を給す。この日菖蒲《あやめ》の花開きをなすとは、四月下旬より仲の町の中央に小溝を掘り、橐駝家《うえきや》長右衛門をして菖蒲を植え付けしめ、周囲に垣を結び、舟板もて処々に橋を架し、これを八橋《やつはし》と呼びたり。「(108)唐衣着つつ馴れにしつましあれば」など詠じ出さん雅客《がかく》を待つとにもあらざるべきに、さりとは八橋の名も俗了せられて哀れなり。この費用には六十両を要したりとぞ。

六月　土用の入りより各楼の遊女競うて狎《な》じみの客、また茶屋などに暑中見舞《しょちゅうみまい》として団扇を送る。いずれ遊客を魅するの狐術ならでや。（五七一二号、明治二五年九月二〇日）

七月　七夕には各楼の遊女葉竹を立て、白扇・短冊などに腰折一首認めて竹梢《たけのさき》に着く。その他遊客の趣向によりて種々の作りもの手向くるもあり。小見世にても数多《あまた》の遊女必ず共同して一本の葉竹を初秋の風に翻《ひら》めかす。(109)乞《き》巧奠《こうでん》の意にや。さりとて一年の逢瀬を百夜と契る貞淑の織女に向かいて、などか己の汚行を愧じざる。この日廓内の七夕看んとて入り来る人多く、昼より夜にかけて賑やかなり。十日の四万六千日、これも浅草観音の賽日とて、俗物の廓に脚《あし》踏み入るもの多し。十三日には夕方より遊女の廓内に出で遊ぶを許し、この夜一夜休業せしむ。これ地獄の釜の蓋も開くという。十六日にはなかなかに来客多くして、休業さすることも、えならざれば、この日に取り越し休業さすることと知らる。この月朔日より十二日まで、仲の町茶屋に揃いの提灯を吊す。十三日・十四日両日休みて、さらに十五日より晦日までこれを吊す。いわゆる燈籠とはこの事なり。燈籠は後に詳記することあるべし。

八月　八朔《はっさく》は徳川氏天下を定めて江戸に鼎《かなえ》を奠《さだ》めたる日とて、当時上下一般大節《たいせつ》として祝したるなり。されば遊廓もこの日はことに賑わしく、遊女の道中には白無垢の小袖襲《かさ》ぬるを例とす。こは元禄年中江戸町一丁目巴屋源右衛門抱えの高橋といえる太夫、たまたま疾に罹りおりしも、かねて馴染《なじみ》の情客八朔の約束にて来たりしより、疾を強いて揚屋《あげや》入りをなし、[110]気節にも拘わらず幾襲《いくかさね》の白無垢着《つ》けて道中したるが、奇を好む人情はかえりてこれを激賞し、かの高橋が白無垢の道中は一入《ひとしお》優美なりしなど、一時世評に上りしより後、遂にこの顰《ひん》に倣《な》らいて、八朔には必ず白無垢着くることとなれりと伝う。十五日仲秋の月には、楼主は柿・芋・団子・栗・枝豆など堆《うずたか》く三方に盛りて供うれど、遊女の部屋には別にこれを飾らず。この日遊女は、棗《なつめ》に輓茶《ひきちゃ》入れたるを馴染の客に贈るの習慣ありしが、後には観月盃《つきみさかずき》とて、一個の酒盃を贈ることとなり、嘉永の末に至りてこの事も止みぬ。仲秋の観月に来遊したる客には、必ず後の月(九月十三日)にも来たらんことを約束す。こは仲秋の月をともにして、後の月を独り眺《なが》むるは、片月見なりとて忌み嫌うによれりとぞ。
九月　記事なし。
十月　(三)玄猪《げんちょ》の日より各楼の見世に大火鉢を出だす。二十日は恵比寿講《えびすこう》とて、各楼ともに祝う。
十一月　八日火防ぎのためとて、楼の庭に蜜柑を投げ、子女をして拾わしむ。この夜毎楼《まいろう》提灯を吊す。
十二月　煤払いは定まれる日なけれど、いずれもこの月の初めに行う。餅搗きは二十日前後より始まり、各楼に出入りのもの来たり、「御代は目出たの若松さまよ」の唄節も陽気に杵操《あやつ》りて餅搗くさま可笑《おか》し。遊女は出入りのもの、または楼の若者に反物など与う。十七日浅草観音の年の市には、各楼ともに平生出入りのものを招き、朝より充分に馳走して、揃いの衣服を着せ、重だちたるもの革羽織を着け、十四、五人もしくは二十人を伴いて市に出で、大笊の内に買いものを納れ、上に大達磨を飾り、その前には何大神とかいえる物を置き、鯨波《ときのこえ》揚げてこれを担い還り、楼の前に至れば三回廻りて楼内に担ぎ込む。その馬鹿らしさいわん方なし。それより出入りのものには酒を侑《すす》め、銭を取らすとぞ。これらも営業上一種の広告法なりしこと勿論なれど、風俗の取締上などかは、これを禁ぜざりし。今より思えばほとんど嘔吐を催さんとす。

(五七一二号、明治二五年九月二一日)

三月の桜

仲の町に桜植ゆることは、寛保元年(一七四一)の春(八代将軍吉宗公の治世、今より百五十二年前)仲の町茶屋の軒下に石の台を据え、これに鉢植えの桜を飾りて、廓内の景気喚《か》いたるを始めとす。さなきだに春色の人を嗾《ぞく》して、坐《そぞ》ろ狂せしむる好時節なるに加えて、花の趣向はすこぶる遊客を誘うの好方便となるなり。仲の町に花植えたりとの評判は、一時遊蕩社会を動かしたりとなん、廓内の妓楼と茶屋とは、これぞ好《よ》き誘客法なりと、なお一層協議を凝らし、その翌年よりは鉢植えを据うることを廃めて、さらに街上の中央に桜樹を移植することとなり、ここに始めて一簇《いちぞく》の桜雲を仲の町に現出すること毎歳例となりて、後、ついに吉原の花としいえば、(112)劉郎《りゅうろう》の徒をして転《うた》た悩殺せしむるに至れり。「(113)東都歳事記」「(114)江戸鹿の子」には、桜の起原を寛延二年(一七四九)三月と記しあれど、これは誤りにて、前記寛保元年に始まりしことは「(115)吉原随筆」という書にも載せあり。廓内の旧記録にも照らして明らかなり。かつ堺町中村座の芝居において、その頃の団十郎助六の狂言を演ぜしは、寛保二年なりしが、この時の狂言名題は「(116)由縁《ゆかり》江戸桜」というにて舞台に桜の景を出したりとて、ことに大入りを極めたり。これその前年より始まりたる廓内夜桜の景を模したること知るべし。しかして植え込みたる桜樹の下草として山吹の花を植え、側《かたわ》ら青竹の垣根結い廻らし、その中に雪洞《ぼんぼり》建てて夜の風致添えたるは、その後五年、延享二年（一七四七）に始まれり。

桜樹の植え込みは橐駝家《うえきや》の請け負いにて、桜樹の大小、枝ぶり、花の咲き方までに注意し、その高さは大概茶屋の二階にて観るを度とし、枝ぶりは梢繁くして、花の開落も遅速なきを要したりとぞ。植え込みは三月中旬に始まりて、四月上旬に終わることなれば、橐駝家はかねてその頃に咲き初むるが如く培養したるものを持ち込みて植え付け、花期を過ぐれば忽ち根抜きして持ち往くなりとは、最初より年々高田の長右衛門というもの請け負い、その費用は天保年間に至りて百五十両を要したりという。

さてこの費用はいかにして弁じたるやというに、こは今も昔も変わることなく、廓内の妓楼・茶屋・雑業者と見番とに割り当てたるなり。その方法は、総額の四分を妓楼・雑業者にて負担し、二分を茶屋にて負担し、残る四分を見番にて負担したり。さてその徴集の法は、月掛けと日掛けの両様ありて、日掛けは雑業者の徴集法にして、一尺に二尺ばかりの松板に日掛け銭出すべき人名を記し、その上に麻糸の銭差しを付し、毎朝これを町内の月行事《がちぎょうじ》より各戸に順達し、一戸三十五文の銭を麻糸に貫《つらぬ》かしめたり。また茶屋・妓楼などは月掛けとて毎月の末に至り一定の銭を月行事に収め置きたるなり。桜の費用はかくの如く平素積み金なし置くなれど、もしこの積金もて費用に充つるに足らざるときは、その不足分を時の月行事立て替え置き、後に各戸に割り当て、さらに徴集せりとぞ。

七月の燈籠

燈籠は七月朔より始む。されど十二日に至りて一旦これを止《と》め、十三日・十四日を隔てて、さらに十五日の夜より晦日まで点燈し、これを後の燈籠と称す。こは享保十一年(一七二六)三月二十九日に歿したりという中万字屋《なかまんじや》の遊女玉菊の亡魂《なきたま》祭れるなりと伝う。されば燈籠の起原も同十二年の七月にて、当時はただ赤と青との筋ある箱提灯を軒端に据えたるに過ぎず。その後元文三年(一七三八)に至りて、提灯の色彩《いろどり》青・黒・赤の三筋となり、同四年に至りて箱提灯据うることを廃し、さらに始めて切り子燈籠を吊し、あるいは走馬燈《そうまとう》出だすこととなり、その後いつ頃よりか、さらに潤色を加え、燈籠の絵に東海道五十三次など描くに至れり。されば「吉原随筆」に玉菊の死を正徳五年(一七一五)とし、その翌享保元年の七月追善のため、家々一ようの切り子燈籠出だすとあるは誤りなりと思わる。

玉菊が死は節義のために自殺せしともいい、あるいは平素酒に耽りて病を醸《かも》し、ために病死せりとも伝う、いずれが真なりや。玉菊の墓二か所あり。一は浅草松葉町光感寺にあり。碑面「光岸明秀信女、宝永元甲申年(一七〇四)五月十九日」と刻す。一は浅草新堀端桃雲山永見寺にあり。この寺は中万字屋の菩提所なりという。碑面には「菊顔玉露信女、享保十二年六月二十五日」とあり。今いずれが真なりや、俄かに判じ難し。

八月の仁和賀

仁和賀《にわか》は享保年間廓内の九郎助稲荷を鎮守とし祭ることとなりたるとき、臨時祭を行い、遊女中年若にして歌舞を善くするものを選み、練ものに出だしたるより始まれりといえども、その後いつ頃よりか遊女の歌舞止みて、芸妓・幇間《ほうかん》の茶番など催すこととなれり。されば文化の頃までは仁和賀のとき、大門に葉竹を立て、七五三《しめ》を飾りて祭礼の秋潔《きよめ》をなせり。

三月の桜花、七月の燈籠、八月の仁和賀には、ことに廓内雑沓するを以て、遊女・芸妓の輩ひそかに夜に乗じて廓外に出でんことをおそれ、大門の両側に高さ四尺余の縁台を置き、会所の若者左右四人ずつこれに座しおりて「女は切手、切手」と叫びたり。これは前号に物したる大門通行の切手を検《あらた》めんとの趣意にて、芸娼妓の脱せんことを防げるになん。（五七一四号、明治二五年九月二二日）

遣　手

遣手《やりて》は、二階の取り締まりにして、いわば楼の警察官なり。さればその職務は遊女の我がままなる者に異見を加え、あるいは折檻するなどのことを始めとして、新造・禿の惰眠にまで容喙《ようかい》(117)す。しかして遊客あるときは、かれまず遊客の風采を洞察し、一見よく傖客《いなかきゃく》か都《と》人《じん》か、はた粋か野暮かを卜するのみならず、懐中の温冷を談笑の間に知り、かつ動作に不審の廉《かど》あれば、ひそかにこれを帳場番頭に報道して、その手続きをなすなど、皆遣手その人の職務なり。さるが故に遣手の部屋は、必ず二階を上りたる衝き当たりの所に設けありて、段階《はしご》上り来る客を座《い》ながら一瞥するに便す。故にまたその茶屋より来る客と、かねて知れる馴染客とはしばらくこれを擱《お》き、振(118)りにて上《のぼ》りたる客あるときは(大籬《おおまがき》は振りの客を請けず。必ず茶屋の紹介を待つ。故に本文は半籬《はんまがき》のことと知るべし)、遣手はまずこれに応接して、遊女の馴染みあるや否やを糺し、あるいは遊女の名指しいかんを問い、あるいはみずからその客に相応なりと思惟する遊女を以て紹介をなすなど、皆かれが当意即妙の手練にあって存するなり。遣手は遊女揚りのものか、またはかつて遊女屋の女房たりしものにあらざれば、その職務を全うするあたわざりしというも宜《むべ》ならずや。

遣手の部屋は、楼によりて大小を異《こと》にすれど、その二階の上り口に陣取ることはいずれの楼にてもあい同じ。しかしてかれは昼夜ここに起臥して、三度の食事もまたここにおいてし、昼夜とも臨時に遊女の部屋を巡視し、深更人定まるの後も、ひそかに遊女の廻り方に配意して、一方に厚く、一方に薄きことなからしむるに勉む。

遣手の部屋には、大火鉢の備えありて、客の座敷に出だす酒の燗は、必ずここにおいてし、甲番の座敷に何本、乙番の座敷に幾本ということ、一々手帳に控え置き、勘定の

図 13

ときこれを帳場に報告するなり。

　遣手は無給金にして、盆暮に二分あるいは三分の手当を楼主より受くるに過ぎず。衣類も自弁なり。さればその部屋の畳替え、障子の張り替え、炭・油・茶の類は楼主にて負担せり。遣手の無給料なるはいかにというに、こは客の祝儀も一朱より少なからず。また客を送り越したる茶屋より「返し」とて、二百文を受くるの約あり。台のものよりもまた二百文のカスリを取るなどの雑収入は、ほとんど公然の黙許に付しありたればなり。

　遣手が遊女の道中に随行するは、古来よりの風習なりしが、これもまた茶屋に至りて対客上の注意をなすがためなりしと知らる。遣手の風俗は別に異なることなけれど、帯は巻き帯にし、髪は一ようならず。昔は前髪に綿帽子の如きを被《かつ》ぎたり。

　遊女が客の引き合いにて町奉行所へ召喚せらるるときは、遣手は必ずこれに随行して、奉行所の白洲に出ず。事柄によりてはひとり町奉行所のみならず、寺社奉行・御勘定奉行あるいは評定所の白洲にも出ずることありしが、遣手の(119)猾智《かっち》よく小役人に賄賂して、遊女の座に莚を敷かしめたりという。さて奉行所の所在地によりて駕籠より往くもあり、船より行くもありしが、駕籠より往くときは、まず浅草蔵前の待合《まちあい》高砂にて休息するを例とす。また山谷堀より呉服橋まで舟にて往くときは、呉服橋の待合柳屋にて休息し、刻限を計りて直ちに奉行所の白洲に出ず。当時奉行所に出ずる者は、必ず庁前の茶屋に待ち合わすべき規則なりしも、こは付け届け次第にて、いかようにもなりし事と知らる。さて北町奉行所は呉服橋内にありしを以て、柳屋に待ち合わするに都合よく、付添の男をして奉行所前の茶屋に出し置き、新吉原江戸町一丁目何屋誰という呼び込みあるを聞かしめたれども、南奉行所のときは、柳屋と隔たりおりしを以て、奉行所の中番に一歩握らせ置き、呼び込みあらんとする前、柳屋まで報知せしめたりという。しかるに北奉行所の中番は、南の中番に金握らせたるを聞きて、苦情を言い懸け、遂に南北両奉行所の中番に同じく与うることとなれりとぞ。

遊女の白洲に出ずるときは、いずれ客の引き合い事件多しといえども、かれ何事を問うも、ただ「シリンセン」の一語にて抹《まっ》し去り、ツンと澄まして他を顧りみざる風情を擬すること常なりしが故に、付添の遣手はこれを己に引き請け、「ソレ那《あ》の時はこうであったではないか」と遊女に囁く。遊女はなお無言なるを、遣手はなお語を継ぎて「申し上げます、かよう、かよう」と、当日の事情など述ぶ。ここにおいて奉行も遣手の言を遊女の代表として処分したりとなん。

付けていう。遊女の奉行所に召喚されたるときは、遣手一人・若者二人・家主一人・

五人組の内一人・名主代一人を付従せり。故に天保年度において一日の入費五両三分前後を要したるが、こは皆遊女の負担に帰したりとぞ。

（五七一六号、明治二五年九月二四日）

楼の若者

概して若者と称す。その種類一ならず。いわく番頭、いわく見世番、いわく二階廻し、いわく掛け廻り、いわく物書《ものかき》これなり。その他不寝番《ねずばん》・風呂番・中郎《ちゅうろう》・飯炊《めしたき》・料理人の如きは、雇い人と称して、若者といわず。

番頭　若者の頭にて毎楼一人を置く。帳場を預かり、金銀の出納、諸品の買い入れ、雇い人の監督などを事務とす。その勤め方は夕七つ時（午後四時頃）頃より帳場に占座し、引け後楼内に一睡して、翌朝御部屋（楼主の事）に至り、前夜の決算を呈して帰宅す（番頭は廓内に一家をなすもの多し）。給料は一か年十両以上十七、八両に至るものあり。その他種々の役徳ありてなかなか乏しからざる生活をなせり。この番頭は楼内の若者より昇進するもあり、あるいは楼主の次三男その他の親属にて勤むるもあり。

見世番　大籬《おおまがき》にては三人、中籬には二人を置くを常とす。大籬の見世番は、見世におりて楼内出入りの者に注意し、遊女道中のときは提灯を持ち、傘を翳す。三人のうち病気にて引き籠もるものあるときは、他の掛け廻りなどより補うことあり。しかれども道中のとき長柄を翳し、提灯を持つにはおのずから作法あることにて、かの掛け廻りにてはとみに弁ずべきにあらず。故に道中のとき欠員あれば、隣楼の若者にして事に慣れたるを頼むを常とす。見世番の給料大籬にて一年三両ないし五両なり。その他台の物を始め、出入り諸商人より収むる余徳あり。小見世にてはここにいわゆる見世番なるもの、すなわち妓夫《ぎゅう》にして、格子外の素見客《すけんきゃく》を引き込むを事とす。されど現今の如く旅人宿《りょじんやど》の案内者と馴れ合い、車夫と馴れ合いて傖漢《いなかもの》の財嚢を絞るが如き弊事はなかりしとぞ。小見世妓夫の給料は二両二分ないし四両なりし。

二階廻し　二階一切のことを負担し、燭台・火鉢の配り方は勿論、台の物を廻し、引き付けの取り扱いをなす。大籬にて定員三人なり。給料は見世番と同じ。

掛け廻り　帳場と御部屋(楼主)との使う所にして、遊客の家に就きて掛け金集むるものとす。この役は始終外出《そとで》のみ多く、かつ物の掛合向きなどには多少の理窟をも要したり。給料二両二分ばかりなり。されど集め金の内より分割《ぶわり》を受くる約あり。かつ外出のとき遊女・新造・遣手などより種々依頼せらるることあり。これを弁じやれば多少の報酬を得ること多し。定員は一人なり。

物書　諸証文、客の名前、その他楼内一切の書役《かきやく》にして、大籬には必ず一人を備う。給金見世番に異ならず。されど中以下に至りては、別に書役なるものを置かず、廓内居住の代書家に契約しありて事を弁ずるもの多し。故に代書家は一人にて五軒・七軒の妓楼を巡廻して書記の事に従いたり。

不寝番《ねずばん》　早朝より楼内各所の行灯、台所の十二灯明までことごとく掃除払拭《そうじょふっしき》し、夕方に至ればこれに点火し、夜中不寝番をなす。不寝番中は二階の座敷、遊女の部屋部屋を伺い歩行《ある》き、時に油差しに托して客と遊女との間を視察す。楼によりては街柝《がいたく》と応じて内より拍子木撃つ家もあり。白昼は些《さ》の用事なければ、昼寝を事とす。

風呂番兼台廻し　この二役兼勤するもの多し。風呂番は役徳あり。客の湯に入るもの肩を流さすれば一朱の祝儀くれたり。

中郎《ちゅうろう》　楼内外一切の掃除より雑巾掛けをなし、その他内外臨時の雑務に当たる。定員三人とす。

飯炊《めしたき》　米を磨ぎ飯を炊くに過ぎず。定員一人なり。

料理人　昔は通し台とて、その楼にて台の物拵えたることありしが故に、料理人も三人を要したり。近時はさることとなければ、いずれの楼も二人に限れり。帳場の差し図を受けて、お部屋の酒肴は勿論、惣菜の調烹《ちょうほう》に任ず。給料は五両内外なりき。

楼主の下婢　楼によりて人数一定ならず。されどこの下婢は概ね年明きものにて、行き処なく止むを得ず楼主にすがりて一生畜《か》い殺《ごろ》しの下婢となるもの多し。さればただ夏冬の仕着せのみにて給料なし。

（五七一七号、明治二五年九月二五日）

廓内幾百戸の妓楼には必ず前号に物したる如き若者幾許人《いくばくにん》を要したることとなれば、ここに若者として抱え入れたる人数も少なからず。既に人数多ければ、朝《あした》に暇《いとま》とるもの、夕《ゆうべ》に目見えするもの、出入り交替おのずから頻繁なりしは勿論にて、ことにはここに入り来たる人物は、いずれ一僻《ひとくせ》、否な四十八僻をも兼ね備えたるもの多く、加うるに場所柄のこととて、その耳に触れ、心に染むもの痴話にあらざれば、すなわち欲事の類にほかならず、かの若者の輩不良の行為多くして、随って出入りの頻繁なりしもさることなりと想い遣らる。されば妓楼においてもこれを抱え入るるには、尋常一ようの請け宿よりするをあえてせざる慣例にして、これを抱え入るるには必ず浅草馬道四丁目の大塚屋某《なにがし》とて、廓内若者の人宿《ひとやど》を専業とするものに依頼したりという（茶屋の奉公人は同じく馬道の酢屋某を請け宿とす）。当時江戸市街一般の請け宿には、その看板・暖簾とも御奉公人口入所と記しありしが、吉原の請け宿たるこの両家には、ひとり奉公人入口所と記したり。その何の意なるを知らず。さていかなればこの両家をして請け宿の専売を擅《ほしいまま》にせしめたるやというに、これぞすなわち廓内の必要便利より起こりしにて、この両家の主人はいわゆる岡引とて、半官半私的の探索係を勤めいたれば、いやしくもこの請け宿より入るもの、もし不正の所業ありて暇《いとま》となるか、あるいは出奔することあらんに、これを請け宿に通知すれば、岡引の手蔓にて捕拿《ほだ》することと容易なるのみならず、(120)贓品《ぞうひん》など取り戻すことも得てなし易《やす》かりしが故なり。故にまた請け宿の方にても、それぞれ規則ありて、若者が奉公中その楼の遊女またはお針などと密通せしときの如きは、過料二貫文を追徴するの定めなりしという。さる代わりにはまた奉公人その者のためにも謀りしことありて、永く廓内に住み込みいたる若者が、一朝些《すこ》しの不首尾にて暇となり、この上は根津・小塚原・深川・新宿・品川などの岡場所に奉公なしたき望みありといえば、請け宿大塚屋は左の手形を交付して、これを岡場所の同業者に紹介したり。

この………生国………にて、身元慥かなる者に付き、われら新吉原何町何某楼へ世話致し、何年程勤めおり候処、この度暇にあいなり、この上は品川(あるいは根津、あるいは何処)にて奉公致したくと申すに付き、御店へ向け差し出し申し候。後日のため件の如し。

浅草馬道
大塚屋　印

何屋様

この手形もて岡場所に到り、奉公を求むるときは、その地の請け宿にては、「こやついずれ廓内にて多少の失策なし来たれり」とは察するものの、まず一応その失策の筋など問い質《ただ》して、後来を戒め、再び若者として世話すること常なり。さればこの手形を得て廓内を出ずるものは、兎も角も再び岡場所に住み込むの手段ありしなり。しかるにもしこの手形を受くる手数を厭いて、漫《みだ》りに大塚屋を駆け出だし、素人の風にて岡場所の請け宿に謀るも、請け宿の主人は一瞥、直ちにその素人たらざることを鑑識(121)し、大塚屋は勿論他の岡場所における同業者にも、人相もて問い合わすする規約なりし。

妓楼のお針

妓楼のお針は、大籬に三人、交じり半籬に二人ないし三人、半籬にても一人は抱え置けり。これも大塚屋を請け宿とするを例とす。その給料は年四両ないし五両とす。されどその他に裁縫の端切れ、糸綿などの余徳もなきにあらず。ことに遊女の晴着など仕立つるときは、相対にて一枚の仕立て料二百文ないし五百文を請け取り、その端切れはいずれ縮緬以上の品なれば、小切れといえどもこれを蓄えて、明き俵などに入れ置き、一俵三、四百文に売却せり。こは人形の衣類に用いんとて、特に買い聚《あつ》むるものありしと知るべし。洗濯ものはお針みずからせずして、臨時に洗濯婆を雇い入れ、その賃銭はお針の見積もりもて帳場より請け取り、これも手心にて幾分かカスリを取る。(122)出入りの呉服屋よりは歳暮の贈りものあるのみならず、十円以上の買いものにて一歩の口銭を請け取るの内約もあり。お針の執業《しごと》は朝五つ半時(午前九時頃)に始めて、夕七つ半時(午後五時頃)に終わるの規則なれば、突き出し前、または仕着せ時など多忙にして、特に夜業《よなべ》執るときは、茶菓子の料として帳場より二百文を贈るの例なり。さてその裁縫の類は、突き出しの積み夜具、裲《しかけ》こそ己の手に懸からね、常用夜具蒲団の仕立て直し、楼主家族の衣類、新造・禿の洗濯もの、綻《ほころび》に至るまで、いずれお針の手を経ざるはなし。但し積み夜具も正月の飾り夜具は、なおお針の手にて仕立つるにて、その表面こそ美麗なれ、中は打ち返しの綿を用ゆるに過ぎず。気節過ぐれば解きほどきて、綿は部屋の戸棚に仕舞い、表は楼主に預け置くのみ。

お針は給料のほか仕着せを貰い、あるいは遊女の贈りものなどありて、衣類に不足なく、食事は楼主より給すれば、わずかにその菜の不味《まずき》に堪ゆれば、これもこと足りなん。仕事も平常は左まで多忙なるにもあらず。品物に就き呉服屋への掛け合いありなど称して、ひそかに浅草観音詣でも出来得たり。妓楼中勤めの気楽なるものお針にしくものなし。

（五七一八号、明治二五年九月二七日）

女衒

世の営業は千状万態なるも人の子を売買するの間《かん》に立ちて、みずから非道の利を貪ぼるより残忍なるはなかるべし。徳川時代の女衒《ぜげん》なるもの、すなわちこれなり。女衒の営業はもとより吉原にのみ限るにあらずといえども、当時の吉原遊廓を記すに当たりては、また女衒のことを黙過することあたわず。江戸に女衒の営業者果たして幾何《いくばく》ありしやは、今にわかに知り難けれども、天保の頃専ら吉原廓内の遊女売買に従事したる女衒は、山谷・田町《たまち》辺に十四、五軒ありしが、中にも山谷の三八というものは、屋号を近江屋といい、十四、五人の乾児《こぶん》をも養い置きて、手広く営業したり。されば田舎の山女衒《やまぜげん》（地方の女衒を山女衒と称したり）の如きは、三八の手下《てした》に属するもの多く、その誘拐したる女児は多く三八の家に担ぎ込みたりという。誘拐せられたる女児を、女衒社会の符牒にイナリと称したり。その何の義なるを知らず。

女衒の手に掛かる女児とて、ことごとく誘拐せられたるものにはあらずして、あるいは親子承諾の上、身をここに委ねたるものもまた少なからず。故にかれらの手先は何か好《よ》き玉もがなと、(123)兎耳鷹眼《とじようがん》都鄙を漁ること常なるが、時には楼主の注文うけて買い出しに出ずるもあり。既に好《よ》き玉あるときは、女衒はこれを預かり来たりて、四、五日の間己の家に寄食させ、その妻をしてこれを江戸風に作らせ、なるべく山出しの風装を脱せしめたる上、己の家に蓄えある損料衣服を着せ、かねて己が出入りの妓楼を巡り歩行《ある》きて価《あたい》を待つ。しかるに始め目見えしたる楼にて、充分の価《あたい》付けらるるも、まずここにて相談を取り極むることをあえてせず。こは甲の妓楼に示して、乙の妓楼に示さざれば、乙の楼主は「何故一旦我れにも目見えせしめざるや」など、苦情いうこと常にて、その恨みを買い易《やす》く、ややもすれば出入りを止めらるるの虞《おそれ》あればなり。しかれども詮じ来たれば、これ価格競騰《せりあげ》の方法にして、たとえば初め百両に買わんという妓楼あれば、次の楼にてはなお二十両買い増さんなど気張るもあり、数軒の妓楼を一巡する間《ま》には、百両の玉を百五十両にも競り上ぐることなきにあらず。かかるときは女衒もまた抜からず透かさず、その虚に衝き入りて弁を付け、この玉は親元にて是非百両を要する代物《しろもの》なれども、その上何々の入費、既に幾許金《いくばくきん》虫の着きいるものなれば、これが手切れにも幾許を要することなれば、たとい百五十金に買わるるも、水金《みずき》は差し出だせませぬなど、甘《うま》く談じ付けて百五十両手取りにて売り渡しの約を結ぶ。この水金とは、通例証文面の金額より支度料として楼主に引き去るものなるが、ここにはことに弁を舞わして、これを引き去らしめざるものと知らる。しかるに始め百両の身代金にて売らんことを約し置きたる親元に対しては、ことさらにその売れ難きを称すれども、さりとて証文面は親元に隠すこと得ならざれば、実際百五十金にて相談纏りたるを、ことさらに偽ること難し。ここにおいてかれは何の入費に幾許、何々に幾許と、非常の入費を掛けて証文面の金額より引き去る手段おさおさ抜け目なし。試みにその取る所の口実を挙ぐれば、まず手数料として一割を収むるはさらなり。三日の間女の目見えとして伴《つ》れ歩行《ある》きたる衣服の損料は一日金一歩の割もて勘定し、五日の間我が家に寄食させたる食料として若干《そくばく》金、別段骨折金として若干金引き去ることなれば、かの百五十両の金もほとんど五十両は女衒の手裏に落つ。これらはまずかれが家常茶飯(124)の技倆なりと知らる。

　水金ということは、証文面の金額より流れ去るとの意より水金の字を書き、これを略してみずきと称するという一説あれども、あるいはみずきは不見金《みずきん》の義にて、証文面にはあれど、実際楼主の方に引き去られて、本人これを見ずとの意なりともいう。あるいは本人の衣服料に充つるものなれば、「身付き」の義なりともいう。いずれが是《ぜ》なるやを知らず。

右は親元の依頼を受けて女衒より売り込む一法なれども、あるいは時に妓楼の依頼を受けて名古屋・新潟の地に買い出しに出ずることあり。これらの時といえどもその狡獪《こうかい》手段は大同小異にして、前《べつ》に記すべきことなし。但しこの場合には、楼主を同道すること多く、かつ旅費の一半を楼主より支払わするにて、その代わりには玉は直ちにその楼に送りて、かの巡回目見えをなさず。（五七一九号、明治二五年九月二八日）

女衒の所措《しょそ》の残悪《ざんあく》なりし実例を挙ぐれば、天保の頃かの三八の手代にて、本所三笠町に住める幸蔵と呼べるものあり。そが同長屋の由兵衛なるもの長病にて難渋し、娘お稲には駿河台の斎藤左源太（御使番《おつかいばん》）方に下婢《げじょ》奉公させ置きしが、重る疾病に由兵衛の貧困甚だしきに迫り、是非に七両の金なくてならぬこと起こりしを、かの幸蔵は奇貨おくべしと心ひそかに打ち喜び、あらぬ親切を面《おもて》に粧《よそ》おい、由兵衛夫妻に向かいて七両の金工夫せんことを諾し、その代わりとして斎藤家に奉公中なるお稲を、弾左衛門方に奉公替えさせんことを承諾せしめ、それぞれ手続きを経て、斎藤方を暇とらせ、さて七両の金は一時三八より引き出だし来たりて由兵衛に手渡したれば、由兵衛夫妻は幸蔵を目してこよなき親切ものよと喜びしとなん。しかるに幸蔵がかのお稲を弾左衛門方に住み込ましむるとは全く偽りにて、三八と謀り合わせて、足利の山女衒市五郎をして、同所の大黒楼に娼妓として転売せしめ、身代金若干金《そくばくきん》の内より三十五両を三八方に請け取りたりとは夢にも知らぬ由兵衛夫妻、我が娘は弾左衛門方に奉公しおるものと思い、七両の金得て安心したる間もなく、由兵衛は薬石効なくして死歿したるが、さして頼むべき親属もなく、ただ浅草溜《ため》の横目(溜の役員なり)平蔵というものは、由兵衛の従弟なればこれを呼び寄せて、形の如く葬式せんと謀りたるに、平蔵はまずお稲の許《もと》に報ぜでやはと、新町の弾左衛門方に使い遣りたるに、弾左方にはもとよりかかる女子あるにあらざれば、ここに始めて不審を起こし、ここにおいて平蔵は由兵衛の取り片付けを隣家の人に依頼し置きて、幸蔵に掛け合い、始めてその足利に売られたることの実を得たれば、それよりさらに幸蔵を同道して三八方に至り、お稲の行衛《ゆくえ》を詰問したり。かの三八はもとよりかかる悪事に手馴れたるものなれば、さまで驚く色もなけれど、平蔵は溜の横目にして、己の仲間が入牢のときなどには大いに関係あるものなれば、少しくここに僻易し、ついにその実を吐きて平蔵に謝し、手代を足利に遣りてお稲を受け戻し、平蔵に引き渡したり。されど平蔵もまたこれにて満足せず、「人の娘を疵ものになしたる訳を付けよ」とて、大いに三八に迫りたれば、さすがの三八も止むなく十両の金を出して詫びたるも、平蔵はなおこれを承諾せず、まさに大悶着とならんとせしを、三八はとみに我が罪を悔ゆるの風にて、勝手に至り菜切り包丁もて切腹したる騒ぎに、平蔵かえって大いに驚き、折角三八より出したる十両の金すら取り得ずして、悤々《そうそう》に立ち還りたりと。これにてこの誘拐事件は泣き寝入りに済みたれど、後に聞けば三八の切腹はただ少しく吐皮《はらのかわ》を破りしのみにて、一時の恐喝手段なりしという。想えば三八の所措(125)の騙詐《へんさ》に終わりたる、悪《にく》みてもなお余りありというべし。

女衒の行為《しょい》は概ね右の如くなりしなれば、当時女衒にして入牢せざるものなしというも不可なく、また入牢を怖るるものにして、女衒たること得て望み難かりしという。これにてもかれら一般の人となりを想い見るべし。

揚屋

元吉原の時代より廓内に十八軒の揚屋《あげや》ありて、廓内処々に散在せしが、新吉原に移転のとき揚屋を一纏《ひとまとめ》として一町をなせしより、揚屋町の名付けたることは、前にも既に記したるが、この揚屋は遊客の周旋をなしたること、今の引手茶屋の如くなれど、さりとて客を妓楼に送るにあらずして、客を我が家にひきて、酒宴をもここに催し、遊女をもここに迎えたるなれば、今の茶屋とは大いにその趣を異《こと》にせり。さるからにその家屋の構造も今の茶屋の狭隘なるが如くならずして、座敷も広やかに取りたり。故に当時の冶客《やきゃく》が吉原の遊びを試みんとするときは、必ずまず揚屋に就きて酒興し、かつ意中の遊女を指してこれを揚屋に謀りたるなり。この時揚屋が某《なにがし》楼の某遊女を迎えんとするには、必ず一片の証書を遊女屋に送れり。これを揚屋差紙とは称したり。されば遊女屋においてはこの証書を当てとして、遊女を揚屋に貸し出したるものと見ゆ。その文左の如し。

今日客御座候に付き、その方内つまさき殿と申す女郎衆、昼内雇い申し候。この客右より御尋ねの御法度衆にては御座なく候。いかにも慥かなる人に御座候。もし横合いより御法度の衆と申す者御座候わば、いず方までもわれら罷り出で申し分仕るべく候。後日のため件の如し。

戌五月五日

宿主
久右衛門
月行事
長兵衛

庄三郎殿へ

（五七二〇号、明治二五年九月二九日）

天和年間揚屋の盛んなりし頃には、揚屋作法なるものありて、遊女屋と揚屋との規約を立てたり。

一、客帰り候跡にて遊女留め置き申すまじく候事。

一、遊女送迎急度《きっと》致し申すべし。尤も下男素足にて罷り出ずべく候事。

一、身揚がり致させまじく、遊女達《たつ》て申し候わば槍手《遣》へ申し聞け、得心候わば差紙遣わし、算用の節揚代あい立て申すべき事。

一、兼約の遊女を貰い候客より、(126)シュライ請け取り候て、兼約の揚屋へ渡すべく候。もし名代遊女揚げ候わば、右に及ばず、客参らず候兼約は座敷代請け取り申すまじき事。

揚屋の最も盛んなりしは、天和・貞享の頃(新吉原移転の後二十年余、今より二百年前)にて、その数二十余軒なりしも、その後五十余年元文の頃に至りては、廓内わずかに五軒の揚屋を存するに至り、宝暦年間に至りて全く廃絶するに至れり。こはもと揚屋に就いて遊女を聘するのやや迂遠《うえん》にして、かつ多費なりしかば、繁を避け、簡に就かんとする人情より、いわゆる手軽の遊びをなさしめんとの趣向もて、漸く遊女屋みずからその楼に客をひくこととなりしものと見ゆ。揚屋の盛んなりし天和の頃といえども、かの散茶女郎弄ばんとする遊客は、ことに揚屋に到らず、茶屋の紹介もて直ちに遊女屋に就きて遊びしという を以ても知るべきなり。散茶女郎が外より入り来りて、廓内の遊趣を一変したることは前にも記したるが、さては揚屋の旧格を毀《こわ》したるも、また散茶女郎に起因するものと見えたり。

遊女の道中は、もとこの揚屋の招聘に応じて出で往くときをいいたるなり。揚屋の二階にはすべて格子を設けずして、遊女の道中を観るに便じたりという。当時揚屋入りの風俗のあまりにおかしければ、古図(**図14**)を挿《はさ》みて読者の一粲《いっさん》に供せん。

図中遊女の背負われ方は、ただ片手を男の肩に掛けるのみにして、いかにも軽浮な

るに似たりといえども、こは由《よし》あることにて、男の背に負木《おいぎ》というものを装置《しかけ》たればなり。負木は木樵《きこり》などが薪負うものに似つ。なおあたかも椅子を倒《さかさ》まにして、これに膝打ち掛けるが如し。背上にあってしかく安易の態度を得るは、この故なりと知るべし。

後ろに従う男の葛籠《つづら》担ぎ行くは、揚屋に至りて着換ゆべき衣裳の入りたるなり。

揚屋男の携えたる提灯の柄は、あたかも十手の如き鉄作りなりし。しかして茶屋の提灯はその柄を木作りにし、舟宿は縄にて提灯を提げたり。

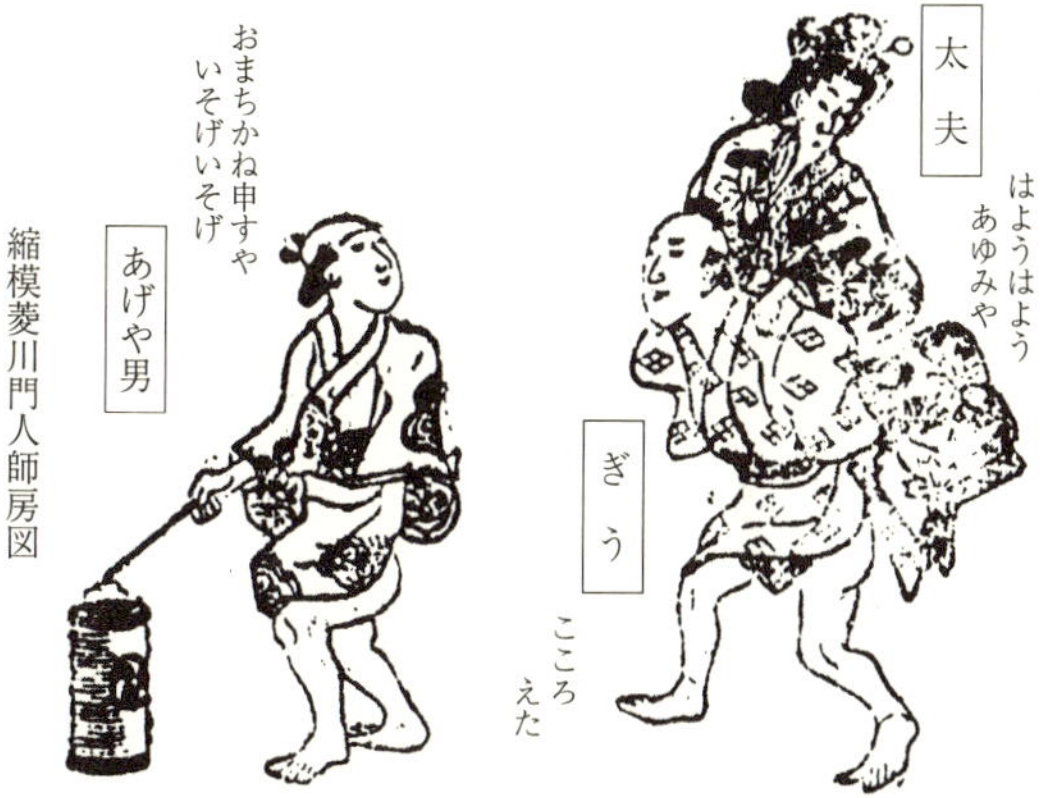

図 14

遊女の後《あと》に付き添うは、新造一人・禿一人その他頭に綿帽子ようのもの戴けるは遣手と知らる。しかしてその煙草売りの如きは、ただ途上の景容を画《えが》きたるに過ぎず。その体裁大いに今と異なりて奇ならずや。

引手茶屋

茶屋はいつ頃より起こりしやを詳らかにせず。あるいは揚屋の盛んなりし頃より、揚屋には必ず一軒ずつの茶屋付属しありて、揚屋を尾張屋といえば、その付属の茶屋もまた尾張屋と呼べりとの一説あれど、未だ俄かに信ずべくもあらず。そは兎も角も古くより大門外の五十間には編笠茶屋というものありて、戸前に編笠を吊したることあり。その後また竜泉寺前、あるいは田町《たまち》などにも、この茶屋を営むものありき。こはもと吉原に通う遊客の、さすがに素面《すめん》を恥たるより、大門外にて茶屋に立ち寄り、ここに編笠を賃借して入りたるなれば、後世の引手茶屋とは全くあい異なるものと知らる。編笠は銭百文を出だして借り受け、帰途これを返せば、茶屋は請け取り置ける百文の内より六十四文を還すの定めなりしとぞ。されば編笠一回の借り賃は三十六文なりしこと知らる。明和の頃(今より百二、三十年前)に至りては、既に編笠を借りるの風止みたれど、なお五十間には二十軒余の茶屋ありて、編笠茶屋の名を存したるのみならず、この茶屋に限りて屋《いえ》に二階設くることを禁じたりという。されば今の仲の町における引手茶屋は、かの揚屋の廃《すた》れたるより起こりしものにて、今五十軒に存する茶屋は編笠茶屋の変化したるものなるべし。

今の引手茶屋なるもの寛政年間に至りて規約を設けたり、左の如し。

取り究む連判証文の事

一、近来茶屋仲か間風儀悪しくあいなり、兎角仕癖直り兼ね、仲か間に抽んで古来これなき引手など取り、または客多く送り候者、遊女屋より音物《いんもつ》など申し請け、すべて猥《みだ》りにあいなり候に付き、寛政三亥年(一七九一)六月中名主方より遊女屋仲か間衆中へ厳しく申し渡され候に付き、遊女屋方一統連印の上、取り究めなされ、その砌《みぎり》茶屋仲か間の者へも、渡世向きに拘《かか》わり候規定の証文、各方へ印形差し入れ置き候処、去寅〈寛政六年〉四月中類焼致し候に付き、その後甚だ猥りにあいなり、取り究めなどもあい用いざる者、あらあらこれあり、右に付きこの度なおまたあい改め、茶屋仲か間取り究めの趣、甲乙なく一統あい心得、以来急度《きっと》文言の儀少しも違背致すまじく候。もし一己の了簡にて勝手のみ致し、仲か間の規定に洩れし候わば、いかようにも申し合わせの通り御取り計らいあいなるべく候。その節一言の申し分これなく候。尤も箇条の趣逐一《ちくいち》慥《たし》かに承知致し候。しかる上は不埒の茶屋これあり候わば、仲か間ども吟味致し、遊女屋方へ対し不束の儀決して致すまじく候。後証のため連判入れ置き申す処よって件の如し。

一、新規茶屋名題弘《ひろ》めの節は、茶屋世話人・当人同道にて提灯印の雛形を遊女屋世話役方へ通達致すべき事。

一、新規茶屋名題の者、その年より三か年の内は揚代金現金にあい払い申すべき事。

一、揚代金滞りこれある茶屋の儀は、済ませ方これなき内は、遊女屋一経張り札差(127)し出し、案内差し留むべき事。

一、客人あい送り候節、芸者あい招かれ候わば、遊女屋にて失脚あい掛かり候事故、男女に限らず芸者一と組に付き新造《しんぞ》一人ずつ買い揚げ申すべき事。

失脚とは失費のいいならん。新造一人買い揚げとある新造は、上げ新と呼びたるものにて、現今のお酌なり。往時の芸者は男女に拘わらず客の便所に立つとき随行するのほか、決して銚子の換わりにも席を立つことなく、座敷の用はすべて上げ新これを勤めたるなり。

一、女芸者、客人と不埒致し、また身請けの世話致し候茶屋は勿論、芸者もともに遊女屋一統案内差し留め申すべき事。

但し中宿致し候両隣の茶屋不行き届きの取り計らい故、一日商売差し控えなさるべく候事。

一、男芸者、遊女などと不埒これある節、中宿致し候か、または取り持ち致し候茶屋・芸者ともに遊女屋一統案内差し留めなさるべく候事。

一、遊女・禿茶屋へ参られ候上、ほか茶屋へ参りたき由申され候わば、召し使い男女付き添い送り届け、先方茶屋へ急度あい断り、少しも粗略に致すまじき事。

一、遊女新造突き出しの節、茶屋並びに芸者の儀、たとい親類たりとも付き添い歩行《あるき》申すまじく候。尤も右の趣何品に寄らず配りもの決して申し受けまじき事。

一、遊女方へ諸勧化《かんげ》並びに芸者花会、すべて無尽がましき儀、茶屋より決して取り持ちの儀頼み入れ申すまじき事。

一、前々当所において茶屋渡世致し候、その砌《みぎり》遊女屋方へ揚代金滞り損毛あい掛け、そのまま他所へ引っ越し、行く方あい知れず、その後家名並びに当人改名致し、また候《ぞろ》廓中へ入り込み、茶屋渡世致し候者ままこれあり候に付き、以来右体の儀これなきよう一統申し聞かされ承知致し候。

但し出居衆また召仕などにても差し置き申すまじく候事。

一、芸者揚代金の儀も、遊女揚代金同様に御取り計らいの旨、この儀も承知致し候事。

寛政後に至りては、茶屋の数江戸一丁目に十八軒、揚屋町に三十八軒、京町一丁目に六軒、江戸町二丁目に七軒、角町に十六軒、伏見町に九軒、その他大門外五十間道に若干軒《そくばく》ありし。　（五七二一号、明治二五年九月三〇日）

大籬《おおまがき》は必ず引手茶屋の紹介を経ざれば客を迎うることをなさず。交じり半籬《はんまがき》に至りては、茶屋の紹介にても客をひき、また客みずから楼に登るもこれを迎えたり。しかして独り総半籬に至りては、引手茶屋より客を取らざる定めなり。けだし大籬の必ず茶屋の手を藉《か》りて客をひきたるは、旧来の因襲に依ることもあらんといえども、一は客の勘定を始めとして、遊女選択などの周旋をみずからするの煩いを避け、随って客に対する万事の責任を逃がれんとしたるなり。しかるにまた遊客の方よりいうも、大籬に至りて遊ばんとするものは、まず茶屋に就きて花信(128)を問い、二十四番いずれが全盛なるやを探るにも便なりしより、当時の風習として全盛の遊女を弄ぶには、まずこれを茶屋に聘して酒興するを誇耀《みえ》とし、直ちに楼に登るが如きは第二流の遊趣に属したれば、茶屋は豪奢の遊《ゆう》に必要のものとなれり。故に茶屋は左の如く妓楼より分け前取るのみならず、客より受くる祝義も沢山《さわ》なりしなり。天保以前茶屋はその送りたる客一人につき銀三匁ずつを楼より請け取るの定めなりしが、天保年度に至りて五匁となれり。かつ女芸者の客より受くる纏頭《しゅうぎ》弐朱の内より二百五十文を刎《は》ぬるの定めあり、「小ぜり」と称せり。「小ぜり」の取り方は、妓楼の座敷にて客みずから纏頭を与うれば、茶屋女「皆さん御挨拶を」と声を掛くるを合図に、一同「ありがとう」と一礼す。一礼おわれば茶屋女は纏頭を聚《あつ》めて帳場へ持ち往き、二百五十文を引き去り、芸者の帰途に残りの金を渡す。また(129)紙花《かみばな》とて客の指揮にて帳場より紙包み出だすることあり。このときも二百五十文引き去ることとあい同じ。

天保の頃は茶屋にて料理をなし、台屋のもの入れたることなし。故に茶屋には必ず料理人二、三人ずつ雇い置きたり。その他茶屋には男二人、女四人程の雇い人ありて客の送迎などに従事せり。

茶屋は揚代金そのほか登楼の費用一切を己に引き受くることとなれば、楼に対してはその都度勘定を立てざるを得ず。さりとて馴染の客は空手《からて》にて遊ぶことあり。これらを一々厳に催促することも得ならず。茶屋の帳場は客の滞貸《たいたい》も自然に多く、随分困難なり。但し武家の客にて揚代金滞りたるとき、再三催促して支払いなければ、これを月番町奉行所に訴え出ず。奉行所にては一応取り調べの上、「追って沙汰致すべき旨」申し渡し置き、一方において相手方御家人なれば支配頭へ、陪臣なればその主人へ示談をなし、決して本人を召喚せず。故に負債者たる本人はこの達しに愧《は》じて、直ちに茶屋に示談し願い下げを上申すること常なり。

幇間

男芸者といい、あるいは太鼓衆など称えたるもの皆幇間《ほうかん》なり。もと豪奢の客に[130]阿《あ》付諂従《ふてんじゅう》して廓内に入り込み、宴席に周旋して、よく滑稽に、よく洒落に興趣を添えて、もて冶客《やきゃく》の心を蕩《と》らかし、満座の春を煽りて、常に[131]哄然《こうぜん》たらしむるは、すなわちその得意とする所なりしなり。客の便所に入りしとき、幇間これに従い往きて、厠前の廊下に立ち、独り喃々《なんなん》としてかつ唄い、かつ踊りいたるを、ある人後にその幇間に就きてその事の奇なるを詰《なじ》りたれば、かれ答えていわく、「客の便所に入るときは最も心意の沈着するものにして、端なく家厳《かげん》の異見をも思い出だし、あるいは細君の苦心をも想い遣り、遊意とみに索漠たること、多くはこの時にあり。故に幇間たるものの注意は、最も客の便所に立て籠もりたるとき、これを挑発して心意の沈着せんことを防ぐにあり」と答えたりと。また以てかれらが手段の抜からぬこと知るべし。髭の無休・二朱判吉兵衛などは、古今幇間の最も巧者なりしものとして知らる。中にも二朱判吉兵衛なるものは、正徳・享保頃橋町に住したる[132]道外形《どうけがた》俳優なり。この頃豪奢の名ありしは、かの紀文なるものと(133)奈良屋茂左衛門との二人なりしが、ある日奈良茂は仲の町の茶屋にあって、雪中の景色を眺めおりしを、(134)紀文は他の茶屋にありて奈良茂が茶屋の前なる降雪を一時に打ち消すの手段を、二朱判吉兵衛に命じければ、吉兵衛は「好《よ》き趣向こそあれ」と、奈良茂のいたりし茶屋の向こう側なる茶屋に、紀文を伴い往き、小判小粒三百両を出だしめて、これを往来に撒布《まきち》らしたれば、これを拾わんとするもの群集して、(135)皚々《がいがい》たる白雪を忽《たちま》ち泥化し去りしを看て打ち興じけるとなん。二朱判吉兵衛の作なる大尽舞という俗唄《ぞくうた》の中に、「小兵衛の坊さまの長羽織」などいう文句あり。「洞房語園」にも「坊さまの長羽織コノエイつべしにはり臀《じり》じゃ」の唄あり。この小兵衛なるものまた道外形の俳優にて、その頭髪糸鬢にて、坊主の如くなりしより、坊主小兵衛といい始めて、長羽織好みて着たりとて一時名高かりし。その他かの絵画に名高き(136)英一蝶《はなぶさいっちょう》の如き、俳諧に名高き其角の如き、生島新五郎の御殿女中江島一件にて艶罪に連座せられたる俳優清五郎の如きもまた皆幇間なりし。されば当時の幇間は一種の専業として廓内に住居したるにはあらずして、多くは豪奢の客が俳優などの滑稽者流を引き連れたるものにて、廓内に男芸者の名を掲げ、一種の幇間なるもの起こりしは、遥かに後代のことと知らる。

文化の頃に至りては、既に幇間という一種の専業ありて、茶の湯・活花・俳諧、あるいは三絃・太鼓などいずれ一芸なきはなく、髪は(137)豆本多《まめほんだ》に結い、あるいは坊主もあり。座敷に出ずるには必ず袴着けたり。こは当時諸大名の留守居など上流人士の宴席多かりしによることならん。故にかれらが町人などの宴席に出ずるときは、「御免を蒙りまして」と、直ぐに窮窟袋を脱して滑稽の手段に取り懸かり、客の所望によりては手踊り唄など演じ、あるいは一服と望むものあれば、楼主の座敷に至りて点茶の立て出しをもなしたり。しかるに天保年度に至りては、かの豆本多なりし髪形も小《こ》銀杏《いちょう》[138]となり、御留守居の席のほかは袴も着けず、ただ座興に落語を演じ、足芸をなし、あるいは裸体踊《はだかおどり》など殺風景なるもの多きにおれり。

正月二日には弾き初《ぞ》めとて、未明より幇間七、八人ずつ一組となり、各々新調の衣服を装い、大中の妓楼を始め、茶屋を巡りて年礼を述べたる上、七福神などいう愛《めで》たき唄一齣《ひとくさり》を謳《うた》い、その家にては屠蘇を饗し、また扇子・手拭あるいは目録出だすもあり。女芸者も同じく弾き初めあり。今もなおその事あり。されど幇間の弾き初めということ今はなし。

幇間の玉代は、文化の頃にて暮れ六つ(午後六時頃)より引け四つ(午後一〇時頃)まで一両、祝義は二分を普通とせり。されど幇間は見番《けんばん》(見番のことは後に詳らかにす)の支配受けたるにて、その玉代の内五百文は見番に刎ねらるるの定めなるが故に、かれらは見番もて口を掛けらるるを厭い、一旦馴染みたる客には、その住居を示し、なるべく直接に呼ばれんことを欲したり。これその五百文の割り引きを避けんがためなり。見番にてもあえてこれに故障を容《い》れずして、黙許したりとぞ。

（五七二二号、明治二五年一〇月一日）

芸妓

吉原の芸妓は、幇間を男芸者というに対して、女芸者と呼びたり。女芸者はいつ頃より起こりしか詳らかならずといえども、かの男芸者なるものが、一種専業の営為にあらずして、俳優などの滑稽に富みたるもの客に付き従いたるに起こりし如く、古代は女芸者とて別に一種の営業なく、酒席の興添うるにも、遊女みずから唄い、みずから舞いたるに過ぎず。しかるにその後遊女のほか別に芸を主とするものを置きて、遊客の興味多からしむるに至り、一種の分業を起こししも可笑《おか》し。一説に女芸者は安永八年（一七七九）大黒屋正六なるもの見番ということを創《はじ》めたるときより起これりという。されど当時見番の規約を看るに、その以前より女芸者ありしこと明らかなれば、この説も信じ難し。要するに女芸者なるもの設けたる以来は、女芸者に対する取り締まり付けざれば、あるいはひそかに色を売るなどのおそれあり。故に女芸者の風俗をば力《つと》めて質素にせんことを謀りたるにて、その営業は必ず名主より鑑札を受くべきものとし、髪は島田髷に限り、髪飾りは笄《こうがい》一本、櫛一枚、簪《かんざし》一本とし、しかも簪は金製のものを禁じ、衣類は無地紋付・白襟に限り、地は縮緬以上に超えず。夏は絽の無地紋付を襲《かさ》ぬるに過ぎず。帯は織ものの類なれども、縫模様を禁じ、その顔貌の如きもかえりて醜《しゅう》なるを択《えら》みしという。これ皆遊女に対してことさらに(139)甄別《けんべつ》し易《やす》からしめ、遊客をして情緒を多岐ならしめざる趣向なりしと知らる。されば座敷に出でて盃酌の間に周旋するも、決して客の座側に寄り添うことをなさず。もし客と密話などすることありて、端なく遊女の認むる所となり、遊女よりその芸者を不品行なりとして、見番に訴え出ずることあれば、見番は芸者に異見を加え、事によりては一日あるいは三日の営業停止を命ぜらるることあり。

芸者の玉代は、昼の九つ時(午後一二時頃)より夜の引け四つ時(午後一〇時頃)までを限りて、線香七本と見積もり、七本にて一両三分なりし。されど女芸者は概ね二人を一組と称し、客もまた概ね一組以上を聘するを常とせり。されど玉代《ぎょくだい》の一半は見番に収むるの定めなり。これは見番の部に至りて説くべし。纏頭《しゅうぎ》は二朱より一分の間にありき。これとても茶屋の部に記載せし如く、二朱なれば二百五十文、一分なれば五百文の「小ぜり」を茶屋に刎ねられたり。

芸者の人数は幾人といわずして、幾枚と呼びたり。これは大黒屋正六見番を創め、芸者の名前を札に記して事務所に掛けたるより起こりしにて、正六の時には廓中芸者の数を百枚に限れり。しかしてこの百枚の芸者は、いかなる事故あるも、一日二人のほかは大門外に出ずるを禁じたれば、親の命日に墓詣でしたくも、事に托して芝居見物に出でたくも、得て大門外に踏み出だすことあたわず。七、八日前より用事外出の旨を見番に頼み置けば、辛うじて出ずることなり難きにあらざれど、先約あれば己の欲する日取りに出遊びすること難かりし。ただ正月の元旦と盆の十三日には、見番に届け出ずるのみにて自由に外出を許したれど、これとても門限は夕七つ時(午後四時頃)を限りたり。

正月二日の弾き初《ぞ》めには、七人ばかり隊をなして妓楼あるいは茶屋に廻り、祝儀として三絃を弄すること男芸者と異なるなし。

見番

見番《けんばん》は廓内芸者(男女とも)の取締所なり。その起原は安永八年(一七七九)角町《すみちょう》の妓楼大黒屋正六なるもの同業者と協議して、廓内芸者の風儀を矯正せんとの趣旨もて、始めて見番所なるものを起こし、みずから従来の妓楼を廃業して見番所を担当せり。当時見番所の規約は左の如し。

一、吉原町男芸者の儀、前々名主より札あい渡し稼ぎ致し候処、正六儀、この度新吉原町付き日本堤聖天町角西方寺脇より御傍示杭まで、高さ一丈二尺、馬踏幅五間に築き立て、衣紋坂下より御高札場前通り五十間道並びに大門口までの街道造り、並びに吉原町四方総下水浚い、柵・堰板修復、水道尻にこれある火の見番人給分仕払い、右入用手当として吉原内男女芸者、遊女屋抱え・茶屋抱え・素人抱え、並びに自分稼ぎの分などまで残らず正六引き受け、右抱え主並びに自分稼ぎの分はその当人より証文取り置き、雇い口引き受け、男女芸者札数永々百枚にあい極め、名題札あい渡し、以前名主より渡し置き候名題札は残らず引き上げ、稼ぎ致させ、以後人数名題札の儀は、定め通り百枚にあい極め、右の高に限りあい増さざるよう致し申すべく候事。

一、芸者ども勤め方並びに身持ち不埒これあり候ては、吉原町一同商売体の障りにもあいなり候に付き、兼て正六方より厳しく申し付くべく候えども、なお以てあい守り、衣類の儀も御法度の類着致さず、髪の飾りなるだけこうとう《高踏》に致し、櫛一枚、笄・簪とも二本に限り、格別目立ち候儀これなきように致し、茶屋より芸者を雇い、大門外へ連れ参るべくと申し候客これあり候とも、差し出し申さず、並びに女芸者組合あい定め、その組世話人あい付け、万一客と通じ合い、不埒の儀これあり候わば、遊女屋の妨げにあいなり候訳に付き、不埒の筋合いこれなきようともども吟味致させ、かつまた男芸者、遊女へ通じ合い、あるいは遊女馴染みこれある客をほかの遊女取り持ちなどこれなきよう致し、もし男女芸者どもあい背き候わば、稼ぎ差し留め申すべく候事。

一、前書の通り正六儀、男女芸者引き受け、余分これあり候に付き、年々土手または下水修復など致し、並びに御成の節道繕《みちづくろ》い人足、掃除人足なども差し出し、なお冥加のため火消人足の内三十人分給出し、そのほか入用とも一己請け持ち、出火の節は自身罷り出で差配消防致し申すべく候事。

付けたり、正六取り立ての余分、本文通り入用に仕払い、そのほか花植え、燈籠、俄《にわか》催しなどの節、足し金差し出し、また男女芸者とも長病などの節は、見継ぎ遣わし、吉原町永続の儀を基に存じ、最初より取り計らい候儀に候えば、この上末々に至るまで右の本意を失わざるよう深切に取り計らい申すべく候事。

（五七二三号、明治二五年一〇月二日）

前号に掲げたる見番規約を看るに、その趣意従来吉原の闤闠《こうかく》にて負担し来たれる日本堤の堤防修繕、廓外総下水の浚い、水道尻火の見番人の給料、柵・堰板の修復、花燈籠、俄の補助費などを、正六一手に負担することとし、その代わりとして廓内の芸者を挙げて己これが取り締まりに任じたるなり。しかして見番が芸者より取り立てたる口銭はいかにといえば、昼九つ時（午後一二時頃）より夜引け四つ時（午後一〇時頃）までを線香七本とし、一本一分の玉代《ぎょくだい》にて、昼夜一両三分なるを、その内三分二朱、すなわち玉代の一半を見番に収むることとせり。およそなんらの営業といえども、一朝にしてその収入の一半を殺《そ》がるるが如きは、ほとんどあり得べからざることなり。芸者社会の恐慌想うべし。しかれども一方より当時廓内の事情を察すれば、女芸者の風俗すこぶる悪しくして、ややもすれば登楼の客を賺《すか》して、己ひそかに色を鬻《ひさ》ぎなどすることの繁かりしより、廓内の輿論は芸者取締の必要に傾注したる折柄、かの正六なるもの好機に投じて、道普請など従来廓内の重荷に属したりし費用を、己一手に負担せんことを提議し、これに換ゆるに芸者の取締を、己一手に引き請け、芸者より玉代一半の苛税を取り立つるの権を得たるものと知らる。されば芸者はその虚に乗せられたるにて、いわば我が社会の落度よりして、事情ここに至りしことならん。想えば大黒屋正六が芸者の風俗を矯正せんがためと称して、一種の請け負いをなし、闔廓の利益を楯として、己壟断の利を占めたる機巧なりというべし。

見番所には、男女芸者取締所と大書せる大札を掲げ、帳場には二人の番頭、十数人の手代ありて事務を執り、しかのみならず当番と称えて男芸者一人ずつここに詰めいたり。しかして帳場の上には、遊女屋抱えと茶屋抱えと素人抱えと自分稼ぎとの別なく、すべて男女芸者の名題を札に記して掲示し置き、もし客より口の掛かりたるときは、その札を裏返し、さて何楼の口にて何本の買い上げあることを帳面に記入す。芸者を幾人といわずして何枚と称えたるは、見番札の故なりと知るべし。

前にも記したる如く、もと廓内には芸者といえる別種のものあることなく、遊女みずから歌舞したるにて、その後容色と技芸との間に、おのずから分業を起こすに至りしが、寛保年間(今より百五十年前)の細見には、なお未だ女芸者なるものなく、ただ豊竹兼太夫・豊竹妻太夫などいえる芸人ありしのみ。その後宝暦四年(一七五四)の細見によれば、廓内二十余人の踊り子なるものあり。その中には遊女と同じく部屋など持てるものありしより察すれば、当時の踊り子には兼て色を鬻ぎたるものありしかと思わる。かつこの細見には京町二丁目伊勢屋甚助なる妓楼に、もんどという芸子《げいこ》一人あるを看る。しかるに明和五年(一七六八)の細見に至りては、かの踊り子なるもの一人もなくして、かえりて二十人内外の芸子を見るに至れり。降りて安永七年(一七七八)の細見を看れば、芸子なるもの十六人あるが上に、なお五十余人の女芸者、二十人の男芸者あるに至れり。芸者の名ある、実にここに始まるが如し。しかして当時芸子と称するものは、各々専門の芸ありて、あるいは長唄を善くするもの、あるいは豊後節を善くするもの、あるいは一中節、あるいは義太夫節など区別したれば、これは古来何太夫などいえる男芸者より一転し来たりしものならん。要するに明和・安永の頃は女芸者なるもの起こりて未だ幾《いくばく》ならざる時代にて、その風儀もおのずから悪しかりければこそ、前記の如く大黒屋正六の見番も起こりしなれ。さて安永八年かの正六が見番起こししときは、男女芸者を併せて百枚と限りしが、その後に至りては員数一定せず、文化年間には内芸者と茶屋抱えとを併せて女芸者の数は百六十三人、男芸者の数四十人、ほかに芸者世話役なるもの二人、文政年間には女芸者百七十二人、男芸者二十五人、世話役二人、天保年間には女芸者百六人、男芸者二十八人、芸者世話役一人あり、安政年間に至りては女芸者二百四十五人、男芸者二十五人、世話役二人となり、慶応四年(一八六八)に至りては女芸者三百四十一人、男芸者三十八人となり、世話役三人を置くに至れり。されば芸者の最も盛んなりしは慶応年度を以て最《さい》とす。

芸者はもと内芸者とて、妓楼にて抱え置けるもののみなりしを、その後茶屋にて抱え置くもあり、あるいは素人にて抱え置くもあり、あるいは自己にて独立営業するもあるに至りて区々《まちまち》なりしが、文化以来は茶屋抱えの芸者七分を占むるに至れり。細見に掲げたる内芸者のうちにも「外へ出し申し候」と記しあるものと、しからざるものとの区別あり。こはその楼の芸者を茶屋に出だし遣ると否とをいいたるにて、甲の楼より乙の楼に出稼ぎせしむるをいうにはあらず、また廓外に遠出など許すのいいにもあらず。吉原の芸者はすべて遠出を許されざりしを以てなり。

　廓内の芸者には箱屋というものなし。芸者の送迎は見番手代の勤むる所にして、夜中は会所見番と記しある細長き提灯を持《じ》し、三絃箱《しゃみせんばこ》を携えて、芸者に尾《び》し往けり。三百四、五十人の芸者よりその玉代一半を収むる見番の(140)搉利《かくり》は果たして幾許《いくばく》なりしやを確知せずといえども、その金額の大なりしこと想うべし。但し男芸者の分は徴税甚だ軽くして、玉代《ぎょくだい》壱両の内よりただ五銭を収むるに過ぎず。ことに前にも記するが如く、男芸者は見番に掛からずして、直ちに客に招かるるも、あえてこれを咎めざりしといえば、男芸者は見番においてさのみ頼むべき税源とも見做《みな》さざりしなるべし。

　さて芸者の口銭もて充つべき道普請などの入費はいかにというに、その始め安永年間においてこそ一時大金をも要したることとなれ、その後は土堤八丁の修繕は五年に一回、あるいは十年一回に過ぎず。大門最寄りの道普請も年々多少の費用あるは勿論なれども、これとてもさほどのことにあらず。ただ年々定まりたる費用は廓外四方の溝浚いと、火消人足三十人の給金と、花の植え付け、燈籠・俄などの入費四分の一を負担するとにあり。これらの入費は果たして幾許《いくばく》なりしや。旧記の存するものなきを以て、今俄《にわか》に知り難しといえども、想うに芸者口銭の収入に比すれば、さのみ重大ならざりしことと知らる。しかれども俄の催しあるときは、衣裳見分と称して、南北町奉行所より[14]隠密廻り・定廻り・臨時廻りの与力・同心二十四人出張し、これに付属の手先七十余人を引き具し来たれり。付属の手先は平素与力一人に付き二、三人なれど、かかるときは己の親類あるいは親友などを手先と称して引き連れ来たるなれば、かく多人数をなせるなり。さてこの多人数の出張役人には、八百善の料理を以て馳走するの例なれば、少なくとも三百両内外の入費を要し、その他俄中毎夜南北奉行所より交わる交わる与力・同心・手先にて十人ほどずつ臨監することなれば、一夜十両と見積もりても、十五日の俄にて百五十両を散財せざるを得ず。かれこれを併すれば、出張役人のために四、五百両の入費を要したりしが、これ皆見番の負担に属したり。（五七二四号、明治二五年一〇月一二日）

始末屋

無銭遊興の客、もしくは遊興の勘定不足するものにして、その客の伴侶《つれ》を金策のためとして出だし遣るときは、必ずその一人を擒《とりこ》にして、これを行灯部屋に押し込め置くを例とす。行灯部屋とて必ず行灯を置ける部屋というにはあらずして、密閉したる薄暗き部屋をいうなり。しかして一たびここに(142)擒住《きんじゅう》せられたるものは、握り飯と沢庵の香の物にて一日二度の食を宛行《あてが》わるるに過ぎず。さてこれらの客金策なれば、すなわち止む。もし否《しか》らざれば、妓楼はこれを始末屋あるいは馬屋に下げて処分せしむるを常とす。されど大中二種の遊女屋においては、客種良ければ無銭遊興の徒もおのずから鮮《すくな》く、よしこれあればとて、始末屋に付せざるも何とかその始末着くること出来難きにあらざりしなり。さるを独り小楼の遊客に至りては、三尺帯・引っ掛け草履《ぞうり》の徒にあらざれば、ポット出の(143)傖漢《そうかん》多く、無銭遊興のこと随って多かりしが、遊女屋においても僅少なる金額のために、ことさらに楼の若者を派出して、その始末を着くるも煩わしく、さりとてこれを寛容すれば、損失は積んで少なからず。ここにおいてこの類の難物を割引にて引き請くべき営業者出で来たれり。これすなわち始末屋なり。

　始末屋は越前屋と青柳といえるもの田町に二軒ありて、専らかの無銭の客の始末を担当したりしが、始末屋の営業はいずれ荒仕事にして、尋常一様のことにあらざれば、岡引なる者の手先にして、これを兼業し、乾児《こぶん》七、八人を頤使《いし》したり。

　小格子など称する遊女屋において、もし無銭遊興の客あるか、あるいは支払いに不足を告ぐることあるときは、その楼においてはまずこれを始末屋に通知す。始末屋は得たり賢こしと乾児に(144)吩咐《ふんぷ》して、直ちに楼に至らしめ、まずその遊興の勘定は幾許なるや、あるいは支払い不足の幾許なるやを問いたる上、本人に面接して住所・職業など聞き糺し、いずれまで往けば金策の手段あるやをも問い、かつ言語・風体・衣服などより観察して、大概その人の地位を鑑定し、さて楼の帳場に至りて割引の価値を踏む。帳場の番頭いわく「三分の客だー、一分とは余りだー、もっと買い上げろ」、始末屋「イヤ一分よりは踏めねえ代呂物《しろもの》です」、番頭「二朱買い上げネーナ」など、互いに掛引ありて、談判の末、遂に三分の勘定を一分二朱位に割引の話纏まり、直ちに一分二朱を番頭に渡して本人を引き取るが如き、まずその手続なりと知らる。さて始末屋の乾児は右の如く割引を以て客の勘定を引き請け、本人を預かりて家に還えれば、主人もその客に逢いて、これを我が家に留め置き、客の指示せる場所に人を派して金策に取り掛かり、満足に調達すれば使い賃までを加えて請け取りたる上、本人を放免すといえども、もし金策の出来ざるときは、羽織・衣服・帯までも剝ぎ取り、大概に衣類の価踏《ねぶ》みて金に換算し、かの勘定に加うるに、使い賃何程、三度の食料何程と、手前勝手に算定して差し引きを立て、寒中といえども古びたる単衣《ひとえ》に三尺帯を与えて追い出だし、春夏の頃なれば、ただ古手拭一筋を与えて裸体にて放逐す。これは江戸市中三十六見付の関門を通過するに、裸体を許さざりしが、わずかに肩に手拭を覆えば、衣類あるものと見做《みな》して(145)寛仮《かんか》したりしを以て、かの始末屋の如き無情残忍のものといえども、その客を剝ぐに当たりて必ず手拭一本は与えたるなり。

客の種類なお一層劣悪にして、ことさらに無銭にて登楼し、いざ勘定となれば捨て鉢に、「どうでも勝手にせよ」というが如き無頼漢に出逢うときは、妓楼にてもやむを得ざるものと観念して、安価に割引す。始末屋もこの類のものに就きては、衣類を剝ぎ取るも到底勘定に充つるに足らずと見るが故に、大概は相対示談にて上総《かずさ》部屋などに奉公口を周旋するを常とす。上総部屋とは諸大名の大部屋をいうなり。この大部屋に入るべき奉公人は、人入れの頭ありて請け負うことなれば、始末屋はここに本人を伴《つ》れ往きて、年期と給金の掛合をなし、その相談纏まれば、その給金より遊興の勘定と己の家にて喰わせたる食料とを引き去り、剰余あれば本人に渡せりとなん。

　想えば徳川時代には、かの岡引の手先と称するものらが、今の警視庁の探索掛りともいうべき役柄にてありながら、別に家業を営むもの多く、廓内局見世《つぼねみせ》の如き、あるいは大塚屋・酢屋などいう廓内雇い人請け宿の如き、あるいはこの始末屋の如き、皆この類なりしが、こは(146)「虎穴に入らざれば虎子を得ず」の譬喩《たとえ》にて、かかる業務に従事しおれば、自然不逞の徒を探索するにも便なりしこととなるより、政府もこれを黙許したるならん。されどその請け宿は奉公人の責に任じ、不正のものあれば岡引に密告して捕縛せしむることもありしが、始末屋の如きに至りては、みずから不正の所業をなせしことありて、ほとんど盗人に類するもの少なからず。しかして始末屋の請負仕事は、日々平均五、六件ありしという。

付き馬

付き馬もまた一種の営業にて、田町に若狭屋・藤屋といえる二戸ありたり。多くは文《ふみ》使《づか》いを兼業とす。俗にこれを単に馬屋と呼びたり。けだし勘定未済の遊客を護送するのいいならん。付き馬の手に掛かる遊客は、同じく無銭遊興の中にもやや上等の部に属し、いずれへか到れば金策の着くべき見込みあるものに限りしなり。されば付き馬は小格子の客にまれにして、中見世以上に多かりしとぞ。馬屋が客を引き請けるの方法は、始末屋に異ならずして、客の様子により割引の価値を踏みて引き請けるなり。さればその割引はかの始末屋の如く、勘定高の一半を踏み落とすなどのことなく、大概二、三割もしくは四割に止《とど》まりしという。しかしてその楼への支払いは取り上げたる後に勘定せしことなり。

馬屋の主人は、やはり岡引の手先を兼業せしものとす。付き馬として客に同行するものは、その乾児《こぶん》なりしが、こは余程気の利きたるものならでは、途上客にまかるることありて、馬屋の損失を来たすことあり。かつ足軽・若党などは、途中にて鈍刀抜き翳して付き馬を脅かすこと往々にしてこれありしという。もしまた付き馬同道にて所々金策のために徘徊せしもの、一日を徒費して、ついに金を得ざるときは、止むなくその者を同道して廓内に還えり、翌日またまた金策に出で往かしめ、それにてもなお才覚なきと

きは、衣類・所持品を褫《は》ぎ取れり。（五七二五号、明治二五年一〇月一三日）

廓内の質物並びに高利貸

元禄五年（一六九二）府下一般の質屋二千七百三十一戸を二百五十三組に分かちて、総代を設けたる時、廓内には既に七戸の営業者ありて、その組合に入りしが、明和七年（一七七〇）に至りて府内の質商を二千戸に限られたるとき、廓内七戸の質屋中三戸は廃業して、ただ四戸となれり。質物の利子及び期月を定められしは、元禄十四年の御定書第九十二条に、「質物出入り取り捌きは、前々より定めの通り八か月内の質物は請け戻し申し付くべし、八か月過ぎ候わば流れに申し付くべし」と規定されたり。されど八か月限りは衣類にして、刀・脇差・諸道具類は十二か月限りなりしという。さて廓内の質屋はその交際といい、利子といい世間一般の質屋と異なる所なかりしも、その営業上においてはおのずから他と異なる点なきにあらず。たとえば品物に就いていえば、銀の煙管を質物に取らんよりは、裲《しかけ》を取る方遥かに利益多かりしが如き類なり。そは裲なくては見世張りの出来ざる女郎らが、一時の急を救わんとてこれを質入れするも、その翌夜は是非にこれなきを得ず。さりとてこれを請け戻さんには金策なく、ここにおいてかれらは質屋と相対にて、前日己の差し入れたる裲を、さらに若干の損料もて借り入るること多ければ、質屋は一枚の裲にて両端の利を収むること常なり。また質入れは勿論私有品に限れることながら、背に腹の換えられぬ時機《じき》に臨みては、楼主より宛行《あてが》われたる仕着せを曲ぐることなきにあらず。かかるときは病気などに托言《かこつけ》て一、二夜の見世張りを休むことありといえども、長くは誤魔化すことも得ならず、故に無理算段を巡らしても損料借りをなすこと多し。

右は下等遊女に就いていうことなるが、上等の遊女とて時に質入れなどすることなきにあらず。されどこの類は質屋の常得意という程頻繁なりしにあらず。その代わりにはおのずから信用もありて、甚だしき違約の所措《しょそ》もなかりしなり。尤も上等の遊女が質入れするときは、大概これを番新に謀り、番新の手より質入れするにて、十両の品なれば七両ないし八両は貸し渡せりという。こは期日には必ず請け戻しの才覚あるを見込むが故なりと知らる。

高利貸は廓内における他の商売人の兼業するもの、あるいは専業者もありしが、その貸し金は大概五両以上百両以下なりしという。しかして遊女には貸すことなく、楼主・茶屋・台屋の類多くこれを借り受けたり。（五七二六号、明治二五年一〇月一四日）

台屋

昔は妓楼に客を迎うるとき、(147)杯盤肴核《はいばんこうかく》の料理はすべてその楼の台所に料理人ありて、これを調烹《ちょうほう》したるが、中頃台屋《だいや》なるもの起こりてより、遊客に供すべき料理はことごとく台屋の仕出しとなれり。しかしてこの台屋をば、廓内の言葉にて「きのじや」と称したることあり。こは享保年間仲の町に喜右衛門という者ありて、料理など巧者なりしより不図《ふと》思い付き、角町《すみちょう》の角に一店を構えて料理屋を開業し、台の物の仕出しを請け負いたるより、一時廓内の評判となり、妓楼においても漸く自家の料理を廃して、喜右衛門方より取り寄することとなれり。しかして当時料理を注文するに喜右衛門といわずして、単に喜の字と呼びたるより、ついに台屋のことを喜の字屋といい習わせり。されどこの称はいつ頃よりか廃れて、近来はかえって台屋を以て称せり。

天保の頃廓内に四軒の台屋あり。台の物は二朱以上の価《あたい》にして、二朱の台の物は煮肴と酢の物二品に過ぎず。一分の台の物は刺身・煮肴・硯蓋[148]・焼き肴の四種とす。されど器物の外面を飾るにも似ずして、その肴核の少量にして、不味《ふみ》なること驚くに堪えたりという。こはさもあるべきことにて、二朱の台の物といえども、台屋の元価はわずかに四百五十文（当時銭相場一両に付き六貫八百文）にして、一分の台の物は原価八百五十文なりしといえば、その一半は中間におけるかの遣手などの懐中に落ちたるなりけり。

昔「きのじや」の起こりし頃の台の物は、[149]懸盤《かけばん》といえる黒塗りの高脚膳《たかあしぜん》に松竹梅の造り花を立て、その下に取り肴など宜しく安排《あんばい》したりしが、その後《のち》、いつ頃よりか漸くこの膳を用いざるに至り、脚なくして長方形なる硯蓋というものに取り肴盛ることとなり、造り花を飾ること止みたり。但し今も菓子の台の物に高脚膳用ゆるは、おのずからその遺風ならんか。

台屋のものは右に記するが如く、なべて不味なりしなれば、少しく食好みする客は、これに箸下すものもなく、別に料理を命ずる例なりしが、さりとて廓内には台屋のほか若干の料理屋ありしに拘わらず、上等の料理屋なかりしが故に、多くは大音寺前の田川屋より上等料理の仕出しをなせり。田川屋は仕出しを専らとし、文政の頃すこぶる有名にて、ほとんど八百善にも拮抗する程の繁昌ありて、山の手の諸藩邸・旗本の贈り物など田川屋の料理多かりしという。但し廓内に江戸川という有名なる鰻店《うなぎみせ》ありて、贅沢客の口腹を飽かしめたり。昔安永の頃までは廓内の名物として称せられたるもの、正月屋善兵衛のまき煎餅、兵庫屋喜八の白玉餅、山やの饂飩《うんどん》に豆腐、増田の大通焼《だいつうやき》などいずれも名ありしが、近年に至りてはさして評判なかりき。

里言葉

古来吉原の遊女には、一種特殊の語調ありて、人間世界とおのずからあい異なりたる、可笑《おか》しき限りなり。ことにこの語調あるは、独り遊女・新造・禿の輩に止《とど》まりて、その他の人はこれを用いざりしも怪しむべし。顧《おも》えばこの語調はいつ頃より起こりしか、はた何人の創意にてこれを一種の里言葉とは馴致しけん。今俄かに知り難かり。「北女閭起原《ほくじょりょきげん》」という随筆に、ある老人の話を挙げて、「ここなる里語《りご》はいかなる遠国より来たれる女にても、この詞《ことば》を遣うときは、鄙の訛《なまり》抜け、かくはせしなり」とあり。想うに三千の⑽蛾眉《がび》一廓内に⑾棲遅《せいち》するも、奥州に生れたるもの、西国に生れたる者、また中国・北国に生れたるものありて、もとより一ならざりしが故に、もし遊女の言語を一致せしめざるときは、各々その故国《ここく》の訛言《なまり》を吐きて聞き苦しきのみならず、吉原一廓の遊女としてその風俗の特殊なるを衒《てら》わんとするには、すこぶる不便なりしことならん。されば「北女閭起原」所載の説もあながち無稽の言《こと》にもあらざるべきか。しかしてその語調は何国《いずく》の言語《ことば》によりしものか詳らかならざれど、こはもと有名なりし遊女の国訛《くになまり》を取って善しとし、これを継承してことさらに言い習わしたるにあらざるか、兎も角も奇というべし。

今里語《さとことば》の二、三例を挙ぐれば、「主《ぬし》はまだ茶屋にいいんすか」「これをお見なんし」「お出でなんせんかえ」「もちっとしてめえりんしょう」「うそうそしめえよ」(⑿蒼惶《そうこう》する勿《なか》れの意)「そんならおたのん申しんす」(頼みますの意)「それは誰しもそうでおさんす」「そうおっせえすが」(そう言わるれどもの意)「くらしんすうえ」(打ちますよの意)「おぶしゃれざんすな」(馬鹿にするなの意)「はぐらかす」(揚げ足を取るの意)「そんな事はしりんせん」の類、枚挙に遑《いとま》あらず。中にも有名なる妓楼には、もとその家の遊女より起原したる言葉を有す。たとえば玉屋のザンス言葉、中万字のマシ言葉、久喜万字のナンシ言葉など、皆この類なりし。されば前に列記したる里言葉のうち、ザンスの語尾は玉屋山三郎の遊女より起こり、マシは中万字、ナンシは久喜万字より始まりしものと知らる。

明和年間の出版と覚しき「北女閭起原」という随筆にいう、

おいらんとは姉女郎の事なり。
ぬしとは客人を始め敬《けい》する人をいう。
やぼとは不案内の人をいう。
すいとは物によく通じたる人をいう。

右の如きは誰も解釈を要せずして明らかなる語ながら、「北女閭起原」出板の当時、すなわち明和の頃は、一種の吉原言葉として特殊のものなりしにや。一々その下に解を付したる。可笑《おか》しとも可笑しからずや。（五七二七号、明治二五年一〇月一五日）

細見

吉原に細見といえるもの古くより行われて、廓内遊女の名寄せ、妓楼の数より何くれのこと書き連らねて、遊客袖珍の便に供したりしが、この細見というもの果たしていずれの時代より起こりしか、その年月を詳らかにせずといえども、今編者の見る所によれば、寛永十九年（一六四二）の出板に係る「吾妻物語」を始めとす。寛永は元吉原の時代なれば、その古くより行われたること知るべし。その他寛文年間の「吉原讃嘲記」(153)「吉(154)

原袖鑑」の類枚挙に遑《いとま》あらず。しかしてこの時代の細見には、太夫などいえる有名なる遊女には、一々批評を加えてその品等を定むることありて、後世の細見とはおのずからその体裁を異《こと》にせり。降って寛保年間に至りては、批評を加うることをなさずして、ただ遊女の名寄せを主とせり。今寛保以下細見の体裁一斑を挙ぐれば、寛保三年(一七四三)の「丸山土産」という細見は、横綴りの小本にして、始めに序あり、大門衣紋阪の図を挿《はさ》み、次に五丁町の名主・書役人名などを列記し、次にまた全廓の図を入れ、次に太夫・格子・散茶などの価格を掲げ、次に大門以内仲の町の茶屋を上下に分載し、次に各町の妓楼を町順に記して、その楼の遊女を列記し、座敷持ち・部屋持ちの区別として山形・入山形《いりやまがた》など名前の上に記し、妓楼の間に普通の商人あればこれをも記入し、最後に局見世《つぼねみせ》の長屋を記せり。しかしてその出板人は盛月堂山本重春なるものにして、販売所は不川屋惣八とあり。宝暦四年(一七五四)の細見「多知姿《たちすがた》」もまた前者と同じき体裁の横本にして、記載のことまたほぼあい同じ。しかして板元は㊤屋、売所《うりどころ》は新吉原本屋弥七・浅草御寺内《おじない》本屋吉十郎とあり。明和五年(一七六八)の細見「美石《みち》の川」もまた前者とあい異なる所なし。その後安永七年(一七七八)の細見「金鏡《つき》の調《しらべ》」に至って始めて竪本となり、開巻第一に新吉原の名物を記載し、茶屋・妓楼ともすべて上下向かい合わせに分載し、末に男女芸者の名寄せ並びに船宿を挙げたるが如き、大いに旧来の体裁を改正したるが如し。しかして版元は新吉原蔦《つた》屋重三郎とあり、文政九年(一八二六)の細見は、その体裁すべて前者と異なるなしといえども、妓楼の種類を大籬・交じり半籬・総半籬の三種に区別し、かつ入山形あるいは山形などもて遊女の価格を区別すること、一層綿密に渉れり。しかして版元は小伝馬町蔦屋重三郎、売所浅草北馬道小泉忠五郎とあり。安政年度より慶応年度の細見に至りては、体裁別に異なる所なく、廓内玉屋山三郎の蔵版となれり。

　徳川時代には定まりたる版権の規定もなかりしことなれば、細見の如きも草紙屋などにて勝手に出版し、一年四、五本の発兌ありしといえば、右に掲げたるものの他に異本も多かりしことならん。但し出版ものはすべて昌平校なる学問所に届け出でて認可を経《ふ》べき規定なりしを、寛政二年（一七九〇）に至りて、林大学頭の建言により、狂歌・発句・吉原細見・怪談話・流行唄・人情本などの類は、町奉行限りにて聞き届くることとなり、その後天保十二年（一八四一）に至りて、さらに学問所の建言により淫猥なる草紙を禁絶したるとき吉原細見は吉原限りにて出版するを許さるることとなり、これより玉屋山三郎にて蔵版せり。

　吉原に細見蔦屋と呼べる茶屋あり。こは前記細見の出版人なりし小伝馬町の蔦屋と同家にて、もと廓内にて細見を出版したる茶屋なるより、細見蔦屋の名あるなり。同家の口碑によれば、廓内にて細見を出版したるは、享保年度に始まれりという。今その話を聞くに、享保三年（一七一八）大丸屋彦右衛門（今の旅籠町大丸屋正右衛門の祖先なり）始めて江戸に支店を設けたるとき、廓内に販路を広めんとみずから仲の町の茶屋蔦屋重三郎方に出張し、日々廓内の妓楼に行商を始めしが、彦右衛門はある時重三郎と雑話の席で、たまたま名護《古》屋遊廓のことに及び、名護《古》屋にては一枚摺りの遊女名前付けを商うものありとのことより、重三郎はこれを出版し、一枚摺りにて価《あたい》四文に売り出し、同六年の春には折本となして価六文に売り出したり。これぞ廓内において細見を出版したる始めとす。その後蔦屋にて細見を出板して利益ありしより、一時廓内において紛紜《ふんうん》(155)を起こしたれば、蔦屋はこれを小泉忠五郎という廓内の侠客に依頼して取り扱わしめ、爾後廓内の猜疑を避けんがため、忠五郎の名前もて出板するに至れり。前記細見の出版人中に小泉忠五郎の名前あるは、すなわちこの人のことにて、ただ蔦屋の名義を避くるがための代表人なりしに過ぎず。

ちなみに記す。旅籠町の大丸屋は右の縁故によりて、爾後廓内の蔦屋を徳とし、その若い者などの廓遊びには必ず蔦屋に到りしとぞ。

吉原の火事

廓内に失火あるときは、廓内の消火夫消防に従事す。府内四十八組の火消も直ちに繰り出すことながら、こは大門内に入らず。いずれも土堤に陣取りて、鎮火に至るまで控えおる例なり。されど先着の火消五組程は、大門外五十間茶屋の屋根上に纏《まとい》（纏を当番と称す）を横に寝かし置けるが故に、第六番目に到着せし組は家根に上ることあたわざる規定なりしという。ここに奇なるは、廓内の火事にて若干戸の妓楼焼け残りたるときは、廓内の消防夫はことさらにこれを焼き払う手段を廻《めぐ》らし、全然闔廓《こうかく》を灰燼に付し去らんことを勉めたり。けだし当時の制、焼け残りの妓楼あれば、仮宅《かりたく》の許可なきを以てなり。

火事のとき遊女が楼主にも断りなく駈け出だして、馴染客の家に立ち退くも、三日以内に立ち戻れば、あえてこれを咎めざりしが故に、放蕩の若者らは火事に托して平生馴染の遊女を連れ還り、三日間我が物顔に蓄え置けるも多かりし。されどももし三日の後《のち》立ち戻らざるものは、ために年期を増さるる罰あり。但し仮宅願い済みまで何町誰方におらんことを乞い、昼夜の玉代《ぎょくだい》を払うときは、もとより楼主もこれを許し置けりとなん。さなきも上等の遊女は火事のために廓外の世界に逍遥することを得て、駕籠にて市中を徘徊することもあり。かつ馴染の客に無心いい遣るの口実も出で来て、結局災いを幸いとするの風あり。

廓内出火の混雑は一方ならず。ことに小見世に至りては、布団・火鉢の類、七分は損料ものなりしが故に、自家の驚きよりもむしろ損料家の狼狽甚だしく、我れ勝ちにこれを取り出さんとて、火鉢など廊下に取り散らして持ち出だすもの多く、ために新たに火を出だすことあり。飛び火と称するもの多くはこの類なりしとぞ。

（五七二八号、明治二五年一〇月一六日）

遊廓の火事

さて徳川時代において吉原遊廓の焼失したる度数少なからず。今その記録に存するものを枚挙すれば左の如し。

一、明暦三丁酉年（一六五七）正月十八日未剋（午後二時頃）丸山本妙寺より出火、元吉原町類焼（この時今の吉原へ移転す）。

一、延宝四丙辰年（一六七六）十二月七日新吉原西河岸湯屋市兵衛宅より出火、廓中残らず焼失。

一、明和元年（一七六四）八月六日揚屋町より出火全焼。

一、明和五戊子年四月六日江戸町二丁目四つ目屋（遊女屋）より出火、廓中残らず焼失。

一、明和八辛卯年四月二十三日寅剋（午前四時頃）揚屋町梅田屋伴兵衛宅より出火、南風強く廓内全焼。

一、明和九壬辰年二月二十九日目黒行人坂天台宗大円寺より出火、廓中残らず焼失。

一、天明元年丑年（一七八一）九月晦日丑刻（午前二時頃）江戸町二丁目家由屋遊女屋宅より出火、右側七軒、左側四軒、仲の町十軒、伏見町十軒焼失。

一、天明四甲辰年四月十六日丑刻水道尻桃灯屋《ちょうちんや》宅より出火、廓中残らず焼失。
一、天明七丁未年十一月十九日暁角町より出火、廓中残らず焼失。
一、寛政六甲寅年(一七九四)四月二日夜江戸町二丁目丁子屋(遊女屋)隣家商人家より出火、廓中残らず焼失。
一、寛政十二庚申年二月二十三日浅草龍楽寺門前より出火、京町岡本屋(遊女屋)宅へ飛び火、廓中残らず焼失。
一、文化九壬申年(一八一二)十一月二十一日夜戌刻(午後八時頃)浅草観音裏手非人小屋より出火、新町へ火移り、廓中残らず焼失。
一、文化十三丙子年五月三日申刻(午後四時頃)京町一丁目新海老屋吉助(遊女屋)宅より出火、大門まで焼失。
一、文政七甲申年(一八二四)四月三日申下刻(午後五時頃)京町二丁目林屋金兵衛(遊女屋)宅より出火、廓中残らず焼失。
一、天保六乙未年(一八三五)正月二十二日丑中刻角町堺屋松五郎(遊女屋)宅より出火、廓中残らず焼失。
一、天保八丁酉年十月十九日江戸町二丁目丁子屋せい(遊女屋)宅より出火、廓中残らず焼失。
一、弘化二乙巳年(一八四五)十二月五日申下刻京町二丁目川津屋鉄五郎(遊女屋)宅

より出火、廓中残らず焼失、但し大門焼け残る。

一、安政二年（一八五五）十月二日大地震にて出火、全焼。

一、万延元年（一八六〇）九月二十四日江戸町二丁目より出火、全焼。

一、文久二年（一八六二）十一月十四日京町一丁目判人清助方より出火、廓中全焼。

一、元治元年（一八六四）正月二十六日江戸町一丁目より出火、全焼。

一、慶応元年（一八六五）十二月二十三日揚屋町より出火、全焼。

一、慶応二年十一月十一日江戸町一丁目大枡屋いち方より出火、廓中全焼。

以上明暦三年より慶応二年に至る二百十年間二十三回の焼失は、廓中全焼の火事を挙げたるにて、これを平均すればほとんど九年に一回の割合なり。その他廓一部分の失火の如きは枚挙に遑《いとま》あらず。

仮宅

仮宅《かりたく》は遊廓火災の後、未だ普請の落成せざる間、廓外に開業するをいえり。元吉原の部にも記するが如く、明暦三年（一六五七）の大火に元吉原の焼失せしとき、幕府市政の必要より強いて移転を命ぜしに、その普請の落成遅々たりしより、一時山谷・山の宿・今戸・鳥越の三所における農家に移し、仮に開業せしめたるを以て仮宅の始めとす。その後廓内全焼の都度必ず仮宅の設けありしが、弘化二年（一八四五）の焼失における仮宅のことを聞くに、当時新吉原町遊女屋総代山三郎（玉屋）ほか九人並びに名主三人連印にて、浅草材木町・同山の宿町・花川戸町・金龍山下瓦町・今戸町・橋場町・聖天町・田町・田原町・並木町・黒船町・東仲町・西仲町・三軒町・茶屋町・新鳥越町・山谷町・谷中・深川永代寺門前・深川仲町・黒江町・東仲町・古川町・山本町・富吉町・常盤町・南本所元町・尾上町・神田山本町代地・湯島天神門前・下谷金杉町・同龍泉寺町・同通新町・三輪町・本所長岡町・麻布今井町・谷町・赤坂田町の四十《三十八》か所に仮宅を設け、五百日間営業せんことを時の町奉行遠山左衛門尉〈景元《かげもと》〉に出願せしが、こは聞き届けられず、ただ左の二十八か町において二百五十日間仮宅にて営業するを許可せられたり。

浅草山川町・同田町一丁目・同二丁目・新鳥越一丁目・同二丁目・同三丁目・同四丁目・浅草山川町・浅草山谷町・山谷浅草町・深川元代寺門前町・同仲町・同東仲町・同山本町・同松村町・同佃町・同常盤町二丁目・本所六尺屋敷・同時鐘屋敷・同入江町・同長岡町一丁目・同八郎兵衛屋敷・同松井町一丁目

○

浅草山之宿町・同花川戸町・同聖天町・同聖天横町・金龍山下瓦町

この五か町は、玉屋山三郎ほか二十一人の遊女屋所有の地面、または立退所ありしが故とて、特に玉屋ほか二十一人に限りて仮宅を許可せられ、その他の遊女屋は前記二十三か町に限られたり。しかれどもその五か町はことごとく遊女屋の地面なりというにもあらざれば、その他の遊女屋どもかねてこの五か町の家持に店借の手付金など渡し置きて、私に仮宅の準備をなせしものも少なからざりしを、ここに至って玉屋ほか二十一人に限られしを以て、一時紛紜《ふんうん》を生ぜしことあり。想えばこの五か町は、いずれも浅草観音の接近地にして、繁昌の見込みある地域なれば、競うてこの地を望みしものと見ゆ。但し玉屋ほか二十一人はこれより先き、文化九年(一八一二)の焼失に、山谷・花川戸辺に仮宅の許可ありしとき、家屋を求めて常に己の控え家となし置けるが故に、ここに至って特にこの地に仮宅の許可を得しなり。しかれども未だ仮宅の設け出来ざる前は、とりあえず立ち退きたる地において一時私に営業すること行われたるものにや。馬喰町または神田六軒町辺の立退場にて遊女屋を開業したるものあり。馬喰町三丁目の美濃屋五郎兵衛方に立ち退きたるものは、間口三間、奥行七間余にて三十日の店賃四十三両なりしという。当時の店賃として高価なりしこと想うべし。

仮宅は遊女屋のために概ね利益あるものにして、廓内不景気のときは、かえってひそかに火事を希《こいねが》いたる程なり。但し小見世の類は仮宅の用意もなく、一時困難なるは勿論、大見世にても仮宅を設くるときは、その地最寄りの水茶屋、浅草奥山の掛け茶屋などに花暖簾・提灯などを配り、町内の若者に揃いの衣類を配り、座敷も見苦しからず造作するなどにて、三百両ないし五百両の費用を要したれど、さりとて仮宅の体裁は質素にても事済むこと多く、客も仮宅なればとてあえて不体裁を咎めざれば、万事営業上に便利なりしならん。仮宅営業中は何事も廓内の定規に拘わらず、遊女・芸者など自由に外出するを得たり。但し町奉行の三廻り方(隠密廻り・定廻り・臨時廻り)の観察は常の如くなりしという。弘化の火事に三廻り方は左の廻文《かいぶん》を名主に達したり。

昨五日夜新吉原出火に付き、遊女屋ども最寄り町家へ立ち退き候わば、たとい仮越し、または同居に候とも、落ち付き次第その支配名主中より、遊女屋並びに抱え遊女人数とも半紙竪帳に認め、二冊ずつ早速拙者どもの内小林藤太郎方へ御申し聞かせあるべく候事。但し遊女ども内預かり候者これあり候わば、早々これまた申し聞かすべく候。

十二月六日　　南　三廻り方

その後文久二年(一八六二)の仮宅は、本所・深川にて九か所に限られ、日数七百日許可せられ、慶応二年(一八六六)の仮宅は深川において許可せられたり。当時深川の仮宅大いに繁昌せしより、左の願書を以て延期を出願したることありしが、遂に聞き届けられず。

深川にて仮宅罷りあるの新吉原遊女家渡世の者、追々元地へ引き移り候日限間近にあいなり候所、諸色格別の高値にて難渋致し候間、冥加として年々壱万両上納仕るべく候間、右場所にて永々渡世あいなり候よう願い上げ奉り候。

(五七二九号、明治二五年一〇月一八日)

遊客の馬・船・駕籠

古昔《むかし》は吉原に遊ぶもの多くは馬に乗るか、あるいは駕籠に乗るか、または船より往くかの三途なりしが、その馬はから尻馬と称したるものにて、街衢《がいく》処々に客待ちをなせしことなお今の人力車の如くなりしこそ可笑《おか》しけれ。寛文二年(一六六二)版行の「小歌惣まくり」(156)という本にその駄賃を掲ぐ。

一、日本橋より大門まで並駄賃　　二百文
　馬奴二人こむろ節謳う飾り白馬駄賃　　三百四十八文
一、飯田町より大門まで並駄賃　　二百文
　馬奴二人こむろ節謳う飾り馬駄賃　　三百四十八文
一、浅草見付より大門まで並駄賃　　百三十二文
　馬奴二人小室節謳う飾り馬駄賃　　二百四十八文

さればその馬にも上下の別ありて、白馬に飾り着けたるは価《あたい》の高かりしことと知らる。浅草に馬道の称あるも、これらより起こりしことならん。本紙に掲ぐる図(**図15**)は馬にて吉原に通いたる遊客の景況なり。当時の風俗なお素朴なりしこと想うべし。

から尻馬はいつ頃よりいつ頃まで行われしか詳らかならずといえども、「事跡合考」(157)という本によれば、寛文以前は専ら駕籠と船なりしを、同年度よりから尻馬の行われた

図 15

ることを記せり。そは寛文年中山田弥兵衛といえる盗賊ありて、政府もこれが逮捕に苦しみしが、この盗賊昼は町駕籠に乗りてその形《なり》を潜め、夜は河岸に繋ぎたる船に入りて影を隠せしより、船・駕籠は盗賊隠蔽の媒介をなすものとして厳禁せられたれば、これよりかのから尻馬独り専ら吉原通いの客に便したることと見ゆ。しかして元禄年間町駕籠の禁を解かれしより、再び駕籠の世の中となり、馬は漸く廃たれたり。

　駕籠は馬よりも古く行われたること前記の如くなりしが、往昔の駕籠は戸ありて身を隠すことを得たればこそ、かくれ駕籠の称もありたるなれ。さるが故に盗賊潜伏の具ともなりて一時禁絶せられたり。その後元禄年間に至りて町駕籠の禁は解かれたるも、なおこれより以後の町駕籠には戸を用ゆることを許さず、これを戸《と》無《なし》駕籠と称したり。その後いつ頃よりか戸なし駕籠の風漸く止みて、近頃に至りては垂れ駕籠というものとなり、琉球表製の戸を上より垂下《すいか》することとなれり。

駕籠屋は今の人力車の如く、毎街必ずその営業者ありて人の需要に応じ、街上にも辻駕籠というもの出だし置きて客待ちしたり。一挺の駕籠賃は本町より大門までにて二朱とし、一人の手換わりを加えて三枚となすときは、一挺の価《あたい》三朱なり。酒手は一人に二百文ずつを与うるを通例とす。遠近によりて価の差別ありしは勿論ながら、これにて推して知るべし。当時駕籠に乗るの人は今の人力車の如く頻繁なりしにあらず、吉原通いの遊客といえども概ね十分の九は歩行《あるき》なりしなり。けだし賃銭の不廉《ふれん》なりしによるべし。駕籠屋の有名なりしものは、吉原土手下の三州屋・本町二丁目の江戸勘・浅草の瓦町赤岩を以て最《さい》とせり。中にも土手下の三州屋はもと徳川家康公御入国のとき、駕籠を以て品川まで出で迎えたる縁故により、葵の紋の枠を以て己の紋とせんことを乞い、爾来代々葵紋の枠を用い来たれり。故に駕籠屋社会にありては途上この紋の付きたる提灯に出逢うときは、ほとんど途《みち》を避くるほどなりしという。提灯は小田原提灯の形にして、その廻り太し地を白く、文字を赤くせり。舁夫《かごかき》は通例二人なれども、あるいは三枚とて別に一人を添ゆることあり。街上「ホイ駕籠、ホイ駕籠」の声勇ましく舁《かつ》ぎもて往くより、これをホイ駕籠と称せり。ことに浅草の仲見世通りなど(158)肩摩《けんま》轂撃《こくげき》のうちを、かの掛け声もて右避左回《うひさかい》して走《は》せ行くさますこぶる手際なりし。舁夫の扮装《いでたち》は四季とも単物《ひとえもの》一枚にて、春夏の候には膚《はだ》脱ぎ、端折《はしょ》りて一枚の単物を腰部に一纏《ひとまとい》とし、ほとんど全身を顕わし、秋冬の頃といえども腕まくりす。これその身体の刺物《ほりもの》示さんとの誇耀《みえ》なりしと知らる。犢鼻褌《ふんどし》はことに最も白し。これも最も駕籠屋の誇る所とす。しかして手拭は肩に当つるものなく、必ず鉢巻す。

駕籠の棒は桐の本地《きじ》にて、丸木を少し削りて小判形となせしものにて、これを駕籠に用ゆるには前を長くし、後《あと》を短くす。駕籠の造りは板にて製したる上に畳表を張り、屋根もまた畳表にて包む。垂れは畳表の作りにて、上にまくり上げて出入りす。垂れの中央に小窓の設けあり。小窓には竹格子などの垂れを設く。雨には桐油をあて蓋《おお》う。蒲団は木綿の縞ものを敷きたり。提灯は前棒の先に吊し、息杖は前後とも肩の上に直立す。

（五七三〇号、明治二五年一〇月一九日）

雑事補遺

清掻《すががき》　吉原の妓楼にて点灯後、妓輩の見世を張る頃、若者掌《てのひら》を以て大黒柱を打つこと三たびす。これを合図に見世にて三絃を弾き始む。これを見世清掻と称せり。清掻はもと和琴の言葉にて、唱歌なくただ琴譜を掻きならすをいいしが、中頃これを転じて三絃の手に移したるものなり。かの二朱判吉兵衛というものの作なる「大尽舞」(159)の文中に、「清少納言のよまれたる春の曙とは面白や、なんなんたるすががきに、かんかんたる買《かい》人衆《てしゅう》」などあり。吉原にて清掻を弾き初めたるは、夜見世の許可ありしときより始まれりといい伝う。「吉原大全」[160]によれば当時「みちの衢《ちまた》のふたもと柳、風に吹かれてどちらへ靡《なび》こ、おもうとのごのかたへなびこ」などいう唄を謳い、その相手に清掻を弾きしを、その後唄は止みてただ清掻のみ引く事になれりとあり。されば「吉原大全」の著ありし明和以前において、既に唄は止みて三絃のみ弾きしものか。されどある古老の実話によれば、「もと清掻は近江流の本調子に限りしものなるが、文政頃よりは定まれる節もなく、松尽し・貝尽しなどの唄となり、安政頃に至りて始めて唄謳うこと止み、ただ清掻のみ残りしが、維新後に至りて全く清掻のこと止みたり」という。いずれか是《ぜ》なるを知らず。

　遊客の犯則　犯則としいえばことごとしけれど、こは遊客が甲の妓楼に馴染みたる遊女ありながら、乙の妓楼に登りて他の遊女を弄ぶことの端なく甲楼遊女の耳に上るときは、甲楼遊女は己の新造はさらなり、朋輩の新造までも語らいて、六人ほどの同勢を駈り集め、未明より乙楼の近傍に埋伏《まいふく》してその客を擒《とりこ》にし、茶屋に掛け合いて苦情を言い立つるを例とす。このとき茶屋は百方陳謝し、到底《つま》りその客をして若干の財を散ぜしむるを落着とす。客の身分にもよるべけれど、少しく富貴の客なれば積み夜具か、安くも衣類一襲《ひとかさね》の罰に処せられしとぞ。この犯則に就いては、古昔《むかし》は桶伏《おけぶ》せとて、客を大桶に伏せて大門内に曝したることありといい、あるいはその客の髪を剃り落としたることありといい、あるいは甲の遊女に馴染みたる客を断りなく乙の遊女に媒介《なかだち》したる茶屋を罰するには、その提灯と暖簾を取り上げて、これを妓楼の軒先に吊し置けりといい伝うれど、これらは信ずべくもあらず。たとい実際これありしとも、久しき昔のことなりけん。

引き付け　いずれの楼も二階を上りて突き当たりの座敷を、引き付け座敷といい、また見通しと称せり。大概二十畳敷きの広さあり。ここには常に盃台・銚子・硯蓋など宜しく備えあるが故に、来客座定まれば、若者二階廻しは、座敷の中央に盃台・銚子・硯蓋を据え、一礼して「イラッシャイ」の一辞《いちじ》を陳す。既にして遊女来たりて席に入り、客の面《かお》を瞥見して座に着く。扮装《いでたち》は襠《しかけ》を襲いたる大礼服、[161] しかしてその座するや、客に正面せず、ことさらに四十五度の角度をなして斜向す。故にもし数人の遊女一時に出席するときは、あたかも一列の雁行をなせり。座法は折敷《おりしき》とて右膝を下に着け、左膝を少しく揚ぐ。しかして右手を以て臂《ひじ》を張り、左手を以て袖口を把《と》る。その姿勢おのずから一種の儀容《ぎよう》あり。若者は盃台を把りて「ヘイアナタ様、ヘイアナタ」と彼我の間に献酬の式を行い、式終われば遊女は席を立つ。これぞ引き付けの式なり。また茶屋にて引き付けすることあり。茶屋にて行うときは、茶屋の女房あるいは娘盃酌に侍す。

初会・裏・馴染　遊客の初めて至るを初会といい、二度を裏といい、裏を返すという。しかして三度目に至りて始めて馴染となる。既に馴染となれば、一家夫妻の様《さま》を擬せんとにや、酒宴には丁脚膳《ちょうあしぜん》、銀の箸用いて一層の情味を加うるのみならず、定情《ていじょう》の印として莨《たばこ》一玉・手拭一筋に手紙を添え、これを茶屋に托して贈るを例とす。馴染金は金三両

図 16

の定めにして、その他客によりては総花とて楼内の新造・遣手・若者などに残らず多少の纏頭《しゅうぎ》取らすることあり。されど文久年間以来は、三度来るも馴染を付けざる客もあるに至れり。但し小見世に至りては馴染の名ありて、その実馴染金のことなし。

本紙に挿《さしはさ》みたる図（図16）は、寛文年間出版の古画なり。当時宴遊の景況いかなりしかを知るに足るべし。その悠然脇息に凭《よ》るものは紀文・奈良茂の者《しゃ》流《りゅう》にやあらん。(162)翩躚《へんせん》として立ち舞うものは、高尾にやありけん。ことに注目すべきは妓輩の袖口の窄《せま》き、帯の細き、肴核《こうがい》・銚子の類も今の酒宴と異なりて可笑《おか》しからずや。

小アイ金の事　吉原廓内の町入費は

それぞれ分担法ありて賦課したるも、なおその他各楼応分の積金を月行事《がちぎょうじ》に預けて積金とし、以て不時の用に供したり。その金額は大見世にて一日二貫文、中見世にて一貫四百文、小見世にて一貫百文なりし。この積金を小アイ金と呼びたり。

カワ金の事　廓内に出張する町与力・町同心らの使役する岡引に贈遺する金を、カワ金と呼びたり。この金額一か年六百両を定めとし、月々五十両を岡引に交付せり。しかれどもこの幾分は与力・同心の嚢中にも落ちたるべし。カワ金は前記小アイ金を以て支弁す。

喧嘩の入費　諸大名の仲間《ちゅうげん》・小者、火消屋敷の不頼漢《がえんもの》、あるいは御家人の放蕩者など廓内に入りて喧嘩を買うこと往々にしてこれありしが、土地の若者らこれに対して争闘を惹き起こし、ために多少の費用を要することあり。これらの入費は楼主の負担に属し、かの小アイ金をもて支払いたり。

来《き》ツケ金の事　遊女は常に馴染の客を送迎する茶屋に対して、五節句に金一分を糊入[163]りの紙に貼り込めて包みとなし贈る例あり。これを来ツケ金と呼ぶ。また客に無心するには直接に強請《ねだ》ることあれど、時には茶屋に頼みて言い遣ることもあり。このとき無心の金調えば、その謝礼として金高の一割を茶屋に酬《むく》ゆ。これを無心返しと称す。

（五七三一号、明治二五年一〇月二〇日）

遊女・新造《しんぞ》・禿《かむろ》・芸妓の外出　遊女を始め新造・禿・芸妓の廓外に出ずることを禁じ

たるは、吉原古来の規制にして、その親の病気などには、名主の印鑑を請い得て、これを大門番の四郎兵衛（代々四郎兵衛の名あり）に示すにあらざれば、出ずることあたわず。しかるに前にも記すが如く、富沢町の商人某が遊女を落籍せしめしとき、向島にて身請けの祝いをなし、芸妓・新造・禿など引き連れたることもありといい、あるいは一石橋の後藤[164]（金銀座役人）はかつて自邸において長夜の宴を催し、禿及び芸者の類四十余人を呼び集めて打ち興じたることありという。さてはいかなればその外出の許しを得たらんか。聞く処によれば後藤は累世金座の頭取にて、巨万の富を蓄え豪奢を極めたるものなるが、かつて他人の擬似《ぎじ》し得ざる豪遊をなさんとて、時の幇間五町《ごちょう》（文化の頃名ありし者）に謀り、廓内詰め合いの与力・同心いえばさらなり、名主・会所・手先にまで賄賂を贈りて表面を取り繕い、未明を冒《おか》して四十余人の禿・芸者・幇間を外出せしめ、山谷より船にて呼び寄せたるなりという。かの富沢町の富商某の向島に伴《つ》れ出したるもまたかかる手段にやありけん。

廓内素人の女流　素人の女房・娘など大門を出入《しゅつにゅう》するときは、ことに頭巾を取り除けたり。これその遊女・芸者の輩にあらざるを示したるなりとぞ。

廓内の撃柝[165]　引け後の火の番は、強壮のものを択《えら》まんよりは、むしろ美声のものを採れりと。「火の用心サッサリマショウ」の声は、群動既に定まりたる夜景の闃寂《げきせき》[166]を破りて、ただ犬の遠吠え、夜鷹蕎麦とあい和す、いと凄し。

(167)門付《かどづ》け　門付けは廓内に入りたれど、ただ新内節(168)に限りては、七月十三日のほか廓内に入れず。あるいはいう、新内節の哀れ悲しき節に挑発せられて、往々情死を遂ぐるものあるによれりと。

撫牛《なでうし》　各楼の内証（楼主の部屋）には必ず撫牛とて、泥にて捏《こしら》えたる小牛を蒲団の上に置き、毎日これを撫ずるを常とす。客の絶えざる呪《まじない》なりと。こは田沼山城守《主殿頭》〈意次《おきつぐ》〉常に銀製の小牛を座側に置き、呪文を唱えて愛撫せられ、ついに老中にまで立身したるを、いつしかかれらの迷執心に取り入れたるなりとぞ。

遊女の古着　遊女の衣類の古びたるものは、ことごとく楼主に取り上げ、楼主はこれを染め返しなどして、再び下等遊女の着類にもし、また売り払いたり。

見番《けんばん》　見番のことは前に詳らかにしたるが、かの大黒屋正六の家は、その子孫代々見番業相続して現今に及べり。

納め手拭　神社仏閣に手拭など贈りてこれを浄手鉢《ちょうずばち》の辺に吊すもの多し。こは廓内に世話人ありて、各楼または茶屋に頼み廻るなり。遊女もまた手拭納むるもの多し。いずれも信心は五分にして、五分は広告法なりし。

暴利茶屋　暴利茶屋ということ古昔《むかし》はなし。文久年間より馬喰町旅人宿の風儀悪しく、宿引《やどひき》・道案内と称し、茶屋と謀りて傖漢《いなかもの》を賺《すか》したるに始まれり。あるいは土堤に野引《のびき》と称する引手を出だし置きて客を偽りたり。この輩の所為壱分の価《あたい》を三分以上ともして奪い取るが故に、その利大なるに似たるも、その幾分は大門詰めの手先に占められたり。

女髪結　廓内女髪結の元締は四人ありて、田町《たまち》・山谷・山の宿に住み、各々二、三人の弟子ありて廓内に出張し、朝より昼後まで各楼に奔走せり。天保年間兵庫[169]（髪形）・下げ髪ともに百文、小見世は四十八文なりし。楼主より年二季の仕着せを与う。明和五年（一七六八）出版の細見に、「かむろかみゆい長五郎、太夫女郎かみゆい太七」とあり。されば当時は男に就きて髪結わせたるにや。

三味線箱　一般芸人社会の三味線箱は、横に二挺の三絃を抱き合わせて入るるが故に、深さ七寸ありといえども、廓内芸者の三味線箱は桐二寸板に長さ三尺五寸、巾七寸五分、深さ四寸にて一挺入れなり。蓋は印[170]籠蓋なり。塗りは黒[171]ガキ合わせにて、紋・名前など記さず。赤色の真田《さなだ》紐《ひも》もてこれを結べり。但し昔は義太夫・豊後節のみ紅色の紐を用い、その他は黄色の紐を用いたるも、天保以後に至りてかれこれ皆紅真田《べにさなだ》となれり。三味線箱の風呂敷は萌黄色にして、地白の定紋を染め抜く。

文の事　遊女の文は絵[172]半切にして、外封は普通半紙を斜めにして包みたり。封筒の起こりし後も一枚紙の封多かりし。昔は文の封緘に「通う神」と書したり。こは大門外に祭れる道祖神を祈りて、客の来たらんことを祝したるものと知らる。文書《ふみかき》とて別に専業のものはなかりしも、いずれ廓内の書役《かきやく》などに頼みて認《したた》めさせたるにや。古昔《むかし》は揚屋町に奴屋という文使《ふみづか》いありしが、後には田町の馬屋にて兼業したり。

傍示杭の事　始めて日本堤に傍示杭建ちたるは、元禄十五年(一七〇二)にあり。杭は堤の中央に二本ありて、この杭より聖天町木戸際まで三百八十五間二尺(京間)、三の輪村まで四百間余、合わせて十三町余なりし。明和九年(一七七二)の火事以後傍示杭止む。

遊女の髪形　遊女の髪形は前にも記せしが、文政より慶応に至る髪形は兵庫・島田の二種にて、八朔《はっさく》に限りお下げ(下げ髪なり)に結いたり。されどその後正月・盆あるいは暑中などは、常にお下げに結ぶこともありし。入り毛は[173]シャグマ・馬毛など用ゆること絶てなく、いずれも掛けみの・[174]たぼみの二種の[175]髢《かもじ》にて結いたり。

起証《請》誓紙　起証《請》誓紙とて、遊女と客と密約をなせることあり。その法あるいは証文に連印してこれを取り替わせ、三生あえてあるいは渝《かわ》らじと誓うにあり。甚だしきは指尖《ゆびさき》を切り、あるいは腕に命の文字を刺繡《ほりもの》しなどして、その意の誠なるを表することもありしという。今古老の話を聞くに、いつの頃にかありけん、麻布我善坊町竹中了三というものの娘、大文字楼に入りて呉羽《くれは》という遊女となり、一時手取りの噂高かりしが、深川木場の材木問屋某の若旦那友次郎なるものと起証《請》誓紙を取り換わして、互いに[176]偕老同穴《かいろうどうけつ》の約をなし、もし約束相違したるものは千両を出だすべしとの文言を誓いたり。しかるに友次郎は他に拒み得ざる良縁ありて、本意《ほい》なくも伉儷《こうれい》の礼を挙げたるを、呉羽はこれを洩れ聞きて不平を唱え、町奉行に訴え出でんまでに立ち到りしを、遂に仲裁ありて半金すなわち五百両を強請《ねだ》られて事済みたりとなん。

遊女の見世張り　見世張りはかの清掻《すががき》かき鳴らすとともに始まる。その次第は遊女のお職なるものより座に入りて、下等の遊女これに従う。しかしてその座するには姿勢を粧《よそ》わんとにや、皆小形なる畳表製の台を臀《しり》下に敷けり。

歴代遊女の員数　寛保以来遊女の員数を細査するに左の如し。

寛保三年（一七四三）　遊女　二千八十四人
　内局見世の分　三百十二人
宝暦四年（一七五四）　遊女　二千五十三人
　内局見世　百七十五人
明和五年（一七六八）　遊女　二千二百五人
　内局見世　九十五人
安永七年（一七七八）　遊女　二千二百四十二人
　内局見世　百四十八人
文化十三年（一八一六）　遊女　千九百六十六人
　内局見世　二百十四人
天保十一年（一八四〇）　遊女　二千三百三十五人
　内局見世　二十四人
安政二年（一八五五）　遊女　三千七百三十一人

安政五年	内局見世	百十九人
	遊女	三千八百七十五人
慶応元年(一八六五)	内局見世	五百四十二人
	遊女	三千百二十人
慶応四年	内局見世	二百四十七人
	遊女	三千百七十九人
明治二十五年(一八九二)九月	内局見世	四百二十四人
	遊女	千九百七十九人

右の表によれば、遊女の員数の最も多きは安政五年にして、その最も少なきは明治の今日とす。また社会上の奇象とすべし。

(五七三二号、明治二五年一〇月二一日)

岡場所

徳川政府は、もと吉原を以て府下唯一の遊廓として許可するとともに、府内各所の遊女屋を厳禁し、湯屋女なんどいえる隠売女《いんばいじょ》をも禁じたるは、既に吉原の部に記すが如し。しかるにその後幾《いくばく》もなく禁綱漸く弛みしものと見え、承応(元吉原創立後三十余年、新吉原へ移転前六年)年間より吉原以外においてやや遊廓に類似するもの出で来たりて、後には数十か所の多きを到《いた》せり。これを総称して岡場所と呼べり。吉原廓内の遊女のみにして既に三千有余に及べるに、かてて加えてなお数十か所の小遊廓を府内に現出す。想えば徳川時代の人民何ぞ一に多情なりしや。しかれども一方より考察すれば、当時三百の諸侯参勤交代するその都度、幾千万の田舎武士は単身孤剣藩邸に滞在し、これに陪随せる若党・仲間《ちゅうげん》も少なからざりしことなれば、いわゆる勤番者の無聊は、勢いこの淫靡の風を馴致するの原因たりしこと明らかなり。岡場所の起癈一ならざれば、今その一斑を記さん。

深　川

大新地　中島町の対岸越中島に築き出したる新地なり。遊女屋二十軒内外あり。なかんずく五明楼・大栄楼・百歩楼は、呼出遊女一昼夜銀六十匁、その他は二分二朱なりし。

大新地は承応二年(一六五三)四月(今を距る二百四十年)の創業にて、天和二年(一六八二)二月取り払いとなり、享保十九年(一七三四)三月再興し、天保九年(一八三八)また取り払わる。

新石場　越中島町にあり。定浚《じょうざらい》屋敷という。天明二年(一七八二)の創業にて、天保九年取り払いとなる。一昼夜の玉代《ぎょくだい》二分二朱、昼夜四つ切りにて二朱。

古石場　延享四年(一七四七)の創立、天保九年取り払わる。

櫓下　永代寺門前の大通りなり。山本町に火の見櫓あるが故に、櫓下と呼ぶ。呼出遊女昼夜二分二朱、昼夜四つ切り二朱。

横櫓　山本町の横町なり。裏櫓とも呼ぶ。遊女屋十五軒あり。いずれも二朱見世なり。天保九年取り払わる。

仲町　呼出遊女昼夜五つ切りにて価十二匁、一昼夜朝直しとも銀七十二匁なり。但し一切《ひときり》とは二時《ふたとき》にて迎えを掛くるをいう。但し夜は八つ時(午前二時頃)より後は迎いを掛けず。八つ時より翌朝に至るを一切とす。最終の迎いを八つ迎いという。

アヒル　佃町にあり。裏手海岸なるが故に、海とも称す。また漁師網を洗濯するより網干場ともいう。ここに局見世《つぼねみせ》二十四軒あり。天保九年取り払わる。

お旅所　遊女屋四軒あり。御船蔵前町に八幡の旅所あるが故にしかいう。

土橋・常盤町　はいずれも二朱見世なりしが、この二町は文政年間自滅せり。

本所

松井町　かつて回向院前土手側に金猫・銀猫という売淫女ありしが、後、松井町に移りて二朱見世を開きたるなり。戸数五軒、天保十三年水野越前守〈忠邦〉改革のとき取り払わる。

弁天　竪川通り一の橋南詰めにて太郎兵衛屋敷という呼出遊女、昼夜四つ切り一分、一昼夜朝直しとも一両一分なり。戸数五軒、天保十三年取り払わる。

入江町　里俗鐘撞堂《かねつきどう》という。局見世にて長屋十三戸、半長屋十六戸、北長屋十四戸、六尺長屋十八戸、遊女の数二百三十二人、泊り二朱、切りは定めなし。路次九つ時〈午前〇時頃〉〆切り、天保十三年取り払わる。

根津

宮永町　天保の頃遊女屋三十二軒、局見世百軒あり。その遊女は壱分より二朱に至る。その後八重垣町・藍染町などあい連なりて、多数の遊女屋あるに至れり。天保十三年水野改革のとき各所の遊女屋を禁絶されたるも、独り根津と四宿は取り残されたり。

谷中　新茶屋町に数戸の遊女屋あり。俗にいろは茶屋と呼べり。その価は夜六寸、昼四寸という。六寸・四寸とは六百文・四百文のいいなり。

音羽

護国寺前　七丁目・八丁目・九丁目の間に数戸の妓家あり。ここの遊女は八丁目の料理屋住吉屋・三河屋、九丁目の吉田屋・紅屋・伊勢屋などへ呼び出して遊ぶ。昔時《むかし》吉原揚屋の風か。音羽の局見世は九丁目の南横町に一棟、七・八丁目に六棟あり。風儀すこぶる悪しく、俗に腕ズク長屋と呼べり。天保五年角觝《すもう》との喧嘩ありて毀壊《きかい》せられ、その後また起こらず。

芝

三田　里俗三角という所に妓家五戸あり。町鑑《ちょうかん》に寿命院上り屋敷とあるはこの処なり。昼夜三つ切り二朱にて、遊女やや見るべきものあり。芝山内の客多く、夜の物絹布用ゆるなどとて評判せり。天保十三年八月五日所払いのとき、吉原・品川などへ移る。

赤　阪

田町　に数十軒の妓家あり。二朱見世なり。ほかに局見世三十六棟あり。夜五つ時(午後八時頃)より遊女出でてみずから客を引く。この地の遊女を俗呼んで麦飯と称せり。

麻　布

市兵衛町　局見世のみ。若干戸あり。泊り二朱、切り定めなし。路次五つ時限り〆切りなり。〆切りの後来遊するものは、行く先の見世を呼べば、路次番木戸を開き提灯もて送りたり。天保九年正月九日の火事に類焼し、同年二月再興せしも、同年十月三田有馬家の小者と喧嘩し打ち毀されて廃絶せり。

四　谷

鮫橋　局見世にて二朱の価なり。夜四つ時(午後一〇時頃)〆切り。

浅　草

堂前　新堀端龍光寺門前なり。ここは局見世のみにて十二棟あり。構えは方二十間余りの地に朝鮮矢来(1)を設け、切り戸ありて夜四つ時限りに〆切る。泊り二朱。

(五七三三号、明治二五年一〇月二二日)

岡場所拾遺

岡場所の事は、かつてその大略をほのめかし置きしが、今重ねてその拾遺を綴り、以てその編を完《まっと》うせんとす。

岡場所とは、遊廓の本場なる新吉原を除き、江戸市中各処に散在せる遊里の総称なり。さてその起立は場所に依りてあい同じからねど、いずれも全盛を極めたるは天明以降文政年間にありき。しかるに天保十三年（一八四二）いわゆる水野越前〈忠邦〉の改革に際し、風俗を紊乱《びんらん》するものなりとて、岡場所はことごとく禁止せられぬ。今その場処を左に記す。

深川は大新地・小新地・新石場・古石場・表矢倉・裏矢倉・仲町・佃新地・土橋・網打場・常盤町・御旅所などにて、岡場所の中第一の場所なり。本所は弁天・松井町・入江町、その他は千住小塚原・板橋・内藤新宿・品川・根津・音羽・谷中・赤坂氷川・市ヶ谷・大久保縮々谷《じくじくだに》・下谷・浅草朝鮮長屋・同堂前・赤羽根三田三角・麻布市兵衛町・芝神明社内・高輪牛町・浅草馬道・蒟蒻島などにして、いずれの地も繁昌したり。右禁止の布令は、天保十三年三月十二日に発せられしものにて、岡場所の内千住・板橋・内藤新宿・品川の四宿は幸いにして禁止の数に漏れたり。その布令書は左の如し。

端々料理茶屋・水茶屋渡世致し候ものの酌取女・茶汲女ら、年古く抱え置き候者ども近来猥りにあいなり候趣あい聞こえ候。一体新吉原町のほかは深川永代寺門前町を始め、すべて隠し売女に候は勿論の儀に候。この度諸事御改革の折柄、風俗に拘わり候間、右場所場所この節速やかに残らず取り払い仰せ付けらるべきの処、格別の御宥恕を以て、一統御仕置き御咎めなどの御沙汰に及ばれず候。まず商売替えの儀御免なされ候間、ありがたく存じ奉り、当八月までの内に追々商売替え致し、正路に渡世致すべく候。しかし抱え女致し候料理茶屋・水茶屋の分、端々数多《あまた》これあるべき間、相対を以て右女子ども新吉原町へ奉公住み替え差し遣わし候儀、並びに右渡世の者ども吉原町人別に加わり、遊女屋商売致し候儀は勝手次第の事に候。尤も吉原町の者も奉公人住み替えの儀申し来たり候わば、給金などに付き不相当の取り計らい致すまじく、並びに引っ越し来たり候者へ対談に及び、遊女屋あい始め候をいわれなく差し障り候儀これなきよう致すべく候。この上商売替え致さず、ありて来たり候場所にて隠し売女渡世致し候者、かつ他場所においても右同様の儀これあるにおいては、それぞれ厳格に御仕置き申し付け、地主は武士地・寺社門前地・町地の差別なくその地面永代召し上げられ、家主《いえぬし》・名主も厳科に処せらるべく候間、兼てその旨存ぜしめ、右仰せ出だされ候趣、厳重にあい守るべく候。右の通り町中洩れざるよう触れ知るべきもの也。

この令一度《ひとたび》出ずるや、岡場所と唱うる遊所は取り払いとなりて、跡形もなくなりぬ。さてこれより先、文化・文政の頃深川その他における景況を叙述せんとす。

まず今の深川仲町は昔の永代寺門前町なり。永代寺は寛永五年（一六二八）の建立にて（当時四面葭沼の地を拝領したるなり）、門前町はその後二十余年を経て承応二年（一六五三）四月より次第に人口を増し、遂に町となしたるなり。またこの地永代島八幡の社あれど、江戸を離れ宮居遠ければ、参詣する者稀にて、到底繁昌の見込みなしと、島内の重立ちたる者協議の上、当時御法度ゆるやかなりければ、八幡の社より手前二、三町内の表店は茶屋を営み、女子を置きて参詣人を慰めんと一決し、まず社内鳥居内に三軒の茶屋を設けぬ。洲崎の茶屋と称するものこれなり。いずれも妙齢十五、六より二十ばかりの女、みめかたち勝れたるを十人ばかりも抱え置き、酒の筵《えん》には酌取らせ、小唄うたわせ、三味線を弾き、鼓を打たしめて興を添えたりしが、後には当世流行の伊勢踊り「松坂越えてヤッコノ……ハッハ、ヨイヤサ、ここにひとつの口説きがござる」[1]なんど、手拍子合わせて踊らしめき。その風雅なること吉原の遊女もうつむきて塵を捻るなるべしなど、次第に評判高くなり、八幡参詣の者もこれよりして次第に多くなり勝り、果ては八幡詣でに託言《かこつけ》てここに来る嫖客引きも切らず。はからずも繁昌の基を開きしは、実に明和の初めなりと聞こえし。これより天明年間には茶屋の数漸く殖《ふ》えて、酌女《しゃくおんな》幾百人のそが中に、「花車屋《だしや》の誰女《だれじょ》、沢潟屋《おもだかや》の誰どん、住吉屋の客分娘などは別けて御の字じゃ」といい囃《はや》されしとぞ。この時はこれすでに芸娼妓兼業なりと知るべし。それより次第に全盛を極め、前に現わす町々に遊女屋専業のもの多く、文化年間には二百数十軒に及びしとなん。
（五九三七号、明治二六年六月二九日）

「仇《あだ》し仇浪よせては帰る」と「朝妻船《あさづまぶね》」(2)に歎《かこ》(3)ちしもさることなれど、それを哀れと思いては袖絞る媒《なかだち》となりてこの界《さかい》に入ること難し。嗚呼《ああ》悟られぬこそ浮世なれ、深川の遊里二百数十軒、吉原に劣らぬ全盛を極めたるも理《ことわ》りぞ。さてこの地仲町・表櫓・横櫓・新石場・古石場・大新地・小新地・佃町など遊び女のことは、本紙五千七百三十三号に掲げたればここに載せず。

見番の事　見番はここにては役所にして、芸者の名を札に書き付けて下げ、茶屋より呼ばるればその札を引くなり。故に札を見て来るという。これ方言なり。子供の見番と芸者の見番とは別なり。

但し、遊女を子供といい、男芸者を太夫と呼び、女芸者を羽織という。また芸者は客の望みに随い、子供と同じく客を取るは仲町に限りたり。しかし文政頃は表櫓に客を取る芸者もありたれど、そのほかは厳しく禁じたり。

伏玉・呼出の事　家々に十人・二十人ずつ子供抱え置き、その家にて売るを伏玉《ふせだま》という。されば「寄句集」(4)に「世間《ぜけん》の子女《こおんな》を玉と覚えてい」とあり。

また子供屋というは別にあり。これは見番へその子供の名を書きたる札を掲げ置き、茶屋より呼ばるる時は順番に出すを呼出《よびだし》という。また何屋の誰と客に招かるるを名指《なざし》という。これ北廓〈吉原〉の見立てと同じ。また伏玉の内には娘分と称し、扮装《いでたち》の変わりたるもありりき。

花の事　花は大体足を近くするときは、三度目か五度目に遣りたり。足の遠き客は七、八度目なり。また二度目に花をうたせて晴れにする妓《こども》あれば、花をうたせず費えをさせぬ妓もあり。

総花はお部屋・娘分・料理番らに金一分ずつ、川岸番《かしばん》(若者のこと、但し四人なり)・小女(三人小蔵《こぞう》という所もあり)・下働《したばたらき》(板の間ともいう)・飯焚《めしたき》・針婦《おはり》らに弐朱ずつなり。また二階花というは、右の内川岸番と二階の女ばかりなり。今は二階切りにて、総花は二仕舞《ふたしま》いの時するなり。また仲町は本文の内へ米舂《こめつき》・抱えの仕事師・煮方加え、かえって子供廻しなどへ遣らざる定めなり。

付け金《がね》の事　床花《とこばな》を一両にても二両にても遣れば、船宿へ一歩遣るを、付け金という。客衣類にても遣るときは、妓《こども》よりも付け金する事なり。仕舞いのある年の暮れには、妓より醤油・炭俵など贈る事通例なり。仕舞いは昼夜、また昼・夜と切る事あり。いつ幾日は夜ばかり仕舞いと約束すれば、その夜はほかの客へは出でず。馴染客の来るときは用事と断りて逢わねばならず、これを魔といい、盗むともいう。但し一切遊ぶ内に迎いかかれば、跡を直して早く帰るを通《つう》の遊びといいたり。直しのときは直し肴というを出す。

送り迎いの事　ためになる客、または馴染客・店《みせ》ものなどと約束ありて、船宿まで迎いに行くことあり。昼夜仕舞いて仲町にて金三歩なり。また送りは仲町と土橋に限る。送りは直すなり。新地は夏の内ばかり送る。また芸者、馴染を送るときは、用事を付けさせ一分にて済むなり。されど顔の通らぬ客はこれも出来ず。

暑寒《あつささむさ》見舞いの事　妓《こども》より客へ暑寒の見舞いは大概箱詰めの煙草、あるいは煙草入れ（煙管筒にて帯をしたり）・太平糖・よし野葛・越後屋の菓子類なり。また暑中は折扇、寒中は玉子と極まりたる所もあり。また船宿よりは蜆・白魚の類を贈らる。仲町の茶屋に限りて七賢人を画きし扇を暑中に配り、鰤《ぶり》の味噌漬けを七切れ寒中に配る。但し鰤は仰山なる足付きの鮓桶に詰めて遣いたり。

身上りの事　身上りというは、年を取りて出る事ばかりにあらず、一日にても身上りをして生家へ行くか、または客に逢いに出るをいう。

文化頃この地の身代金は一年八両詰め、また二年と八か月にて弐十両などに切りたるなり。

（五九三八号、明治二六年六月三〇日）

廓語《くるわことば》のそれならなくに、遊女の里に方言その他の特別の手段あること、なお博徒の社界に様々の符牒ありて、局外者に通ぜざるが如し。見番の事より始めて身上りの事に至る数項をばすでに前号に説き明かしぬ。なお残れる者沢《さわ》なり。漸次叙述せんとす。

さしをつく事　一座の内に馴染客の連れか、またはほかにて一座せし客などありて出られぬことを「さしをつく」という。また客をふって再び来ぬようにするを「つき出す」という。この土地の栞《しおり》は北里《ほくり》〈吉原〉と事変われり。

廻しの事　客に出ておるとき、馴染のもの来たるときは、密かに来て逢うを「廻し」とも、「ぬすみ」ともいうなり。かかる場合には廻し枕とて、木枕と自身の枕とを持って来て、客に廻しのあることを知らするなり。また店《たな》もの・屋敷ものには廻しのあるを知らせぬを妓《こども》の働きとなせり。

襠《しかけ》の事　襠はすべて縮緬を用いたり。この土地はもと表向き芸者のいいたてなるを以て、その扮装《こしらえ》花やかなれども、なまめきし風を好まず、おとなしく粧《つく》りたり。

夜具入替えの事　夜具入替えとは、品物を差し替ゆるをいう。時期は五月と九月との両度なり。これも抱えはその家にて出し、自前は自分の品を用う。いわゆる伏玉《ふせだま》の妓《こども》は入れ替えの祝儀を廻し者、すなわち夜具を持ち運ぶ者に出す。但し妓より祝儀を出すは伏に限ることとなり。伏玉のほかすなわちいわゆる呼出の妓は当日行き合わせたる客より百疋ずつを出し、夜具廻しに与うるを例とす。さればこの夜に行き当てたる客は、余計の散財をなすの不幸を見れど、深川通はこれを以てあたりまえの事となし、かえって得意なるものありきといえり。

火鉢入れ替えの事　火鉢は十月夷講《えびすこう》より春二月までなり。火箸は杉箸を用うるを例とす。

文《ふみ》の事　文を遣るに手段あり。妓《こども》の文は客に取りて千金の価《あたい》あるべし。されば昔も今も妓はよくこの文を以て客を引くの一手段となせり。さて大概二階花にてもすれば、初文《はつふみ》を出だすなり。またその手管によりては「ウラ」より出だすことあり。文は船宿または一座の連れなどに頼みて送りたり。手紙使いは船宿より日雇いのものを立てたり。また二階花うつ、打たぬに拘わらず、呼出は茶屋船宿への勤めなりとて、三度目には必ず文を送りたり。但し仲町・土橋に限り茶屋の女を使いに立てたり。

金子屋《かねこや》の事　髪の飾りまた衣類など大造《おおづくり》に拵えるは、イザという場合に質入れするためにて、質屋は仲町を始め、すべて金子《かねこ》横町の金子屋へ送るなり。この地の方言に「金子屋ならぬ質屋も金子屋へ遣る」といいたり。それ故衣類は上品に仕立て、客に「上《うわ》利《り》」を強請《ねだ》る妓《こども》もありたり。上利とは質の利を払うをいう。またこの強請る妓をば狼といいたり。

羽織の事　昔この土地にては、娘子《むすめこ》を男に仕立て、羽織着せて出せしゆえ、羽織芸者と称せり。故に名も甚助・千代吉・鶴次など呼びたり。また十二、三の芸者を豆芸者といい、これらは吉の字・次の字を名とする仕来りにてありき。また仲町・土橋などの芸者は見番より出で、色客を多く持ちおるゆえ、妓《こども》と同じ様なれど、中々権威ありて、妓もこれに一歩を譲りたり。また芸者も妓と同様客に文を送りたり。文言は妓と異なることなし。

太夫の事　男芸者を太夫という。二人ずつ組みて座敷に出でたり。また三絃方を相士《あいし》と呼び、すべて伎芸は拙く、ただ座興を添え、一座の笑いを買うことをのみ勤めとせり。また羽織を呼ばず、太夫のみにて遊ぶことを通といいたり。

娘分の事　川柳点に「客分という分の字に分《わけ》のあり」とは穿《うが》てり。家々に娘分・客分というあり。これは縁者の娘、または年明《ねんあけ》の妓《こども》など、締まりのために一人ずつあるなり。さこれは吉原の遣手の類にて、飽くまで妓の善悪を見付け出すことを心掛けいるなり。されば二階花を打たぬ先に、娘分に遣れというにても、その権力ありしを知るべし。

起き番の事　すべて妓家《こどもや》にて引け過ぎより一人ずつ夜番をなすを、寝ず番といわず、起き番という。尤も客五人以上ならねば起き番なし。かかるときは引け過ぎ家内寝に就きたる後、皿小鉢を洗い取り片付けをなすを起き番の勤めとせり。この者の給金は一年に弐朱あるいは一歩なり。いずれも客の祝儀を引き当てにして奉公するなり。起き番の翌日は寝番と称して寝るとも、遊びに行くとも己が心のままなり。

（五九三九号、明治二六年七月一日）

さて天保十三年（一八四二）水野越州〈忠邦〉のために取り払われたる妓家《ぎか》は、北里に移りて営業するもあり、または商業換えせしもありて、さしも繁華の土地も瞬間に虫のすだく声哀れに聞えけるが、そが中に各料理店はさすがに住み馴れし土地のなつかしくありしにや、越州退職後、弘化三年（一八四六）十一月再興の儀を町奉行遠山左衛門尉〈景元〉へ情願したり。右願書の写し永代寺の記録中より見出だしたるが、すこぶるこの地の沿革を知るに足るものあるを以て、左に記しぬ。

恐れながら書付を以て願い奉り候

一、深川永代寺門前四か町総代同所門前仲町家持徳三郎幼年に付き後見喜右衛門申し上げ奉り候。私ども鎮守八幡宮門前地料理茶屋渡世仕り候儀は、明暦元年（一六五五）九月中松平出雲守〈勝隆・寺社奉行〉様御奉行所へ願い出で、御聞き済みにあいなり、その後天和二戌年（一六八二）十二月中仰せ出だされ候には、五十年以来寺社門前地へ家作取り建ての儀あい止め申すべき段仰せ付けられ候間、一旦家作取り払いにあいなり、その後元禄十丑年（一六九七）戸田能登守〈忠真〉様寺社御奉行の節願い奉り、御聞き済みにあいなり、元の如く家作取り立て、渡世仕来り、天明七未年（一七八七）十月御奉行所より右料理茶屋渡世初発の儀御尋ねに付き、前書の通り先々より仕来り候旨申し上げ候処、御聞き済みにあいなり、去る天保十三寅年までおよそ百九十年来茶屋渡世仕り候。享保・寛政の度御改政仰せ出だされ候砌《みぎり》、当所茶屋町の分取り払い仰せ付けられ候に付き、年来当所に住居仕り候者ども渡世に離れ候ようになり行き、難渋の者多く、下賤の私ども日雇い稼ぎ、または海辺の土地にて、貝類漁《すなど》り渡世致し、妻子養育の者ども自然と商売手薄にあいなり、甚だ以て困窮の者多く、おそれながら難渋至極仕り候儀に付き、重々おそれ入り候儀には御座候えども、これまで仕来り候料理茶屋渡世何卒御慈悲を以て仰せ付け下し置かれ候よう願い上げ奉り候。ことに当所の儀は永代寺八幡宮または三十三間堂・洲崎へ参詣者よりほかに往来これなき土地故、茶屋向きなどにて休息の余力を以て取り続き仕り候土地柄に御座候所、右渡世に離れ候事故、それぞれ家業の取り続き方を計り、他所へ引き移り候者多く、漁りの魚類売り歩行《あるき》候にも、これまで土地にて売り捌き候処、老人・幼若の者ども遠方へ持ち出だし候ようにあいなり、自然右らの者その渡世向き難渋に及び、困窮の者多くあいなり候事故、何卒広大の御仁恵を以て右料理茶屋渡世御宥免仰せ付けられ下し置かれ候わばあり難き仕合わせに存じ奉り候。さ候えば万端土地潤沢仕り候儀に御座候間、おそれながらこの段願い上げ奉り候。格別の御憐愍を以て幾重にも御慈悲の御沙汰下し置かれ候よう、偏に願い上げ奉り候。以上。

深川永代寺門前四か町居付地主

同所仲町家持徳三郎幼年に付き後見

総代　喜右衛門

同　五人組　久兵衛

弘化三午年十一月晦日

弥兵衛

御奉行所様

右の願は「永代寺門前ばかりと申す儀にもこれなく」との説諭を以て聞き済みなかりしが、本書は預かり置くとの沙汰を受けしという。

また同地の沿革を知らんがため左に永代寺記録中の内に書留あるものを抄出す。

寛永九申年（一六三二）　八幡宮諸堂建立、この時御掛り堀田加賀守〈正盛《まさもり》・若年寄〉様・向井将監〈忠勝《ただかつ》・船手頭〉様・伊奈半十郎〈忠治《ただはる》・代官頭〉様。

承応元辰年（一六五二）　右諸堂大破に及び、自力に普請出来兼ね候に付き、永代寺門前地へ町家作り願い仕り、願いの通り仰せ付けられ候。

明暦元未年（一六五五）　九月より料理茶屋始めて建立、但し寺社御奉行所へ願い立て御免の上取り建て申し候。

天和二戌年（一六八二）　十二月門前町取り払い仰せ付けられ、元禄十丑年（一六九七）四月元の如く家作取り建て仰せ付けらる。

享保十二未年（一七二七）　二月御改革仰せ出だされ候砌、風儀宜しからざる裏の田楽茶屋取り払い仰せ付けらる。

元文二巳年（一七三七）　四月門前地より願い立て、なお十八軒（茶屋）御吟味の上御免にあいなり、神橋町（十八軒の内十二の茶屋新築せし所の町名なり）と唱え、俗に十二間と呼び申し候。

但し当時門前町に三十二軒、裏町に七軒なりとあり。また寛保元酉年(一七四一)山本町より願い立て、九軒増して総軒数四十八軒となる。

寛延元辰年(一七四八)　十二月仲町よりなお十五軒願い立て候処、十二軒御免にあいなり、仲町裏に建てる。その後、宝暦元未年(一七五一)四月十軒願い済み、同八寅年二月に四軒願い済み、同十辰年十一月に一軒願い済み、明和元申年(一七六四)九軒願い済みとなり、以上百六軒となりたり。これより後、茶屋取り立て願いは御聞き済みなかりし。

これより末に朱書にて「安政四巳年(一八五七)三月十一日上がる、十七日御沙汰・願書を御下げになる」と認《したた》めし一紙ありて、本書なし。こは安政中さらに再興を願い、その事ならざりしと聞きたれば、その本紙の付け紙にてもありしならんか。

(五九四〇号、明治二六年七月二日)

深川大新地　この地は越中島築き出し新地なり。創業は享保十九寅年(一七三四)にて、天保九戌年(一八三八)取り払いまで一百五歳継続せり。文政の末年より天保の取り払いまで船通楼《せんつうろう》・大栄楼《だいえいろう》・百歩楼・大椿楼《おおつばきろう》ともに繁昌せしが、なかんずく船通楼(始め五明《ごめい》楼《ろう》という)は、南表の海岸にて、楼上より総房の遠景より、真帆・片帆、生魚《なまうお》の押し送りまで眼の下に過ぎ、眺望第一に位せし故、四時客の絶え間なかりしという。また小店は稲本・浜松・小紅屋・二見屋・伊勢本の五軒にて、ほかに妓屋《こどもや》六軒あり。呼出は昼夜四つ切り銀十二匁、一昼夜朝直しとも銀六十匁なり。伏玉《ふせだま》は昼夜四つ切り金二朱、一昼夜朝直しとも金二分二朱なり。昔日は妓《こども》の風俗甚だ賤しかりしが、当時はその装いより妓楼《こどもや》の造り一切万事仲町と同じ有様《ありさま》となりたり。小新地は東続きの地にて、妓家には大黒屋・鶴屋・蓬莱屋・高島・三川屋・松崎屋・松亀屋の七軒あり。いずれも伏玉(5)四六なり。

同古石場・新石場　ともに越中島町の続きにて、古石場は延享四卯年(一七四七)の起立に係り、新石場は天明二寅年(一七八二)の新設なり。いずれも海岸に接し眺望よく、中々繁昌せり(但し新石場は定浚屋舗《じょうざらいやしき》とも呼ぶ)。古石場は日の升屋・三川屋・豊倉・菊屋・大津屋・伊勢屋の六軒、新石場は上総屋・坂田屋・小松屋・亀屋・小紅屋の五軒なり。この二か所は総伏玉にて昼夜四つ切り金二朱、一昼夜朝直しとも二分二朱なり。妓風俗は新地と変わりなし。

同櫓下　永代寺門前の大通り山本町を里俗表櫓といい、同横町を裏櫓、また横櫓とも呼びたり。また亥口橋より南通りを里俗裾継《すそつぎ》と唱え、舟着きの好《よ》き地なり。妓の風仲町に似て賤しからず。客は七分お店者なり。表櫓は枡屋・常盤屋・若松・出雲屋・山口・植田屋・東屋・松本・井筒屋・鶴屋・中村屋・滝伊勢屋・福島・紀伊国屋の十四軒にて、いずれも呼出昼夜四つ切り金二朱、一昼夜朝直しとも二分二朱なり。横櫓は川津屋・万年屋・枡屋・海老屋の四軒にて、総伏玉四六なり。また川津屋と万年屋の路次に現今の芸妓の住居《すまい》に似たる造りにて妓家五軒ありき（大黒屋・大竹屋・大住屋・川越屋・藤間などなり）。また裾継は吉本・鷲尾屋・亀屋・津の国屋・俵屋の五軒にて、総伏玉二朱（昼夜四つ切り）なり。

天保十亥年（一八三九）の三月裾継の五軒は、申し合わせの上、仕方替えと称し、五百文に値下げしたり。この時吉本のみは江戸向きへ引札を配りたるが、大いに客足を引き繁昌せしを以て、この年の六月江戸向きの湯屋・髪結床へ団扇を配り、大いに好評を得たり。団扇は晒し竹にて骨を籠目に編み、表は美人の口上を述ぶる様《さま》を画き、裏は口上書きなり。今の世にはかかる趣向は珍しからねど、当時諸人珍しき思い付きなりと賞したり。翌年吉原久喜万字、深川新地へ仮宅《かりたく》の節、吉本の趣向を借りて引札せしが、拙き拵えにて、深川の場所には不似合いとの不評を受けたり。

同仲町　ここは深川第一の勝地にして、梅本・山本・尾花屋などの繁昌は他に比類なく、相模屋・難波屋・西の宮・中島屋・福田屋の妓家《こどもや》ありて、諸大名の留守居、金銀座・お蔵方の諸役人より、御用達町人という上客のみなれば、ここ一と場所は、妓《こども》の扮装《いでたち》動作とも一層上品にてありき。抱え主が妓の不行儀を叱るにも、「そんなことではお留守居様や金座方の御座敷へはとても出だされぬ。困ったことよ」などいうを常としけりとぞ。仲町に限り望まるるときは、売女と同じく客を取りたり。外場《そとば》は芸者にて客を取ること叶わず、かつ厳しく禁じたり。

同佃町　里俗アヒルといい、また海向こう土橋とも呼びたり。当所は佃島拝領の地にして、新佃町なり。裏手海岸なる故、海といい、また漁師の網干場なるを以て「アミヒル」をアヒルと略語せしなりとか。妓家湊屋を始め十二軒ありて、総伏玉四六なり。また局見世三竈あり。路次四つ(午後一〇時頃)限りとして九つ時(午前〇時頃)頃まで出入りせり。この処風俗最も宜しからず。深川遊里の中最下等の場所なり。

(五九四一号、明治二六年七月四日)

深川御船蔵前町　ここは深川総鎮守元町の八幡宮仮屋の設けある故、里俗御旅所《おたびしょ》という。三春屋・藤田屋・但馬屋・児玉屋・泉屋の五軒にて、いずれも伏玉なり。昼夜四つ切り金弐朱、一昼夜朝直しとも二分二朱なり。

同常盤町　高橋の北常盤町一丁目・二丁目・本所林町一丁目に続き、わずかに六軒なり。戸田屋・枡屋・山本・吉見屋・三川屋・杵屋などにて、四六伏玉なり。この処深川の部分なれど下々の下なり。

本所松井町　ここは御旅に続きたる繁昌にて、妓《こども》の風俗も御旅に同じ。浜野屋・繁《しげ》升《ます》・金子屋・大村田・大吉屋《だいきちや》などにて、昼三・夜二、五つに切り、金二朱ずつ、一昼夜朝直しは金二分二朱、総伏玉なり。もとは回向院前土手側にありて、金猫・銀猫と呼ばれ繁昌せしが、寛政二戌年(一七九〇)取り払いとなりてこの地に移りたり。

同弁天　この処は八郎兵衛屋鋪といい、本所[6]の道役清水某の拝借なり。釜吉《かまよし》・千丸屋・宮本・若松・大和屋五軒総呼出、昼夜四つ切りにて金一分、一昼三夜二にて一両一分なり。但し弁天に限り芸者なし。

同入江町　この地の局見世は、天和年間霊岸島よりこの地に移されたるなり。移されたる当時はわずか三棟六竈の局なりしが、次第に増して天保年間には半長屋十三竈六十口、中長屋十七竈五十六口、北長屋十四竈五十二口、六尺長屋十八竈八十口となりたり。いずれも路次四つ時（午後一〇時頃）限りとして九つ時（午前〇時頃）の〆切りなり。但し泊りは二朱なり。また天保の初年より春木・亀屋・松葉屋・青柳・越後屋と呼ぶ四六見世出来て中々繁昌せり。また見世は入江町二丁目の鐘撞堂《かねつきどう》に接しいたる故、里俗鐘撞堂と呼びたり。

三田三角　この地の起立は詳らかならねど、天保十三年（一八四二）取り払いの後、水野越前守〈忠邦〉下屋敷に構え込みたり。松金屋・川村屋・相模屋・金田屋・丸屋五軒にて、総伏玉昼夜三つ切り朝直しにて、宵より朝まで金二朱なり。客は七分芝山内の者にて、一切《ひときり》遊び多かりしと。また妓《こども》の風俗は締まりなき造りにて、見栄え悪しけれども、夜具は絹布を用いたり。また細帯（三尺なり）体の者は客に取らず。また三度目よりは文《ふみ》を送ること矢を射る如くにて、流石《さすが》の嫖客もこれには閉口したるよし。長屋は芝長屋・中長屋・大見世・下長屋・枕長屋の五棟ありて大いに繁昌せり。

根津の里　この地総伏玉四六にて、妓の風俗北里《ほくり》〈吉原〉と変わることなし。また起立は宝暦年間なりとか。門前町山茶屋二軒と伊勢屋・大黒屋・山崎屋・橋本・梅本・山口・福田屋・大黒屋・玉屋・池田屋・大和屋・美濃屋・住田屋・鯛屋・松田屋・増尾屋・成田屋・若松屋・鈴木屋・大黒屋・増田屋・緑屋・倉田屋・和泉屋・江戸屋・川村屋・まくりや・武蔵屋・佐野屋の二十九軒、ほかに切り見世ありたり。また天保九年三月局見世を取り立て、表町より裏町まで通り抜けの新長屋を設けたるに、同年の九月取り払いを命ぜられたり。

またこの地昔日《むかし》は音羽と一対の遊里なりしが、天保十一年三月火災に罹りたる後、一体に建築美麗になり、絹張りの切子に秋の千草など画《えが》きし燈籠を吊すなど、吉原に倣《なら》いたるより次第に繁昌し来たり、音羽はために客足を遮《さえぎ》られて衰微に帰したり。またこの地の局見世は竈数百口ありたり。

音羽町　この処大店《おおみせ》と称するもの八丁目に住吉屋・三河屋、九丁目に吉田屋、以上の三軒は料理屋という構えにて、抱えの子供あれど、多くはこの家《や》へ他より呼び上ぐるなり。このほかの揚屋ともいうべきは九丁目の紅屋・伊勢屋なり。局見世は七丁目・八丁目西の方にありたる二棟を、腕ずく長屋といい、その他九丁目八棟あり。この処局見世はほか場所より最も風儀悪しく、そがため次第に衰微したり。

（五九四二号、明治二六年七月五日）

谷中　感応寺門前新茶屋町に昔日《むかし》は茶屋四十七軒ありて、根津とともに繁昌せし地なり。俗にいろは茶屋という総伏玉なり。天保の初年火災後十四、五軒となり、それより後、三崎町の通りにわずか三軒残りて営業せり。

赤坂田町　五丁目に大見世と称する家十軒、局三棟ありたり。大見世は総伏玉昼夜二朱にて、三尺帯の者・中間体の者は客に取らず。いずれも入口に柿色に家号を染め抜きたる暖簾を下げ、また氷川宮《ひかわみや》と記し、巴の紋を両面に付けたる提灯を一ように入口に吊したり。この提灯は宵より正九つ時（午前〇時頃）までの極まりにてありしと。この地台の物に麦飯《ばくはん》添えて出だす故、赤坂の麦飯と呼びたり。局見世は泊り込み金二朱にて、泊りの客時刻早ければ二階に上げ、また下にて切りの客を取るなど、風儀ことにあしく、後には妓《こども》ら五つ半時（午後九時頃）頃より戸外に出でて泊り客を引きたり。天保十三年八月五日各所ともに取り払いの御沙汰ありしとき、何故かこの土地のみは釘付けにせられたり。

浅草堂前　新堀端龍光寺門前に一と構えあり。この主人を徳兵衛といい、悴徳治郎とともに営業しいたり。外囲いは朝鮮矢来にて二十間四方あり。囲い内は長屋あり。入口と出口を別《わ》け、さながら現今の勧工場《かんこうば》の如き造りにて、一間ごとに杉戸を用い、これに極彩色の花鳥など画《えが》き、中には中央杉戸極彩色の画にて、天地は細骨の障子嵌《は》めたるもありて、入口甚だ奇麗にてありたり。囲い中は四つ時（午後一〇時頃）限りに客を追い出だし、値段極まりなけれど、泊りは二朱なり。また妓《こども》の衣類もほかほかより美しかりしという。

この地天保十三年三月十四日夜、南町奉行鳥居甲斐守〈耀蔵《ようぞう》〉付属の同心出張して、主人は勿論売女七十人、その他奉公人まで召し捕りになり、隠し売女の廉《かど》にて一同入牢の上、同年十二月九日店頭《みせがしら》遠島、主人百日手鎖《てじょう》、主人女房叱り置く、女郎は親元へ下され、親元は十貫文、判人は三貫文、町内支配の名主十貫文、龍光寺の和尚十貫文、家主十貫文の各過料に処せられて落着せり。

麻布市兵衛町　総局見世入口より路次中およそ二町あり。路次は夜五つ時〈午後八時頃〉限り〆切りにて、定めの刻限後に来たる客は、路次番行く先の屋号を聞きたる上、一人付き添いて送る。また刻限過ぎて帰る客には、何屋と印ある木札を渡す。これを路次手形として通行せり。またこの処の路次番は、近傍西の久保・飯倉・麻布谷町辺の若者にて、昼夜交代して勤めたり。妓《こども》の風俗はまず中位にて、切りの価《あたい》定めなく、泊りは二朱なり。

同藪下　この処人気悪しく、妓の風俗ことに賤しく、切りも泊り価定めなく、無体の場所なり。天保十年四月九日三田有馬家〈筑後久留米藩〉の足軽・中間五、六十人前夜喧嘩の遺志《意趣》がえしなりとて、各々得物携えて押し寄せ、散々に打ち毀《こぼ》ち、この間違いにて遂に跡を絶ちたり。

鮫ケ橋　この処の局見世は至て不潔の上、風俗宜しからず。切り・泊りとも価定めなく、客種も最も悪《わる》し。大久保縮《じ》く谷も同様なり。

このほか上野山下の「ケゴロ」(7)とて、五条天神表裡へ折り廻し二百文切り売りの売女ありたり。後、取り払いとなりてより、三日・十八日上野両大師の参詣人減じたりとは可笑《おか》し。また浅草三島門前すなわち田原町裏通りには、勧進比丘尼《かんじんびくに》とて、これもケゴロと同じく二百文の切り売りをなす尼の多くありたり。この尼朝より午時《ひる》までは法衣を着ず、前垂れ掛けにて黒木綿の頭巾を冠りて客に接し、午時後は蒲鉾形の菅笠を冠り、小さき柳行李を抱え「御勧進」と呼びて市中を徘徊し、二百文ずつにてせり売りなしたり。また橋町辺にある「ケゴロ」は、泊り客には酒食を賄い、夜四つ時より二朱なり。衣類は縮緬を禁じたれど、いずれも絹ものを纏い、前垂れ掛けなり(ケゴロは蹴転《けころ》がしということにて、水茶屋茶汲女の類なりしならん)。この他本所吉岡町に夜鷹と唱えて、両国最寄りより本所以内の河岸地において売淫する者多くありたり。

(五九四三号、明治二六年七月六日)

芸娼妓

町芸者の沿革

ある者いわく、「徳川制度という標題の下にて、芸娼妓の事を記さんは、法律の講釈に都々一《どどいつ》を謳うの類にて、むしろ不倫の嫌いなからんや」と。編者これに答えていわく、「初め徳川制度という標題を選みたるは、社会百般の仕組み(インスチジュション)を制度という字にあてたるにて、単に徳川政府表面の法制律度をいうにあらず。されば芸娼妓の如きその事の無下《むげ》に賤しくして厭うべしとも、また当時社会の必要になれりける一種の仕組みたるからは、ここにこれを叙するとも、なじかは不倫の事といわん。まして徳川の政治は成文的にあらずして、習慣的なりしなれば、その表面の制度を知らんとせば、かえりて裏面を窺うの入り易《やす》きを執らざらめや。我が徳川制度は実《げ》に徳川時代における社会上表裏の観察と見つべきものなりけり。読者のうちある者と疑いを同じうする人のあらんを虞《おそ》れて、いささか解題のことに及ぶことしかり」。

江戸の市中に芸者なるものの始めて起こりしは、果たして何頃《いつごろ》なるやを審らかにせざれども、延宝・天和の交《こう》(五代将軍の世)既にこれありしを看れば、起原はなおその前にありと知られぬ。但し当時はいやしくも遊芸を事とするものは、男女に拘わらず皆芸者と呼び做《な》されたるにて、今のいわゆる芸者、すなわち芸妓《げいぎ》なるものは、特に踊子の称えあり。また踊子といえども、今の芸妓の如く酒楼旗亭《しゅろうきてい》の招きに応じて、纖手《せんしゅ》未だ弦に触れざる先、嬌眼《きょうがん》早く既に秋波を寄するの痴態をなせしものにあらず、大方は大名・旗本の邸に招かれ、蹁躚《へんせん》として舞態《ぶたい》を凝らしつつ酒間の興を添ゆるに止《とど》まりしとなり。されども幕府はこれをしも、なお関東武士の気骨に害ありとや断定しけん。元禄二年（一六八六）五月二十一日を以て左の厳令を布《し》かれぬ。

　町中にて女踊子仕立て、女子ども召し連れ、屋敷へ遣わし踊らせ候由あい聞こえ不届きに候。向後相互に吟味仕り、右の女子ども集め置く屋敷方は申すに及ばず、いず方へも一切遣わし申すまじく候。右あい背き候者は、屹度《きっと》尤《とが》め申し付くべく候。

右の布告によりて、大名・旗本の邸に踊子を召すことは止みにき。されどもこの時偃《えん》(1)武《ぶ》以来既に七、八十年の星霜を経て、世は漸くに太平に慣れ、流石《さすが》の三河武士も疇昔《しゅうせき》(2)の豪気を磨し尽くして、奢侈の風に浸染したりければ、一片の布令いかでよく社会快楽の分子を遠ざけ得ん。まして第宅に召すことを禁ぜられたればとて、外に出でてこれを弄ぶ道のありけるをや。ここにおいて市井の酒楼にいつとなく絃声(3)のうち嬌語《きょうご》(4)を籠めて、遂には一種いうべからざる弊事をも続発し、以前に倍して盛んになりもて行きつ。ふたたびいかんともするによしなかりき。

　後、天明年間に至りて大名・旗本などの居邸に踊子を召すの風を再発し、御書院番頭小堀阿波《河内》守〈政弘〉となんいう人は、幾多の(5)紅裙《こうくん》を自邸に聘し、席上三方に盛りたる小判を撒《まきちら》し、(6)小艾《しょうがい》らの争うて拾う態《さま》を興がりて、長夜の宴を張りたることもあり。その他芸者寄合いなんど称えて料理店に遊び、黄金《かね》撒《まき》を行うことも往々にしてこれありしとかや。上流社会にしてかくの如くなれば、その他の町人などにもみずから淫靡の風を波及し、ほとんど奢侈の極点に達したりければ、寛政三年(一七九一)更正の御定百か条中に左の条を挿《はさ》むに至れり。

　踊子呼び寄せ遊女致させ候料理茶屋所払。

　　但し家主《いえぬし》・地主は過料。

ことにまた一枚画《いちまいえ》と称して府下に藉々《いきいき》たりし美人の画を出版して、人の(7)冶情を挑発せしかば、これを禁ぜんとて、寛政八年八月十四日左の警察令を布けり。

　以来町方女芸者・踊子そのほか茶屋女などの名前を顕したる絵を認め、売り候儀あいならず候。この先右ようの者これあり候わば、当人は勿論、名主どもまで急度申し付くべく候。

右律条といい、警察令といい、その文言より推すに、当時踊子のその芸を売るの傍ら猥行《わいこう》の甚だしかりしことを知るに足るべし。（五六七八号、明治二五年八月一一日）

文化・文政度になりては、寛政の規律も漸く弛み、市中芸妓の数多きに随いて売淫の弊も甚だしくなりもてゆきつ。ほとんど娼婦と異なることなきまでに至りぬ。ことに従来の芸妓は自家一本立ちにて稼ぎたりしに、この頃よりは一戸三人ないし五、七人の芸妓を抱え置くものあり。今のいわゆる芸者屋なるもの始めて世に現れたり。事態かくの如くなりければ、幕府も今は眼を過ぐる雲煙とのみ見遁し難くて、文政七年(一八二四)二月十九日を以て厳令を布《し》けり。

町々にて娘または女を抱え置き、料理茶屋そのほか茶見世などに客これある節は差し出し、売女の稼ぎ致させ候由あい聞こえ不届きの至りに候。以来右体売女に紛らわしき渡世致させまじく候。もし右ようの者これあるにおいては召し捕りの上、当人は申すに及ばず、町役人どもまでも咎申し付け、地面取り上げ候間、地主・町役人ども油断なく吟味を遂げ、急度申し付くべく旨、天明七年(一七八七)あい触れ、去る巳年なおまたあい触れ候処、今以て女芸者と唱え、娘または女抱え置き、髪飾り・衣類など美々しく致し、ことに料理茶屋そのほかへ招き候先々において客と密通に及び、かつ土弓場・水茶屋渡世の者娘並びに女抱え置き、右のほかにも娘ら身売り同様の始末致し候者これある趣あい聞こえ候に付き、召し捕り吟味に及び候処、全く相対にて密通致し、衣類・金銭など貰い受け、尤も親・抱え主・招き候料理茶屋にても右の始末は存ぜず由、売女致し候儀にはこれなく候えども、猥りに密通に及び、衣類・金銭など貰い受け候段は、売女にも紛らわしく、致し方不埒の事に候。しかれどもこの度は格別の御宥免を以て差し許し候間、以来心得違いの者これなきよう屹度《きっと》申し付け候ものの也。
一、女を召し抱え、芸者に致し候儀一切あいならず候。もしこれまでの通り心得違いの者これあり候わば、早々暇遣わし申すべく候。
一、料理茶屋・土弓場の者働き一と通りの下女、これ以て髪飾り・衣類など身分不相応に美しく目立ち候儀決して致すまじく候。
一、町役人儀も御触の趣よくよくあい心得、娘妹《姉》拠んどころなく一と通りの稼ぎ致させ候者も、その家にて一人を限り申すべく候間、人別のほか念入れ心付け、紛らわしき者これなきよう致すべく候。

右の法令は厳といわば厳なれども、その禁ずる所はいわゆる芸者屋なるものにありて、いやしくも人の娘を取りて売女類似の醜業に従事せしむることを制裁したるにて、芸妓その物を禁絶したるにあらざれば、一家一人の芸妓を存すること、もとよりこの制下に差し支えなかりしものなりしが、これに立ち勝りて、手痛くも芸妓その物を根絶しせんとしたるは、かの天保年度水野越前守〈忠邦〉の快挙にぞある。但し水越が芸者営業禁止の令を出だせしときの芸妓数は、ある書によって調ぶるに、わずかに百八十人にて、踊または音曲の師匠にて、酒間の興を添ゆるもの百三十九人に過ぎざりしかど、当時の世態より推すに、その実際はあるいはこれに二、三倍したる醜族のありけんも測り難く、ある人の説によれば、これに十倍したるやも知れずといえり。当時取り調べの粗漏なるはこれにても知られ、前記の百八十人はただ公然書き上げの数に過ぎずと思わる。さるを水越の顕職を去るや、政府は強硬策の反動として、やや寛大の風に傾むき、親兄弟のために芸妓となりて営業するを禁ぜざるに至りければ、嘉永元年(一八四八)の春ころより深川八幡前の料理人小亀なるもの芸者の元締めとなり、櫓下の鰻店大黒屋・料理店中村屋にて酔客に芸者買いを取りすすめ、世人はこれらの酒楼を「つっ伏し茶屋」と綽号《あだな》するに至りしことあり。これは三絃を沈籍して淫《いん》を売るの意なりとか。さてこの般の猥《わい》行《こう》漸く世の流行となり、かの有名なる平清・平虎などにても、その顰《ひん》に倣《なら》うこととなりて、深川の繁昌は再び水野政治以前の旧態に復し、深川のみにて三十七、八人の芸者あるに至り、その中の尤物《ゆうぶつ》は、目を驚かすばかりの綺羅を飾りて客を引きたりければ、さきに水越の改革にてすべての艶事を己の一廓に受け込みて、一時繁昌を極めたる芳《吉》原も、ここに至って大いに衰微し、百軒余の遊楼に売り家札を看るに至れりという。されば政府もまた黙止し難くやありけん、嘉永元年八月十九日を以て左の令を出だせり。

一、町女芸者と唱え、親兄などのため拠んどころなく芸一と通りにて茶屋向きへ雇われ候儀は格別、女を抱え置き芸者致させ候儀は勿論、娘妹《姉》らにて候とも、その家にて一人を限り申すべし。尤も身売りに紛わしき義は堅く致させまじき旨、先年より触れ置き候趣もこれある処、なおまた近頃心得違い致し、いかがの家業に及び候者もこれあるなど、専ら風説致し候えども、右は全く風聞などの義とあい聞こえ候間、まずこの度は宥免を以て吟味にも及ばず候えども、いよいよ右体の義これあり候ては以てのほか不埒の事に候。この上とも前書触面の趣相違なくあい聞こえ、全く親族のためや、あるいは困窮に迫り拠んどころなき筋にて、芸一と通り稼ぎ致し候分のほか、抱え主などと唱え、多人数女を抱え置き、売女紛らわしき所業などは勿論、猥りなる義決して致させまじく候。もしあい用いず候者もこれあるにおいては召し捕り、厳重の咎申し付くべき条、この旨よくあい心得、町役人ども油断なく心付け候よう致すべし。右の通り町中洩れざるよう触れ知るべき者也。

右の通り御奉行所より仰せ渡され候間、町中洩れざるよう早々あい触れ申すべく候事。

八月十九日　　　町年寄役所

右の諭達とともに市中取締掛りの名主へ厳達する旨ありて、町々芸妓の人別を調べ、個ごとに右の趣意を申し聞けしめ、名主より請け書を徴するに至りしかば、ここに深川の繁昌も一(8)蹉《さ》跌《しつ》を来たしたり。けだしこれより先、かの大黒屋の計画はなかなか大造なるものにて、二階座敷の如きは戸棚を明くれば隠れ座敷あり、押入を開けば内に寝所あり、床の間を押せばクルリと廻りて珍座敷となるなどの大仕掛けありて、巧みに売淫《ばいいん》の窩《か》房《ぼう》を造りしが、一旦この令の出でて、親養育のために芸を売るもののほかを厳禁したれば、衣裳などの立派なるものは家主《いえぬし》において小言を言い、「いやしくも親養育のために芸を売るものが綺羅を飾るの余裕あるべきや、その風俗にてわが控えの店内《たなうち》より出入りされては、御奉行所の咎もおそろし」とて、到る処家主より店立てを受くるに至りけれども、さりとていかがわしき扮装《いでたち》にては、(9)冶郎《やろう》の(10)懽心《かんしん》を収むるに足らず。ここにおいてか、芸者稼業漸く究屈《きゅうくつ》となり、深川の繁昌も漸く衰微してまた振わずなりたり。

（五六七九号、明治二五年八月一二日）

深川の狭斜(11)

芸妓としいえば、今は第一に指を柳橋に屈すれど、こは近頃のことにて、往昔《そのむかし》江戸繁華の頃、ことに天保以前にありては深川を本場とし、その江戸の辰巳の隅に当たれりとて、辰巳芸妓となん称えける。辰巳の二字は、かの喜撰法師が閑居風吟の句と相応して何とのう優にやさしく風流めき、(12)才子劉郎《さいしりゅうろう》らが(13)秦淮《しんわい》(14)画舫《がぼう》の遊を試むるも必ずこの街においてしけりとぞ。柳橋も当時より芸妓を蓄えたれども、艶名深川に似るべくもあらず。その他新橋・葭《芳》町・数寄屋町なんどは、無下にモグリ芸者と賤しめられたり。実《げ》にや深川は徳川全盛の時代に会いて全盛を極めたるは、当時社会上流人の内行《ないこう》が概ねここにて発露せられたるにても著《いちじる》し。ことに芸妓の風俗、遊客の好尚などおのずから今人《こんじん》とあい異なる所多ければ、風俗推移を知るの一端にもとて、聞くがまにまに当時の実況を記すことはなしぬ。

深川の羽織芸者と称《とな》うるものの棲窩《すまい》は仲町・櫓下・石場などにて、その起原は詳らかならざれども、明暦以後、文化・文政・天保の交《こう》に至るまで全盛を極め、天保の末かの水野政治のために一旦その跡を潜めたれども、嘉永の始め再び顕れて、その後さらに衰微を顕したることは、前号沿革の記事中に叙するが如し。されば要するに天保以前をもてその全盛の期と見て可なるが如し。

深川芸者の風俗［文化・文政の頃に就いていうものと知るべし］

衣類は今とさして異《かわ》れる所もなく、お召し縮緬・八丈などくさぐさの好みもありしが、襦袢の襟《えり》は緋、あるいは浅黄の麻の葉絞りを用ゆること、その社会一般の風尚にて、襦袢の袖も同じく麻の葉絞りにて、袖口より一寸五分ほど(15)そびれ出でたり。小袖の裾は一寸ぶき、下着は茶地の中形にて無垢なり。帯は(16)ヒッカケに締め、両端を長く垂れる。これを深川帯となん称えたり。この帯の締め方深川芸者の特色にして、(17)軽体細腰《けいたいさいよう》何となく婀娜《あだ》めき、立ち人《ひと》をして坐《そぞ》ろ(18)銷魂断腸《しょうこんだんちょう》せしめたるものは、多くこの風装によれりとかや。されば柳橋その他の妓輩もつとめてその風を擬したれども、遂に及ばざりしという。

髪はお土産《みやげ》島田というものにて、その髷は前後等分に分かちたるなり。髷の中程を絡《たが》ねたる長物《ながもの》（根掛け）は紅色絹もて製したる紐の両端に、絹糸の総《ふさ》つけたるなりしが、こは客の席に出ずるか、または五節句などの時に用いたるにて、平素の家居には羽元結《はねもとゆい》として白き紙を裁ちたるを用ゆ。髪の飾りとしては、貝形の笄一本をかざし、その他に鼈甲製の簪に珊瑚珠を貫けるもの二本を前額の上部に八形にさし、前髪ざしは象牙製を常とせり。天保年間に至りては二本の簪を一本とし、かつ前髪ざしを廃せり。

下駄は畳付きの日和下駄、すなわち東下駄《あずまげた》というものにして、下駄の台は黒塗りなり。畳表の鋲は黒・黄・赤・青の色ありしが、安政以後に至りては俳優の紋所を付するもの多かりし。

[19]茶服紗と[20]刀服紗は当時の芸者の必ず携帯したるものにて、今に絶無の風俗というべし。こは当時武家の客多きのみならず、町人とても一刀を携えたる世なれば、客の帰るを送るとき、芸妓は必ず服紗を添えて刀を手にし、茶屋の出口に進みて慇懃に片手を縁板につけ客に捧ぐ。その風の[21]嬌柔なる[22]転《うた》た、騒客の腸《はらわた》を九回せしめたらんも無理ならず。さて刀服紗は九寸四方の浅黄縮緬に限りたれど、茶服紗の色は定めなし。但し必ず茶服紗を携えたるは、かれらも多少茶の湯の嗜みありしものにて、客の好みによりては数奇屋のうち服紗さばきの手前美しう、優に松風《しょうふう》の韻を聞かせたるなるべし。

辰巳の唄女《はおり》とは、春水《しゅんすい》の小本など看たらん人の善く知る処なれど、その称謂《しょうい》の起原に付きては、伝説一ならず。あるいは明暦年間、松平南海公(出雲の藩主)尤も豪奢の遊びを事とし、春秋には必ず一斉《そろい》の羽織を芸妓・楼婢などに与えたるより、これを得るものこよなき狭斜の栄《えい》とし、終に深川の芸妓を羽織と称するに至りしともいい、あるいは深川の芸妓年齢既に四十以上に出ずるものは、必ず羽織を襲《おそ》うの風習なりしよりこの称ありともいえど、この両説に増してやや信ずべき一説によれば、深川は今も見る如く水廓にて、客は多く画舫《がぼう》を傭《やと》いて往来したりければ、秋冬寒冷の候は船宿にてドテラなどの用意おさおさ怠りなく、火鉢も船中に入れて一艘の猪牙船《ちょきぶね》(往時は家根船なし)に船頭二人を付け、山谷堀より仲町裏河岸まで(この間船賃一朱、船頭の祝儀二百文)十里の長江《ちょうこう》を一瞬の間に下るの便を与えたりしが、さて仲町にて遊興の後、帰途に就かんとするとき、かの芸妓は「吹く川風に郎《ろう》が身に風なひきそ」と祈る心を外に顕わし、まずこれ召してと己《おの》が羽織を客に着せたる。これなん羽織芸者の称の起こりし所以《わけ》にて、後には貸すものも借りるものも、これを馴染の栄《みえ》としなるなりとぞ。

(五六八〇号、明治二五年八月一三日)

深川の遊趣

昔時豪奢の遊びは大方芳原《吉》ならざれば、深川に試みられしが、遊趣におのずから南北の差、濃淡の別ありしがば、上流の人すなわち大名・旗本あるいは諸藩留守居役・御用達町人らのうち、いわゆる通人粋客を以てみずから許すの徒は、多く深川の遊びを選み(一概には言わず)、中にもかの留守居役らは八幡の二軒茶屋、洲崎の升屋なんどに集会を催して豪奢を闘わすことの常なりしという。

右に記したる洲崎の升屋というは、明和年間の開業にて、当時の主人は祝阿弥《しゅくあみ》とて剃髪したるものなりしが、祝阿弥夫妻は物事に如才なき立ち振舞いありしのみか、家の普請造作も一方ならず好事《こうず》にて、その一般をいえば、座敷は二《に》間床《けんどこ》・高麗縁《こうらいべり》・受塵《なげし》造り・入側《いりかわ》付きの広間にて、二の間・三の間の小座敷もまたこれに列《なら》びて物し、また庭園には小亭数奇屋の好みもゆかしく、鞠場《まりば》まで設《しつ》らいありて、すこぶる騒客者流の好尚に投じたりければ、升屋の繁昌は当時深川に冠たりしとぞ。時の雲州老公（松平出羽守の隠居、南海と号す）大いにこの家を愛顧し、花下銀鞍《あん》に鞭《むち》うち、月下画舫《がぼう》を浮べて、しばしばこの楼に臨まれたれば、深川の狭斜にては南海公を以て三百諸侯中の大通人と称え、尊崇したりけるも無理ならず。その平生豪遊の状はしばらく措き、公は夏冬の両季には必ず愛顧の芸妓・幇間に羽織の仕着せを与えたること評判一時に高く、あるいは深川の羽織というわれはこれより起これりとの一説（前号に記するが如く）さえあるに至る。当時深川にてこの羽織を襲わざるものは、何となく肩身の狭き心地せりとなん伝う。公の豪遊想い見るべし。羽織は絹にて、浅黄中色に川形の三つ紋を付けたり。

今の紳士殿原は一席数十人の紅裙隊《こうくんたい》を聘して、始めて快となせども、昔時深川の遊びは絶えてさせる事なく、いかに多人数の宴席にても、芸妓は必ず一組（すなわち二人）を限りて聘し、もし舞曲を観んなどするときは、芸妓のほか別に踊師匠に属する踊児《おどりこ》を召したり。されば今の如く雛妓《すうぎ》(23)をして直に「カッポレ」を狂舞せしむるが如きことなく、芸妓の歌も富本・常磐津に限り、清元その他の雑曲なかりしとぞ。また世風の変遷をトすべきか。

ちなみにいう、南海公ある時みずから扁額《へんがく》の字を書して升屋に与えられけり。表には「望陀覧《ぼうだらん》」の三字鋳物にて凸彫《うきぼり》の如くに物せられ、裏面に二百字ばかりの細楷《さいかい》あり。落款には「祝阿弥に賜う　南海」の字を書す。この額長さ六尺、巾三尺余にして、地は呂色、縁は蒔絵、四隅は象眼の金物をもて装飾するなど、いと宏壮のものなりしが、近来この額質屋の庫《くら》に托せられ、今は移りて市川団十郎丈《じょう》(24)の所蔵に帰せりという。実否はもと知らざれど、しばらく記して好事家の参照とするになん。

（五六八一号、明治二五年八月一四日）

深川芸妓の特色

深川の流れに浮世の苦楽を投ずるものは、二枚証文というものを、その抱え主に差し入るるを常とし、一枚の証文もてその身の芸を売ることを許し、他の一枚の証書にては、かの色を鬻《ひさ》ぐことを肯諾《こうだく》し、抱え主の意に随って両者あい兼ぬるの契約をなしたれば、かの吉原の娼妓と歌妓と各専門の伎倆を衒《てら》うに似ず、ただ色の美なりとて、芸なければあながち擅場《だんじょう》(25)の名を博するに足らず。芸ありとて四高一平《おたふく》(26)にては、引手《ひくて》あまたの評判を博するに足らず。色芸兼ね備うるの尤物《ゆうぶつ》にして始めて全都を傾くるの艶名を博したるなり。されば其の芸事の他に秀でたるのみならず、また風俗の美の華を抜きたるのみならず、ほとんど天下の国色をこの地に蒐《あつ》めけるも、実《げ》にこの半唱半妓の風あるによりしことにて、いわゆる粋人者流が芳《吉》原の遊趣の濃厚豊膩《ほうじ》[27]なりしをばいわで、深川こそ淡泊瀟洒の致《ち》[28]ありとて、さくさく[29]辰巳の二字に垂涎《すいぜん》[30]したるもここなりかし。

されど深川の芸妓は、ことごとくこの半唱半妓にして、身をここに委ぬるものは皆二枚証文を入れたるにやというに、あながちさにもあらず。始め籍を入るるのとき、これを好まざるもの、もしくは色なくして芸のみあるものは、単に芸妓たるの約をなしたるも多く、また他に純粋の娼婦もありたるを見ても、前記二枚証文の芸妓のみありしにあらずと知るべし。但し深川の遊びとして都下にさくさくたりしものは、かの二枚証文を以て色芸ともに売らんことを約束したる上等芸妓のありしが故なり。

深川芸妓の玉代《ぎょくだい》は、夕方より夜四つ時（午後一〇時頃）頃までを限りとし、上等にて壱分、下等にて二朱の差あり。纏頭《はな》は概して一分を投じたり。尤も定情金《なじみきん》の如きは初度に三分を投じたるを相場とし、爾後数回に及べば一分位を与うるに過ぎざりしとぞ。

風俗余聞

深川芸妓の風俗はほぼ前にも記せしが、なお二、三余聞あればここに物せんに、寛政年度並びに天保年度には、かの有名なる楽翁公〈松平定信〉及び水越〈水野忠邦〉の革政にて、女髪結を禁制せられければ、芸妓の抱え主はほとほと困じ果てしと見え、当時の二枚証文中に「この女髪結い・物書き候事は、親ども教え置き候間、御世話あい掛け申さず候」と記させたるもおかしく、芸妓らはその当座は各々みずから梳《くしけず》りいたりとぞ。

文化・文政の頃は奢侈を極めたる世なりしが、当時深川芸妓の煙草入れは織部形と称したるものにて、金具は銀の桜鋲[31]、表はハタ山木綿、裏は黒繻子（浅草田原町の袋物屋越川《こしかわ》の製品を最《さい》とせりとぞ）にて、かえって世の驕奢なるに似つかわしからざりしは恠《あや》しむべし。尤もその表を木綿にして、裏を繻子にしたるこそなかなかに粋の極にて、俗に底到《そこいたり》とも称し、姑息に実素《しぶ》く洒落れたるも凄まじ。さてまた深川芸妓は馴染の客に、年頭にはこの煙草入れ、暑中見舞いには薄手の水呑みを贈るを例とせり。その後親和《しんわ》[32]という書家（深川住）をして、芸妓の浴衣などに大字《たいじ》を書せしめたること、一時流行したりしより、手拭にも鶴亀など縁起よき文字を親和に嘱して書かしめ、これを染め出して客に配りたることの起こりしとぞ。

天明より文化・文政の頃、春初《しゅんしょ》割烹店に至れば、芸者まず喰積《くいつみ》を持ち出すことを常とせり。喰積の中には必ずハゼあり。客はこれを撮《つま》み食いて、「あい変わらず」など祝したる。今の風俗と異なりておかしければ書きつけつ。

（五六八二号、明治二五年八月一六日）

深川の拾遺

愛情も深川の四面を繞《めぐ》りて皆水なり。大方の揚屋《あげや》・料理茶屋なんど、庭園中に流れをせき入れて、船を横付けに楼に登るの趣向なりければ、かの芳原《吉》の一旦山谷堀に上りたる後、再び歩を仲の町に運ばすの蜿曲なるに比ぶべくもあらず。されば往昔《そのむかし》遊客の舟を浮かぶることあれば、よりよりは北里《ほくり》〈吉原〉にも向かうめれど、まずは深川行きをもて重《おも》なりとせしとかや。さてその遊舫《ゆうぼう》を周旋せしは、すなわち船宿にして、船宿は日本橋東西の河岸・鞘町の河岸・本銀町一丁目・江戸橋・堀江町・伊勢町・両国橋東西・米沢町・柳橋・本所一ツ目・本所石原・浅草橋東西・鉄砲洲・霊岸島・小網町・深川各所・筋違《すじかい》・佐久間町河岸・牛込御門外・新橋・汐留などにあり。船の艤装はもとより、何くれの用意残りのう物して、お世辞たらたら最寄りの遊客を牽き、北里に、辰巳に客の意向を船子の祝儀に籠め、(33)柔艪謳軋《じゅうろおうあつ》のうちに幾許《いくそばく》多の冶情《やじょう》を乗せて送迎したるなり。さるにても今の半可通、自称粋士らがこよなき独り遊びの幽棲《ゆうせい》としつ、楽しむというなる遊船宿は、すなわち往時の船宿の変化したるものなるか。深川の遊び荒《すさ》びてよりは、ほとんど船宿の名空しくなりもて行き、よく言えば待合、悪《わる》くいえば私窩《じごくやど》となり果てたるも是非なし。

遊舫はもと屋形船と猪牙《ちょき》船《ぶね》との両種なりしが、その猪牙船なるものは、明暦年間押し送りの長吉というもの、房総より来たる魚類の運送を目的として創造したるにて、その形舳艫《じくろ》尖窄《せま》く、単艪を弄して(34)快駛《かいし》矢の如くなるより一般に行わるることとなり、元禄年間に至りては浅草門外笹屋利兵衛・玉屋勘五兵衛などの船宿が始めて遊客用として造り出し、これを長吉船と称えたりしが、後にはその語韻を縮めてチョキ船と言いたり。しかれども猪牙の字を用うるも、その形のやや猪牙《ちょが》に類するに、兼ねて音便の似つかわしきをもて適用《あてもち》いたるものか。顧《おも》うに寛文前後には芳《吉》原通いの客は、軽尻馬《かるじりうま》(この事は芳《吉》原の部に詳らかにす)に乗り往きたりしが、ここに至って浅草門外の船宿らが猪牙船を遊船としたるは、その船の軽便快捷《けいべんかいしょう》なるに加えて、賃銭の廉《やす》きに乗じ、古流の軽尻馬に競争したるものと見ゆ。なお委《くわ》しきは芳《吉》原の部に至って説くべし。さてまた屋形船に至りては未だその起原を詳らかにせざれど、宝永年間屋形船百艘を限りて許可されたること物の本に見ゆるを以て考うるに、その以前より盛んに行われたること知るべし。されども屋形船は今も間々見る如く、その艤装やや鄭重《ていちょう》に過ぎ、遊舫として些《ち》と事々しき嫌いあればにや、その流行漸くに衰え、天保年間に至りては日除け船と称するもの広く行わるることとなれり。日除け船とは、すなわち今の屋根船にして、雪の障子・月の簾、およそ屋根船としいえば、内のゆかしさを川風にほのめかし初めたるもこの頃よりの事と知られぬ。

深川の妓楼のうち小店は矢倉下・横堀・石場・アヒルなど称《とな》うる処にありしが、このアヒルという地名の起こりしは、もと屋形船・猪牙船などに乗り往くほどの遊処にあらずして、泳ぎ行くこと鶩《あひる》の如くして可なりという意味なりと伝う。果たしてしかるにや。遊舫の事を記すにちなみていささか(35)一噱《いっきゃく》に供うるのみ。

中洲の納涼もまた深川の遊びに属したり。今時《こんじ》中洲といえば浜町河岸の中洲と思えど、当時いわゆる中洲とは、深川永富町の川中にありしをいいたりとぞ。この洲は明和八年(一七七一)三月伊豆仁科一色村の炭商文右衛門という人運上金を出だして築き立てしに始まり、その後芝居その他くさぐさの興趣はさらなり、四季庵となんいう有名の割烹店もここにありしが、天明七年(一七八七)十一月吉原失火の後、ここに仮宅の設けあるに至りて一時熱閙《ねっとう》の衢《ちまた》とはなれり。しかるに寛政元年(一七八九)霜月幕府は秋元但馬守〈永《つね》朝《とも》・山形藩主〉に国役として取り浚いのことを命じたるより、とみに(36)紅燈緑酒、(37)鴛鴦《えんおう》の夢を破りしのみならで、今は一区の中洲その跡を拭うて、空しく明月を水に笑わしめ、中洲の名さえ浜町河岸に奪われたり。

納涼の興趣はひとり中洲のみならず、(38)三又《みつまた》の澮流《かいりゅう》、両国の橋下、墨陀《すみだ》の沿岸到る処に盛んにして、遊客の常に好む所なりしが、正徳年間以前武家の納涼舟には屋形船の両側なる垂簾《すいれん》に沿いて槍を立て、人数十人なれば十本、十二人なれば十二本を林立して、一見大家の遊びたることを誇示したり。されども町人の遊船にはこの事なきことは勿論、正徳以後は武家の船にもまた槍を立つることの止みたりとなん。

なお深川芸妓の慣習風俗など聞き洩らしつる廉々を撮記(39)せんに、深川の妓《ぎ》は多くは親元抱えと称えて、その実は兎も角表面その抱え主を親とし、その家にある二人、もしくは三人の妓輩を姉妹に擬《なぞら》えて呼応させたるは、全く幕府の制規の何事にまれ親のためにすることを嘉《(40)よみ》したるに付け込みたる結果にやあらん。されど自前一本立ちのものもまたなきにあらざれども、こはその前借金も済み、かつ何某《なにがし》大家の後押《しりお》しあるものにあらざれば、この位置を得ること稀なりしとぞ。親元と称うる抱え主は、必ず年期を定めて雛《すう》妓《ぎ》を抱え入るることとなれば、その始め身代金(今の前借金)を出だして約束するは勿論なれど、その妓は平生稼ぎ高(すなわち玉代《ぎょくだい》)のうち幾許《いくばく》を抱え主に納め、幾分を我が身に付けたりしやというに、こは抱え主に六分、自身に四分と分くるもあり、七分三分に分くるありて一定せざりしという。但し衣服はすべて抱え主の弁ずる所なりしとなり。

深川には見番屋《けんばんや》なるものなく、芸妓に口を掛くるには、直ちにその抱え主の家に申し込むの例なりき。尤も「玉《ぎょく》」「線香」などの称えは今と異なることなしといえば、前に記したる一分の玉は時間によりしも、その時間はまた線香何本とか定めありしなるべし。

軽子《かるこ》は今の箱屋にて、これには必ず女子を用いたり。中には妓その人の実母などこれに従事したるもありしが、前にも記す如く深川には見番なかりし故に、軽子は三絃の持ち運びのみならず、着替えをも持ち、その上夜中は提灯をも携えて芸妓の左褄に尾《び》したるなり。但し三絃は今の如く継棹《つぎざお》にあらざれば、三尺余の三絃《しゃみせん》を桐の印籠蓋ある箱に入れ、箱には妓名を朱漆もて記したるをば、萌黄あるいは紺の風呂敷に大なる紋所つきたるをもて包みたり。また衣類の包みは張り抜きのタトウ(41)にてこれを前同様の風呂敷にて包み、軽子の背に背負い往きたり。されば今の箱屋というものがその箱屋という名にも負《そむ》きて継棹短く萌黄の風呂敷に包みて手軽に扮装《いでた》つものとは大いにその趣を異《こと》にする所ありと知るべし。

深川全盛時代の芸妓らがその御座着《ござつき》(42)と称して牙撥《げばち》(43)しとやかに絃を弄して紅唇《こうしん》麗わしう唄い出だせしは、大概《おおむね》左の如き端唄なりしが、今の御座着とは少しく異《かわ》りて優にやさしく覚ゆるをもて、書《か》い付くあわれ読者睡魔を破るの一端ともなれかし。

〽梅が枝に巣をくいに来《こ》し鶯の風吹かば
　いかにせん高根颪《おろし》のまだ寒し
〽花散る里の徒然《つれづれ》に琴の音《ね》絶えて
　あの殿に山時鳥《やまほととぎす》おとずるる
〽心づくしの秋風を須磨の浦わの浪枕
　こころも堅き独り寝の夢も結ばず長き夜を
〽天下泰平長久に治まる御代の目出度さは
　千歳《ちとせ》経《ふ》る木に鶴は住み渓《たに》の流れに亀遊ぶ

付けていう。本文雪の障子に、月の簾《すだれ》ということあるも、往時の屋根船には大名にあらざれば、(44)沍寒《ごかん》といえども障子を用ゆるを許さず。旗本以下町人などの遊びは雪中もなお簾のみなりと知るべし。

(五六八三号、明治二五年八月一七日)

辻売女

辻売女《つじばいじょ》は京・大坂の辻君《つじぎみ》・総嫁《そうか》と称する者と同じく、江戸にては俗にこれを夜鷹《よたか》と呼び做《な》し、下賤の者どもに接する売女なり。黄昏《たそがれ》の頃より石町河岸《こくちょうかし》・数寄屋河岸・浅草御門内の物揚場明地・柳原床見世《とこみせ》の後《あと》・下谷広小路・外神田加賀原・同佐久間町河岸・赤坂御門外・久保町の原・芝切通し・木挽町采女ケ原・御厩河岸・永代橋・本所二ツ目・東両国などの街燈闇黒《がいとうあんこく》なる辺りに葭簀を張りて遊客を引き、この抱え主は本所吉田町、また下谷山崎町などに住居したりという。さて辻売女も天保十三年(一八四二)の改革に際し、岡場所とともに厳禁せられ、一時その跡を絶ちしも、水野越州〈忠邦〉退職の後、弘化元辰年(一八四四)十月二日の夜、深川八幡表門前川向かい旧アヒル局見世《つぼねみせ》跡に葭簀を構え、再び客引きを始めしに、その価《あたい》二十四文、ほかに百文、合わせて百二十四文にして、当時すこぶる不廉《ふれん》なりとの評ありしも、久々の事とて繁昌大方ならず。この様子にて故障だになくば、行く行くは切り見世を徐々に再興するの目的なりしが、運命拙《つた》なく脆くして、開業四日目に取り払いを命ぜられしこそ至笑《ししょう》なれ。

翌弘化二巳年十一月二十七日より、本所吉田町に増田屋千太郎という者あり。両国に葭簀見世を張り、これを座《すわ》り夜鷹と称し、五十文ずつにて五人の女を出だせしに、これまた非常に繁昌して、嫖客《うかれお》互いに前後を争い、果ては喧嘩口論に及ぶことなどあり。日増しに人出多くして、食物商人までもここに店を張りて、毎夜九つ時（午前〇時頃）頃まで雑沓を極めたるより、両国両岸支配の名主は、「御改正以来隠売女《いんばいおんな》厳しき御触を存じながら不届き千万なり」とて、遂に北の町奉行鍋島内匠頭〈直孝《なおたか》〉へ訴え出でたり。当時道路の噂する所によれば、名主より差し出したる願書に対して奉行所は答えて、「この節両国へ夜中夜鷹出でて近辺を荒らし申し候。何卒御差し止め下さるべく云々とあれど、夜鷹はわれらが掛りにあらず。御鷹匠頭へ願い出でよ」とありければ、名主は「否な夜商売の者を御差し止め願い上ぐるなり」と推して乞いけるより、「夜商売の者とは盗人《ぬすびと》なるべし」とありて、たちまち親方も妓夫《ぎう》も女も召し捕られ、奉行所へ引き立てられけるが、いずれも一くせあるべき奴原《やつばら》なれば、「最初より親養育のため拠んどころなく営業致す」旨を申し張りたり。ここにおいて奉行所は、名主に向かい、「かれら申し立ての通りなれば、以後目を掛けて遣わせ」と申し渡し、また「親のためとあらば、以後所定めず出商売致すも勝手たるべし」との許しを与えたりとなん。しかれどもこれ信ずるに足らざるの説なるべし。けだし改革後なお未だ三年も経ざるに、改革の制おのずから弛み、両国に夜鷹が出たという程こそあれ、深川・采女ケ原・根津宮永町にも現れたといい囃し、かくてその箇所次第に増し加わりしより、前の如き浮説の立ちたるべし。さて両国その他の箇所ともに開業の当座、五十文ずつなりしが、追々繁昌して、遂に百文ずつに値を引き上げたりとぞ。

これより次第に盛んになりて、夜鷹の細見を市中に読み売りする者を出しぬ。これは半紙二枚継ぎたる番付ようの摺物《すりもの》にて、その紙面の体裁は左の如くなりし。

東辻君花の名寄せ

○印は上玉　◐印は中玉
●印は下品

東両国	浅草御門内
○はる十六	○せん十八
◐みね二十	○みき二十
○ふく十七	◐まつ二十三
●さく二十二	●てつ三十一
◐まん二十一	○さだ十九
○よね十九	●ひさ十八
○なか二十六	◐ふじ二十五
この二人場所定まらず	●らく十九

以下筋違《すじかい》・本所二ツ目・永代橋・久保の原・御厩河岸・采女ケ原・芝切通し・赤坂御門外などは略す。

又紙末に左の狂歌あり。

花蓙《はなござ》は花の道中(1)波銭《なみせん》の六文字にて歩行《あゆ》む辻君

馴染客跡見かえりの柳原露の情《なさけ》になびく辻君

この細見市中を毎夜売り歩行《ある》き、「古今珍らしき鳥の出たる次第をごろうじろ」と読み売りしたるが、たちまち差し押えられたり。

かくて夜鷹とともに所々潜伏しいたる隠し売女は、また現れて全盛を極めたるより、自然本場所のこの北里〈吉原〉にその影響を及ぼしたるより、嘉永元年〈一八四八〉五月新吉原角町《すみちょう》の万字屋茂吉より、江戸市中に左の如き引札をなしたるが大いに評判を博し、「どんなものか行って見よ」と奇を好むものども、われもわれもと出掛け、中々の繁昌を極めたりという。

現金
引手なし

目印

遊女大安売

一、御客様方ますます御機嫌克《よ》く御座遊ばされ、恐悦至極存じ奉り候。随って私見世の儀御蔭を以て年来遊女屋渡世相続仕り、冥加至極あり難き仕合わせに存じ奉り候。しかる所近年吉原町日増しに不繁昌にあいなり申し候。その根元と申すは遊女屋仲間人気甚だ悪しくあいなり、廓内寛政度の儀定あい用いず、自分勝手の渡世致し、客人這入り候茶屋へ揚代金二朱に付き三百銅・三百五十銅、または二つ分《わけ》などと引手銭差し出だし候故、新規茶屋これまでより三百軒余もあい増し、自然と御客様方へ粗末の品差し上げ候ようあいなり候に付き、この度商い向き仕方替え仕り、茶屋客人一切請け申さず、現金右引札の通り正札付け値段引き下げ、御徳用向きの遊女沢山仕入れ置き、御酒肴・夜具などに至るまで吟味仕り差し出し申し候間、御客様方仰せ合わされ、昼夜に限らず御賑々しく御光来の程希《ねが》い上げ奉り候。なお御懇意様方へも御風聴の程、偏《ひとえ》に願い上げ奉り候。以上。

一、座敷持ち遊女　金一分の所　銀十二匁。

一、部屋持ち遊女　金二朱の所　銀六匁。

一、内芸者　金二朱の所　銀六匁。

但し御酒は正宗、御肴は会席。

御馴染御祝儀思し召し次第、茶屋・船宿送りの御客一切請け申さず候。

新よし原角町

月　日　万字屋茂吉

この引札にて万字屋大いに繁昌せしを以て、京町二丁目の大和屋・同金沢屋、角町の若狭屋も市中に引札して客を引き、一方にて茶菓は無代にて出すといえば、一方は鮓《すし》を出して競争し、遂に若狭屋にては左の如き引札を再びなしたり。

前文略す。

御一人様にて　御吸もの　御口取りもの　御肴二つ物。

御両人様にて　前同断　御肴三つ物。

御三人様にて　前同断。

但し芸者肴と唱え候出しものは、鮓また菓子にても御望み次第。

右の品々は商売繁昌の御礼として差し上げ候。

これ嘉永二年前後の景況なり。

（五九四四号、明治二六年七月七日）

四宿の食売女

別れあれば待つ暮れある色の諸分けの品川宿は、名にしおう大江戸の入口とて、両側に軒を連ねし妓楼店付《みせつき》よく、花を飾りて上り下りの旅人に足を留めさせ、海辺《かいへん》の眺望と一種の手管とによりて、諸藩勤番の若士《わかざむらい》を引き数も限らず、どやどやと岸打つ浪の音とともに、四季絶間なく四宿第一の繁昌を極めたり。

妓《こども》の風俗は深川より賤しきこと勿論、食売女《めしもり》の称えなれば是非なし。また内芸者あれども、三弦《しゃみせん》は一楼一挺の掟なる故、興薄し。例年七月の二十六夜待ちを紋日とす。

初め妓楼《こどもや》は六十余軒、食売女の数は五百人を限る定めなりしに、天保十三年（一八四二）の取り調べには千五百余人、同十五年の調べには千三百五十七人とあり、これ繁昌に随い次第に増加せしものならん。

さて天保十三年の改革に、四宿ともに手入れとなり、品川は羽倉外記〈秘道《やすみち》・代官〉の受け持ちなりしが、その人員慥《たし》かならぬより、密かに属吏を遣って取り調べをなしたるに、前に記す如く千五百余人の多きに達したるより、御定外《ごじょうがい》の人員千余人を処分し、親元あるは勿論その親に引き渡し、遠国の者は人主《ひとぬし》または請け人に引き取らせ、引き取り人なきは品川の非人頭松右衛門に引き渡し、奴《やっこ》となし、また楼主もそれぞれ尤《とがめ》を受けたりしが、当時喜の字楼・武蔵屋・布袋屋・岩付屋などの申し立ては、「われら見世は御定め通り(五百人の中)七人にて、余の十人は目見え中にて、未だ食売女の証文は致さず」と巧みに述べたるより、楼主も妓も無事に済みたりとか。しかるにわずか一年を経て天保十五年正月二十九日、当所支配の代官関保右衛門・北条雄之助巡回の節、食売女の数多きを見認《みと》め、突然手入れとなりたる時の総人員は千三百五十七人にてありき。依って定員五百人を免《ゆる》し、八百五十七人は召し捕られ、御勘定奉行跡部能登守〈良弼《よしすけ》〉の白洲にてまた候《ぞろ》処分せられたり。右落着請け証文は左の如し。

品川宿
紀伊国屋権八
ほか九十三人

右宿々食売女の儀に付きては、兼て仰せ渡され候儀もこれあり候処、旅人給仕など行き届き候よう致したくと存じ、過人数抱え置き、ことに右女を売女同様に仕立て、旅人好みを求むべくと衣類そのほか花美に仕なし候始末、一同不埒に付き過料銭五貫文仰せ付けられ候。

但し総人数の内五百人御引き渡し下し置かれ、過人数の分は請け人・人主または身寄りの者へそれぞれ引き渡し、右引き渡しあい済み候わば、早速その段御訴え申し上ぐべし。以来旅籠屋ども食売女過人数差し置かず、すべて花美の儀これなきよう心得べき旨仰せ渡され承知畏まり奉り候。以上。

天保十五年二月七日

紀伊国屋権八
ほか九十三人

但し当時妓楼九十四軒に増加せしと見えたり。

これと同時に名主・年寄・問屋・組頭などの宿役人は、「食売女の儀に付いては兼て仰せ渡され候趣もこれあり候処、旅籠屋ども食売女過人数抱え置き、そのほかいかがの取り計らい致し候も心付かず罷りあり候始末、一同不埒」との申し渡しにて過料三貫文ずつ申し付けられたり。

品川の繁昌せしは嘉永六年(一八五三)より安政の二年(一八五五)なりしという。当時異国騒ぎにて人心穏やかならず。諸職人・日雇い稼ぎの者は、少しも仕事なく、生活の途を失い、途方にくれたる折柄、嘉永七年の春より御台場築造一大工事に、いずれも蘇生の思いをなし、われ勝ちに品川に集《つど》いてその業に就き、御殿山の小屋に宿して稼ぎたるが、独身ものはこの世の中に銭金《ぜにかね》を貯えて何にかせんと、明日にも軍《いくさ》の始まるように心得て、日々の下げ銭は皆妓楼に投じたりとぞ。当時童謡に、

お台場の泥かつぎ向こうで
　めし喰って二百と五十

手業《てわざ》なき日雇いの土担ぎすら賄いを受けて、日々二百五十文ずつの下げ銭とは莫大の

手当なりしなるべし。しかるに同年の夏は近年になき暑さにて、日々炎天に照り付けられ、馴れぬ塩風に吹かれたる故にや、御殿山の小屋に熱病発生して死人多く、後には命あっての物種とて、逃げ帰るもあり。死を決して行くもあり。よく踏み留まれるは決死の者のみ。されば下げ銭は皆妓楼の潤いとなりしとかや。当時の落首に、

品川の突き出しいやな客を待ち　（五九四五号、明治二六年七月八日）

深林《しんりん》野《や》逕《けい》甲州街道の追分内藤新宿は、草茂き辺鄙の土地にて、旅籠屋の如きもわずかに四、五軒にて事欠かざりしに、元禄四年（一六九一）四月二十八日、碑《ひ》文谷《もんや》にありける祖師の悲田派に追われて、中野の奥、堀の内村の小庵に安置せられてより、霊験ことに著しとて、この小庵はたちまち衆俗渇仰の仏閣〈妙法寺〉となり、新宿は信者の杖を息《やす》むる所となりてより、家居も次第に増加し、遂に繁華の地となりしは、偏に蓮祖(1)の洪徳なるべし。

かくて明和八年（一七七一）の九月、駒場・四ッ谷辺御成の節、御鷹御用宿を勤めたる廉《かど》にて、給仕女百五十人願い済みとなりぬ。これこの地食売女《めしもり》の起原なり。これより繁昌を来たして、天明年間には宿内に引手茶屋の物好きを現し、文政の末には四ッ谷大路に四つ手駕籠の声聞くこととなりぬ。されば見世張りには綺羅を飾り、北里〈吉原〉に劣らぬ花を置きたれど、もとより杓子の風あれば、それに及ぶべくもあらず。しかれども恋の価《あたい》はもと一つにてやありけん。遂に山の手の四民どもの浮き身を新宿に窶《やつ》すもあり

けり。

安政年間に至り、宿内五町に軒端並べし豊倉《とよくら》・蓬萊・伊豆橋を始めとして、三十有余の大小店に贖身《みうけ》あれば、梳籠《つきだし》あり。日に新たにして、日々に新たなる宿の夜見世《よみせ》の賑いは、北里に劣らぬ全盛とはなりたり。

ここに安政丙辰年(三年・一八五六)新玉《あらたま》の初寄合に、宿内玉川上水辺りへ多くの花を植え込み、一層客足を引かんとの動議出でしに、衆議たちまち一決して、まずこの地代官の手代どもを丸め込み、充分その筋に賄賂を贈り、さて小金井の顰《ひそみ》に倣《なら》い、上水毒解《どくけし》のため桜の苗木を両岸に植え込みの儀を、代官川崎平右衛門を経て御勘定奉行川路左衛門尉〈聖謨《としあきら》〉へ出願したるは、この年正月十九日なりき。

さて願いの趣は、近辺の武家・商家・百姓家に至るまで、故障これなきにおいては差し許すべしとの内命ありしかば、近辺の御家人に多くの賄賂を贈りて瞞着し、商家を説き、百姓家に頼みて、書面に捺印を乞い、漸くに成就して許可を得たるは同月二十九日なり。これより桜の大木二百七十五本、若木五十二本を各所より買い集め、同年二月十三日勇ましく宿内に引き込みたるが、この時浅黄に白く御用木と染め抜きたる大旗を車一輛に一本ずつ推し立てたるを、御林奉行の属吏ども見認《みと》めて、事むずかしく宿役人に迫りたり。そは宿の誰かれは毒解のためと申し做し、御免《ゆる》しありたることなれば、御用の文字を用うるも差し支えなしと誤解したるなりけり。この出来事も賄賂を以て無事に落著し、漸く植え付けをおわりたりしが、たちまち評判を博して、見物非常に群集し、往来も自由ならざる程なりしかば、目論見通りに仕遂げたりと歓び、なおこの景気に乗じて花菖蒲をも植え込むべしと、三光稲荷社地の池を広げ工事に着手せり。

この月二十六日、たまたま老中阿部伊勢守〈正弘《まさひろ》〉小金井観桜遠乗りを催し、同行の諸役人百騎轡《くつわ》を並べて内藤新宿上水辺りに掛りたるに、毒解のために植え込むと願い出だしたる苗木は爛漫として、雲の如く今を盛りと咲き満ちたるのみならず、所々に建てたる「御用木折り取るべからず」と記したる制札役人の眼に留まり、「余りと申さば大胆なり。こは毒解をいい立て客を呼ばんための業なるべし」とて、急ぎ宿役人を馬前に召喚し、取り払いを命じたり。されば宿内の騒動斜ならず。直ちにその向々に手配して、ひたすら穏便の御沙汰を乞い、翌月すなわち四《三》月四日までに桜を残りなく取り払い、若木は宿内天龍寺境内と三光稲荷の社地《やしろち》に移し、大木はことごとく薪《たきぎ》となしたるは、哀れというも愚かなるべし。

いつの頃よりか北里〈吉原〉の規約に倣い、宿内にて不慮の備えにとて集金をなし、塵積って千八百八十両余の多額となりしも、幸いにして営業上不慮災難なく、依ってこの金の幾分を費し桜の目論見をなしたるに思いも寄らぬ顚末となりて、積金は皆無となり、世間の蚩笑《わらい》を招きたるは気の毒の事どもなりし。

その頃の事なりけん、何人の仕業なりしや、宿内の木戸に左の落首を張りたる者ありといえり。

墨染めの桜の精は宿へ出る
小金井を真似て黄金《こがね》をみななくし
内藤新宿評判の桜味噌

この地見世張りは三人の制規なり。価《あたい》は十匁より七匁五分なり。弘化初年より各岡場所の妓入り込みてより風俗一変せしという。（五九四六号、明治二六年七月九日）

中仙道の馬次場《うまつぎば》と呼ばれたる板橋宿に給仕女を許されたるは、寛文四辰年（一六六四）二月なりと聞こゆ。後、延宝六年（一六七八）十一月道中奉行より触書の中に、給仕女取締上の事をも載せたれば、左に抄出す。

一、ただ今まであり来たる茶屋のほか、一切茶屋致させ申すまじく候。もし茶屋これなくて叶わざる所は、奉行所へ申し出で差し図次第仕るべき事。

一、給仕女持参候茶屋の分は、一軒に女二人より多く差し置くべからず候。右のほか妻並びに嫁・娘などこれあり候とも、一円馳走に出し申すまじく候事。

但し猥《みだ》りに女馳走に出し候わば、これを捕え奉行所へ召し連れ参り候か、または断り置き急度《きっと》申し出で候ように、吉原の者どもに申し付け置き候間、その旨存ずべき事。

一、給仕女持ち来たらざる茶屋の分は、向後いよいよ以て馳走女一人も差し置くべからず候事。
一、茶屋衣裳の儀、布木綿のほか堅く着させ申すまじき事。
一、茶屋商売の儀、明六つ時（午前六時頃）より暮六つ時（午後六時頃）までに仕るべく候。日暮れ候て一切客差し置き申すまじく候。たとい日の内たりとも、うさんなる者茶屋へ寄せ申すまじき事。
　右の趣堅くあい守るべし。もし違背においては、その者儀は申すに及ばず、大屋・五人組・名主に至るまで曲事《くせごと》に申し付くべきもの也。

　この触書に依れば当時の規定随分厳《おごそ》かなるを知るべし。しかるに元文二巳年（一七三七）九月食売女百五十人、女抱え候旅籠屋二十七軒と定められ、いつの頃よりか吉原同様に見世を張りたり（品川・新宿は見世張り三人ずつの定めなれど、板橋と千住は吉原同様見世張りを許したり）。その後《のち》、天保十三寅年（一八四二）六月より昼は見世格子取り置き、六尺程内に丸竹を以て仕切り見世を張る事になりぬ。また夜分は格子を嵌《は》めてもとの如く見世を張りたり。同年各所の岡場所取り払いとなりしより、一入《ひとしお》繁昌の宿となりぬ。さてこの地の売女が内藤新宿より下品にて、風俗あしきはもと近在の若者のみ相手なるによりしなるべし。

　されども迷えば眼中西施《せいし》(2)を出だし、駒込・小石川・本郷辺はさらなり、江戸向きより足を運びたる者も多く、また枯野の眺めは格別なり。誰の座敷は富士を見る小窓もあるなどと、稀には風流人のこの地に遊びたるもありしとぞ。

「昔日《むかし》は客を引く手段も所に依って容易《たやす》き工夫に仕遂げたり」と、ある翁《おう》の語るを聞くに、嘉永三戌年(一八五〇)の秋、板橋上宿《かみしゅく》の根村屋《ねむらや》安太夫の抱え女に「まめ」と呼ぶ雛妓《しんぞう》ありけり。このもの尻に長さ八寸程の尾を生じたりとて仰山《ぎょうさん》に書き立て、町奉行へ届け出でたるに、たちまち香具師《やし》の耳に入りて、江戸市中を読み売りしたるより、いずれも奇異に思いをなし、われもわれもと見物に出掛け、この地大いに繁昌したり。当時宿役人より奉行所へ届け書きは左の如し。

勝田次郎様御代官所
武州豊島郡下板橋宿
旅籠屋根本《村》屋安太夫抱え女
ま　め

右まめ儀は、廻国六部の娘にて、十二年程以前父とともに板橋宿へ罷り越し候処、父病気にて薬用手当も出来兼ね候に付き、世話致し候者これあり、右娘を前書安太夫方へ永年季《ながねんき》食売女奉公に遣わし、右給金を以て療養致し、全快の上板橋宿出立、なおまた廻国に罷り出で、右娘は安太夫方にてまめと名付け、養育致し置き、昨年に売女致し候処、十才の頃より背骨通り亀の尾の処に、指の先き程の柔らかき者を生じ、医師に切らせ候処、ことのほかあい煩い、手当の上漸く全快致し、打ち過ぎ候処、またまた再発致し、追々に延び、当時長さ八寸余、太さ三寸五分程にこれあり、色浅黒く、骨はこれなき様子にて、平常は尾の如く下りおり、時に寄り起発致し候様子にて、この節衣類肌薄に付き、後ろへ突き上げおり候儀も折々これあり、当七月名前知れざる見世物師、この由承り及び、右まめを金二十三両に買い請けたき由申し入れ候えども、前書の次第にて抱え置き候者に付き、見世物には致し難き旨断りに及び候。この節近辺にては尻尾女と申し触らし、近村までも専ら風聞仕り候。尤もまめ召し抱え候節世話人両人までこれあり候処、残らずあい果て、主人方にても右の次第にて抱え候節、碌々《ろくろく》身元も取り調べず粗略にて、当時六部の名も確《しか》とあい分かり兼ね候。誠に珍らしき次第に付き、この段御訴え申し上げ奉り候。以上。

とあり、これよりまめは食売奉公も出来兼ぬればとて、男髷に結び、一日置きに二十七軒の見世番を勤めさせ、客の望みにて座敷に出て尻尾を見せたるよしなり。

（五九四七号、明治二六年七月一一日）

板橋は宿内岩坂の路傍にある第六天の祭日を紋日として、私夫《しふ》の通路近かれと祈り、また心に染まぬ客は、この第六天の神木《しんぼく》と崇める有名の縁切榎《えのき》に憂さを語り、利益を祈るなど、宿内だけにわがままの心願納受ありと見ゆ。さてこの縁切榎はこの地有名のものなれば、ついでにその由来を糺さん。これは榎にあらず。囲み二丈に余る槻《けやき》の老樹にして、下板橋岩坂にあり。幹の間朽ちて空窽《くうげき》となりし処に、第六天の小祠を安置し、この樹をば神木なりとて注連《しめ》を張り、昔より縁切榎と唱えたり。されば結婚する者は忌み嫌いて樹下を行かず。男女故ありて縁を断たんとする者祈れば、必ず験《しるし》ありとて、果ては樹皮を剝ぎ取り、これを煮てひそかにその汁を服さしむるに、その験なしということなきよし伝えり。この故に樹枝《きのえだ》下五、六尺ばかりその皮ことごとく剝ぎ去られ、老いたれどもなお形を存したるを、三年以前宿内に火災ありしとき、あえなくその災に遭うて、今は跡方もなくなりぬ。

さてこの樹にかかる来歴のあるは、もとより愚俗の惑《まど》いより出でしことにて、歯牙に掛くるまでもなけれど、その妄説の起こりし所由《いわれ》を繹《たず》ぬるに、寛延二年(一七四九)二月五十宮《いそのみや》〈一〇代将軍家治室倫子《ともこ》〉降嫁の時、巣鴨原町一丁目角左衛門店源右衛門ほか一人より差し出だしたる注進書に左の如く記せり。

今度五十宮様御入府遊ばされ候御道筋中仙道下板橋通りと承知奉り候。おそれながらこの御道筋に付き御注進申し上げ候。右下板橋宿外《はず》れ、近藤登殿下屋敷の垣際に榎・槻一処に生い立ち、数年を経、ことのほか大木に御座候処、何《いつ》の頃より誰申すともなく、榎槻いわの坂をえんつきいやの坂と申し習わし、この処を縁女・聟入りなどの者通り候えば、必ず縁短く御座候由申し来たり、近在の者は申すに及ばず、承り及び候程の者、この処縁辺の者一切通り申さず候。木の前に七五三《しめ》など張り置き申し候。委細の儀かの処の者よく存知申すべく候。下々の俗に申す儀、何とも申し上げ候も恐れ多く存じ上げ奉り候えども、偏にただ幾千代も御長久・御繁栄を仰ぎ願い奉り候故、恐れながら右の段御注進申し上げ候。

右の如く注進したるにより、源右衛門ほか一人は「五十宮様御到着御道筋の儀申し上げ候奇特に付き」とありて、銀一枚ずつ賜り、同宮の御道筋は板橋を避け、川口より日光街道に変更し玉えり。その後楽宮〈一二代将軍家慶室喬子《たかこ》〉・和宮〈一四代将軍家茂室親子《ちかこ》〉様御降嫁のときも右の例にて日光道より入府し給いたり。さて右の注進に依って考うれば、榎槻をえんつきと訛り、果ては縁尽きの語に転じて、縁を切るという付会の説起こり、遂に縁切とは呼びなせしならん。

また思うに、榎槻と再び称したるを見れば、近年まで残りたる槻のほかに、別に榎のありけるが、いつの頃よりか枯れて槻のみ存したりと見えたり。兎に角かかる一時の鄙《ひ》諺《げん》より起こりしことを信じて、樹に霊あるものの如く思い、祈請する者絶えざりしは愚かなることどもなりし。

（五九四八号、明治二六年七月一二日）

千住掃部宿《かもんじゅく》と小塚原に売女の許可ありしは、寛文四年（一六六四）二月にて、板橋宿と同じ。この地大橋の南は小塚原にて、ここ十四軒、北は掃部宿にて里俗大千住《おおせんじゅ》と称し、大小見世合わせて三十二軒ありたり。文化五、六年（一八〇八、九）頃までは、例年小塚原天王の祭礼に大千住の若者と小塚原の若者と大橋に集まり、井戸縄の端を南北に分かれて引き合い、その年の半季より明年上半季までの景況を、この勝敗に依って占う習慣なりしが、ややもすれば争闘を生じ、怪我人など出来たるより、後《のち》に南北の年寄相談の上にてこの事止みたり。これを千住の綱曳きといいたり。(3)宇月《うげつ》の句に「綱曳きや左の利《きき》し大男」とあるはこれなり。

さて四宿の中千住・板橋・品川などへ食売女《めしもり》を許可することに就いては、時の道中奉行安藤弾正少弼〈惟要《これとし》〉大いに尽力したりとて、後世この三宿は安藤の忌日に弾正講と称し、追福を営みたり。ここの食売女は北里《ほくり》〈吉原〉の河岸ともいうべき風俗にて、甚だ高《こう》慢面《まんづら》なり。価値は四寸、物日六寸、芸者は四寸にて、見世張りは板橋と変わりなし。愛想よき千住女郎衆に袖引かれ、草鞋とくとく泊る旅人「まだ七つ（午後四時頃）前だ、小塚原には悪い犬がいやす、もしものことがあるとお前犬死でござんすよ」など甘言に誑《たぶら》かされ、近在の若者身を果たす者少なからざりしより、葛飾の代官伊奈半左衛門大いにこれを憂い、「媚《こび》は狐に比べ、機軸は虎の穽《おとしあな》より深し」と明人《みんじん》どもいいたれば、中華の人情も違うことなしと見えたり。さればこの穽へ国を陥れ、家をおとし、身を落としたる者、倭漢挙げて計《かぞ》え尽くし難く、周室を陥れたる(4)褒姒《ほうじ》の穽も、波銭一本落としたる鳥烗河岸《ちょうりかがん》の穽も遂に塡《うま》りし噂を聞かず。清の(5)曼翁《まんおう》が(6)「碧海の迷津《めいしん》なり」といいしも(7)誣言《ふげん》ならずと、何にやらの(8)赤本《あかほん》に記されしを見たり。これより種々工夫を凝らし、支配地若者の遊蕩を予防せんと、遂に馬鹿囃子を思い付き、村々の役人に旨《むね》を諭し、農間の慰みに何かなくては叶わず、依って囃子を伝授する旨を葛飾郡の各村に触れ出したり。しかるに多人数のこととて、太鼓の調《ととの》い方むずかしき分は、堅き平板《ひらいた》にて当分差し支えなしとて二か村ないし三か村合併にて会合の場所を定め、まず囃子の出来得る者を七、八人雇いて指南役となし、毎夜教うることとなせり。たまたま事に托して休むものあれば、翌日村役人の宅へ召喚され、「昨夜は何故に休みたるやと今朝《こんちょう》御代官様より察度《さっと》ありたり。私《わし》らも始めて聞きたることとなるが、毎夜御代官様には村々の稽古場をひそかに見廻りなされ、どこの者は大分上手になったと歓び、どこの者は怠り勝ちだなどいわるるよし、どうぞ私《わし》が村の者は精を出して貰いたい。その方の村方は肝心だといわるれば、村役人も鼻が高いというものだ」などと説き諭すを以て、いよいよ出精せねばならず、ことに音のする一件故、近所に御代官が聞いてておるかなと思えば一層音を高めて稽古したり。

　御代官がひそかに稽古場を見廻るとの脅しを、いずれも真に受けて出精したるより、追々に上手になり、遂に囃子は葛西に限ると持て囃され、山王・神田の祭礼には、いずれも鼻を高くして吹上御上覧場に出でらるるの栄《えい》を得たるは、偏に伊奈氏の賜《たまもの》なりと、古老の者は語れり。村民の遊蕩を防がんとて工夫したる囃子は、一郡の名物となりて、後の世まで持て囃さるとは奇というべし。千住・小塚原の客は農商工にて、屋敷ものは稀なり。名物は鯉の濃く塩、鰻・鯰の蒲焼、鰌《どじょう》など多く、台の物に現れ、何事も以前は手軽なりしゆえ、本場は程遠からず中々繁昌を極めたり。

（五九四九号、明治二六年七月一三日）

江戸城と武家社会

年始登城

正月元日・二日・三日は、三家[1]・同嫡子・連枝《れんし》[2]・国主[3]・城主・外様[4]・譜代[5]の諸侯、万石以上・以下の諸役人、交代寄合[6]・表高家[7]・寄合医師、そのほか目見え以上旗下《きか》の士、年始御礼として登城をなす。左に営中賀儀の次第を物せんとす。

元日　将軍並びに嗣子白書院上段の間に着座、三家より以下位階の順次に随い、一人ずつ出礼、太刀目録進献、老中目録披露すれば、直ちに下段左の方に退き着席す。続いて加賀・越前・因州・溜り詰の面々太刀目録を携え、敷居内に入りて礼をなし、いずれも下段左の方に退き着席す。右おわって後、老中年始の賀儀述べらる。この時奏者番太刀目録を納む。これより下段着席の面々、宴を賜い時服《じふく》を下賜せらる。さて盃は捨て[8]土器《かわらけ》にて、酌人は高家これを勤む。引き渡しは両番頭及び中奥小姓の輩なり。賜りたる時服を載するに台と広蓋《ひろぶた》との差あり。これは家格に依る。

これより将軍は大広間に出座、下段に着座す。この時老中襖《ふすま》を開き、外様・譜代の大名、交代寄合・表高家・留守居・大番頭・書院番頭・小姓組番頭、その他の諸大夫[9]、法《ほう》印《いん》・法眼《ほうげん》の医師、布衣《ほい》以上の寄合（三千石以上は太刀目録を前に擱《お》く）と、群居一同平伏す。この時老中より年頭の賀儀申し上ぐる旨を言上す。右おわって将軍上段の間に抵《いた》り、着座すればこれと同時に、組付けの土器を出だす。西尾（松平和泉守）・尼ケ崎（松平摂津守）両家五位の上席なれば一番にこれを受く（但し両家隔年なり）。それより万石以上・以下、諸大夫、法印・法眼の医師、布衣諸役人、寄合に至るまで宴を賜う（土器に酒を盛りて賜うなり。土器はいずれも懐中して退出す）。これを御流れ頂戴という。また五位以上、法印・法眼には時服を下さる。この式おわれば、将軍は白書院次の間に控えたる小姓組・絵師・本阿弥〈刀剣鑑定〉、また黒書院に控えし新番組頭・表祐筆組頭・表祐筆らの賀儀を受けらる。

二日　白書院に出座、三家嫡子の賀儀を受けられて後、国主・准国主・喜《き》連川《つれがわ》〈交代寄合〉及び外様大名の年礼を受く。その式は元日の式と同じ。但し四品以上は独礼なり。後、白書院次の間にて代官・医師・神道・連歌師らの賀儀あり。それより山吹の間にて総検校の礼あり。いずれも奏者番披露す。

三日　白書院上段に出座、幼少にして無官なる大名の賀儀を受く（連枝及び国主の嫡子は独礼なり。中将・少将の嫡子は太刀目録を敷居内に置き、その身敷居外にて礼をなす）。後、大廊下・溜の間に出座、無官の輩、彦根・中津・高田老臣らの礼を受け、白書院次の間通御の際、江戸町年寄・上京・下京・大坂・奈良・伏見・銀座・朱座・五か所割符の者の礼を受けらるるためしなり。

六日　諸寺諸山の僧侶・社人・山伏各々物を捧げて年始を賀す。また当日は天守番・富士見宝番《たからばん》も出仕、礼を述ぶ（両役とも百俵以下、目見え以下なれども特別に年始の礼のみ受けさせらる。但しいずれも席は大広間に居並びて礼をなすなり）。

日光御門主の年賀は、例年二月朔日にて、白書院上段の間において御対顔あり。

さて将軍家及び四品並びに侍従以上の着服は直垂《ひたたれ》(10)にて、五位諸大夫は大紋《だいもん》(11)、法印・法眼は直綴《じきとつ》(12)、布衣は其服《きふく》、平士は素袍《すおう》(13)、同朋は大紋白袴、医師は熨斗目《のしめ》(14)十徳《じっとく》(15)などを着す。

三日は殿中すべて熨斗麻上下《あさかみしも》となる例《れい》なり。

ちなみに記す。将軍の直垂染め色は江戸紫、嗣子は緋色を用いたり。諸侯は好みに任すといえども浅黄・萌黄は二代・三代の将軍用い給いし染め色とて憚りて用いず。ただ会津・福岡・津山の三家のみは萌黄色を用いたり。また黄色は凶事のみに用い、祝日には用いず。

直垂は地質精好《せいご》(16)なり。新地の精好は三家及び薩州家のほか用いず。また直垂着用の時は左折《さおり》(17)・風折《かざおり》烏帽子を着し、装束下白小袖を着す。（五九三一号、明治二六年六月二二日）

二十八日

旧幕の代には、朔望の両日に月の二十八日を加えて、これを三日《さんじつ》と称し、大名・旗本皆参賀し、民間にてもこの日を祝日としたり。その由来今詳らかならねど、元文二年(一七三七)十月二十八日の布達に、「二十八日総出仕は、正・二・四・七・十二月ばかり御祝い、その余月は出仕あい止め候」とありて、この時より右の五月《ごつき》に限り参賀せしめたり。さて御礼登城の典は、古来朔望の両日に定めありしを、神君〈徳川家康〉の代に至り、なお一日を登城日に増し加えんとの思し召しにて、南光坊(1)〈天海《てんかい》〉に下し問いければ、坊謹み答えて、「朔日は日輪を尊び、十五日は月華を尊べり。日月に星を加えてこれを ば三光と称うるなり。さればもし一日を増し加えられんとならば、星の二十八宿を尊びて、二十八日を御礼日《おれいび》となすべきにや」と申し上げぬ。依りてこれより月の二十八日を加えて三日と称したるなりと伝う。

「明良洪範(2)」に載する所は少しくこれに異なり、その説にいう。神君、毎月朔望の礼はいかなる故と問い給う。〈藤原〉(3)惺窩《せいか》答えて、これはもと日月の明《めい》を尊ぶに出で、朔日は日を始めて視《み》、十五日は月の満つるを寿《ことほ》ぐより起これるなりと申さる。神君しかれば日月並びに星をも祝うべき義なるものをと御発明ありしに、さればこそ二十八日を二十八宿に充て、星の終わりとて、唐《から》には祝い申す事の候よし申されしかば、向後《こうご》武家の礼をも定めらるべしとて、二十八日の御礼慶長年中より定めらる。

しかるに「新安手簡」[4]に拠るに、毎年二十八日の参賀と申すは、諸説区々《くく》に候えども、これは三州に入らせられ候時、遠所居住の者旦那寺へ参詣の日にて、肩衣《かたぎぬ》ついでに参られ候を、ついに御座へ召され御対面ありしと。また子供など御目に掛け候など、多くこの日のことにて候べき、ついに当家の特例となり候。その事の由は二十八日様《さま》のことにより候とて、古き人の笑いつつ教えられ候とあり。

「和漢要説談」[5]にはいう。二十八日を賀することは、未だその説を得ず。我が藩の先儒荻生徂徠[6]翁の江城へ出でしとき、留守居の者伴いしが、折りしも二十八日に当たりし故、多くの諸侯登城ありしに、留守居役の者二十八日の儀を徂徠に尋ねしに、「大猷院殿〈三代将軍家光〉の御代、二十八日は御先祖様の忌日故、御廟へ参詣する程にて、君の御機嫌を伺わぬ事やあると出仕せしが、後には例となりけり」と、徂徠翁の語りしとなり。

以上四説あれど、前の二説は天海と惺窩とその人は異なれど、その趣はあい似たれば、もとは一説なるを、伝う者に異同ありて両様に記せしならん。但しその説は付会にして、さらに信ずるに足らず。後の二説も御先祖と宗祖と異なるのみにて、その意あい類すれば、これももと一説なるべし。されど徂徠の二十八日を御先祖の忌日といいしは非なり。

徳川家にこの日薨去《こうきょ》の君《きみ》なし。これも伝うる者の誤りなるべし。またある人の説に、天正十四年(一五八六)三月二十八日の御礼のため、先手《せんて》の衆御旗本へ参られたるに、神君の仰せに「今日は礼いらざる義なり」とて、供をも召し連れられず先手に入らせられたり。この時先手の衆「信宗《しんしゅう》様御座あれば、御気遣い御無用」と述べたるに、御気色《おきしょく》あしく、御対面もなく御帰陣ありて、早々先手の者を御返しありたり。この時いかのお尤《とが》めあるやと人々痛心せしという。後世童謡に「お尻の用心御用心、今日は二十八日」といいしはこれなり。さてこの説に拠る時は、豊臣氏のとき既に二十八日の賀ありしなり。徳川氏の時に始まるというは非なり。祝日は皆旧来の例によられしものにて、新たに定められし事なしとぞ。また文久年間〈松平〉春嶽〈慶永《よしなが》〉(7)の改革において、二十八日に限り特に式礼を廃せしは、式日の多きによれるにて、別に仔細あるにはあらずとなん。

(五八九二号、明治二六年五月七日)

城中の御能

城中の御能に三種あり。その一種は将軍宣下・日光御社参・勅使参向・世子誕生・御婚儀・御元服・万部法会(1)などの大礼おわりたる後、営中大広間において催さるる能をいい、その二種は正月二日の御謡初《おうたいぞめ》をいい、その三種は中奥の御能をいう。今その第一種の御能を聞くに、当日は将軍みずから大広間の上段なる御簾《みす》の中に臨まれ、国主を始め諸大名・諸役人はいずれも長上下《ながかみしも》にて陪覧す。しかして広間の白洲には、江戸町人(地主・名主・家持・家主《いえぬし》)五千五百十一人をして陪覧の栄に与《あず》からしむ。舞台は三間四方にて、大広間の対面に設けあり。橋懸かりは十三間にて、両側に稚松《わかまつ》植えること例の如くす。さて当日の能楽はその舞曲種々なれど、第一番に翁渡《おきなわたし》(2)を演ずることを恒例とす。しかして翁渡の曲中「天下泰平、国土安穏」といえる句に至るときは、たちまち上段の御簾を捲き上げて、将軍みずから双手を下げ、首を垂れて謹聴しおられ、国土安穏の句おわるに及んで、元の如く御簾を垂下《すいか》せり。既にして第二番・第三番の能を演じおわれば、中入《なかいり》となり、当日の能役者に下されものあり。下されものは要脚広蓋《ようきゃくひろぶた》(3)というものに盛りて、御進物番これを舞台に搬《はこ》び、地謡《じうたい》の側に座せる老中の前に据え置く。四座の太夫は一人ずつ老中の前に至りてこれを拝す。その品は四座の太夫には厚板(4)・唐織(5)の巻もの二本ずつ、ほかに熨斗目料として銀五枚を下賜され、以下の能役者には一人前白銀二枚ずつを下賜さる。これより楽屋において二汁五菜の御料理を拝す。二汁五菜の中にはたとえば正月なれば数の子・鮭の類も一品に取り入れられて二汁五菜なりしなれば、他は推して知るべきのみ。

さて右のほか正月二日には毎年必ず御謡初という儀式あり。このときは素謡にて舞を用いざれば、能役者はすべて大広間の板縁に並びいて執行す。この日の謡は老松・東北・高砂の三曲を物するを例とす。陪席は御譜代大名・諸役人にして、国主大名はこの内に列ならず。陪席の諸大名は各々肩衣一具を以て観世太夫に贈賜す。但し料にて贈るもの多しという。この夜大手外にて篝火を焚く。これを第二種の御能とす。第三種の御能は中奥(常の御殿なり)にて催さるるものなり。中奥には常に能舞台の設けありて、来客などあれば、将軍みずから大名相手に舞うことあり。もとより立ち舞うべくもあらぬ身の袖うち振りて興ずることなれば、いと奥まりたる仕人のほかは、別に陪覧者もなく、御師範役として出座する能役者も、誓詞血判の上ならでは陪席を許さず。その席の興趣の下に洩れんことを防げるにやあらん。

能役者は若年寄支配なり。観世・今春・宝生・金剛を四座と称せり。そのほかにもな

お喜多六平太といえる能役者も一家をなせるものなりしが、こは太夫と称せず単に御能役者とのみ呼びたり。また幸若音曲と呼びたる一種の能役者ありて、越前丹生郡に住し

て、各々食禄あり。今各能役者の禄高を挙ぐれば左の如し。

観世太夫　　二百五十石
　但し一座人員七十二人、各々多少の禄あり。
今春太夫　　三百石
　但し一座人員四十三人、各々多少の禄あり。
宝生太夫　　百石
　但し一座人員四十三人、各々多少の禄あり。
金剛太夫　　百石
　但し一座人員四十六人、各々多少の禄あり。
喜多六平太　　二百石
　但し一座人員二十七人、各々多少の禄あり。
幸若　歌也（一番）　　二百三十石
幸若伴八郎（二番）　　三百石
幸若官次郎（三番）　　四十五石
幸若紀十郎　　百石
御能触れ流し
　松井小三次　　二百俵三人扶持

松田鉉之介　二百俵三人扶持

（五七三八号、明治二五年一〇月二八日）

城中大礼のとき行われたる能に、江戸町人五千百十一人を召して陪覧せしめたることは、遠く寛永十一年（一六三四）に始まれり。そは同年二月一日を以て将軍（三代か）病気全快の祝いとして能狂言執り行われたるときに始まりて、爾後恒例となり、いやしくも幕府において慶事あるときは必ず能の催しあり。能の催しあるときはまた必ず町人に陪覧許さるるなり。しかるに寛永十三年四月東照公〈徳川家康〉二十一回の御忌とて十一日・十二日の両日に渉りて能楽あり。この時十二日を以て町人に陪覧せしめ、かつ始めて菓子・酒肴を下賜せられ、同十八年九月九日世子（後に家綱公）誕生の祝いとして能楽あり。陪覧の町人に菓子・酒・青銅を賜う。けだしさきに賜りたる物のうち、肴を廃して青銅に換えたるにや。この日たまたま降雨あり。しかるに拝見の場はかの大広間の白洲にて、もとより露天なれば、雨を防がんためにとて、五千余人に傘一本ずつを給与せられたり。このこと先例となりて、爾後の御能陪覧には必ず傘を賜うこととなれり。慶安二年（一六四九）五月二十日勅使御参向の能楽あり。この日は炎天なりとて特に編笠御免の旨現場において御目付より町奉行に達せられ、かねて準備やありけん、御徒《おかちめ》目付《つけ》・御小人《ごこびとめ》目付《つけ》なんどいえる役人、編笠持ち出でて陪覧の町人に交付されたり。但し編笠はこの時限りにて、後世これを免《ゆる》されざりし。元禄年間に至りて一時町人の陪覧を禁ぜられたるも、宝永年間（六代将軍文昭院〈家宣〉）に至りて再び旧に復して陪覧せしめらる。降《くだ》って文化十年（一八一三）世子誕生の祝いとて催されし御能には、昼後より盆を覆《くつがえ》すが如き大雨なりしも、いかなる趣意にや、傘翳《かざ》すこと許されざりしより、その後傘は有名無実のものとなれり。「もと傘与えられたるは雨の用意なるべきに、などてかくは禁ぜらるるものにや」など呟やく人の多かりしというはさもありなん。

さて陪覧許さるる町人は、地主・家主《いえぬし》・家持・名主・年寄・御用達の類にして、その町内において旧家とし聞えたるものに限りたるにて、江戸幾千街の地主以下何人《なんぴと》にても許されしというにはあらず。宝暦以前は町数は三百八十町に限り、人員五千百人の定めなりしが、宝暦十二年（一七六二）本所柳原町ほか十七か町より情願して、十八人の陪覧者を加えられ、天保十四年（一八四三）に至りて、元大坂町の陪覧者七人他に移転したるがため陪覧の資格を失いたるより、天保以後は五千百十一人となれり。

五千百十一人の陪覧者はいかなる順序もて陪覧するやというに、まず人員を二組に分かち、昼前の陪覧者と昼後の陪覧者とし、その前日において名主より御能陪覧のことあるを通知し、その昼前陪覧のものは明七つ時（午前四時頃）揃いとし、昼過ぎの陪覧者は朝五つ時（午前八時頃）揃いとす。さてこの通知を受けたるものは、各町打ち揃うて町名記したる幟《のぼり》を押し立て、指定の時間を測りてわれもわれもと大手前の広場に参集す。衣服は染め紋付麻上下《あさかみしも》着用にて、脇差・扇子の類携うるを許さず。ただ月行事《がちぎょうじ》のみは羽織袴にて先導指揮の任に当たれり。既にして三百八十町五千百十一人の員数大手前の広場に聚まれば、名主組合の番号に従い、一番・二番の順序を以て若干人《そくばくにん》ずつの数隊に分かち、便宜これを分列せしむ。昼前陪覧のものは明六つ(午前六時頃)の御太鼓の鼕々《とうとう》(7)として鳴り亘るを合図として、第一番より大手門に繰り込み、下乗橋外に至れば、御徒目付・御小人目付立会にて人員の検査をなし、ここに町同心は傘一本ずつを与う。それより三の御門を入り、寺沢門通り埋門《うずみもん》に至る。埋門には御書院番の警固ありて、前日名主より交付されたる御能拝見の鑑札を改めらる。なお進んで上埋門を入り、御能役者詰め所の入口より大広間の白洲に入れば、ただ看る、那智黒《なちぐろ》の石敷き詰めたる一面の広場に、青竹もて手摺の設けあるを。ここに五千百十一人の一半、すなわち二千五百五十余人の町人は青竹手摺りの中なる石の上に蹲《うずく》まる。されど半日の長きを礫石《こいし》の上に蹲踞《そんきょ》するは、かれらの耐え得ざる所なれば、かねてひそかに厚紙、または小蒲団など懐中して膝下《ひざした》に敷くもの多しことは、安永五年(一七七六)麻疹流行せしとき一時敷き物許されしより起こりしが、その後は勿論これを禁ぜられ、前日より名主は膝敷き用ゆるを禁ずる旨申し渡すなれど、誰とてこれを服膺《ふくよう》(8)するものなかりしという。

　一番・二番・三番の能狂言既に済みて中入となり、かの要脚広蓋の式始まるや否や、昼前拝見の町人は、昼過ぎ拝見の町人と交代すべき時なるを以て、ここに町奉行は特に落縁に出で、声を張り上げて叫んでいう。

コレ町人ども承れ、この度の御祝儀に就き御能見物、御酒・御菓子・青銅下さる。

ありがた難く存ぜい、

と。このとき二千五百の町人は総代もて恭《うやうや》しく奉答すべしとおもいきや、公然これに答うることなく、群集中よりは、「イヨー親玉――シッカリタノムゼ」、あるいは「御奉行エライ」などの冷語《れいご》を放つもの多きのみならず、拝見中頬冠りし、喫烟し、口論するものすらあり。あるいは紋付麻上下の制に戻りて縞の衣類を用い、甚だしきはドテラを着けて、これに紙の紋貼り付けたるなどありて、乱暴狼藉の振る舞い多く、代理許されざるを無断にて代人出すもの多きゆえ、ほとんど無礼講の観ありしも、当局者はあえてこれを咎むることをなさずして、寛仮《かんか》したり。当時上下の別厳格にして、一歩の違格を許さざりしに、何とてこのときに限り寛大なりしか、けだし将軍家大慶の日とて諸事を寛仮したるによるならん。しかるに町人方にてはその代人頼まんとするも、かの下賜物のほか別に若干金を与うるにあらざれば、これに応ずるものなかりしというを以て想像すれば、当時半日強の時間を石の上に蹲踞するの不快なるより、多くはこの栄に与《あず》かるを好まざりしものと見ゆ。

既に退参して上埋門まで下れば、ここに町同心おりて、当日下賜の酒と菓子を配付す。酒は錫器《すずき》に入りたるもの二十五個にして、これに二千五百有余の土器《かわらけ》を添え、土器の上に紙包みの菓子を盛れり。菓子は(9)御《お》春屋《つきや》製の饅頭・羊羹にして、味《あじわい》美ならず。瓦器《かわらけ》の底には葵の紋付きたり。さてこの時われ先に酒呑まんとて、かの錫瓶《すずびん》に群がり寄り、菓子を奪い、土器を毀《こぼ》ち、果ては錫瓶を曲に取りて衆人の間に揉み合い、ついに錫器を片々に砕きて、その一片の錫を持ち還るもあり、一片の菓子を取り得ざる老人あれば、既に五、七個の土器を懐にする少壮者ありて、混雑得て名状し難し。

　青銅の下賜は月番町奉行より名主に下げて配付せしむ。その額五千五百一貫文にして、一人当たり一貫文なり。されどこれを五千百十一人に平分せずして、四谷・赤坂の伝馬町より出でたる百人の陪覧者に七十九貫文を配付し、各町月行事三百十六人に三百十六貫文を配付し、新吉原五町内の陪覧者(吉原の者は陪覧の資格あるも、実際これを城内に入れざりしが故に、かの五千百十一人の中には吉原の部は入らざるものと知るべし)七十四人に百五貫文を配付し、残り五千十一《五千一》貫文を残り四千六百九十五人に配付したり。この配付法はいかなる理由によるを知らざるも、古来の慣例によるという。

(五七三九号、明治二五年一〇月二九日)

下馬評

俗に上《うえ》つ方の事を下《しも》ざまにて(1)揣摩《しま》し、風説するを下馬評という。されど明治年間の青年子弟に、この下馬評の名は徳川制度に由来したることを知るものありやいかに。下馬評の来歴を知らんと欲せば、まず左の図(**図17**)に就いて視よ。

これ幕府諸役人の供方が、日々夕七つ時(午後四時頃)まで千代田城の大下馬《おおげば》に主人の退出を待つの光景なり。実《げ》にここは来往織るが如く、金紋前箱(2)旁午《ぼうご》としてあい(3)映発《えいはつ》す。その中御老若の供方は、図中の長屋内に控ゆれど、その他諸家の者は格式もなく、前後もなく、あるいは蓆《むしろ》を広場に敷き、あるいは土上に跪《ひざまず》きて控ゆるさま、かの帝国議会の門前堤畔に議員を待てる車夫の光景を視し人には容易に想像せられぬべし。

小人《しょうじん》集まれば乱す。されば神聖なる帝国議会の傍らには白日にして博奕の流行したりとかや。規律厳しき幕府の大下馬には、もとよりさることの行わるべきにあらず。ただ物いう口の数々に笑いさざめき、罵り合う声々は制《とど》めんとして歇《とど》め難くぞ見えし。

さてその声々を仔細に聴き分けんには、(4)蛙鳴蟬噪《あめいせんそう》の中に容易ならぬ一種の予言を籠めたるも事々し。一種の予言とは、役人の(5)黜陟《ちっちょく》などに関する風評にして、この風評はしばしばよく肯綮《こうけい》を射て貫けり。さて大下馬の風評なるをもて、遂に下馬評の称を取るに至

図 17

りしなりとぞ。

　たとえば要路の役官に空位あれば、今度は誰殿こそ後任なるべけれといい、また今度誰殿が所司代より御老中に栄進せし理由は云々《しかじか》なりと評し、すでに就職すれば同列との議はかくなりと噂し、また年号は幾日頃改元あるべし、今度誰殿（諸大名）の邸《やしき》にて云々の騒動ありなど、世の人の未だ得知らぬ先に下馬評に係ること不思議なり。尤も下馬は城の内外にありて、外下馬《そとげば》は下供《したとも》のみ多ければ、ここには遊郭の噂話し、または今の議員車夫のすなる博奕などにその日を過ごす者のみありて、時事の噂などもとより口の端に上らざれども、内下馬《うちげば》はいずれも供頭《ともがしら》（近侍の士）以下の者多ければ、秘密事件の洩るること穴勝《あながち》不思議にもあらざるべきか。

　かかりければ、南北両奉行は日々同心を下馬に派して、余所《よそ》ながらかれらの風評を聴き取らせ、仕儀によりては風聞書と称して詳細に談話の模様を書き取り、己の手許《てもと》まで申し達せしめぬ。諸大名の供も日々出勤の分は、この評を聞く便りあれど、三日《さんじつ》のほか登城せざる族《やから》はこれまた特に家来を派出して風聞書を作らしめ、重役の許《もと》に差し出さしめしとなり。

これを以て見れば、その風評はいずれ二、三の原動力ありしと知るべし。すなわち風評の根源はある一定の供方にして、その他はこれを聴き、これに和したるに過ぎざりしと見えたり。そもそもその原動力は誰。

けだし聞く、役々の更迭あるいは役人の評は、重《おも》に御側《おそば》衆の家来、すなわちその供方より始まり、奥御祐筆組頭、あるいは奥御祐筆の供方これに和して説明を付したるを例としたりとなん。原動力には御側衆・奥御祐筆の供方がなりしならん。いでその理由を説かん。

御側御用取次及び御側衆は、まず二千石以上の旗本(6)(二千石以上という制限はなけれど、以下の者は稀なりし)にて、その中に御用取次と平御側《ひらおそば》とあり。御用取次は日々閣老より将軍に上申する事を伝達し、また閣老より直接に上申する場合にも列座するを以て、枢密の政務一つも知らずということなし。また奥御祐筆は老中・若年寄の秘書官ともいうべき役人にて、常にその傍らに侍し、辞令書を認《したた》め、その役人の品行をも取り調べ、また政事上の議にも預かる者なれば、日々閣議に列席して筆をも執り、喙《くちばし》をも容《い》るべし。故にその家はおのずから時務の成立を弁え、御側衆の家来はおのずからその機密発表の期日などを知り、下馬先にて誇り顔に語り出だすなるべし。されどもその機密はいかにして家来らの耳に漏れけん。なお一解説を要す。

（五八七六号、明治二六年四月一九日）

御側役もしくは奥御祐筆の家が、政事上の秘密、役人の更迭をその発表以前五日、あるいは十日に予知したる理由いかにというに、諸大名または旗本にして役向上、または家格などのことに就きてその望みを遂げんと思う者は、まず御側御用取次の邸に家来（大名なれば留守居、旗本なれば用人）を遣わし、国産または高価の品を齎《もたら》して、まず御用取次の用人を訪《おとな》い、これに内意を語り、「何分ともに御尽力願わまほし」と頼みて退く。依ってその用人は主人なる御用取次にその意を吹き込み、さて願望ある家の家来に会いていうよう、「先日御内話の件は九分九厘まで成就致すべし」と挨拶す。依ってその家にては事に托して直ちに御用取次に賄賂を贈り、この度は表向きに頼み込み、かくして万事その差し図を受けて、要路の人々に金銀物品を贈ること一定の手順なるが如し。されどもその願事《ねぎごと》の兎角遷延して整わず、あるいは他方より故障の出で来たるやも測り難しとの気遣いある場合には、直接に奥御祐筆の邸《やしき》に至り、「かくかくの事はいかがして時日を経るにや」と問い、御祐筆は答えて「イヤ別に理由はなし。御用繁《しげ》にて延引せしのみ。明日にも早速何の守殿（老若なり）へ上申の上、運びを付け申すべし」といい、または「誰殿の手元にて暇取《ひまど》れり。かくかくせば早速行き届くべし」など指図するなるべし。

かくの如くおよそ一事あれば、御側衆・奥御祐筆の手を経ざるは稀なり。しかして主人の未だ知らざるに、われまず知るものはその用人なり。用人口を開きて一家の家来皆これを知るべし。やがては下馬の評に上らんもこの理由あればなり。

今その一例を挙げて記さんに、姫路の城主酒井雅楽頭《うたのかみ》〈忠実《ただみつ》〉かつてその家格に過ぎし望みを起こし、三家・三卿(7)その他将軍家御一門のほかには、概して設くることあたわざりし中雀門(8)《ちゅうじゃくもん》（表門と玄関との間に設けたる中門なり）を建て、また他出の節に打物《うちもの》（長刀にて国主・御家門のほかは許されざりし）を携えたしとて、前記の順序により時の御側御用取次堀田伊勢守〈一知〉に就いて許可を願い、莫大の金銀を浪費して、天保十一年（一八四〇）辰《子》の七月事全く成就し、中雀門(9)矗《いよよか》に聳《そび》えんとし、打物いかめしう駕籠の前《まえ》頭《がしら》に樹《た》てられぬ。その得色《とくしょく》想いやらるる程に、その十二月歳末の上使として、老中水野越州〈忠邦〉酒井家に臨みたることありけり。越前は天保五年三月朔日西丸の老中より本丸の老中に転任したるものにて、就職日なお浅ければ、おのずから油断して中雀門の事に付き、かれの承諾を経ずやありけん、もしくはかれ英邁の資はかねて賄賂横行の事を苦々しくや思いけん。その事いつとなく下馬評に上りて、中雀門こそ気遣わしけれと唱え合えりしが、果たせるかな越州、酒井家の表門を入るや、中雀門外にてやおら草履を脱ぎ棄てたり。酒井家の用人驚きて別に草履を供したれども穿《は》かず。「これより御玄関にこそあらめ」といい放ち、用人を尻目に掛けて打ち通りぬ。けだし中雀門は酒井の家格においてなき処なれば、暗にこれを諷刺したるならん。かかりければ酒井家の驚き大方ならず、折りから新築未だならざりし中雀門をば、越州退出の刻限までにことごとく毀《こぼ》ち尽さしめしとぞ。かの下馬評はここに至りて全く事実に現れたりというべし。ちなみにいう、御側衆の邸《やしき》は賄賂の輻湊所ともいうべく、堀田伊勢守の下婢は日に二百文の紙屑を売り払いたりという。その頃二百文の紙屑はいかばかりの嵩やありけん。これ皆賄賂を包みたる紙なりとせば、その醜風は意想《いそう》のほかにありとやいうべき。

　下馬評はただに政事上のみならず、世の出来事にも適中する事ありけり。天明六丙午年(一七八六)正月元日(但し元日も丙午に当たれり)、日蝕皆既にて朝四つ時(午前一〇時頃)より午後まで暗黒の天地となり、その物凄きこと甚だしかりければ、諸侯の参賀の礼を欠きたるも多く、また五つ時(午前八時頃)登城したるものは、昼後まで退出することを得ず、実《げ》にや前代未聞の光景なりき。またその年二月二日の朝より雷の如き響《ひびき》天にありて、南にありと聴けば、忽然として北にあり、東に鳴るかと見れば忽然として西に轟き、昼夜に渡りておどろおどろしく、人々何とも別《わ》かず、怯《お》じ怖《おそ》れ、明《みん》の英宗《えいそう》の代《よ》、天順七年(一四六三)癸未の春天鼓の妖ありしというはこれなるべしといい合えぬ。

　去る程に下馬にては今年は驚くべき凶変あるべしなど、風評取《と》り取《ど》りにて、後には誰いうとなく水火の難ありと専らにいい伝え、重ねてまだまだ驚くべき事ありといい、ほとんど災害を待つ有様《ありさま》なりしが、果たして五月十二日より七月二十八日まで霖《りんう》雨晴れ間なく、大地を浸《ひた》して道路さながら壑《たに》の如く、山の手辺より出仕の者は大いに困難を極め、諸人洪水を懼《おそ》れしが、果ては七月二十六日の夜より希有の洪水となりて、猿ケ股の堤防破れ、(10)潦《りょうすい》水八十余か村を海となして、溺死の数その幾許《いくばく》ということを知らず。本所・深川の家々は軒を浸し、浅草蔵前通りは船にて通行し、三大橋は流失して両岸の通路全く絶えたり。されば町奉行は両国の広場・馬喰町馬場の二か所に小屋を作りて、諸人の飢渇を救い、官船数艘を出して溺死者を助くるなど、大騒動となり、八月四日に至りて漸く減水し、それより次第に平水《へいすい》となりしという。これより先、下馬評に水火の災害ありといい出だしたると同時に、市中至る所に、

親もくぐれば子もくぐる

との童謡を聞きたりしが、果たして洪水の(11)讖《せん》をなしたるも不思議なり。下馬評あに天災地妖を知らんや。されどもその評の偶然にも当たれるをもて、下馬評はいよいよ貴《とうと》くぞ思われし。

（五八七七号、明治二六年四月二〇日）

下馬評あに天災地妖を予知せんや。しかしてよく天明の災害を予知せるこそ怪しけれ。かれすでに水災を予言して、霖雨果たして到れるに、その年の十月頃より市中に(12)蜚《ひご》語あり。水道に毒を流したるものありと流言しければ、市中の騒動大方ならず。いずれも誡《いまし》めて水道の水を汲まざりし程に、下町辺は堀井少なきため、幾時《いくばく》ならずして飲水《いんすい》に窮し、

外町内《そとまちうち》に水を乞うもの昼夜来往して、混雑いうばかりなく、これに至りて下馬評は余儀なくも再び適中することとはなりぬ。

すでにして下馬評はまた火災あるべきよしを予言したり。これもまたその徴《しるし》著しく、十月初旬より毎日の烈風物を枯らし乾かして、二十二日に至り突然湯島より出火したり。継《つい》で西久保に、本所四ツ目に、雉子橋御《お》春屋《つきや》に、その他回禄(13)の災を蒙るもの昨日も今日も絶え間なき有様なりき。さる程にこの年は玄米両に二斗八升、麦八斗五升、白米百文に付き四合に騰貴し、引き継ぎ翌年は大《だい》(14)凶歉《きょうけん》となり、飢餓途に満ちて、貧民蜂起し天明の打ち毀しと、後の世に謡われしも皆下馬評を実にしたるの結果ならざるはなし。

その後五十余年を経て、弘化三年(一八四六)には、前年より火災・水害の下馬評起こり、またまた前代未聞の凶歉を顕わしぬ。その頃深川の仮宅《かりたく》非常の繁昌なりしかば、大下馬供待ちの者に徒然《とぜん》の余り、「出水に就いての深川言葉」というを作りたる者あり。かかる慰みは、お坊主どもの手になるこそ相応《ふさわ》しかるべきに、今その言葉卑猥なるものを除きて、読者の一噱《いっきゃく》に付せんものなり。

深川言葉

それで時々顔を見せなんす　天道さま
最《も》う寝なんすか　中洲の目当て杭
首だけざます　小塚原の地蔵

切れておくんなんすな　　権現堂の堤
一層色が悪るうござんす　　千住の茄子
どこもなんともありんせん　　稲の出来

気楽なる大下馬の供待どもかな。天下の凶歉は已まずこれを予言したるものなるを、その予言の当たりて後は、揚々としてこれを翫《もてあそ》び、誇り顔に[15]囈語《げいご》を吐くなり。けだしかれらは政治界の事理によく通じ、しかして[16]「天人あい応ず」との古語を妄信し、少しく異変あれば直ちに取りて大災害の前兆なりと推測するを例としたるなるべく、前例はその推測のたまたまあい当たれるものならんのみ。

　されどすでに述ぶるが如く、かれらはしばしばよく政事上の予言をなせり。その予言や予言すべきの根帯ありて予言するものにして、茫として天災地変を予言するの比にあらざりし。されば天保年間水野越州〈忠邦〉御尤《とが》め以来両三年は打ち続きて政海多事にして、閣議しばしば変遷したるを以て、下馬評もその度ごとに変遷し、譬えば影の形に伴うが如くなりしかば、藩士のこれを盗み聴かんとして大下馬に徘徊するものとみにその数を増せりとなん。

（五八七八号、明治二六年四月二一日）

因州家の騒擾

下馬評は時に御家騒動の指針となることあり。因州鳥取の城主従四位少将松平因幡守慶行《よしゆき》、嘉永元年(一八四八)四月十九日参勤の暇《いとま》賜りて、同六月三日在所なる鳥取へ到着せしに、二日を経て卒去ありしかば、一家の驚歎一方ならず。しかるに因幡守には未だ継子《けいし》なかりしかば、老臣会議の上、連枝松平壱岐守〈仲律〉(因州新田内分《うちわけ》三万石)の嫡子松平裕之進を仮養子と定め、因幡守卒去の事を秘して、老臣荒尾将監国許《くにもと》着御礼として出府したり。けだし参勤交代御暇にて帰国の上、到着御礼としてその家の老臣登城して将軍に御目見え仰せ付らるる事、国主の定礼なり。しかれどもわざわざ国許より出府したるの例は稀にて、いずれも江戸詰めの家老これを勤めたりしを、因州の家老荒尾将監独り同年七月朔日御礼として登城し、御目見え仰せ付られ、拝領物ありて退出し、翌二日御老中方へ連枝松平壱岐守嫡子松平裕之進仮養子の儀を出願し、後事は江戸詰めの家老に托して、同月四日帰途に就きたり。

かくて因州の家臣は仮養子願い済みの上は、直ちに因幡守卒去の儀を届け出でんとてその準備おさおさ怠りなく、江戸屋敷の御城使《おしろづかい》(御城使とは諸大名の留守居と同じ)二人は要路を奔走して、一日も早く事の成就を請求せしが、下馬の評は早くも因州家に注目し、国家老の御礼登城といい、松平裕之進仮養子の願いといい、因幡守殿は最早この世に亡き人なりと噂し合えりしかば、因幡守卒去の事はもはや覆うべからざる事実となりぬ。

かかりければ仮養子の願いは御沙汰に及ばれず、幕府は隠密として御徒目付服部新七郎・柴山周蔵の二人を特に鳥取表へ派遣し、また御庭の者支配和田金十郎・梶野恒三郎二人をば、台命を下して鳥取に出張せしめ、専ら実事を探りて密に報道せしめたる上、嘉永元年十月九日左の御沙汰書を下せしかば、因州家は案外の思いをなし、狼狽名状し難くぞ見えし。

加賀宰相
　名代
　　松平筑前守〈慶寧《よしやす》〉
松平因幡守
　名代
　　松平志摩守〈直温《なおよし》・出雲母里藩主〉

松平因幡守未だ男子これなき間、兼て分知松平壱岐守嫡子裕之進を仮養子に願い置き候えども、思し召しもこれあり候に付き、壱岐守娘を因幡守養女に致し、加賀宰相次男松平喬松丸《たかまつまる》聟養子に仕るべき旨仰せ出だされ候。

右御白書院において老中列座、牧野備前守〈忠雅・老中〉これを申し渡す。

同日加賀宰相（斉泰）名代松平筑前守（筑前守は宰相の長子にて喬松丸の兄なり）、将軍家慶御前において、さらに聟養子の儀仰せ渡され、同月十三日結納あい済み、同十一日喬松丸殿八代洲河岸因州の邸に引き移り、その前日すなわち十月十日を以て鳥取表にては因幡守卒去の旨を届け出で、同年十二月二十八日喬松丸家督仰せ付られたり。

　幕府がこの意外の沙汰をなし、因州に関係なきものを加賀に求めて、因州の家督となせしは、想うに因幡守の死を怪しみ、老臣の意を逞しうせざらしめんとの遠慮に出でしものと知らる。しかしてそのこれを幕府に教えたるは下馬評なり。

　ちなみに記す。加賀宰相の簾中は将軍家斉《いえなり》卿（文恭院殿）の第三十二の姫君にして、溶姫と称し、性慧敏にして賢婦人の聞え高く、第二子喬松丸を愛し給いて、この度因州家への縁談をば内心甚だ快からず思い、ただ台命に余儀もなくてありしことのいつしか下馬の評に上りて、世に謡わるるに至りしかば、これより先、連枝相続の願いならず、反《かえ》って思いも寄らぬ加州より養子仰せ付けられたるに(17)慊然《けんぜん》たらざりし因州家にても、この風説を聞きて中々に疑心暗鬼を出だし、「加州家はその禄の高きに誇りて、当家を蔑如するものと覚えたり。高こそは少なけれ、家格においてわれいかでかれに譲らんや」など邪推し合い、果ては両家の間は睨み合いの姿となりて、下《しも》に記す如きの珍事を引き起こしたるこそ是非なけれ。

　嘉永三年五月三日、喬松丸参勤の御暇出でて初めて入部する時、家臣らの計らいにて行列美を尽くし派手に装い、江戸表を出立せしも、加州家への面当てとぞ聞こえし。しかるに同月二十三日城州伏見着の夜、喬松丸はにわかに病を発して卒去したりしかば、〈これはた毒殺と認められ〉（削除）〈事実無根の由因州家よりの申し込みに付き取消す〉、遂に加州家より厳談を受け、因州家は狼狽し、幕府は再び探偵を派してその実情を探らしめぬ。
（五八七九号、明治二六年四月二二日）

下馬評が徹頭徹尾因州家の騒動に関係ありというにはあらざれども、事のついでにその顚末を叙し、世間未だ多く知らざるの事実を紹介せん。

さて喬松丸の死は余り卒然に過ぎたり。病によれりとはいえ、前後の事実より考うれば怪しき筋のほの見えざるにもあらずかし。これより先、初入部の砌《みぎり》は、当家祖先武蔵守利隆《としたか》以来そのためしなき行列を編み、莫大の黄金を浪費したるも、いずれか加州家に[18]衒《てら》いたるにあらざりける。されば五月三日江戸表出立の際に、まず諸人の目を驚かしたるは金紋の先箱四対を雁行に並べ、跡箱・蓑箱をも同じく雁行に並べ、また牽馬《ひきうま》は虎の皮鞍覆いたるもの五疋、豹の皮鞍覆い五疋、黒天鵞絨《ビロード》葵御紋付の鞍覆い五疋、以上十五疋の牽馬に本道具ほか[19]大見越しの槍を加え、[20]大押《おおおさえ》には家老池田日向、二本道具立て傘付きにて引き添い、総勢無慮千余人をぞ註《しる》されける。これ皆家老らの取り計らいにして、主人の生家に対し面当ての振る舞いに及びしものとすれば、その主人に対するも何となく慊然ならざるものありけらし。これさえあるに、一行の東海道に差し掛かり、五月十一日遠州荒井宿を過ぎてより、霖雨濛々として晴れ間なく、潦水諸川に溢《あふ》れて、備《つぶ》さに道中の辛酸を嘗め、やがて江州水口《みなくち》に抵《いた》らんとするに、松尾橋落ちて道を沮《へだ》てられぬ。されば一行は橋手前なる石部に宿せんかと躊躇《ためら》う程に、[21]癇癖《かんぺき》なる喬松丸大いに怒り、川一重《ひとえ》渡られずとありては万一の急場にいかにするぞと大喝し、家老日向を叱咤《しった》し、近臣を嘲罵し、ついに数百の人夫を雇い、大金を抛《なげう》って舟を組ましめ、対岸に着きて辛うじて水口駅に達しぬ。この日木下《きのした》備中守〈備中足守藩主〉参府の途、またこの駅に至り断橋に逢うて石部に達するあたわざりしかば、今宵水口駅は因州の宿割なりしを、この大水にては来宿あるまじければとて、宿役人と議《はか》りてその宿札を撤せしめ、上下漸く打ち寛《くつろ》げる時しも夜四つ時（午後一〇時頃）因州の一行到着せしかば、宿役人は驚きて、ことごとく影を隠しぬ。一行はやむを得ず木下の旅宿に係り、明け渡しの談判を試みたれど、「宿の事は当駅役人に談判ありてしかるべし、備中守は私《わたくし》に宿泊したるものならず」との返答、いかにとも詮術《せんすべ》尽き、かれこれと雨中に奔走して、離れ離れにいぶせき宿を取り一夜を明かしぬ。これ皆喬松丸殿の傲慢より起こりしことよとて、怨嗟の情一時に炎え出で、ことに重役どもはさなきだに、最初より快からざりし相続人なりと思いにければ、これよりして朝夕の奉仕おのずから疎かになり行けりとなり。(22)

さて喬松丸は伏見到着のその夜、十七歳を一期として俄に逝去したり。依って家老日向は用人田村甚右衛門・田村喜内・白井重之進と協議の上、鳥取表へは甚右衛門、加州金沢城へは（当時加賀宰相は在国したるを以てなり）喜内、いずれも早打ちにて出立し凶変を告げたるより、加州家は一大事こそ起これりとて、老臣二名昼夜兼行して伏見へ出張し、また鳥取表よりは家老その他の重役出張し、また同月二十八日朝本郷加州邸へ注進着すると均《ひと》しく、溶姫の立腹大方ならず、即日見届けとして早打ちにて使いを伏見に遣わせしなどの体《てい》、容易ならずと見えし。

すでにして幕府より派したる隠密は注進状を上《たてまつ》りぬ。その中にいう、先年宰相斉泰卿病気の際、当時名医と世間に称えられたる豊後守を金沢に召され、同人の施術によりてたちまち全治せられしより、永世三十石を与えられたり。されば喬松丸殿伏見到着の当日、豊後守同地へ出張《でば》りて御旅館を訪《と》い、御機嫌伺わんとしけるに、御不例にて御対面これなきよし、奏者の士を以て謝絶せられたりければ、豊後守なお請うていうよう、「御不例とあらば、なおさら伺いたし。加州家に対し豊後守是非御容体伺い申すべし」と達《たっ》て申し入りたれど、この方に医師召し連れあれば心配無用なりとて聞き届けず。豊後は空しく帰宿したり云々。またいう喬松丸御引き移り前加州より付人《つけびと》一人差し遣わしたきよし申し入れたるに、因州家にては拒みて家例になき事なればとて肯《き》かざりける故、余儀なく沙汰止みとなりしも、この度初入部といい、若年なれば鳥取まで付人一人差し遣わしたしと御守殿《ごしゅでん》(溶姫の称)よりの御頼みなりしに、これまた謝絶せられたり(御守殿にはしきりに気遣いて、出立前御暇乞《おいとまごい》として喬松丸対顔の際、深く別れを惜みたりとぞ)。この二件は何となく穏かならず聞こえ、また二度めの報告には金沢より伏見に出張せし加州の重役は、因州家の医師を厳しく尋問中なりとありて、いよいよ穏やかならざれば、御目付・御使番、御徒目付四人・御小人目付八人随行にて見届けとして急に出発するはずなりなど下馬の評の喧《かしまし》かりしは七月二十八日昼後の事なり。

さて溶姫はことのほかの悲歎にて、五月二十九日以来三度の御食事も減じ、是非死体を請け取り参れとの仰せなるに、加州家の重役も慰め兼ねて拠んどころなく内々将軍家へ仰せ上げられしに、七月二十九日伏見逗留の供方上下一同と国家老荒尾但馬（当時鳥取表より伏見へ出張中）らを江戸表へ呼び寄せの儀御沙汰となり、事いよいよむずかしくなりぬ。下馬評はここに至りて少しく誤りたれども、こは幕府にて急に模様変えとしたるものやも測られず。（五八八〇号、明治二六年四月二三日）

喬松丸初入部の時の供方千余人は、取り調べのため直ちに江戸表に呼び戻されたるに、主人の遺骸をば暫らく伏見に留めて来たりし時の勢いもなく、悄然と引き返したるこそ哀れにも気の毒なる有様にて、江戸着の上重役らは幕府の取り調べを受けたり。しかるにこの騒擾の起こりたるは、由緒ある家柄なるが上に、対手は御守殿の愛子《あいし》、ことに将軍家の媒妁なるを以て、諸大名へ対しても面目を失う道理なりとて、何事も秘密を主となせしが、今度出府せる国家老荒尾但馬は決心して本郷なる御守殿に抵《いた》り、「喬松丸様不慮の事は何とも申し上ぐべき辞もこれなし、よんどころなき儀と御断念《おんあきらめ》の程、偏《ひとえ》に願わしう存じ奉る。さて荒尾内匠助ほか重役一同よりの御願いは、跡目相続の儀御指図下し置かるる事なり」と申し聞こえぬ。かれの内意を繹《たず》ぬるに、かく申し出でなば「三男利義《としよし》（喬松丸は二男なり）を以て相続させよ」と溶姫の返答あること必定なりと思う処に、さはなくてその返答は「在国の宰相殿より未だなんらの御沙汰もなく、筑前守は病気にてこれはた御答え致し難し。されば追って御返辞申すべきなれど、兎に角因州家に対しては最早存じ寄りもなければ、いかようとも御勝手次第たるべし」とありければ、荒尾但馬は大いに驚き、急ぎ立ち帰りて在府の重役に始末を語り、早打ちを以て鳥取表へも急報に及びぬ。

荒尾但馬が本郷の御守殿に伺候せしは朝五つ時(午前八時頃)なりしに、この簡単なる返答は夕七つ時(午後四時頃)過ぐる頃にてありし。されば加州家の重役も協議を凝らし、溶姫及び筑前守に上申したる上、始めてこの返辞をなせしものと知らる。

事ここに及びては、因州鳥取三十二万五千石は、尤《さ》ながら風前の灯に似たるものありければ、一家中の動揺一方ならず。天下の諸大名もまた同家に注目して、幕府の処置いかにと、余所《よそ》ながら下馬評を探偵せしめけるに、大下馬は一層雑沓を極めたり。

ここに因州家の親族備前岡山の城主松平内蔵頭慶政《くらのかみよしまさ》は、今度の事件の容易ならざるに内々心を痛め、因州重役の中にその責めを一身に引き受け切腹して、幕府及び加州家へ申し訳立つる士のあらんことを期しおりしに、ついにさる者のなきを腑甲斐なきことに思い(下馬の評にも家老十人の中三人までは切腹すべし。潔死の士は誰やらんなど風評したり)、これまでは黙して事のなり行きを傍観せしが、最早引き込みおるべき場合ならずと決心し、さて討って出ずべき策略を考え、ひそかに松平薩摩守斉彬《なりあきら》(薩州侯)に事を計りぬ。けだし内蔵頭は奥平大膳太夫昌猷〈豊前中津藩主〉の二男にして、その養父すなわち松平伊予守斉敏《なりとし》(岡山)は松平薩摩守斉興《なりおき》(薩州)の二男なるのみならず、薩摩守は奥平家と重縁にて、ことに内蔵頭は薩摩守斉彬の媒妁を以て入りて岡山を継ぎたるの因縁あるが故に、さてこそ薩州侯へ相談を申し込みたるなれ。

かくて内蔵頭は薩摩守と密かに計る所ありて後、重臣を召し集め、また因州家の連枝伊予《壱岐》守仲律、淡路守清直《定性》〈因幡新田藩主〉及び鳥取の重臣荒尾但馬・乾八治郎・荒尾千葉之助・鵜殿藤太郎、そのほか以下の者をも召喚しければ、人々は会議にても開くにやと思いいたるに、内蔵頭いうよう、「さて今度の事件は今さらかれこれ申すも詮なし。就いてはかくかく取り計らうべし。公辺の御沙汰は勿論、加州家よりこの後いかようの談判ありとも、内蔵頭引き受け申すべし」といい放ち、余の事をばいわざりし。一同はひたすらにその英断に驚きしが、岡山侯の指揮なれば異論を唱え難く、覚束なくもその方略に取り掛かりたり。これ嘉永三年七月二十四日の事と聞こえし。

ちなみに記す。この騒擾に付いて岡山なる内蔵頭の取り計らいその当を得たりとて、幕府も諸藩も大いにこれを賞讃し、内蔵頭は計らざる名誉を得たり。これしかしながら畢竟《ひっきょう》は薩摩中将の采配なり。加州も案外なる応援の出でたるに気を挫《くじ》き、事もなく結局となりぬ。されば両池田(鳥取・岡山をいう)は薩州に大恩あること諸藩もこれを知れり。しかるに後《のち》の殿の内室は薩州の姫君なるに、遂に離別を乞い出で、薩州より姫君の御手道具引き取りのため、本所の邸《やしき》に向かいたりし家来は一人も邸内に入《い》らず、昼の弁当も町家より湯茶を乞いて弁じ、邸内の水は不潔なり、邸内の地は不浄なりとて踏まず、門外にて道具類の受け渡しをなしたるなど、事の体少しく平穏を欠きてけり。岡山の下馬評は後に記すべし。（五八八一号、明治二六年四月二五日）

さて備前岡山の城主松平内蔵頭は、薩摩守の指図によりて将軍に謁し、思う仔細を上申し、また時の閣老にも打ち開《あ》けて相談をなし、ほぼその目的通りに成就すべしと自認せしかば、因州の重臣乾八次郎《治》を加州家に遣り、「喬松丸殿道中滞りなく鳥取表へ安着せられおわんぬ。公辺へも今日御届けあい済みたれば、念のためこの段申し上ぐる」よし述べさせける。されば加州家にても「これ喬松丸殿の尊骸の鳥取へ到着したる届けなるべし」と察し、「御念入りの事なり」と挨拶に及びしが、それより三日を経て幕府より左の如く仰せ出だされたり。

松平喬松丸
名代
松平淡路守

その方病気の段御聴きに達し、御気遣いに思し召され、病気間もこれなき間、随分油断なく養生仕り候よう仰せ出だされ候。尤も養子願いの儀は、幼年の儀にも候間、跡々の儀はなお思し召しもこれある事に候条、この節養生専一に仕るべき旨仰せ出だされ候。

右御白書院において老中列座の上、阿部伊勢守〈正弘・老中〉申し渡しぬ。けだし喬松丸の死をば、幕府はことさらに知らぬ風情に装い、以て因州家を恵みたるなり。さて翌日には老中阿部伊勢守・松平和泉守〈乗全《のりやす》〉御使いとして水戸家に抵《いた》り、中納言斉昭《なりあき》卿へ(23)御沙汰の次第は、「宰相殿御舎弟松平五郎麿《ごろうまろ》事、今度御世話遊ばされ、松平喬松丸養子に仰せ出だるべき旨仰せ遣わされぬ」とありければ、中納言斉昭卿は、即日同嫡子、宰相とともに御礼として登城したり。これより先、因州家の件果たしていかがなり行くらんとて、諸藩の士は耳欹《そばだ》ててありける折りしも、岡山侯の登城といい、水戸家へ老中の御使いといい、さてこそ容易ならぬこととはなりけれなど噂とりどりなりしが、水戸殿退出後、果たして左の如く仰せ出だされぬ。

松平喬松丸

名代

秋月佐渡守〈日向高鍋藩主〉

喬松丸事、未だ男子これなく候に付き、兼て故松平壱岐守厄介の子百之助を仮養子に願い置き候えども、思し召しもこれあり候に付き、水戸宰相舎弟松平五郎麿儀、養子仕るべき旨仰せ出だされ候。

これ嘉永三年八月二十五日の事にて、この処置は実に破天荒の如く天下の耳を聳動《しょうどう》し(24)

たり。因州家になんらの因縁もなき喬松丸を加州家より迎えしめたるさえ、すでに天下の意表に出でたりしに、今また五郎麿を水戸家に取りて因州を襲わしめんとは、何人も想い至らざりしならん。幕府の処置はけだし三家中の水戸家を以て、因州・加州両家の葛藤を解くの鎮圧機となしたるなり。されば因州家にても、水戸家の後楯を得たるを懌《よろこ》び、百事心強く一同安堵の思いをなし、ひたすらに岡山侯の処置を賞したりとなり。

　これに反して加州家にては意外の御沙汰に一驚を喫したれど、議論は議論として、まず欠礼なきようにとて、重役古田左守《さもり》を使者として、今度養子御世話の歓びを述べ、黄金十枚・御肴などを因州に贈りぬ。これ加州家は五郎麿の養父喬松丸（表面上未だ卒去せず）の実家なるを以てなるべし。さてしかる後、加州家は今度の処置のたとえ薩州の指図に出でたりとはいえ、専ら内蔵頭の了簡になりたることを探知しければ、さるにても一応は相談もあるべきに、余りといえば面憎《つらにく》し、かく両家より蔑如せらるるは家の瑕[25]《か》瑾《きん》なりと憤激し、相手替わって岡山を攻撃することとはなりぬ。

　かくて因州家の相続人は意外の処より出でて、二十七万五千石を押さえけるが、この事わずかに一日一夜の議になりたることとて、大下馬の通人《つうじん》も流石《さすが》に呆れ果てたるばかりなりしが、一日・二日と経る中に、右は内蔵頭と薩摩守との策略なりとの評を出だし、また水戸家へは御沙汰の前日老中阿部伊勢守赴きて、斉昭卿を説きたるなりと、遅蒔きながら下馬の解釈一々その肯綮《こうけい》を中《あ》てたり。

同年十一月二十一日松平五郎麿登城、大奥へも御礼として出仕し、それより八代洲河岸なる因州邸へ引き移り、その十二月朔日家督松平相模守に任ぜられた。この騒擾にて因州家の費用少なからず、大いに困難を極めたるに、ことに同年九月三日鳥取に大洪水ありて非常の損害を受けぬ。今参考のため当時幕府への届書を左に録す。

因幡国収入高

十二万九千五百二十四石六斗二升四合の内

六万千七百八十六石四斗三升五合　砂利入り損毛

六万二千七十四石六斗一升二合　水腐れ・水押し

五千六百六十三石五斗八升一合　永荒れ

右に拠れば、同年因幡一国の収入なく、因州家の困難察しやるべし。されば水戸家よりも金を出して助成する所ありしとなり。さてこの騒擾は(26)夤縁《いんえん》して岡山藩主に及ぼし、水戸家よりまた養子を遣わせし一事件こそ起こりたれ。その次第次篇より叙説すべし。

（五八八二号、明治二六年四月二六日）

下馬評に就いて

本社がかつて連載したる「徳川制度」下馬評中、事、因州池田家に関するものあり。しかるにその記事実際と齟齬し、池田家の名誉に関するものありとて、同家臣より左の一編を寄せ越されぬ。聞く、家臣諸氏のこれを草するや、汎《ひろ》く材料を旧記に求め、普く遺聞を老臣に質し、すこぶる拮据《きっきょ》(27)の労を尽されたりと。示教の賜、わが輩謹んでこれを享く。願わくばともにあい琢磨して、ついにその真相を発見せんことを。もしそれ人の名誉に関する物あらば、わが輩あに粛然として畏れ、翻然としてその誤りを正さざらんや。

記者識

朝野新聞第五千八百七十九号以下連載せる下馬評、因州家の騒擾と題せる記事は、大いに事実の齟齬するのみならず、池田家の名誉に関係する少なからず。依って旧藩の記録・諸家の筆記を参考し、その最も誤れるものを弁ず。

因州鳥取の城主従四位少将松平因幡守慶行《よしゆき》、嘉永元年(一八四八)四月十九日参勤の暇賜り(中略)鳥取に到着せし二日を経て卒去云々。

「国日記」を案ずるに、帰国は五月二十一日にして、その後感冒の容子《ようす》にて、不快の所、六月十一日より悪寒・不食・嘔気《おうき》などの証《しょう》を発し、十三日申の中刻(午後四時頃)逝去せり。これにて到着の二日を経て卒去とあるの非なるを知るべし。

けだし参勤交代御暇にて(中略)因州家の家老荒尾将監独り、同年七月朔日御礼として登城云々。

因州家の例は、初入部の節は、御礼使者老臣これを勤め、その後は番頭これを勤む。

いずれも帰国の即日国許より出足する事にて、江戸在勤の家老これを勤めたる例なし。今その近例を挙れば、

天保五年（一八三四）六月因幡守斉訓初入部の節は、家老荒尾伊勢これを勤む。同七年五月には大寄合（番頭上席）織田監物、同九年四月には番頭加藤丹下、同十一年五月慶行初入部の節は池田式部これを勤む。

右の如き例なる故、この度もすでに去る三月二十七日荒尾将監（大寄合）、当年御帰城御礼使者仰せ付けらる旨申し渡しこれあり、帰城の即日（五月二十一日）出発す。これにて相続などの事に関係なきを知るべし。まして大寄合は藩政の機務に参与せざるものをや。

かくて因州の家臣は仮養子願い済みの上は（中略）幕府がこの意外の沙汰をなし、因州に関係なきものを加賀に求めて、因州の家督となせしは、云々。

国主逝去に就いては、跡相続の事にて国方重役と江戸詰め重役と協議往復中、七月十三日老中阿部伊勢守〈正弘〉邸、重役呼び出しこれあり、用人役近藤類蔵（詰合家老荒尾左馬太六月上旬より病気）出頭せしに、伊勢守人払いにて左の書取あい渡され、

因幡守事、分知松平壱岐守嫡子祐《裕》之進を以て養子にあい願い置き候処、同人をいよいよ養子にあい願うべきようの時宜にも至り候は、その段内々申し聞かさるべく候。なお上にも思し召しの品これあり候故、察度なく噂に及び置き候事。

仮養子とは、国主江戸出発の際、判書にして月番の閣老へ差し出し置きたるものにして、表立ち願書などを出だすものにあらず。すなわち本文「願い置き候」の文意にて知るべし。

なお右に関する内情は、江戸詰め家老荒尾左馬太より国許同僚へ遣わしたる左の書面にて知るべし。

別紙申し越し候通り、阿部伊勢守殿より近藤類蔵へ御書取御渡しなされ候上にて、御仰せ聞かせ候は、上様思し召しの御品と申すも、余の儀にはこれなく、加州家の御次男喬松丸様、溶姫君様御腹にて、当年十五歳にならせられ、至極御丈夫、御背丈も宜しく、勿論御疱瘡なども済ませられ、右はこの御方にても御続柄(先代因幡守斉訓室は御守殿の妹)、公辺にはもとよりの儀、ことにこの御方にも以前御縁引(八代前相模守吉泰室は松平加賀守綱紀の女)もこれあり、御家筋の儀旁々《かたがた》上様にも宜しき事に思し召させられ候御訳柄にて、今日加州家の御家老も御呼び出しにて、御内達なされ候段、云々。

これにて突然意外の台命下りしにあらざるを知るべく、また因幡守の死を怪しみ、老臣の意を逞しくせざらしめん云々は、無根の事たるを知るべし。かつ加州家は右の如く以前よりの縁家なれば、今さら禄の高下、家格の尊卑を争うべき筈もなく、もとよりこの縁辺に内心甚だ快からずよう申しようの事はあらざりしなり。

されども、加州家は異姓なるを以て、分知壱岐守娘延子を養女とし、喬松丸を聟養子とし、血統を継続せんとの事に国論一決し、九月四日家老荒尾千葉之助（八月十八日到着）伊勢守に謁し、これを内願せしに、十月七日左の通り御達しあり。

松平因幡守事、未だ男子これなきに付き、思し召しを以て松平壱岐守娘を養女に致し、松平加賀守三《次》男喬松丸儀、聟養子に仰せ付けられ候段、近日の内仰せ出だされにてこれあるべし。この段急度なく噂に及び候事。

しかして翌々日、営中において聟養子の儀表立ちに達したり。

聟養子の事内願せしより、ここに至るまで三十日余を費したるは、幕府より加州家へ内意これあり、在国の加賀守より御請けありし上ならでは達せられざる故なり。尤もその以前当家より加州家へ内談せしに、加賀守には折角その内故なりし折柄、至極重畳《ちょうじょう》との返答ありしなり。

初めて入部の時行列云々。

代々初入部の時は、平常と違い行列美々しき事、たとえば平常の旅行には、対槍白天目・中道具黒鳥毛のはあれども、初入部にはほかに黒天目壱対、また大白熊などあり。それに準じて伊達道具ようもありて、人数も余程多きことなり。されども当代は襲封の初め質素節倹の事を布告したる程なれば、決して先代と替わりたる行列にはあらずして、かえって先代（慶行）初入部よりも手軽にてありしといえり。加州家へ面当《つらあ》てなどとは思いもよらぬことなり。

金紋先箱四対、跡蓑箱、同じく引馬《ひきうま》十五疋、池田日向二本道具、総勢無慮千余人とあれども、今「行列書」を見るに、先箱は三対、鼻馬は五疋、葛籠《つづら》馬一疋、跡馬(乗馬乗り替えのほか)弐疋、跡箱蓑箱壱対、人数およそ四百五十余人とあり(二本道具の事は添《そえ》槍《やり》と唱え、道中にては家老に限らず、用人以上は皆許されたるものなり)。また以て下馬評の妄なるを知るべし。

(五九七一号、明治二六年八月八日)

一行の東海道に差し掛かり、五月十一日遠州荒井宿を過ぎてより(中略)朝夕の奉仕おのずから疎かになり行けるとなり。喬松丸は伏見到着のその夜、十七歳を一期として俄に逝去したり。(中略)事いよいよむずかしくなりぬ。

「道中日記」を按ずるに、五月三日江戸発途、同十一日御油駅止宿、この日より発病、同十五日鳥居本駅止宿、翌十六日同所出発、この日野洲川満水にて川留《かわどめ》となれり。されども、この程よりの違例に対し、なるべく伏見屋敷にて治療ありたしとて、供の水主三人へ瀬踏みさせたるに、折柄減水の方になりたるを以て渡川せり(因幡守が怒って家老を叱咤し、近臣を嘲罵し云々、傲慢云々などに関する事は後に出だす)。さて草津駅(水口駅というは非也)木下備中守止宿の事は、全く本件田中九蔵が不取り計らいより起こりし事にて(九蔵は一命にもかからんかと恐れて、寺に入り剃髪せしと)、木下も大いに恐縮して、その夜半過ぎ出発せりという。同十七日伏見到着、同十九日江戸・国許へ伏見より発したる書状左の如し。

去る十一日より少々御容子あらせられ候えども、当所まで御上着なられ候処、同十七日晩より御発熱、翌十八日夜半頃までは、余程の御様子にあらせられ候処、今暁より御熱気御諸症とも御緩みあいなり、さしたる御様子にもあらせられまじく、云々。

同二十一日同前

昨夜深更に及び[28]御匕《おさじ》医師（石上修全・瀬原倫斎）より御容体書差し出し候節、御痿弱の御萌しあらせられ候よう診《み》奉り、御案事《あんじ》申し上げ候間、去冬江戸表にて加州様御《お》傅《もり》を以て召し呼び、御伺い申し上げ候京医小林豊後守御診察の儀御頼みあいなり候て、相談致したき旨申し達し候趣、御用人申し聞かせ、この間より右京医の儀、同人とも咄し合いおり申し候事故、御呼び寄せあいなりしかるべきと申し合わせ、今朝河田権次郎御使者を以て御頼みの儀仰せ入れられ候処、豊後守この節病気にて御断り申し上げ、同人親類高名の由御典医（典薬頭）浦野保生院御頼みあいなり候わば御安心にこれあるべき旨、豊後守申し聞かせ、直ちに御頼みの儀仰せ入れられ、今晩七半時（午後五時頃）頃罷り越し、御診察申し上げ候処、御持病御働き余程の御容体に拝診奉り候旨、右に付き御薬調上など、委細の儀御匕医師申し談ず、云々。

同二十二日同前

浦野保生院御診察申し上げ、御薬御匕医師申し談じ、調上致し候処、御同編あらせられ候に付き、なおまた京医高名の由にて竹中献吉、当所御留守居御使者を以て御頼みあいなり、昨日七時(午後四時頃)頃罷り越し御診察申し上げ候処、御匕医師同様の趣に拝診奉り、御衝心御手当の儀申し談じ、御薬調上致し、種々御治療申し上げ、当所へ逗留致す、云々。

浦野保生院は御典医故、当所止宿あいならず、云々、日記に記載あり。

右の書面にて豊後守同所へ出張《でば》りて御旅館を訪《と》い、御機嫌伺わんとしけるに、御不例にて御対面これなき由、奏者の士を以て謝絶せられたり、云々などの妄説なるを知るべし。

同二十三日「殿中日記」

御脚気にて御勝《すぐれ》なさせられず、御逗留なされ候処、軽からざる御容体にて、今暁より御不出来、今朝に至り俄に御脚気御衝心、今卯中刻(午前六時頃)御差し重り、御大切に及ばさせられ候事。

但し御旅中の儀に付き、諸事御内密の御取扱にこれあり候事。

右に付き江戸・御国へ左の両人早追いの御使いを仰せ付けられ、即刻出立申し候。

御近習

江戸へ　　吉田　勇

同

永見　忠次郎

御国へ

また「江戸留守居役日記」を案ずるに、五月二十七日の記に、去る二十一日伏見御屋敷よりの御飛脚到着、御容体の趣御内々加州様へ善右衛門(留守居役岡部)罷り出で申し上る。夜六半時(午後七時頃)至急御飛脚到着、右に付き御同家へ御内々申し上げに同人罷り出ずる。同二十八日の記に、今暁伏見御屋敷より早追いの御使者吉田勇到着に付き、極《ごく》御内々加州様へ御家老池田式部同道賀美隼人(留守居役)罷り越し、向き方御家老横山遠江守へ出会い、御容体の趣申し上げ候事。

また「道中日記」を按ずるに、

五月二十九日

伏見御出駕　　守口御泊り

六月朔日　　西宮御泊り

藤輔(家老鵜殿)御容体の趣に付き、御窺いのため西宮出放れ枝川村へ罷り出で、御待ち請け申し上げ、御跡より西宮駅御本陣に罷り出で候事。

「国日記」五月二十五日藤輔御伺いのため今晩出立致すとあり。

加州様より早追いの御使者並びに御医師も罷り出で、直ちに御本陣へ左の両人罷り出で、云々。

御側役　　　　　　　　御医師
寺田　兵馬　　　　　　大庭　丹下
同　四日　　姫路御泊り

加州様御家老長大隅守より御容体御伺いのため飛札を以て申し越し、返答に及ぶ。

また「国日記」六月七日の記に、今日八つ時(午後二時頃)御帰城、云々。

別項、藤輔儀御伺いのため伏見表へ罷り越し候処、同所御出駕あいなり候に付き、御途中にて御跡より今日帰着、直ちに登城とあり。


これらにて、鳥取へは田村甚右衛門、加州金沢へは田村喜内、いずれも早打ちにて出立、云々。また加州家は一大事こそ起こりたれとて、重役二名昼夜兼行にて伏見に出張、云々。また伏見逗留の供方上下一同と国家老荒尾但馬らを江戸へ呼び寄せられ、云々などの事は、ことごとく虚誕なるを知るべし。　(五九七二号、明治二六年八月九日)

さて癇癖なる喬松丸大いに怒り、云々。大喝して家老日向を叱咤し、近臣を嘲罵し、云々。皆これ傲慢より起こり、云々などの言あれども、決してさる性質にあらず。すこぶる格護(29)にして行状正しく、温和にして愛憐深く、傲慢などの事さらにこれなき由は、当時君側にありし先輩のともに語る所也。故に野洲川渡川の時の加き振舞は、あるべくもあらず。まして傲慢より起こりしとて、怨憎《えんそ》の情一時に炎え出でて、云々。朝夕《ちょうせき》の奉仕もおのずから疎かになり行けるなどいう事のあるべきや。時の近習須知善兵衛が筆記せし物の中よりその一、二を抄録して、その無根たるを証すべし。

ある時御昼の御膳召し上りし時、その御汁の中より何やらん御箸にて御取り止め、御小紙に包ませられけるを、御配膳の者「何か御座候らいしや」と御伺い申したれども、何の御いらえ[30]もあらせられず、その内やがて御膳も済ませらるる程に、また御尋ね申し上げたれば、かの紙包の物を御取り出だし遊ばされて、「このようなる小石が汁の中にありたれども、このまま膳を下げなば、皆々の目に掛りて、膳奉行始め当番の者どもが迷惑する事あるべき故、わざとかくせしなれども、強いて尋ねる故に、その方には申し聞かする也。またあるべきにもあらざれば、必ず洩らす事なかれ」と仰せ含められける。

(下略)

公の御側に三、四年を経て飼い置かれし小鳥(こま)あり。ある時御伽《おとぎ》の少年餌を入るとて、籠の戸をおし明けんとする手の下をくぐり抜けて、御庭に飛び出でたり。(中略)兎角する内に遠く行きて、得も見えずなりければ、取り逃がせし少年はさらなり、あり合わせし人々何とせんかたなくて、忙然[31]たるばかりなりしに、かの少年の親これを聞きて、「幼年とは申しながら、年頃御秘蔵ありし鳥を取り逃がせしは、軽率に取り扱うが故にて不届きの至り、思し召しの程もいかばかり恐れ入り奉り、所詮悴をば存分の取り計らいにせん」とて、ことの外憤りけるを、傍《そば》の輩漸々に押し宥めて、「とても逃げたるものの帰るべきにもあらず。この上はありのままに申し上げて、思し召しのままに御咎《おとがめ》を蒙るにしかず」と、御部屋付きの重役寺田玄馬を以て、しかじかのよし御聞きに達し、御側の者ども一同恐れ入りており候由申し上げければ、公の御沙汰に、「かの鳥の事は幼少より飼い置きけれども、長く籠中に困《くる》しませ置くも情なき事におもい、兼てより放ちやらんとはおもえども、さて年久しく側になれ申せしものは、いつを限りと思い切るきわのなくて、一と日送りに今日まで飼い置きしを、伽の者が過ちて逃がせしは、時の至れる幸いにて、本意にも叶い、安心におもう間、差し控えなどの事は沙汰にも及ばず。いずれも安堵するように申し聞かせよ」との御事なり。(下略)

ある時剣術の御稽古遊ばされしとき、長原左守御相手に立ちて、過ぎて御かいなをしたたかに打ち申しければ、粗相せしを恐れ入り、はた強く御痛みもあらせられんかと、御稽古済みの上、差し控えいて、その由伺い奉りしかば、公の御沙汰に、「かってさようの儀は覚えざる故、その儀には及ばず。芸術稽古の上にてさようの遠慮心遣いなど致しては、互いのためにならぬ程に、後々も心得おるように申し置け」との御事也。(中略)その後御湯あみの時、かの御かいなを伺い申したれば、竹刀のあたりしあと痣の如くなりて、御色付きてありし由。されば御当座には御痛みも強くおわせしならんを、何とも思し召さぬ御気色にてあらせられし。(下略)

ある時御兄中将君(慶寧)の御許へ入らせられしに、その頃中将君真白の猫児《ねこ》を畜《か》い給い、ことのほか愛させ給える。(中略)御物語のはしに「恐れ多くは候えども、この猫を御寵愛遊ばさるるに就いて、いささか申し上げたき事の御座候」との仰せに、中将君「いかなる事にや」と御尋ねありければ、「さればに候。この猫児を愛させ給うこと御みずからにはさまでも思し召さまじく候え、その御傍らにては、人にも超えたる御もてなしと、かねがねいずれも申すなり。もとより畜生の事なれば、これはこれにて宜しきなれども、かくまで御愛着なさるる御事の、もしや人の上にうつらせ給わん御時には、上もなき御大事とこそ存するなれ。数多の人を召し仕い給う御上には、新古善悪の御隔てなく、さらに召し仕わさせられ候わば、たとい胸あしき者にも御徳に感じ奉りて、ついには精忠を貫き申すべくにや」と仰せ上げられければ、中将君限りなく悦ばせ給い、「さてもよくこそ御申し下されし」。（下略）　（五九七三号、明治二六年八月一〇日）

また時の側役（近侍の長）田村伊左衛門の筆記に、

宰相様（加賀）御出での節は、金春太夫一人御相手に呼び置き候えば、御酒は少々召し上がれ候えども、御馳走はさらに御好みこれなく、至って御手軽なり。いつも仕舞（能）を御代々遊ばされ（中略）加州様の御能は御脚気御保養より始まりしと承る也。この頃御側にて御両方の御国風御咄し相手の砌、御国君様能楽御学びの節は、下々鼓・太鼓など寄々《よりより》銘々好む所流行し、また茶事御修業とて、御側御相手と申す時は、「若き者かれもこれも茶たてたくあいなり、御壮健のためとて、御鉄砲殺生を表とし、民情御直覧、近村御野掛け御歩行御出でこれある節は、下々殺生大流行、それより文武の御修業に至りては、中々移り兼ね候」と御咄し致し候処、御悦気御笑いの御顔色にて、「そうよ」と御返事あらせられ候いしが、その後は加州様御出での節は、いつもの通り御相手遊ばされ候えども、金春御自分の御稽古に出で候時は、早々にて御返し遊ばされ、云々。

これらにて平生の気質その他の事推して知るべし。

以上列記する所にて、下馬評は無根の妄説たるを知るべし。

また加州家より厳談を請《こ》いたる事もなく、狼狽したる事もなけれども、一の迷惑なる事はありき。そは時の用人役田村喜内が筆記中、左の一事にて知るべし。

これより(六月七日帰国以後の事)昼の間は御城に詰め切り、御跡目評議にあいなり候処、先頃加州家御守殿にて家来ども御差し図、養子を不快にて途中において毒殺致したるなどとの悪説これある由あい聞こえ、甚だ迷惑難儀なる事なれども、今これを申し開くべきようもなく、[32]「一犬虚を吠えて、万犬実を吠える」の諺の如く、何気なく御相続御願いの手続致し候節は、一犬の吠える、いよいよ実と変じ、いかなる返報来たるも計りがたく、一大事なれば、すでに一度台命下りたる跡の御養子、公辺思し召しあらせられ候や、御内々あい伺い候方しかるべしとの決議にあいなり、云々。

これ下馬評の悪説、ついに御守殿に達したるか、御守殿の悪説下馬評となりたるかは知らざれども、因州家に取りては実に意外の事なり。されども是非後日の咄しにして、この悪説は程なく氷解したるものの如し。しかしてそれが為、加州家と葛藤を生じたるなどの事もなかりしなり。

江戸着の上、重役らは幕府の取り調べを請けたり。

国家老荒尾但馬は、決心して本郷なる御守殿に至り、云々。

前にも述べたる如くにて、重役が幕府の取調を請けたるなどの事はなく、また御守殿に跡相続の事を伺いたる事もなく、備前岡山は宗家の事故、何事も相談はする事なれども、内蔵頭《くらのかみ》の取り計らいにて、水戸家より養子に求めたりというも、またなき事也。すなわち左に記する所の田村喜内が筆記にて知るべし。

七月九日江戸到着、翌十日阿部侯公用人より御内御用掛り和田勝守を呼び出だし、「未だ重役着はこれなきや」との尋ねに付き、「壱人(喜内をいう)昨日着致し候えども、今壱人津田岩見(家老)着のはず」と申し候処、「壱人にても着し候えば、国方談《はな》し合いも致し出で候ならん。いかがや」との尋ねに付き、「着のままにて、いまだ何も承り申さざる故、篤と様子承り候上、申し上ぐべく」と答え置き候旨、「就いては御国方はいかがや、公の御弟加州様にあらせられ、御守殿は御養いにあいなり候と、相続は同様」と申し聞かせ候に付き、「さてその事にて、御家は将軍家とは元御敵対の御家筋なれども、良正院[33]条[34]御入輿、御男子数多御出生以来、当時は外御三家ともあい唱え、越前・津山御家は、元日登城御相伴の御家ともなり、世人よく知る所也。しかるに菅原姓にて御家を継ぎ候えども、武家諸法度にも触れ候事なれども、一旦台命畏まり候上は、国方政事を改正し、旧弊を洗い、上下一和、公の御徳を耀かさんと競うに、はからずも不幸にして御代替りに至れり。されどもまた異姓にて継《けい》すべしとの公慮なるや。その辺判然せざれば、この度はまず上の思し召しを御内々あい伺い、国方人心結合も申し上げたき所存なり」と申し聞かす(これより先、もし御差し図出で候ようの事なれば、同じくは英俊院様の御振り合いもこれあり、公辺御血筋にて御相続、池田家の御血筋は御女子として立つるのほかこれあるまじく、云々。国許にて協議せし事筆記中に見ゆ)。

　前条の如く、阿部侯より御促し込みに付き、衛守より右の趣御内々申し上げ候由にて、御返答には「家来どもの申し条尤も至極なり。やはり上にも思し召しあらせられ候間、望む所申し出ずべし」との事に付き、四代前因幡守の節、乙五郎様御養子先例もこれあり、公辺御血筋にて御継ぎ下させられ候わば、国元人心結合も宜しかるべし、云々。

　右の趣申し上げ候処、「当時公辺には御男子あらせられず、御三家・御三卿にて水戸様のみなり。依ってその人を指し申し立つべきとの事に付き、水戸様御公達承り合い候処、五郎麿様御気性万端御秀でなされ、前中納言様にも御愛子の由に付き、すなわち御同方様をあい願い候処、将軍家御猶子[35]として乙五郎様の節に準じ、格別に御世話遣わさるべし」との御返答なり。

これにて下馬評は、当時の事情を誤りたるを知るべし。

七月二十六日伊勢守邸へ重臣呼び出しに付き、津田岩見出頭、左の書取あい渡さる。

因幡守事、この節病気の由あい聞こえ候処、兼ねて仮養子に願い置き候者は幼年の儀にも候間、もし万一の節は、上において思し召しの御品もこれあるべく候。右の趣急度《きっと》なくあい達し置き候事。

同日同邸において留守居役藤井熊太夫へあい渡さる書取左の通り。

一、思し召しを以て養子の儀仰せ出だされ候事。

　養子仰せ出だされ一両日過ぎ

一、病気軽からざる容体の旨届け出で候は、御尋ねこれあるべき事。

　軽からざる容体翌々日頃

一、病気大切の旨届け出で候は、翌日なおまた御尋ねこれあるべき事。

　二度目御尋ねこれあり候えば

一、国許において何月何日卒去の旨届け申す事。

右の趣日取りあい考え、内々申し聞かさるべき事。

この内達（これに対する日取りは追ってこの方より申し出でたれども略す）にて、けだし喬松丸の死去を幕府は、ことさらに知らぬ風情に装い、因州家を恵みたる也というは、その際の事実を知らざるを見るべし。当時相続なき諸侯の喪を秘して発さず、病気の体に取りなし、幕府もまたその取り扱いにせしは、独りわが池田家のみにあらざる也。

八月朔日伊勢守邸へ重臣呼び出しにて、左の書取あい渡さる。

水戸殿舎弟五郎麿事、因幡守養子に仰せ出ださるべき思し召し候。この段心得までにあい達し候事。

二十六日には、ただ思し召しの御品とまでの達しなれば、ここに至りて初めて水戸殿舎弟云々の事を発表したる也。されども前に見ゆる如く、その実はこの方より内願したるものなり。

同二十二日その方病気の段達し御聴き、御気遣い思し召され云々達せらる。

同二十五日因幡守未だ男子これなく候間云々達せらる。

これは前内達に対し、この方よりそれぞれ申し出でたる日取りに応じ達したる者にして、ただ幕府が順序を履《ふみ》たるまでにて、これまた表面上の事也。

（五九七四号、明治二六年八月一一日）

池田家の紛紜

備前岡山の城主池田内蔵頭《くらのかみ》慶政《よしまさ》は、その画策図に当たりて首尾よく因州家の騒擾を取り鎮め、ことに三家の一なる水戸家より嗣子を迎えしめければ、今は心易《やす》しと喜びて、それより因州家の重臣を召喚し、第一に莫大の金銀を浪費して行列を誇耀したるなど、公儀に対して深く恐れあり。畢竟《ひっきょう》かかる振る舞いは百姓・町人にこそ似つかわしけれ、武士たる者のなすまじき業《わざ》なりと譴責し、次に伏見にて喬松丸《たかまつまる》殿不慮の節も、何とか別に取り計らうべき手段に事欠き、諸人の笑いを買いたりと厳戒し、当時関係の者の処置方をば五郎麿《ごろうまろ》に請い托して、事件全く落着を告げ、上下安堵の思いをなせし程こそあれ、想わざる辺りより事起こりて、因州家の騒動はここに池田家の紛紜《ふんうん》と形を変えて顕われたり。

初め内蔵頭は今度の取り計らい神妙に思し召されて、幕府より突然左の如く沙汰せられたり。

未だ昇進の御沙汰に及ばれ難く候えども、思し召しを以て少将に仰せ付けらる。

池田家は代々従四位、侍従・少将に任ぜらるる家格なれども、これまで齢《よわい》四十以下にて少将に昇進せしためしありしことなし。さればこそ「未だ昇進の御沙汰に及ばれ難く云々」と仰せ出だされしなるべけれ。

ここにおいて加州家は、いよいよ因州家、否むしろ池田家に対し快からず。あるいは幕府に対しても片手落ちの処置なりと恨まんも測られずなど、風評は大下馬の中心点より圏《わ》を画《えが》きて、漸く拡《ひろ》ごり、世に波及して隠れなかりしかば、幕府は特に隠密を派して加州金沢の動静を探らしめぬ。されど内蔵頭の心にはもとより一点疚《やま》しき所あるべきにあらず。己《おの》が名誉は薩摩守の恵みなりとて、いよいよ薩摩守を敬《あが》め尊び、中将もまた内蔵頭の賢なるを愛で、両家はますます親交を重ねけるが、ある日内蔵頭登城の時、大広間において席順の事より松平陸奥守（仙台）と一場の行き違いを生じたり。その日は奥坊主の取り計らいにて事なく退出せしが、後、陸奥守は同席の諸侯に議《はか》りて、「何故内蔵頭をかくも速やかに昇進せしめたるにや」といいければ、細川少将斉護《なりもり》（熊本）・毛利少将慶親《よしちか》（長州）またこれに同《どう》じて、「内蔵頭少将となる時は、われらが中将に昇進するの日なるべしと思いしに、今はかえってかれに先んぜられて、先代にためしなき岡山と同席するこそ恥かしけれ。これしかしながら近時幕府の取り扱い大いに乱れたる故なり」とて、いずれも不平の念に堪えず。遂に各々上申書を閣老に呈するに至りしが、折りしもあれ加賀宰相より左の如く申し出でたり。

任官仰せ付けられ、旧格殿中において御取り扱いの儀は、三代利常《としつね》に御奉書これあり候通りこれなく候ては面目を失い候族《やから》もこれあるべくと、深く心痛仕り候。右の次第に付き御奉書書き取りに認《したた》め持参、苦しからざる儀候わば御聞き、一応御厚評なし下され候よう仕りたく願い奉り候。以上。

加賀宰相家来

三月　姉崎石之助

されば下馬評は、これまで専ら意を加州の挙動に注ぎし折柄、大広間議論の余波細川・毛利に及ぼし、遂に加州より証拠をいい立てて、内蔵頭の昇進に不満を抱くものの如きを見て、加州家はこの隙に乗じて日頃の宿意を霽《は》らさん覚悟なるべしなど、再び揣《し》摩《ま》を逞しうする程に、閣老も思慮する所やありけん。明年参勤として出府すべき加賀宰相に対し、左の如く申し達したり。

急度《きっと》申し入れ候。当年はここ許《もと》参勤の儀あい延ばされ、国元に罷りあるべき旨仰せ出でられ候条、その心得なさるべく候。恐惶謹言。

(36)堀田加賀《備中》守
九月二十七日　阿部伊勢守
土井大炊頭

加賀宰相殿
人々御中

幕府と加州家とはこれに至って折り合い何となく面白からず。まして加州の鳥取・岡山を視ること仇讐《きゅうしゅう》もただならずと、何か事ありげに大下馬は風評せしが、嘉永四年（一八五一）は事なく過ぎ、同五年の八月二十五日の払暁、本郷加州邸乾の方に当たり、百雷の一時に落ち掛かりたる如き響して、黒煙咄嗟《とっさ》に(37)蓬勃《ほうぼつ》として捲き上り、何様《なにさま》事ありと見えしかば、スワ事こそ起これとて、近傍に住める(38)御使番《おつかいばん》いえばさらなり、出仕前なる御目付・(39)定火消《じょうびけし》役ともその邸指して馳せ寄ったり。最寄りに住める御用達町人らも同じく駆け付けて動静を窺う処に、(40)喧囂《けんごう》の中《うち》に声ありて、「何かは知らず即死の者あり、重傷の者あり。筑前守様は幸いに御無事なり」と叫喚し、衆口これに和して怪訝の音をぞ噴き掛けたる、「これぞも何事の起こりしにや」。（五八八三号、明治二六年四月二七日）

加州邸の物音ただ事ならずと、最寄り町々の風評、[41]市《し》に三虎を出だせしが、その日は疑惑の中にかき暮れて、明くれば八月二十六日、東雲《しののめ》を破りて一光漏らしたる大下馬の評を聞けば、加州邸追分寄りの武器庫《くら》にて何か取り調ぶることのありし折しも、煙硝に火移りて楯もたまらず爆発し、掛りの役人中野吉兵衛・小林喜太夫・赤川小左衛門の三人は火に触れて即死し、大村市太夫・岡田長蔵・河合覚之助・池田三五郎・松原伊兵衛・高柳与左衛門・吉田久次郎・青木範次郎・大野喜三郎・山田甚左衛門・森田伝兵衛・竹村昌左衛門・大窪伊三郎十三人は重傷にて存命覚束なく、太田乙右衛門以下十七人は軽傷を負いけり。さて今日この頃の世に、何故ありて特に武器を取り調ぶるの要ありけん。そは知ることを得ざれども、当日筑前守の殿にも現場《げんじょう》に臨ませられ、何事か御指図ある筈の処、御臨場少し前にこの大変起こりて、太守に怪我なかりしこそ、不幸中の幸いなれなど、事実判然とはなりたれど、その風評何となく意味あり気《げ》に聞こえしかば、翌日より風聞聴き取りとして諸藩士卒の下馬に輻湊すること肩摩《けんま》轂撃《こくげき》もただならざりき。

ちなみに記す。武器の取り調べはその藩によりて毎年、あるいは三年を隔てて一度執行したり。されども世をいつも泰平と観じ、家臣を督して文武を奨励するをもなさず、遊興三昧に日を送る家にては、決してかかること執り行いしことなし。これに反して水戸家などにては甲冑改めと称えて、毎年二月あるいは八月、諸士は鎧兜《よろいかぶと》に身を固め、卒族はお渡しの革具足《かわぐそく》着けてその支配頭に付属し、後楽園に練り出でて、一人別に検査を受けけり。これ多くの中には武器など質入れして、一旦緩急の虞《おそれ》に応ずることあたわざることもやとの深慮に出でたるなりとぞ。されば当時は役場物と称えて、鎧などはいずれの質屋にても高値に預かり置きしこと、譬えば火消役が火事具を質入れしたらんが如し。

実《げ》にや治にいて乱を忘れざるを以て専一の心掛けとしたるなれば、加州家にてもこの武器改めの事を行いしことと覚えたり。

加州家は武器改めをなすの時を誤りたるものと見て可ならん。さなきだに因州家池田家とあい反目せるこの時、幕府とさえ少しく面白からぬ風情見ゆるこの時を択びて、果たして武器改めをしたりとあらば、下馬評がこれを疑いしも無理ならずかし。さる程に池田家にても世間種々の風説に迷わされ、対手は名にし負う百万石の家中なれば、いかなる手段やあらんも計られずとて、登城の途次などすこぶる警戒する所ありき。

加州家は一朝の爆発によりて思わざる濡衣《ぬれぎぬ》を着たり。なおこの上に一方《ひとかた》ならぬ迷惑を被りぬ。ただに加州家のみならず、その邸《やしき》近傍の町人らも同時に一方ならぬ不便を感じぬ。そは他《た》にあらず、加州家の動静穏やかならぬよう世上の噂高きより、将軍家慶卿しばしば本郷なる加州邸へならせられしことこれなり。将軍の御成は、斉泰《なりやす》留守中にさる不穏のことあるべきにあらずと信じ、かつは喬松丸の一条に就きて、斉泰父子並びに溶姫の心を解かんとの意に出でたるにもや。

嘉永五年(一八五二)三月十八日突然加州家へ左の如く達せられたり。

来たる二十一日六つ半時(午前七時頃)御供揃えにて、公方様聖堂学問所へならせられ、それより溶姫様御住居御通り抜け、宰相殿方へ御庭続きにて御立ち寄り遊ばされ候。

御成の趣意は何事か解《わ》からざれども、加州家にては重役協議の上、文政十一年(一八二八)三月、前将軍家斉卿王子御成の節、邸内通り抜けとの御沙汰にてならせられし時の例に倣《なら》い御饗応しかるべしと一決し、当時の模様を取り調べたるに、金六万両余の入用にてありき。しかるに台命にて華美に過ぎたりとて、御機嫌悪しかりしと仔細記しありければ、さもあるべしとて早合点し、すべて質素を旨とし、三万両余の予算を以て準備をなし、御成をこそ待ちたりけれ。

物の行き違うときは、かくも不思議なるものかな。この度将軍の加州家へならせらるるは尋常一ようの事にあらずして、ひそかに同家の挙動を探らんがためなりと、重臣らの思い到らざりしは余儀もなく、ひたすら先例によりて待遇の準備をなせしが、既にして将軍は抵《いた》りぬ。加州家の饗応は将軍の予想とあい称《かな》わざりき。役向きへの贈遺も省か

(五八八四号、明治二六年四月二八日)

れぬ。将軍甚だ懌《よろこ》ばずして、悤々《そうそう》に立ち帰られしが、翌日若年寄より昨日の待遇不敬なりし次第口達あり。加州家はここに不首尾を重ねて恐惶一方《きょうこうひとかた》ならず、直ちに饗応掛りの御守殿御用人鈴木一学、御用達岡田兼三郎らの職を免じ、関係の重臣らへもそれぞれ差し控えを命じて、さて出入りの御城坊主四、五名を呼び迎え、若干《そくばく》の金は啗《くら》わしめて、その向きの役人に取りなしを頼みけるに、坊主らはなお儲《もう》けずくの手段を廻《めぐ》らし、世の風説より持ち込みて、「今度の御成はかくかくの御深意に出でさせられしものと洩れ聞きぬ」など辞《ことば》巧みに脅かしければ、池田両家に対してこそ恨みはあれ、公儀に対して何条さる隔意のあるべき以てのほかの次第なりとて、加州家はなお坊主どもへ賄賂を齎《もた》らし、向々の意を解かんことに尽力頼み入るとぞ聞こえける。

かくて裏面の首尾は、坊主の鋳掛けによりてその破目を補い置き、同年四月改めて御守殿より重ねて御成の儀願い上げければ、早速聞き届けられて、その二十一日朝五つ時(午前八時頃)御供揃えにて御成あるべき旨触れ達せられたり。

当日はもとより費用を惜まずして饗応したることとて、上下ともに満足し和気[42]洋々《ようよう》として、昨日まで荒《あれ》の模様とみに霽《は》れけり。さて能狂言数番を演じて上覧に供えんとしけるに、御守殿より招待したる女中たちのために、特に庭園に設けたる東海道五十三次駅路の景色ことのほか将軍の意に称《かな》い、午後より散歩ありければ、能は三番にて終わりを告げ、庭園の東屋にて酒宴に時を移し、夜五つ時(午後八時頃)過ぎ帰還あらせられ、女中(内六十五人は将軍付きの女中なり)の全く引き払いしは夜八つ時(午前二時頃)なりしというとの豪奢のさまは、今時の園遊会何のそのとぞ想われける。実にやこの度の費用は四万八千六百五十四両余なりとぞ聞えし。その後将軍折に触れて聖堂学問所、または王子御成を仰せ出だされ、その都度通り抜けと称えては、加州邸へ立ち寄らせられければ、加州家の中々に迷惑を感じ、かつは御成ごとに、南は本郷二丁目木戸より、北は鶏声《けいせいが》ケ窪《くぼ》町外《はず》れ高札場まで、西は本郷付木店《つけぎだな》より弓町壱岐坂を界し、東は湯島切通し町猿《さる》飴《あめ》際の木戸を限りて終日商売止《や》め、煙り止《ど》めを申し触れられたるに、その損害迷惑いわん方もなかりし。されどこれよりして加州家は将軍家の嫌疑を免《まぬ》がれて、始めて青天白日の想いありしとぞ。

去る者は日々に疎しとかや、加賀宰相御夫婦はもとより、喬松丸の事忘れたりとにはあらざれど、日数経る程に追懐の情おのずから薄らぎもて行き、近侍の者さえも今はやや心のほかに池田家を置かんとするものの如くなりしが、独り家中の者は遺恨なお失せやらず。折りもあらば池田両家に一泡吹かしくれんずと語り合う中、黒船見えて士気ほかに嚮かいければ、加州と両池田との交渉もいつとはなしに消えて失せけり。

しかるに風波未だ穏かならざるは岡山なる池田家なりき。岡山の重臣らは、因州の池田事件を批評して、「祖先輝政《てるまさ》公を辱かしめしものとなし、かつわが主人慶政殿はいかに親族の間柄、傍観するに忍びずとはいいながら、江戸詰めの重役に一応の相談もなく、対手が大家《たいけ》なりとて、専断を以て薩州家と協議し、また加州家へ一言の挨拶もなく公辺の手を借りたるなど、余りといえばわれらを踏み付けにしたる御処分かな、いざさらばその御趣意質問せずばなるまじ」と罵しり合いぬ。ここにおいて一家中議論二派に分れて紛紜《ふんうん》を生じければ、内蔵頭慶政は入りては重臣の不平を控え、出でてはかの昇進の件よりして、仙台・熊本・長州ら同席諸侯の軽侮を負い、いかにも心苦しく思いしにや。己子なきを幸いとして、遂に腹臣の重役に旨を諭し、外は公辺の都合もよく、同席諸侯の気受けもよく、内は重臣の鎮《ちん》となり因・備両家の和睦を全うすべき一人を選びて養子に呼び迎え、池田家の相続を定めんとし、依って思うに水戸家より迎うることを得ば、事充分に調うべけれど、五郎麿どの舎弟十郎麿どのまでは、皆それぞれすでに縁組あり、余一郎・余四郎の君《きみ》は年なお幼なければ詮なしとて、遂に武州忍《おし》の城主松平下総守〈忠《ただ》国《くに》〉の養子九郎麿を申し受けんと決心したり。されども九郎麿は嘉永三年十二月二十六日民部太輔に任ぜられ、従四位の侍従に沙汰せられ、養父忠国と官を同じくしたるも、格別の思し召しありての事、ことに十万石の相続人と定まりたる人なるを以て、今さら岡山家に呼び迎えんこと容易なるべからずとて、いよいよその手配に取り掛かりぬ。

（五八八五号、明治二六年四月二九日）

池田内蔵頭は武州忍の城主松平下総守の養子民部大輔、すなわち水戸斉昭卿の九男九郎麿に望みを属《しょく》し、密かに将軍家に仔細を具申し、民部大輔所望の儀を願い上げしに、難なく御許容ありて、かつ兎も角も時の閣老井伊掃部頭《かもんのかみ》〈直弼《なおすけ》〉(43)に計らうべしと仰せ下りければ、事早や成就したりと歓び勇みて、それより事に托して井伊家に出入りし、ひたすらにその斡旋を頼み入りける。

かくて井伊掃部頭は、忍藩主松平下総守に面会していうよう、「近来水戸殿の驕慢募らせられ、穏やかならぬ振る舞い公辺においても深く御配慮遊ばさるる御様子なり。この上万一御心得違いの儀ありなば、御縁続きの廉《かど》にて思い寄らぬ御迷惑を蒙るべし。刑部卿どの(一橋慶喜)を始め、因州殿(五郎麿)・大和守殿(八郎丸)・右近将監殿(十郎麿)、これ皆民部大輔どのの御兄弟なれど、いずれも御家督の方々なれば、致し方なし。御当家にては九郎麿殿なお御家督前なれば、事なき内に御離縁ある方《ほう》しかるべしと存ずる」など、他所ならぬ勧告に、元来正直一図の下総守、深くこれを信じて、その親切を謝し、それより重臣と計りて、「民部大輔病気なり」と公辺に披露し、また一家中へは御気むら(発狂のこと)といい触らし、老女に旨《むね》を諭して一室に閉じ籠め、近習にさえその面会を許さず。かくて後、水戸家へは怖《おそ》る怖る病気の旨を披露し、「養子病気にて御奉公仕るべき体《てい》にこれなきに付き、実家方へ差し戻し願い出で候者は願いの通り」と元文三年(一七三八)四月仰せ出だされたる御条目に依り、遂に離縁の沙汰となりぬ。これ安政六年(一八五九)五月の事と聞こゆ。

憐れむべし、下総守忠国《ただくに》を始め重臣らに至るまで、井伊掃部頭の策に陥りて、九歳より二十歳まで丹精して養育し、かつ御見目えも済みて任官したる賢明の聞え高き民部大輔忠矩《ただのり》をば一朝にして池田家に奪われんとは夢にも知らず、むざむざ離縁せるに至らんとは。

松平忠国の内室は、奥平大膳太夫昌暢《まさのぶ》〈豊前中津藩主〉の女《むすめ》にて、池田内蔵頭慶政の姪なり。また忠国の養父下総守忠彦《ただひこ》の内室は、因州斉稷《なりとし》の女にて、因・備・忍の三家は親族なり。しかるにかかる手段を以て親族を欺きしこと穏やかならぬ業《わざ》とやいうべき。井伊掃部頭横死の後に至りて、忠国は始めてその売られたるを悟りしという。

さて民部大輔は、さる計略のありとも知らず、たちまち離縁と聞きて、一方ならぬ胸驚かせしが、実家にて承知の上とあるに、分別のせんようもなく、水戸へ戻りたるに、思いも寄らぬ内意にて、備前岡山三十一万五千二百石の養子となりぬ。

民部大輔忠矩すでに池田家の養子となりければ、内蔵頭慶政は文久三年(一八六三)二月その家督を譲りて退隠し、民部大輔は備前守茂政《しげまさ》と改名して、岡山の城主となり、祖先の家法倹素を守り一国を治め、臣下の怠惰ならんには厳威を以て制し、臣下の勤労ならんには恩愛を以て慰め、公辺の評判も好《よ》く、同席諸侯の交際礼数も欠かず、因・備の間柄も親睦に復して、岡山一藩枝《えだ》を鳴らす風もなく、慶政君の卓見を尊み、当主の賢明を喜びて鼓腹して一藩の大平を謡いたり。しかるに物頭・用人役を奉仕する小崎半兵衛という者ありけり。そが養女某は性質《さが》怜悧にして容色あり。かつ賢婦なりとの評一藩に高かりしが、後に太守の侍妾《そばめ》に召されて二子を挙げ、寵愛いと深かりし。されば小崎の一門はおのずから時めきて権威ありしを、(44)佞幸《ねいこう》の者これを羨《うらや》み嫉《ねた》みて、氏《うじ》も系図もなき一賤女をさらに推挙して、小崎の威権を殺《そ》がんとしたる奸計、その図に当たりて、太守は是非もなくその賤《しず》の女《め》の縹致《きりょう》を愛で、果ては容《い》れて傍らに侍せしめけるより、ここに一条の騒擾を惹起したるは余儀もなき事どもなり。

(45)叢蘭《そうらん》静かならんと欲すれども、秋風これを動かし、賢君明らかならんとすれども、讒《ざん》間《かん》これを蔽う。されば賢婦と称えられし小崎の養女は、恩幸を奪われてついに秋風孤閨の人となり、岡山中山下の生家に追い戻されしが、もとより凡婦ならねば、恩寵を失いたるを憂《う》しともせず、深く太守の前途を気遣い、哀れにも発狂して幽閉の身とはなりぬ。これより一家中二派に分かれて紛紜《ふんうん》を起こし、またしても下馬評にかかることとはなりぬ。

(五八八六号、明治二六年四月三〇日)

元治元年(一八六四)八月、幕府長征の勅を奉じ、尾張大納言〈慶勝〉を総裁として中国・四国・九州二十一藩に令して、兵を中国に進めたることありけり。されば鳥取の五郎麿・石州浜田の十郎麿・岡山の九郎麿兄弟三人同じく水戸烈公〈斉昭〉の薫陶を経し心肝を吐きて、忠勤を励まんはこの時ぞとて、五郎麿は周防路に嚮かい、十郎麿は居城に立て籠り、九郎麿は応援として広島表に出兵せり。なかんずく九郎麿の兵馬粛々として陣立てことに勇ましく、軍令行き届きて精鋭ことごとく振るうさまは、烈公の俤残れりとて、この一勢周防に入らば、敵の鋭意はとみに砕かれぬべしなど、諸藩の賞讃いずれも九郎麿に萃《あつま》る程に、津和野の亀井隠岐守不意に浜田に推し寄せてこの城を陥《おとしい》れぬ。かくと聞きて九郎麿は急に令を下して、これを復せんと意気込みたるも勇々《ゆゆ》しく、さすがに岡山藩にはその人ありと見えたり、先年前田家の一条は、江戸詰め一部の重役の失策に出でしものならんとの評判高く、岡山藩はここに図らずも年来の汚辱を雪ぎたり。

かくて上下武備に怠りなく、英雄の志気(46)闔藩《こうはん》に満ち渡れるのみか、太守また文《ぶん》の心掛け深かりけり。そのかつて忍《おし》に養子となるや、時に水戸邸に往きて御小姓頭取浅沼四郎八郎の講義を聴きしが、一日浅沼説きていわく、「人の体に六賊あり。目の欲を最もとす。但し中人以上には(47)心宰《しんさい》あるを以て、この欲に勝つことを得るのみ」と。太守服せずしていわく、「しからば孔子は何が故に(48)非礼視るなかれ」といい給いしや。中人以上といえどもあにこの惑いなからんや。(49)楊秉《ようへい》(50)三不惑の説こそわれわれの服膺《ふくよう》すべき所なれど、岡山に来たりてよりも倹徳を専らとし、土木を起さんことを思うごとに、かつて(51)藤田子《し》定《てい》〈幽谷〉が光圀《みつくに》中納言の桃源の隠宅を評して、「予が草堂に少し闊《ひろ》きようなり」といいたるを想い出だしては止みぬ。されば尋常の(52)声韻《せいいん》は容易に太守の視聴に入るまじかりしを、佞幸の者の推挙によりて一朝挙げられて傍らに侍りしは、天の生《な》せる麗姿露を含める芙蓉の如く、名をさえお露と呼びたる婀娜女《たおやめ》なりけり。お露の方はその才気漢室《かんしつ》を起こさんと誓いて、(53)董卓《とうたく》・(54)呂布《りょふ》を蕩《とろ》かし、遂にこの(55)驍勇《ぎょうゆう》の(56)老猾《ろうかつ》を亡ぼしける(57)貂蟬《ちょうせん》にも比ぶべしとて、誰いうとなく貂蟬とはいい做《な》しけり。実《げ》にや貂蟬が(58)三寸不爛《さんずんふらん》の舌には、忠臣もその忠を隠し、義士もその義を失い、実を虚となし、有《う》を無となしけるに、太守の聡明もおのずからその用を欠きて、寵愛に一身を籠め、ことごとくその言う所を用いたるより、かの伏見一件に失策し、(59)擯斥《ひんせき》せられたる者らは、これに阿《おもね》り諂《へつら》い、繊手《せんしゅ》に夤縁《いんえん》して再び世に出でんとぞ勤めける。

　かかる女性《にょしょう》のかかる境遇にある者の常として、貂蟬は陽《うわべ》に一家の隆盛幸福を計ると見せ、ひそかに池田家の蓄財を掠めて己が九族の栄耀《えいよう》を計りければ、心ある重臣らは主家の安危を気遣いて、太守の失徳を極《すく》わんと勧めたれども、またかかる時、かかる者の(60)諫《かん》諍《そう》は例によりて国《こく》武士の(61)尽言《じんげん》のみと聴き流されぬ。

　これのみならず金銀珠玉は飢えて食うべからず、飢《き》寒《かん》は善心を発すといい、善を尽したる花籃《はなかご》火種の属は(62)顰蹙《ひんしゅく》して用いざりし賢君が、所愛を得てしより衣服(63)玩好《がんこう》もおのずから奢靡に流れ忘るるとにはあらざれども、おのずから祖宗の艱難を思わず、則《のっと》らざるにあらざれども、おのずから祖先の法に違《たが》い(64)狗馬《くば》玩好に日を送ること、またかかる折り、かかる処に起こり易《やす》き順席なるべく思わる。かつては敵の城を陥れて先登の功を争わんとしたる(65)驍将《ぎょうしょう》勇士も、貂蟬には当たり難しと見しか、音もなし。

（五八八七号、明治二六年五月二日）

　かく太守が貂蟬を愛して狗馬玩好に日を送りしは、深き謀慮の存したることと誰か知るまじ。諫諍を馬耳東風と聞き流して用いず。心にもなくて振る舞いし奥底を知るものは誰ぞ。重臣戸倉左膳・小崎半兵衛の二人これなり。二人は最初より太守の今日あるは、後なす所あるがためなりと思慮し、一藩かれこれを批評する中《うち》に立ちて、独り思うよう、一国の主《あるじ》たる軀《み》にしあれば、よし侍妻《そばめ》を愛していささか華美を尽くし、錦繡を装い、(66)膏梁《こうりょう》に飽きたりとて、何程の費《ついえ》かあるべき。かえりて太守の苦心こそ想い測らるれとて、ひそかに世のなり行きを窺いいたり。

太守の謀慮する所とは何事ぞ。夜静かにして酒醒《さ》むるごとに、太守は人知れず大息しぬ。「実《げ》にや浮沈は時の行くべき途《みち》なりとも、祖先数代の所領・家系わが代に至りて絶滅せんはわが罪なるべし」とて、太守が一方ならず心思《しんし》を労したるは他にあらず、かの勤王佐幕の説これなりけり。太守の大活眼は疾《と》くより勤王派の栄え行くべきこと、佐幕党の命短かるべきことを見破りいけるに、長征事件は図らずも不完全の和睦となり、石州浜田・豊前小倉の二藩は、城を焼き必死となりて防戦したりし甲斐もなく、今は居所雨漏りて上下すこぶる困難を極むれども、これに酬いらるる恩典もなく、賞与もなく、これを見て譜代の諸侯は不平を懐《いだ》き、外様国主は離心さまざまなる折柄、岡山藩もまた議論区々に分かれたりしが、将軍家茂《いえもち》卿薨去《こうきょ》して、世はいよいよ穏やかならず。ここにおいてさきに分かれたる二派中の一派は、太守を奉じて佐幕の議を起こさんと企てぬ。これ大いに太守の苦心する所にして、また余儀なくも佐幕の兵を挙げざるべからざるの境遇に陥りたるなり。ここにおいてか、ついに陽《いつわ》り狂してよくなすなきことを臣下に示し、われを戴かんとするものの心を挫かんとはなしつ。かれが醒めたる心もて酒に酔い、溺れざる心もて色にすさめる、いかに心苦しかりけん。されどこの心遣いは、遂に仇ならざりき。岡山藩が議論紛々の世に、その方向を誤らず維新の難所を事なく打ち超えたるも、いずれかこの苦心もて買いたるにあらざりける。

太守の素志はついに貫けり。かくて後、太守は養子章政《あきまさ》氏に世を譲り、退隠して百事節約を主とし、いかに謀慮ありしことにもせよ、一時父君の冥慮に違背したるこそ本意なけれと、おそれみて今は橋場なる別邸に(67)光風霽月《せいげつ》の世を送るとなん。

（五八八八号、明治二六年五月二三日）

封廻状

封廻状は、旗下《きか》の中《うち》にて軽重とも咎を受けたる者を、普《あま》ねく知らしむる廻状なり。これは当日町奉行または御目付より発するものなれど、状中にはただその申し渡しをのみ記して、何故にかかる尤《とが》めを受けたるやを記さず。ゆえにその仔細を知らんとなれば、翌日下馬に至りて探偵するを要す。大下馬は実に封廻状の解釈所ともいうべく、かれは云々《うんぬん》なり、かくかくの次第なりと(68)巨細に尤《とが》めを受けたるものの事情を説明するなり。封廻状は竪八寸余、横三寸ばかりなるイタメ紙の封筒に入れ、表に封廻状と記し、裏には町奉行より出ずるものは月番何の守と書し、お目付より出ずるものは単に何の某と二名を連記す。またその配達方は、各々組合の定めありて、十軒に一通あるいは同役幾人あるもその人数に拘わらず一通を順達し、御番入りの者へは頭《かしら》支配より順達する例にて、これを受け取りたるものは、廻状の裏なる封緘《ふうかん》の上へ実印を順次に捺して、次の姓名に送り廻り、仕舞いより触れ出しの者に廻送するなり。

封廻状の一、二を挙ぐれば左の如し。

一応尋ねの上揚屋へ差し遣わす

奥坊主
岡田　了珉

一通り尋ねの上差し返す

同
御小道具役
根本　良斎
伊東　栄弥
小野　友古
青木　祐貞

右遠山左衛門尉〈景元・町奉行〉役宅において御目付戸川中務少輔〈安鎮〉立合、左衛門これを申し渡す。

さて了珉は何故に揚屋入り申し付けられしにや、封廻状のみにては一向に訳分からず。

依って翌日下馬評を聞けば、右了珉は二か月余引き籠り、病気届けを出し置きながら、一昨二十五日（弘化三年（一八四六）閏五月）の夜八つ時（午前二時頃）頃御本丸奥の御納戸に忍び込みたるに、(69)御小納戸役宮城鐸五郎《たくごろう》〈政矩〉なるもの物音に夢を驚かされて、ただ事ならずと、密かに起き出で、詰め所外奥坊主詰め所に至り、良斎ほか三人を喚び起こし、御納戸左右の入口より押し入りて、遂に曲者を捕えて視れば了珉なりけり。その容貌を見てあれば、大胆にも面体《めんてい》を隠さず、(70)御召縮緬紺絣《こんがすり》の単物《ひとえもの》に黒紗《くろしゃ》紋付の羽織を着流し、鉄槌・鋸・釘貫・鑿・火縄・付木《つけぎ》・火打道具・海苔鮨子《のりずし》などを所持しいたり。その体裁窃盗を働かんとするものの如く、万一人を驚かさば縁の下などに身を忍ばせて目的を遂げなんとて、さては海苔鮨子までをも用意したりと知られければ、早速搦めて町奉行遠山左衛門尉役宅に送り遣りぬ。さて吟味せし処、先年大御所様（将軍家斉《いえなり》卿）御出棺前にも御納戸へ忍び入り、金子二百三十両を盗み取り、その後病と称して引き籠り、金をば自宅納屋の内なる土中に埋め置き、遣い捨てたるよし白状に及び、事実明白となりしを以て、これより先、了珉を捕えてこの事に掛かり合いし根本良斎などをば一応訊問の上差し返し、了珉をば揚屋入り申し付けたるなりと、下馬の者ら風評す。この風評は根なし草ならずして、事実を照らし写したる実事譚なりけり。封廻状の理由はここに至りて親《みず》からその場に臨みし如く判明となりしとぞ。すなわちその十一月十二日付の封廻状を見よ。実に左の如く報じ越したり。

奥坊主　了　珉

この者儀、困窮に迫り悪心を起こし、御納戸金盗み取るべくと、去る丑年十二月六日当番の節、同役熟睡致し候透を見合わせ起き出でて、用意の釘抜を以て奥向き所々の御〆りの錠前を捻じ切り、差坪など引き抜き、御納戸へ忍び入り、金銀取り交ぜ二百三十両余盗み取り、宅の物置土中に埋め置き、追々酒食雑用に遣い捨て候上、なおまた盗み致すべくと、当閏五月二十五日内桜田御門より御城内へ立ち入りおり、深更に及び奥向き御〆りの錠前を釘抜を以て引き抜き、御納戸まで忍び入り候段、軽くも御扶持下され候身分、御場所柄をおそれざる仕方、別て不届き至極に付き、獄門に行う者也。

右遠山左衛門尉宅において同人これを申し渡し候也。

当日了珉忰西丸奥坊主了知・同次男了栄・三男留吉の三人は、「父の科《とが》に依って遠島申し付くべきの処、今度広大院〈一一代将軍家斉室〉様三回御忌御法事に付き御救い御免なされ候。但し了知の御宛行《あてがい》（宛行とは家禄なり）召し放さる」と申し渡されぬ。

すでにしてまた左の如き封廻状出でたり。

御小姓
皆川遠江守〈庸明〉
名代

中島百助

その方儀、行跡宜しからず不慎みに付き、御役御免、知行の内二千石召し上げられ、閉門仰せ付けらる。

右遠藤但馬守〈胤統・若年寄〉宅において若年寄中出座、同人これを申し渡す。御目付井戸鉄太郎〈弘道〉・鵜殿甚左衛門〈長鋭〉あい越す。（嘉永五年（一八五二）四月二日）

この封廻状を一見したる者、何故遠江守はかかる厳罰を受けられしやとて、翌日下馬に至りてその評を聞けば、遠江守には平常芸者・幇間・芝居者などを屋敷に召し入れ、ある時は遊里に遊び、ある時は(71)水髪《みずがみ》に結い、三尺帯を結び、鳶の者に姿を替えて遊里を徘徊し、金銀を浪費し、武士道を欠きたりとて、今度重き御尤《とが》めを受け、高五千石の内二千石を召し上げられたるなり。初め遠江の父森之助は勤仕並寄合にてありしが、病と称して二十年間登城せし事なしとて、三味線堀の居屋敷《いやしき》を召し上げられ、本所三ツ目の屋敷にて蟄居《ちっきょ》仰せ付けられしを、その子歌之助すなわち今の遠江守家督の後、弓術上覧の際弓勢御目に止まり、御小納戸へ召し出だされ、直ちに御小姓に栄転し、深川八名川《やながわ》町に屋敷を拝領せしが、父の汚辱を雪がんとは思わずして、かかる始末に及びしこそ是非なけれ。また祖先は皆川山城守〈広照《ひろてる》〉とて、信州飯山の城主（高四万石）にてありしが、慶長十四年（一六〇九）十月二十七日、故あって改易となり、元和九年（一六二三）二月三日召し出だされて一万石に御取り立てになりたる由緒ある家なれど、継子なくして五千石に減禄されしなりと、問わぬことまで下馬の評に上がりけるとぞ。

（五八八九号、明治二六年五月四日）

雑　事

諸役人の転任などは、本人退出前いつも下馬評に就いて分明なり。文久三年（一八六三）八月の事とかや、御目付杉浦正一郎〈勝静〉御用召しによりて登城したり。この日登城せし者杉浦を合わせ九人ありて、その中八人までは何役に命ぜらるべしとの評下馬に行われしが、独り杉浦に至りては任命の仔細を知るによしなかりしと見え、遂に推量してかれは御目付執当の人なれば、多分大目付に拝せらるべしなど評せしを、これに反対するものありて、否々大目付白須甲斐〈政脩〉殿の後役は、駒井相模〈信興・外国奉行〉殿なり、(72)誰殿の跡は何某《なにがし》なるべしと、評判区々《まちまち》なりし。しかるに午後に至りて杉浦は外国奉行なりとの沙汰出でたり。大下馬にては事の意外なるに驚きしと見え、何、杉浦殿が外国奉行とか、そは間違いなるべし。万一それに相違なくとも三日の勤め続きは覚束なしと評せり。しかるにその後一日を間《へだ》てて、杉浦は俄然御目付に再勤することとなり、下馬の評果たして験《しるし》あるに至れり。この日杉浦の挟箱へ何方の家来とも知らず貼り付け置きたる落首、

馬鹿されて元のいなりへ正一ろう

ちなみに記す。御目見え以下の士御用召しにて、当日は栄転なるべしと思わるれば、前夜親戚・知己の者へその趣を報知する習わしなり。その文言「御用これあり候に付き明何日五つ半時(午前九時頃)服紗麻上下《あさかみしも》(73)着用登城仕るべき旨御奉書到来致し候に付き、定めて吉左右《そう》と存じ奉り候間、この段御知らせ申し上げ奉り候」。かくて親戚は当日麻上下、知己の者は継上下、あるいは羽織袴にて時刻を測りて祝いにとて参集するなり。さて確《かく》としたる沙汰あるまでは、その家の妻も台所に出入りて、下婢と一所に客会釈《あしらい》の献立に忙《いそが》わしけれど、いよいよ「何役となりて御目見え以上に栄進したり」と、当日出仕中の親族、または同役より沙汰あれば、妻たるものは品格もまた俄かに上進し、これよりは最早表向き台所に出入りすることを得ず、下婢・下男は勿論来客もまた従来その妻を呼ぶに、御新造《ごしんぞ》また御新造様の称を以てしたれど、主人退出して「今日は存じ寄らず何役仰せ付けられありがたき仕合わせなり」と披露するや、一同まず歓びを主人に述べ、さて細君に向かい奥様と呼び、今日は恐悦と述ぶるなり。

諸大夫は勿論、御目見え以上の旗本などは、その役によりては栄転の趣を御坊主より報知したり。また御老中・御側御用人・若年寄・御側御用取次・三奉行などの更迭あるときも、坊主ども出入り先の諸侯へそれぞれ通知したり。この通知書には何の守殿加判の列に、何の守殿若年寄に、何の守何々奉行になど記し、末文には必ず批評・風説・落首などを付記したり。佐倉の堀田備中守〈正篤〉御老中御役御免となり、備後福山の阿部伊勢守〈正弘〉後任となりしとき、その報知書の末に左の落首を記し付けたりとぞ。

さくら炭はねて備後の表替え

即吟《そくぎん》面白しと、当時賞賛したる諸侯のありしとかや。例年正月御用初めに両番の者（御書院番・御小姓組）御用召しは、御使番仰せ付けらるるものと定まり、また御使番在勤中のもの御用召しと聞けば、平素その容貌を見、また在勤中評判好《よ》かりしものは御目付に任ぜらるると見做《みな》し、役に依りては別に下馬評を試みず、御留守より御側となり、また駿州御城代となるなど、少しく掛け引きある役ならでは、すべて評に上《のぼ》ることなし。また表役すなわち政事上に関係なき役柄に対しても、更迭の評なかりしという。要するに尋常一様の更迭は評を煩わさずして、分明なるによれるならんか。

（五八九〇号、明治二六年五月五日）

文久二年（一八六二）松平春嶽（越前の隠居）御政事総裁職となりて、諸侯の参勤交代を改革するとともに、式日服制・供廻りまで改正を沙汰せられたり。左に当時改革の模様を述べん。

参勤交代の諸大名割合は、大広間席の者は三年目に一度在府、但し在府日限百日限り、尤も松平美濃守（福岡）・宗対馬守（対州）・松平肥前守（佐賀）らは在府日限一か月、溜詰・同格の者は三年目に一度参府日限同断、御譜代雁の間詰・外様・御奏者・菊の間縁側詰・交代寄合らは三か年目に一度参府、但し百日限りと定められたり。これ文久二年閏八月二十八日なり。また同日服制を改正して、式日のほか殿中襠高袴《(74)まちだか》・背割羽織着用致すべしと沙汰せられ、継上下を廃し、同九月七日老年の者を除くのほか乗切《(75)のりきり》登城と布達し、供廻りを減少すべき旨を達したり。

これより諸大名並びに旗本まで乗物となり、大名はその家格に依って三人あるいは五人供の近習乗馬にて扈従《こしょう》し、旗本は何役を問わず口取り・草履取り法被《はっぴ》・股引・足袋跣《はだし》にて馬前に立ち、主人一人乗馬にて登城し、若党一人あるいは二人後より野服あるいは袴羽織にて両掛《(76)りょうがけ》一荷折助に担わせ、悠々として来たり、終日下馬に退出を待ち、主人退出して馬上逸走《いっそう》すれば、かれらは後より悠々として屋敷に帰る。かかる有様《ありさま》にて主人の供をすること稀なり。さて駕籠にて行列を整い登城せし砌は、その槍と紋所とを見て、かれは誰殿なりと分かりたれど、今は槍も持たず、箱も用いず、背割羽織・襠高袴という扮装《いでたち》にて、ハゾリ《(77)》の笠を冠《かむ》り、乗馬にて出仕するを以て、何の誰なるや少しも分からず。依って口取り・草履取りの法被に家々の印《しるし》あるを認めて、これを見分けたりという。さて当時花柳社界にて左の如く唄い、乗切のさまを踊ること流行したり。

〽江戸は襠高ハゾリの笠で一人乗切り
　　振りもよし、槍もねー駕籠もねー

当時追々諸色高直《こうじき》にて、花柳その他盛り場は、いと不景気を感じ、ことに参勤交代の改正とともに諸大名の奥方は残らず国行き勝手次第と沙汰せられたれば、いずれも国へ引き込み、家中もこれに従って国勝手となり、妻子を国へ送りたれば、江戸は追々淋しくなり、昔日の繁昌に引き換え、用達《ようたし》町人は株を失い、その影響にて花柳の客も減じ、盛り場も何となく哀れを催され、江戸市中昔の町の様《さま》なしとて、前の唄を変更したり。

〽江戸は町でなし、端折って逃げろー
　芸者駈け出す様《さま》のよき、銭もねー金もねー

かかる有様《ありさま》にて諸家の供方大いに減少し、下馬は急に物淋しくなりたるに引き換え、諸役人の更迭規則の改正など頻繁なるに従い、下馬評はここにいよいよ必要となれり。但し諸役人の供方を物色してその人を見分くることあたわずなりしを以て、風聞《かざき》きの当惑一方ならざりしに、後、大目付の中間《ちゅうげん》法被の襟は茶色、御目付は萌黄《もえぎ》色、御使番は鼠色、火事場見廻りは地白黒山路と定まり、また笠も白たたき、裏金黄たたき、浅黄たたきなど、それぞれ定まりて見分けの付くようになりしとぞ。

文久三年閏八月二十二日、諸侯時献上御免となり、また正月・二月・四月・七月における二十八日の月次御礼及び五月・九月の朔日の御礼として登城出仕に及ばずと布達し、またこの日例年正月の御謡初、六月の(78)嘉祥《かじょう》御祝い、十月玄猪の祝いを廃されたり。

さて時献上廃止となりて、諸役人は役徳を減じ、(79)献産屋《けんざんや》は非常の影響を蒙り、中間・小者、すべて人入れ商売の者は株を失い、その他上下影響を蒙りたる者少なからずとて、左の落首を春嶽が役宅の門に貼りたる者ありしという。

春嶽とは按摩のような

名を付けて上を揉んだり下を揉んだり

越前春嶽の改革、諸大名の奥方を国に送るの一事は下馬評大いに不評を鳴らし、容易ならざる事なり。あるいは騒乱の基なるべしなど、しきりにいい囃せしが、その言《げん》ついに験《しるし》ありて、幾許《いくばく》もなく維新革命の世とはなりね。（五八九一号、明治二六年五月六日）

礼服

幕府の大礼儀式に着すべき束帯《そくたい》は、すべて五位以上に限りこれを服し、五位以下はその分に応じ各種の礼服を定めたり。五位以上また別れて四位以上・四位以下に区別す。

四位以上の束帯

冠　垂纓《たれお》は有文《うもん》(1)、掛け緒は紙捻《かみより》なり。

袍《ほう》(2)　夏は単《ひとえ》、冬は裏付きなり。黒色にして、丁子・唐草の織り文《あや》あり。また将軍の袍は丁子・唐草に葵紋の織り出しあり。但し夏装束は四月朔日より九月晦日まで、冬装束は十月朔日より三月晦日までとす。

剣《たち》　柄頭《つかがしら》に垂れたる緒を目貫緒《めぬきお》といい、緒先の金物を露《つゆ》という。笏は木製。

下襲《したかさね》　冬は表白、裏黒、夏はコメ織り(3)、色は藍または浅黄なり。

表袴　表白・文《もん》窠霰《かあられ》(4)・禁色（濃紫と濃紅をいう）、裏は紅にして地は練貫または平絹、表袴の下に赤大口(5)を着す。但し外には見えず。

大帷子《おおかたびら》　冬は白、夏は赤。

単　地綾、色紅なり。

石帯《せきたい》(6)　地は革なり。有文生《うもんせい》・無文生《むもんせい》(7)・車渠《しゃきょ》・馬脳《めのう》・犀角・蠟石・水牛の類を用う。

石は方と円なるとあり。方なるを巡方《じゅんほう》といい、円なるを丸鞆《まるともえ》という。打ち交ぜて用いたり。大概中に円石六箇を付け、両端《りょうはし》に方石四箇を付く。但し十箇に限らず、永《なが》めに方石を付けたるもあり。

裾　下襲の尻なり。中古より別に切り放して用いたり。表白、(8)浮線綾《ふせんりょう》、裏は黒綾文《くろあやもん》、四菱打ちなり。

(9)襪《したうず》　冬は練貫、夏は平絹、足袋もまた練貫・平絹などなり。

沓　木製、外面漆塗りなり。武家は緒太《おぶと》を用う。緒太は俗にいう金剛草履なり。藺にて造りたるものなり。また足袋の時に用うるものは、緒の付け方通常の草履の如し。但し前緒の所紙を以て包む。襪のときは常の草履とその製異なり。

太刀　長さ三尺二寸、但し柄六寸、鞘二尺六寸なり。柄は白鮫にして、頭に金具を付す。長さ一寸三分、その中を透かし地鮫を現わす。また中央に小環《しょうかん》を施して紫革二筋を付す。これを垂緒《たれお》という。緒の結び端に金具を付す。その金具は一寸ばかりにして六角に作るなり。鞘は梨子地文唐草蒔絵、また家々の紋を付す。

また四位以上の衣冠は冠・袍ともに束帯に同じ。「奴袴《さしぬき》」は四位侍従以上は薄紫、四品(四位諸大夫也)は濃紫、三位以上は文白藤抜き俗に八つ藤という。裏はいずれも紫の平絹、または浅黄の平絹を用う。また下袴・(10)腰次《こしつぎ》は平絹精好《せいご》を用うべきを、近代略して強張《つよはり》を用いたり。「野太刀」は衛府の太刀といい、三位以上は金作り、四位銀作り、六位以下は黒塗りなり。「檜扇子」は黒骨[11]また末広[12]を以て代用せり。褄紅《つまべに》は侍従以上、また家格に依る。「内衣《うちぎ》」は束帯に同じ。「襪」は許可を得て用う。また許可を得たる者は足袋を用い、許可なきは素足なり。

五位の束帯

冠　垂纓無文、掛け緒紙捻《より》、侍従以上は紫組掛け緒、笏は木。

袍　夏は単、冬は裏付き、色は浅緋、「下襲」四位に同じ。

表袴　無文平絹、綾を用いず。

大帷子《おおかたびら》　同単と下重ねの襟を付けて、袖に単の袖ばかり付けて用ゆ、すこぶる略なり。

剣《たち》・単・石帯・沓・襪は四位に同じ。

裾　表は白、平絹、裏は黒染、平絹。

五位の衣冠は冠、垂纓無文、掛け緒紙捻、また五位にても侍従は紫の組掛け緒なり。「袍」色浅緋、「奴袴」平絹浅黄色、「内衣」束帯に同じ。「太刀」は糸巻にて金具は銀なり。「檜扇子」は四位に同じ。

直衣《のうし》　これは俗に烏帽子衣冠と称し、神拝の時用う。烏帽子は立烏帽子・風折などにて、掛け緒は紫なり。奴袴は色紫文白、下袴・腰次前に同じ。

直垂《ひたたれ》　これは三位侍従以上の冠服にて、内衣白小袖なり。また白帷子を着す。三家・

三卿・加州は四位の宰相の位にても着せり。また三家と薩州は透き精好なり。以下は通常の精好にて色定めなし。胸紐《むなひも》・袖括《そでくくり》・(13)菊綴《きくとじ》は皆八つ打ちの糸にて、その色は紫の定めなり。袴は下《しも》といい、腰という。地質・染め色とも袍に同じ。袴の垂れは白の練緯《ねりい》を用う(経《けい》は生糸にして、緯は練糸なり)。「小さ刀」長さ尺余にして、その製脇差の如く下緒長し。「末広」白地の(14)蝙蝠《ちゅうけい》にして、金銀箔を置きし物と画と模様とは好《この》みに任す。

(五九三二号、明治二六年六月二三日)

狩衣《かりぎぬ》は四位諸大夫以上の服なり。老中及び高家は侍従以上なれども着用を許されたり。狩衣の地質は夏は紗、冬は練絹にて、染め色の定めなし。但し紋所は織り出しなり。また烏帽子は左折《さおり》、風折などにて、掛け緒は紙捻《かみより》なり。奴袴《さしぬき》は平絹を用うるを法とすれど、重に小柳織を用いたり。染め色は表裏ともに浅黄なり。仕立ては前四幅に襞積《ひだ》あり。後ろは二幅にして襞積なし。裾は膝の下にて括る。これを上括《うわくくり》という。但し足袋を用いず。腰帯は浅黄(15)縠織《こくおり》、あるいは紅紗《こうしゃ》などを用いたり。末広と小さ刀とは直垂着用のときと同じ。

大紋《だいもん》は五位の諸大夫よりこれを着す(四位以上は狩衣・直垂なり)。地質は(16)絹麻・(17)竜紋麻なり。染め色の定めなし。また本名は布直垂なるを、紋所の染め抜き大なるを以て大紋と呼びたり。紋は背に一、左右の袖の中央に二、前は身と袖との縫目左右に二、袴は両膝の上に二、腰の下に一なり。胸紐・袖括・菊括とも紫の丸組緒を用う。袴の腰紐は白の練を用い、白糸の上刺《うわざし》あり。内衣は冬は熨斗目《のしめ》を用い、下襲の襟・袖口などは白平絹、夏は白帷子を着す。小さ刀供奉には路次鞘巻の太刀を添えて帯す。私の往来には常の刀を帯するなり。

直綴《じきとつ》は法印・法眼これを着す。地質は精好または平絹なり。袖の下両脇に襞積《ひだ》あり。染めは黒色にて、胸緒は組糸にて、法印は紫、法眼は白なり。袴は白の精好また平絹などにて長袴なり。内衣は白小袖・白帷子あるいは熨斗目を用う。沓は緒太なり。但し小さ刀は定まりたる法なし。

布衣《ほい》は無位無官の者これを着す。これは大紋と素袍《すおう》の間にある服なり。また侍従以上の諸侯の家来もこれを許されたり。布衣の仕立ては狩衣と同じ。但し狩衣には織り文《もん》あれども、布衣には織り文なし。地は精好にて、陪臣の着する絹布なり。奴袴《さしぬき》は平絹にて色浅黄紋なし。但し足袋を用いず。中啓《ちゅうけい》は並の扇子を代用すれども、十二本骨に限る。また地紙の幅は並のものより狭し。烏帽子は左折・風折、掛け緒紙捻《かおかみより》なり。

素袍は無位無官の服にて、布衣以下御目見え以上の士これを着す。地質は諸麻《もろあさ》・横麻・米沢麻・竜紋麻などにて、色は定めなし。胸紐・菊綴は革にて、紋所は大紋と同じ。(18)内衣は冬は熨斗目、夏は白帷子、烏帽子侍帽子《さむらいぼうし》という、納豆烏帽子なり。掛緒・組紐を用う。但し諸侯の家士またこれを着す。

十徳　地布色花色、紋白染め抜きにして、その仕立て素袍と同じ。将軍家轅《こし》のとき仕丁これを着す。但し烏帽子を着す。

退紅(19)　地木綿、色薄紅、袖括平打紐、袴黒布、烏帽子揉み紙、沓持ち・傘持つ者の服なり。

白丁　袍・袴とも白布、袖括平打紐、箱持ち・口付きなどこれを着す。

麻上下　上下は諸麻にて単《ひとえ》なり。染色は青または兼房色《けんぼういろ》(20)にして、白く小紋を染め出だし紋所、上は背に一、両肩の前に一ずつあり。袴は腰板に一つ付けたり。婚礼には褐色《かちんいろ》(21)に子持ち筋付けたるを着す。

麻上下に長《なが》と半との区別あり。長は袴の裾を長く引きて足を覆い、半上下は通常の上下なり。目見え以上の士より長を用う。但し長を用うるときは小さ刀を帯す。

継上下　上を肩衣という。下は常の袴なり。営中平日の服なり。故に世俗平服と呼びたり。継上下は熨斗目を着する身分の士にあらざれば許さず。肩衣は夏は単、冬は裏付を用いたり。されども単にて夏冬着用するも構いなし。また縞上下とて上下縞地を用いたるもあり。継上下は上下その地質・色合いを異《こと》にするも、縞上下は同地質なり。継上下は衣服に制限なきも、縞上下着《ちゃく》のとき、着服は紋付に限る制規なり。

（五九三三号、明治二六年六月二四日）

熨斗目は大紋下《した》・直綴下・布衣下・素袍下・麻上下下などに用う。但し槍を持たする格式ならでは着用することを許さず。熨斗目は経《よこ》生糸《いと》、緯《たて》は練糸にて織りたるものなり。

これを練緯《ねりい》という。練緯に二種あり。地平らかならず縮みてシボ(22)のあるものをシシラ熨斗目と称す。シシラ熨斗目中四品以上の着服するものを大シシラといい、侍従以上の着服するを小シシラという。また熨斗目に腰明《こしあき》と無地との別あり。腰明とは腰の所に縞あるをいう。無地は総無地にて縞なし。いずれも背と左右の袖及び前の両胸に紋所一箇ずつあり。無地熨斗目は婚礼と葬儀とに着するものとす。但し婚礼の時は鉄色に限る。

服紗は冬服なり。地質は羽二重・綸子・紅梅織・亀綾織・竜紋などにして、染め色の定めなければ、大概黒・花色の二種なり。紋所は熨斗目と同じ。但し綸子は布衣以上の役人にあらざれば着用を許さず。

白無垢は五位以上束帯・衣冠・直垂・狩衣などの下に着するものにして、白羽二重の服なり。また白無垢を着する者は熨斗目・服紗の下襲・襟・袖口などに白を用うることを許さる。また高家・交代寄合など無位の者にして白無垢を着するは特別の沙汰なり。

白帷子《しろかたびら》は絹麻にて無紋なり。熨斗目を着する身分の者これを着す。但し七夕・八朔の祝日の着服なり。

染め帷子　地は麻にて色は定めなけれど、いずれも浅黄を用う。両袖・両胸・背とも五所《ところ》に紋を染め抜きたるものなり。あるいは紋のみ染めて白無地もあり。但しこれは略式なり。染め帷子は服紗と同じく上下下《した》、袴羽織下また白衣の時も着用せり。

時服《じふく》　冬は熨斗目と服紗を襯《かさ》ね、夏は染め帷子なり。布衣以上には綸子を襲ね、布衣以下には亀綾織・紅梅織、羽二重などを襲ねたり。時服は家に拝領せし物なければ着用すること叶わず。また下賜の時服は万石以上・目見え以上には三葵《みつあおい》の紋付、目見え以下及び諸家の家来には唐花葵《からはなあおい》の紋付なり。紋所は熨斗目・服紗と同様五所なり。その紋は通常のものより大きくし、通経《さしわたし》一寸に余る。俗に時服紋という。また同朋頭《どうぼうがしら》など紅裏《もみうら》免許の者には紅裏のものを下賜せらる。万石以上の者は正月十五日出仕の節に限り時服を着し、平日は着せず。但し十五日に着せしものは年始御礼の節拝受せしものなり。

(23)編綴《へんとつ》　地質は紗または生平絹単なり。胸紐も同じ質にて、形羽織に似たり。但し折返しの襟を付けず、また無紋なり。俗に十徳というは誤りなり。編綴は儒者・医者・画師・坊主などすべて長袖にして剃髪の者、礼服にこれを着す。但し法印・法眼は殿中装束のとき直綴を着し、小礼服すなわち諸士以上麻上下着用のときこの服を用う。衣服冬は熨斗目または服紗、夏は白帷子また染め帷子なり。

以上服制の内、熨斗目着用すべき身分の者、七夕・八朔に白帷子着用を許されしは宝永八年(一七一一)七月なり。また重陽御祝儀の節、花色小袖は万石以上の者及び高家・大番頭に限る。そのほかは無用に致すべし。小袖は何色にても勝手たるべしと制限せられしは宝永六年七月なり。御膳所表御台所人・同御賄方・同見廻り役などは御目見え以下の者なるが、享保二十年(一七三五)六月より御規式に掛り候者は、熨斗目・白帷子着用を許されたり。

寛保三年(一七四三)閏四月の布達に、

近来火装束美々しく致さずよう、その旨あい心得、組の者並びに家来などまでなお以て結構これなきよう申し付けらるべき事。但し頭巾の錣《しころ》重ね候仕立て多く、目立ち候模様もこれあり、右体の儀向後無用たるべき事。

とあり。しかるに文化の初年頃より次第に美々しくなりたり。また天明七年(一七八七)八月旗下《きか》の面々へ口達を以て、「自今以後衣服は随分あり合いを用い、古び候とも見分構いなく用うべく、新規の儀無用たるべし。朔望・二十八日そのほか御規式などの節は格別の事」とあり、これより衣類も縞もの着用を許され、大礼儀式のほかはその制を弛めたりという。

(五九三四号、明治二六年六月二五日)

時献上

時献上とは、御三家・御家門[1]・御連枝《ごれんし》・国主・外様・御譜代の別なく、年始・八朔・重陽・年暮、参府・帰国御礼献上のほか、その国々の産物を時々進献するを総称したるものなり。さて献品は国々の物産にほかならざるを以て、その家々にて異なること勿論なれど、年始の献上御太刀金馬代、端午・重陽・年暮の時服献上は、御三家・御家門より国主・外様・御譜代に至るまでその品異なる事なし。時服は黒綸子五所紋(紋は通径《さしわたし》一寸余にして、俗に時服紋という大きやかなる染め抜きなり)、これに亀綾白羽二重を襲《かさ》ね、御紋所最寄りのみ綴《と》じて衣類の形を示し、綿は袋のまま充分に入れ(但し真綿なり)、さながら夜着の如きものを台に乗せて献ずる成規なり。さてこの献品は平河口を入《い》り、御進物方の役所に抵《いた》れば、進物番これを取り次ぎ、出張の御納戸奉行に渡すなり。進物番奉行の前に抵り、白木の台に貼付せし名前を読み上げ、松平何の守という[2]て現品を差し出だすを、奉行付属の小役人紙にて造りたる紋形を、献上時服の御紋にふせてその寸法大小の違いなきや否やを検査して後、受け取るの成規なり。献上の時服は諸大名思い思いの呉服店に注文することなく、ことごとく御呉服所(呉服物御用達町人なり)へ注文す。されば寸尺にもとより大小異同あるはずなし。しかるを大混雑の中にて紋形を検査するなど無益の手数を煩わせしものにて、今さら思えば馬鹿馬鹿しきことというべきのみ。さてこの時服は、翌年諸大名年始御礼の節改めて銘々へ下さるる例にて、島津家より献上の品は仙台家へ、細川家より献上の品は浅野家へというが如く遣り違えて下さる。これを「むし返しに使う」という。「むし返し」とは冷《ひ》えたる餅などを、さらに蒸し暖むるの意に喩《たと》えしなるべし。さてかくの如く「むし返し」に使うてなお余剰あるときは、これをば御納戸に収め置きて、臨時「何々御用あい勤め格別骨折候に付き下さる」という場合に遣い、それにても何百枚か余りあるときは、御納戸奉行より呉服所へ払い下げとなる。払い下げ価格は一襲ね七両二分の定めなりき。また呉服所は払い下げ代金を納め、諸侯より時服の注文あるとき、さらにこれを鬻《ひさ》ぎて利益を博したり。

年始・八朔・重陽・歳暮そのほか祝儀・不祝儀、諸家一同の献上日には平河口の雑沓言語に尽くし難く、一ツ橋御門内に控えて御門明きを待ちに待ったる諸家の家は、互いに先を争い、早く済まして立ち帰らんと押し合い揉み合い、われ勝ちに押し通らんとする故、釣り台に乗せたる品物を汚され、白木台の足を折られ、宰領の足軽は転びて腕を折らるるなど、いつも珍らしからぬ出来ごとにて、当日の大騒動大方ならざりけり。されば諸家の使者はいずれも見苦しき麻上下・服紗を着けて平河口を入り、進物所に出ずるときは着換えしたり。けだし麻上下・服紗ともに汚れず裂けず無事を得ることは稀なりしとなり。

かかる次第にて衣服を裂かれたるなどは構いなけれど、献品に粗相あるか、または積みたる白木の台にカスリ疵にてもあるときは、進物番これを請け付けざる例なれば、あらかじめ二品・三品の準備をなし、万一に備えたる家もありき。さて平河御門五つ（午前八時頃）の御太鼓にて開くと同時に、御門番の者「市ケ谷御館」と呼ぶ声に応じて、尾州家よりの献品まず静かに御門を入れれば、次ぎに赤坂御館「這入られましょう」と呼び紀伊家の家来続いて入れれば、次ぎに小石川御館「這入られましょう」と呼び、三家の献品御門通行済みの後、御家門・御連枝一列になりて入る。右おわれば国主以下諸家われ勝ちなり。されば徳川一門の品は静かに入りて第一着に事を済まし、さて諸家競進の混雑を見物しおれども、諸家の家来は明七つ時（午前四時頃）に釣り台を担わせ、平河口の近傍に控えいて事を果たさんとす。こは受付時間に制限ある故なり。受付時間は正九つ時（午後一二時頃）なる故、遅刻して事を誤りなば一大事と、さてこそ先を争い入らんとするなれ。

前に記せし如く、三家の献品入るときは往来止めとなり、使者は大手を振って入る。されば諸家の内如才なき使者は、三家の進物方宰領に賄賂を以て、己が持参の献品を三家の長持の上に乗せ、その身は家来分の振りにて、平河口を心安く入り、無事に済ます族《やから》の次第に殖《ふえ》て、一と棹の長持に乗り切らぬ程頼み人のあるにぞ。宰領は取れるだけの賄賂を収めんとて、空長持《あきながもち》を二棹担い行き、この二棹に収まらぬ分は長持の上に積み、かくして莫大の利益を得たりという。

（五九三五号、明治二十六年六月二七日）

諸家の献上品は、何種《なにしゅ》に拠らず精選して捧げたるものなるに、将軍の御前に出ずるまでにて、砂糖・鰹節の類は封のまま御膳所に下《くだ》りて、空しく小役人の役得となり、絹・木綿・紙類などは御側勤めの者に封のまま下さるる習わしなれば、精選吟味・遠路注意を重ねたるも、何の効能もなかりしこと、今さら思えば気の毒なることどもなり。さてここに献上物の一例を挙げて記さんに、豊後府内松平左衛門尉殿より献じ越す粕漬梅は、今里《いまり》焼《やき》高さ三尺余の大壺に盛り、〆張りのまま府内表を発し、江戸着の上〆張りを剝ぎ、壺中を重役立合検分の上献じたりしが、これも壺の外より将軍は一見したるままにて、梅の色は黄か紅か少しも知らず。かかる結構なる壺のままにて、近侍の士《し》に下されたり。

しかのみならず、府内表にては初め献上すべき梅実の熟《な》る樹《き》を定め、蕾の寒香を破らざる前より昼夜番人をその樹の下に付け置きて、常に雑人たちをして近づかしめず、花の頃より実を結ぶに至るまで、毛虫や付くと仔細に検し、花すでに樹に粘《てん》じて、葉間の実、豆の如く青きに及べば、藤棚の如き棚を樹の周囲に設けて、枝をして風雨に揺《うご》かざらしめ、さて熟すれば一顆《か》ずつ丁寧に摘《つ》み納め、譬えば二顆・三顆同じ処に熟するとも、同時に一握《ひとにぎり》の中に摘み採るを許さず。かくして数千個の中《うち》より疵なきものを選むこと数百顆、数百顆の中より再び粒を選びてその大小を等しからしめ、清水にて洗滌すること数十回の後、塩を選み紫蘇を選むこと、また梅実におけるが如く注意して、始めてこれを漬け込み、例年五月中旬に豊後府内を発し、六月初旬江戸表に着《ちゃく》、その月の十日以前に献上すべき成規にて、一日にても延期せば譴責直ちに至るを以て、その道中も宰領の注意一方ならず、夜は交わる交わる寝ずの番して、まず江戸表に安着したりと歓び、日限に違《たが》わず献上を済ませば、まず当年も無事にてありきと掛りの役人は重荷を下し、再生の心地ありしとなん。しかるに今里焼の壺のみを将軍に見せて、かく丹精したる品の誰の手に渡るべきにや、行き所も定かならざりしとは、真《まこと》に気の毒千万ならずや。また備後福山阿部家より献品の畳表は、鼠の害を怖れて、途中はこれを土蔵に納め、足軽数人をして昼夜張り番せしめ、銘々杖を手にして叩き廻りたるよし、諸家とも皆しかり。しかるを将軍の手に触るる物かつてなかりしは、遺憾なることどもにてありしならん。

時献上の品、馬代時服など儀式同様のものを除くのほか、すべて国産ものは御老中・若年寄・御側御用人・御側御用取次などへも贈らるる定めなれば、日々門前に釣り台の音絶えず、一年三百六十日朝門を開き、夕七つ時(午後四時頃)に門を閉ずるまで陸続として、前日の品は置き場に困じたる程なり。さて品々多き中にも熨斗《のし》鮑《あわび》・串海鼠《くしなまこ》・干鯛・太刀などを除きて、結構のものよと喜ばれたる品と、実に迷惑なるものよと呟《つぶや》きたる品を区別して、その大略を記せば左の如し。

結構の品	迷惑な品
和歌山の釣瓶鮓	尾張の宮重大根

同　蜜柑
水戸の初鮭と塩引鮭
越前五色奉書紙
備後福山の畳表
福岡博多織地
同　帯地
加賀絹並びに手綱
薩州琉球芭蕉布
同　琉球布
同　砂糖漬天門冬《てんもんとう》(3)
同　泡盛酒
琉球紬
宇和島色鳥子紙
砂糖漬梅と銀杏
芸州広島の枝柿
同　三原酒・細炭
備前岡山晒布

同　小鮎鮓
奥州守山のわかさぎ
美作津山銀杏・足袋
越中輪島の索麺《そうめん》
仙台の糒《ほしいい》
筑後久留米風呂敷・土器
同　半田土鍋・久年母《くねんぼ》
勢州桑名白魚の目刺《めざし》
同　時雨蛤
近江膳所《ぜぜ》鮒鮓《ふなずし》
若狭小浜若狭筆
武州忍岩茸・芋・黒豆・牛蒡《ごぼう》
同　川越熟し瓜
下総佐倉蒟蒻
肥前唐津串蜊《くしあさり》
下野結城乾饂飩《ほしうどん》
同　古河唐津焼茶碗

同　丁子風呂・文鎮
同　徳利・水指
伊勢津綴子肩衣・蚊帳
土州鰹節・色料紙・小杉原
越前丸岡の蠟燭
豊前中津絹縮《きぬちぢみ》
大和郡山吉野葛

出羽新庄の胡桃《くるみ》
但馬出石山椒
下総関宿甘藷
日向飫肥《おび》寒晒餅
伊予新谷蕨の粉
備中松山銀杏
下野壬生牛蒡・長芋

なおその数多けれど略す。

（五九三六号、明治二六年六月二八日）

乗物と駕籠

徳川氏江戸開府以来維新の際に至るまで、上下貴賤の乗用したる乗物及び駕籠の制度を考証して叙述する所あらんとす。

さて乗物と駕籠とはもと同一なれど、その製の緻密なるをばこれを乗物といい、粗雑なるをばこれを駕籠と呼びたるなりとぞ。その用いつの頃より始まりけん。今なお詳かにするを得ざれど、按ずるに「字鏡集」(1)に駕の字を「ノリモノ」と訓点《よみさし》たり。しかしてこの集に乾元の年号あるを以て考うるに、鎌倉時代より既にその用のありしものと見ゆ。

安永四年(一七七五)五月伊勢貞丈の物したる「乗物考」(2)にいう、

古代は公家の人々は車に乗り、武家官位高き人々は輿に乗り、そのほかの人々は馬には乗りける。今の世には公家の人々も常に車に乗る事なく、武家も常に輿に乗ることなし。常には乗物というものあり。また駕籠というものあり。凡人の乗りて行くべきものは輿も車も皆乗物なり。「源氏物語」には象のことをふげんぼさつ《普賢菩薩》の乗りものと書きたれば、馬も乗りものなるべし。されば乗物というは総名にて、一物《いちもつ》の名にはあらぬを、今の世の乗物という名のこのものにのみ限りたるというぞ怪《いぶか》しかる。また駕籠というものは、その本竹を以て組み作りし故の名なるべし。また「アンダ」というものあり。「アンボツ」ともいい、山駕籠などともいうにや。また四つ手というものあり。按ずるに「倭名抄」(3)調度の部刑罰の具の条《くだり》に、篼輿《あんだ》の二字を出だして、竹木を編み輿となすなりと見えたり(「漢書注」(4)いう篼輿[上の音鞭和名　阿美以太《あみいた》」)。古代阿美以太といいしを、後に「アミイダ」の語転じて「アンダ」ともいい、「アオタ」ともいうことになりぬ。「倭名抄」に「アミイダ」を刑罰の具に列ねし事は、古代弾正台(5)にて犯人を糾弾するに、囚獄司の官人犯人を弾正台へ連れ行く時に、その犯人を「アミイダ」に乗せて行きしなるべし。今の世科人《とがにん》を牢屋より町奉行所へ引き出だすに、その科人を「モッコ」という物に乗せて行くと同様なることにや。また昔戦場にて疵を被りし者をば、「アオタ」に乗せて帰りしなり。「太平記」(6)に亀寿殿《かめじゅでん》信濃に令落の条に、伊達・南部二人は貌《かたち》をやつし夫《ふ》になり、中間二人に物具被《き》せて馬に乗せ、中黒の笠印をつけさせ、四郎入道を篼《あんだ》に乗せて、血の付きたる帷《かたびら》を上に引き覆い、源氏の兵の手負いて本国へ帰る真似をして、武蔵へぞ落ちたりけると見えたり。また異本の「曽我物語」(7)に河津殿最期の条に、さてあるべきにあらざれば、俄に「アンダ」という物に空しき屍《かばね》をかき乗せて、宿所へこそは帰りけれと見えたり。その頃の「アンダ」は、今の世の「アンダ」というものとは少し替わるべきにや。今世の「アンダ」には屋根あり、古《いにしえ》の「アンダ」には屋根なかりしにやとぞ思わる。「太平記」執事兄弟奢侈の条に、立烏帽子引きこませてさしも暑き夏の日に鋤を取っては土をかきよせさせ、石を掘っては「アンダ」にて運ばせ、終日に責め使わし、見たる石を「アンダ」にて運ばせとあるを見れば、上に屋根はなくして、今世の釣り台という物の如く用ゆるなるべし。その製竹にて組み、今世の四つ手駕籠という物の屋根なき体《てい》なるべし。「アオタ」は罪人・手負いなどを乗せし物なるを、後に屋根を作り添えて旅人などを乗するものにせしか。今の四つ手駕籠という物なるべし。その四つ手駕籠に漸々巧みを加えて今世の「アンボツ」というものになり、駕籠というものになり、ついには乗物という物になりしより、古代の「アンダ」とは大いに異なる製になりぬ。ことに婦人の乗物に染め塗り蒔絵などしたるもあり、「メンエン」とて緞子《どんす》などにて包めるもあり、また織部とて藺蓆《むしろ》にて包みたるもあり。出家の乗物は(8)遽際《あじろ》にて包み、漆塗りたるもあり。駕籠というものには、腰に籠を組んで張り付く、これその本「アンダ」は籠なりし遺風を伝えたるなり。乗物というものには籠を張り付くることなし。後、(9)打上(10)腰黒《こしぐろ》などの品出来たり。乗物というに至りて古代の「アンダ」の製いよいよ遠ざかりぬ。乗物の元祖は「アオタ」なり。「アオタ」は罪人・手負いを乗するものにて凶器なり。今の乗物は貴人の乗物にて吉器となれり。万事万物古今の変化ひとり乗物にしも限るべからず。人の家の盛衰栄枯もまたおなじかるべきにや、云々。

しばらくこの説に従う。

今ある人より編者に贈られたる書に拠りて、「アオタ」と「アオタ」に屋根を作りて旅人の乗りたるものとを左に図示す(図18)。

また安永の頃の「アンダ」の図を左に掲ぐ(図19)。けだし下《しも》の図は上の図のものより転作したるを示したるなり。

（五九二五号、明治二六年六月一五日）

乗物の制度は、時に随いて沿革あり。文禄四年(一五九五)豊臣太閤〈秀吉〉の世に定められし条に、

乗物を免すは徳川家康・前田利家・上杉景勝・毛利輝元・小早川隆景の五人と高寿の公卿・五山の長老に限る。その他は国主たりとも壮年輩はこれを許さず。もし齢《よわい》五十歳以上の者は、一里以上の行程にはこれを許す

とあり。これ乗物に制度を設けたる始めなりとぞ。

徳川氏執政の世となりては、元和元年(一六一五)七月、二代将軍秀忠公、林道春[11]に命じ、貞永・建武の二式に依りて新式を定め、これを諸侯に頒《わか》てり。その条にいわく、

雑人恣《ほしいまま》に乗物を用うべからず。元来乗物はそ

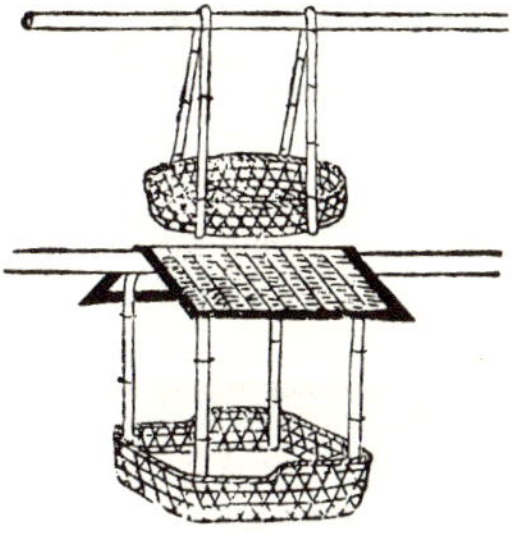

図 18

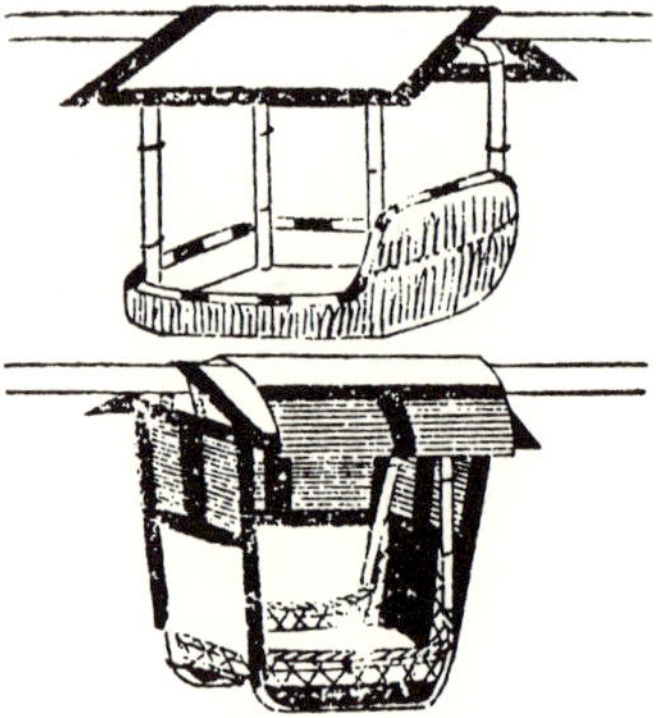

図 19

の家柄に依り免《ゆる》しなくして乗る人、免しを得て後、乗る者とあり。しかるに近来昵《じっ》近《きん》・家老・諸士の輩まで乗物を用うることすこぶる(12)濫叨《らんとう》の至りなり。自今国主大名以下一門の人々は、公許を請うに及ばず、その他昵近の輩並びに医陰の両道、あるいは六十歳以上の老人、また病ある者の如きは、特許を得るにあらざれば乗用すべからず。また諸家中陪臣の縦《ほしいまま》に乗用するは、その主の過ちとす。

後、三代将軍家光公の世、寛永六年(一六二九)これに追加していわく、

乗物を用いたく思う者は、年齢と事の由を記し、上願して公許を受くべし。但し公家・門跡並びに諸出家の輩は制限にあらず。

また寛永八年に至りて、

国主大名の子息、城主五万石以上の者、また年五十以上の者も乗用を許す

とあり。後十二年に至り申《かさ》ねて、

国主・城主・一万石以上の者、並びに国主の子は嫡庶の別なく、城主及び侍従なる

人の子は嫡子に限りて乗物許すと令達せられたり。

されば乗物の公許は公卿・門跡を始め、徳川一門の人々、国主・城主・一万石以上の諸侯、その嫡庶子、並びに年五十以上の者、儒医僧徒の人々に限り、旗下《きか》の士にして身分軽き輩、諸家の陪臣らは、その年齢と事情などに依り、出願の上ならでは乗用するを得ざりしなり。

さて旗下《はたもと》の御家人、また陪臣にして年齢四十九歳に及べば、乗物断り状を出だし、誓詞を以て公許を受けて乗用す。これを月切り御免という。五十歳を越えて後は誓詞断り状を要せず、公然と下馬所まで乗ることを得たり。但し陪臣の乗物断り状は、その主人より出だす例なり。

乗物断り状

一筆啓上致し候。私儀来たる何年五十歳に罷りなり候。右の通り日本の神祇偽りにては御座なく候。これに依り乗物御断り申し上げ候。恐惶謹言。

何の誰　名乗判

年号月日

（宛《あてどころ》は御目付残らず。但し殿付け）

支配頭《しはいかしら》の手を経て願い出る分は、頭の奥書《おくしょ》を要す。その文言、

右の通り偽りに御座なく候。拙者ども支配に付きかくの如く御座候。以上。

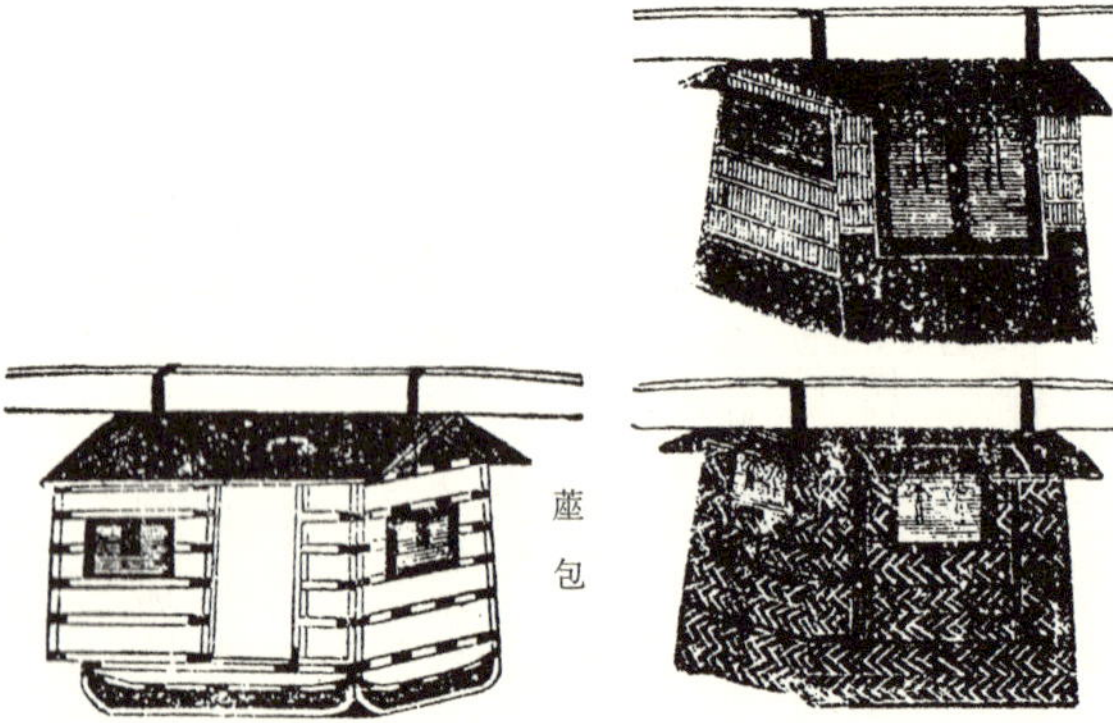

図 20

支配頭　姓名判

御家人並びに陪臣ら病あるか、またはほかに事の用ありて乗物を願うときは、月切りと称し、五か月ごとに願い続きをなす例なり。

延宝九年(一六八一)七月駕籠の注文布令ありしとともに、乗物も家々の格式に準じて腰黒・黒網打上《うちあげ》、引戸蓙包《ござづつみ》などの区別を定めたり。左に右三種の乗物を図示す(**図20**)。

右の内、腰黒打上は将軍の乗用に限り、黒網打上は寛永寺の宮様・増上寺の大僧正、もしくは三家・三卿の乗用にして、蓙包は一般諸侯の用に充てたるものという。

(五九二六号、明治二六年六月一六日)

延宝三年(一六七五)の布令に、

乗物の儀、その制あるに拘わらず、近来縦《ほしいまま》に用ゆる者多し。自今堅くこれを禁ず。また近郷遠地への旅行、及び帰程

の節も、前より公許を経ざる者は、品川・千住・板橋・高井戸の四か所限り、江戸
　市中はすべて下乗すべし
とあり、これより天和・貞享・元禄・宝永・正徳・享保・元文・寛保・延享・寛延・宝暦・明和、以上一百年を経、安永五年（一七七六）に至りて乗用の制を定められたり。すなわち左の如し。

　打上腰網代乗物あい用い候分
　　松平薩摩守〈薩摩鹿児島〉
　　松平大膳太夫〈長門萩〉
　　松平越前守〈越前福井〉
　　松平弾正大弼〈尾張宗睦弟〉
　　松平讃岐守〈讃岐高松〉
　　松平内蔵頭〈備前岡山〉
　　松平出羽守〈出雲松江〉
　　松平左京太夫〈伊予西条〉
　　松平豊松〈上野矢田〉
　　松平壱岐守〈久松・旗本〉
　　松平陸奥守〈陸奥仙台〉
　　松平安芸守〈安芸広島〉
　　松平掃部頭〈越中富山〉
　　松平左近将監〈紀伊宗将二男〉
　　松平播磨守〈常陸府中〉
　　松平大学頭〈陸奥守山〉
　　上杉弾正大弼〈出羽米沢〉
　　松平摂津守〈美濃高須〉
　　松平雅楽頭〈常陸石岡〉
　　津軽越中守〈陸奥弘前〉
打上腰網代の内一方あい用い候分

松平肥後守〈陸奥会津〉　有馬中務大輔〈筑後久留米〉
佐竹右京大夫〈出羽久保田〉　有馬上総介〈有馬中務大輔嫡子〉
腰網代にこれなく打上乗物あい用い候分
松平越後守〈美作津山〉　松平左兵衛佐〈播磨明石〉
松平千太郎〈武蔵川越〉　松平淡路守〈出雲広瀬〉
松平兵庫頭〈出雲母里〉　松平大炊頭〈常陸宍戸〉
松平豊太郎〈越後糸魚川〉　喜連川左兵衛督〈交替寄合〉
山名靭負〈交替寄合〉

打上にこれなく腰網代乗物あい用い候分、これは諸侯の内宇和島の伊達遠江守一人にてありき。

さて三家・三卿・前田家〈加賀金沢〉のほかは前に記す如く、御家門・国主のみ。その余は普通の乗物なり。

さて乗物も駕籠ももと一物なるを、その造りに依ってその称を異《こと》にせしが、天和元年(一六八一)すべて駕籠の称に改めたり。されど見付見付などの断り状に、「女乗物何挺右どこまで何々用にて罷り越し候」など、近世まで書きたるを見れば、その称の混淆しおりしを知るべし。

これより溯りて延宝九年七月布達ありし駕籠注文の規定、すなわち駕籠製造家に向かいての達書を記すべし。

駕籠注文

一、長さ三尺三寸五分。
一、横下二尺四寸、上一尺八寸五分。
一、軒の出端一寸五分、但し四方とも。
一、台木幅二寸角ミ金具。
一、腰の縁六分、四方折り廻し、但し四方釣り木一本ずつ。
一、腰の籠外より見え候高さ三寸五分、但し渋張り、外皮竹亀甲組み。
一、折り返し後ろ七寸、前一寸五分、前後とも薦包。
一、掛け莚前一杯、後ろは小明き五分見せ、但し裾縁まで。
一、窓長さ一尺五寸、高さ九寸、軒下より一寸五分下げて窓明け、但し白簾布縁。
一、前の窓簾前一杯に仕り、布縁を取る。
一、屋根渋張り、角金物。
一、総体《そうてい》近江表包み。
一、押し縁竹四通り四方とも。
一、駕籠の内サワラ木地。
一、棒の長さ一丈。

以上

右の通り駕籠の仕様仰せ付けられ候間、駕籠・乗物は申すに及ばず、駕籠拵え候乗物屋ども申し聞かせ、いず方より誂え候とも、仕様違い候駕籠一切拵え申すまじく候旨仰せ出だされ候間、この旨あい守り申すべく候。以上。

元文二年(一七三七)四月駕籠舁《か》きの服制を定めたり。いわく、「駕籠の儀、見分《けんぶん》ども乗物に紛れ申さざるよう致すべき儀勿論なれども、駕籠の者自今以後紋付け申さず、無紋に致し、[13]対《つい》の衣服着せ候儀無用たるべく候事」とあり。

右の注文駕籠は、いずれも駕籠営業者に対する令達にして、またこれ後世切[14]棒と称し、大名また身分ある旗本の忍びにて外出するとき乗用せしものの起原なるべし。元文の布達に依れば、切棒駕籠の陸尺(舁夫《かつぎお》)も当時紋付・対の衣服着けたるものと見ゆ。また庶民は故なくこの駕籠に乗ることを禁ぜられたりとあれば、延宝三年に江戸市中において辻駕籠三百挺を限り免されたれど、その駕籠舁《かごかき》渡世の者もなかりしと見えたり。また江戸市内辻駕籠の多く見えて、庶民がこれに乗るようになりたるは、寛文の始めなりといえり。当時は乗物の制限も弛みて、庶民といえども江戸市中を乗りて尤《とが》めなかりし。辻駕籠に限り和田倉門・馬場先門・桜田門・一ツ橋門・竹橋門などの内は決して許さず、また大手前と称し、神田橋より竜《たつ》の口《くち》まではこれまた乗用を許さざりしとなり。左に切棒駕籠の図を掲ぐ(**図21**)。

諸侯また身分ある旗下《はたした》の士忍びの外出、また医師・僧侶ら乗用せり。近世は商家の女どもなど乗用せり。また諸藩の留守居はいずれもこの切棒にて、あらき造りは近江表、あるいは備後表にて、[15]長棒前号に載せたるものと大同小異なれど、棒は四角にて両端《りょうはし》ズンド切りなり。長棒は蒲鉾形《かまぼこがた》にて、両端は細しと知るべし。

切棒駕籠

図 21

（五九二七号、明治二六年六月一七日）

後世将軍家の乗物は、[16]溜塗り総網代、黒塗りの長棒となり、三家の内紀州家のみは独り将軍と同じものを用いたり。これより腰板・打上・二重腰・腰黒など、その製各々異なり、なかんずく桑名の如きは薦包黒塗りの長棒を用いたり。これは祖先越中守、三代将軍家光公の御名代として日光参拝の際拝領したるに依り、子孫までこれを用いたるなりとぞ。これよりして尾張・水戸・薩州・仙台・越前・長州・備前・芸州・松江・米沢・高松・弘前・浜田・守山・常陸府中・西条・高須などの諸家は、打上腰網代を用い、久保田・久留米・会津は打上腰網代の内を用い、また津山・明石・前橋・富山・宍戸・喜連川・鳥取新田・交代寄合山名・高家横瀬などの諸家は、打上腰黒を用い、網代を用いず。宇和島・忍の二家は打上にあらざる網代を用いたり。このほか家格に随いてその造り異なりたれど、概して薦包引戸の長棒を用い、帝鑑・柳の二席と交代寄合とは、特に乗物の上に日覆いを掛けたり。けだしこの日覆いは雁・菊の二席及び高家・交代寄合などにあらざる万石以下の者には許されざりし。

その後、天保十四年（一八四三）の改革に、左の如く沙汰せられ、表方十二役は乗物を禁止され、その他も乗馬にて出仕することとはなりぬ。

近来表方の者すこぶる柔惰にあいなり候。自今以後駕籠を廃《や》め、乗馬にて出勤致すべし。依って表方の内御書院番頭・御小姓組番頭・御旗奉行・御槍奉行・百人組頭・新番頭・火消役・御鉄砲方・中奥御小姓・御先手頭・御目付・御使番などの諸役は駕籠厳禁たるべし。

しかるに弘化三年（一八四六）には、前に厳禁されたる諸役のほかは追々事に托して乗馬を廃め、以前の如く駕籠に復したり。その後、文久二年（一八六二）松平春嶽公執政となり、同三年に至りて大小名ともに駕籠登城を禁じ、乗馬と改正し、これとともに無益の行列を止め、乗切《のりきり》にて出仕するよう厳達せられ、これより奥女中・医師・僧侶のほか曲輪内に乗物を見ず。内外の下馬淋しうなりけり。

女乗物、徳川家大奥の乗用、すなわち御台所《みだいどころ》・姫君、また御守殿《ごしゅでん》・御住居《ごじゅうきょ》（将軍の姫君にて三家・三卿などに嫁したるを御守殿といい、ほか諸侯に嫁したるを本郷、あるい

図 22

は三田御住居と称す)、三家・三卿・御家門・国主の簾中・内室らは図(**図22**)に示す如き乗物を用いたり。さてこの造りは、地朱塗りにて、金蒔絵の唐草をちりばめ、押[17]は朱塗りにて鋲(押に並べ打ちたる鋲なり)及びその他四方に打ちたる金具、すべて金鍍《きんめっき》なり。また日覆いは猩々緋にて、紋所は白羅絨《らじゅう》[18]饅頭[19]ぶせなり。両面簾《みす》の縁は黒鵞絨《ビロード》にて、簾外に朱房を下げ、棒は黒塗りにて両端の金具は金鍍なり。また内頬《うちほほ》は金砂子に千草あるいは千羽鶴などの模様ある張り付け、上げ障子は白あるいは萌黄の紗を張り、構造実に美を尽し、かつ錠前付きにてすこぶる堅固なり。

また大奥及び三家・三卿奥向きに奉仕する重き女中は、黒塗りにていずれも金鍍の鋲を打ちたるものを用い、以下の女中は青漆塗りに鋲打ちたるものを用いたり。これを鋲打駕籠という(但し日覆いと簾外に房を下ぐるなどのことなし)。

諸侯にては国主・准国主のほか朱塗りの鋲打は許さず。造りは大奥にて用うる物と大差なし。但し女中の乗用は重に黒・溜塗りの二種にて、青漆は用いず。

ちなみに記す。松平春嶽公の改革は、大小名ともに駕籠の出仕を禁じたれども、女乗物をば差し構わざりし。しかるに黒羽藩主（一万八千石）当時の陸軍奉行大関肥後守〈増裕〉の奥方は、みずから乗物を廃して、折々夫婦あい携え乗馬にて外出し、諸家の奥方を驚かしたり。されば市中にては、「女の身にあられもなき異人の真似事、さても笑止や」といい囃したりしが、ある夜何人の仕業にや、下谷上屋敷の表門へ左の如き落首を張り付けたる者ありしとなん。

夫婦して異人の真似を仕《し》て歩行《ある》く

これが下谷の馬鹿の大関

（五九二八号、明治二六年六月一八日）

轅・道具・打物

轅《こし》は大礼儀式の際に乗用するものにて、三家・三卿のほかその乗用を許されし諸侯は左の如し。

伊予西条三万石・美濃高須三万石・奥州守山三万石・奥州会津二十三万石・讃岐高松十二万石・常陸府中二万石・同宍戸《ししど》一万石の七家は称して御連枝《ごれんし》といい、高松・守山・府中・宍戸の四家は水戸家の庶流にして、西条は紀伊家、高須は尾張家の庶流格あい同じけれども、乗用を許されしは西条・高須・守山の三家のみ。

越前福井三十二万石・出雲松江十八万石・美作津山十万石・播州明石六万石・武州川越十五万石・出雲広瀬三万石・出雲母里一万石・越後糸魚川一万石の八家はともに松平氏を称し、越前家と唱う。しかれども乗用を許されしは福井・松江・津山・川越の五《四》家なり。国主にては加州・薩州・仙台・宇和島・福岡・芸州・長州・佐賀・鳥取・岡山・阿州・土州・久留米・久保田・盛岡・米沢・浜田・柳川・二本松・対州・富山・大聖寺《だいしょうじ》の二十二家は乗用の格あり。但し柳川・二本松は准国主なり。

国主は皆轅に乗るを栄《えい》とすれども、独り細川侯はこれを用いず。平素の乗物も蓙包《ござづつみ》の引戸を用いて、腰網代打上の駕籠に乗ずることなく、一家の権威を誇りあえて他に模倣

図 23

せず。また松平の称号をも受けざりき。

奥州弘前の城主十万石津軽越中守は、将軍家斉《いえなり》公将軍宣下大礼の際、時の閣老水野羽州〈忠成《ただあきら》〉に賄賂を贈り、轅乗用の許可を得しことありしに、同席の諸侯これを快しとせず、ついに大悶着を惹起し、その結果津軽は閉門の罰を受け、水野は痛く面目を失いたりとぞ。当時童謡に「津軽十万石まだ轅は早い」と。当時轅の乗用はいかに諸侯の面目なりしかを知るべし。

さて轅は図(図23)の如き造りにて、轅身は溜塗り、棒は黒塗りなり。舁手《かきて》は八徳(1)を着し、白布にて肩より吊りたり。またび出入り口正面一方のみなれば、その入るに際しては、後ろ向きに徐々《しずしず》と退入するなり。

轅乗用のとき、大礼の節は束帯、儀式の際は直垂《ひたたれ》を着し、主人束帯・直垂の節は左右前後近侍の者布衣《ほい》・素袍《すおう》、長刀持ちは麻上下を着す。但し轅を乗用せざるときは、平日左右近侍の者継上下にて事足れり。

諸家供連《ともづれ》は家格に依って異なり、槍は俗に道具と称し、一本道具・二本道具・三本道具の別あり。また先道具《さき》・後道具《あと》などの区別ありて、一本槍は熨斗目・白帷子を着用し得る格式の者より立つることを得、万石以上にて徒《かち》、対箱《ついばこ》の身分にあらざる者は皆その後に道具一本を立て、これに反し役高二千石以上及び芙蓉の間詰三千石以上、寄合・高家・交代寄合・典薬頭などは、これをその先に立つ。されば万石以下の者は家格ある者ならざれば、先道具を許さず。しかして大名は後道具を別格とす。

御三家は大礼儀式の節に限り四本道具にして、乗物の前後に二本ずつを並べ立つなり。薩州・仙台は三本道具にして、乗物の先に二本、後に一本を立つ。熊本・長州・阿州・土州・高田・柳川・新発田《しばた》・村松の八家は、乗物の前後各一本を立つ。これを挟み道具と称す。その他はいずれも乗物の前に立つなり。

打物(長刀)は、三家・三卿・福井・会津・西条・高松・守山・府中常陸・松江・川越・明石・加州・薩州・仙台・熊本・福岡・芸州・長州・佐賀・因州・備前・津の藤堂・阿州・土州・久留米・久保田・盛岡・米沢・松山・忍《おし》・浜田・姫路・対州・喜連川《きつれがわ》などの諸家のほか許されず。鞘・柄ともに黒塗りにして、袋は黒羅絨《らじゅう》、紫の組紐にて中《なか》結《ゆい》せり。但し因州家のみは花色《はないろ》羅絨を用い、諸家の嫡子に限り花色を用いたり。

(五九二九号、明治二六年六月二〇日)

箱・長柄傘・率馬

挟箱《はさみばこ》には片箱・対箱・先箱・後箱などの区別ありて、一個を片箱といい、二個並べ用うるを対箱と称す。先箱は徒《かち》の先に並べ、後箱は馬・乗物など自身の後《あと》に備う。万石以下にては先道具以上の者対箱にて、後道具の者は片箱なり。御三家・加州・薩州・越前・因州・阿州・久保田・対州・喜連川・高松・津山・明石・会津・浜田・高須・西条・守山・常陸府中の諸家は、金紋先箱なり。金紋は挟箱の蓋の左右に金にて大なる紋所二個を画《えが》きたり。加州家の挟箱は中央に一個を画きたれど、箱の中央に棒を差し貫き担うもの故、遠目には一個の紋所二分して見ゆ。これを割紋《わりもん》と称せり。長州は金紋の上に黄色なる長革《ながかわ》を蓋《おお》い、盛岡・弘前・松江・糸魚川の四家は金紋の上に赤色の長革を掛けたり。赤色の長革掛けたる国主・外様など数多あれど略す。広瀬・母里の二家は黒色の長革、伊予松山・忍は二重革、八戸は青色の長革、以上は金紋なり。また備前は黄塗りの紋を置き、大村は漆紋、高家の横瀬は後箱なれども金紋なり。また三家・国主・帝鑑間・外様の面々は、挟箱の棒すなわち箱の天地にある掛け金の棒にいと太き組紐を結い付けたり。これを化粧紐という。御三家・喜連川・米沢は色紫にて、その他は黒色なり。また稀に茶色もありき。彦根・与板両井伊家が片箱を徒《かち》の先に備えたりしは他家に類なし。

長柄傘《ながえがさ》は拝謁以上の士《し》より用うる規定なれど、与力などの役柄には許さず。立長柄《たちながえ》は立傘《たちかさ》に准じ、五千石高の職にある者と高家・交代寄合・一万石の者に限る。袋入傘《ふくろいりがさ》は御三家・国主・連枝・溜詰(彦根及び雁の間より特に本席を占めたる者を除く)・大広間・柳の間・帝鑑の間の者・交代寄合・表高家の内六家・三家家老の内五家に許可ありて、雁の間・菊の間両席の諸侯には袋入を許さず。(1)爪折《つまおり》・袋入傘は御三家・越前・加州・薩州・仙台・熊本・福岡・芸州・長州・佐賀・因州・備前・津・土州・阿州・久保田・久留米・盛岡・米沢・喜連川・対州・会津・高須・西条・矢田・高松・津山・糸魚川・松江・広瀬・母里《もり》・前橋・明石・富山・大聖寺・宇和島・伊予松山・忍・中津・鶴田・柳川・二本松・弘前などにて、柳の間・高家などの内にて爪折形の長柄を用うる家格もありき。

爪折傘は柄・骨ともに黒塗りにして、白張りなり。また袋入傘の袋は羅紗《ラシャ》・天鵞絨《ビロード》の類を以て作り、色は黒を用い、紫色の組紐にて中結《なかゆい》をなし、紐の両端の房を結び垂らし、参内傘は袋の上端に白布を垂れ、飾り革を付したり。台傘は菅笠を袋に入れたるものなり。また三家に限り儀式の節参内傘及び台傘などを用いず。

蛇目傘(渋蛇の目なり)は幕臣目付のほかは許さぬ成規なりしが、後、家に目付を勤めたる者あれば、その子孫に用うることを許せり。

袋杖は勤仕の者に限る。拝謁以上の士より目付へ届けの上、その許可を得てこれを用いたり。

率馬《ひきうま》は乗輿以上の者よりこれを率かしむ。通常は乗物の跡なり。その徒《かち》の先に率くを鼻馬《はなうま》と称し、三家は御儀式の節これを率かしむ。その他の諸侯及び交代寄合・万石以上の者は、参勤交代または遠国出張などのほかは鼻馬を率かず。

率馬は鞍に覆いを掛け、率綱（太き組紐なり）にてこれを率くなり。またその鞍覆いはその家格に依って差あり。三家・薩州・仙台・熊本・久留米・長州・因州・備前・芸州・福岡・佐賀・久保田・松江・米沢・彦根・会津・矢田・明石・高松・守山・府中・対州・西条・高須・津山・宇土・喜連川・鳥取新田の諸家は、虎の皮の鞍覆いを掛け、その他帝鑑の間・柳の間などは黒革及び黒羅絨《らじゅう》に白き紋を伏せたり。また葵紋付きの鞍覆いは、三家のほか率馬拝領の家に限る。鞍覆い・合羽《かっぱ》に金紋付けしは紀伊田辺の安藤家のほかはこれなし。

茶弁当[2]は三家・国主・溜詰・大広間詰の諸家と交代寄合の山名のみこれを持ちたり。

（五九三〇号、明治二六年六月二一日）

幕府の医員

幕府の医員は、奥勤め・表勤めの二種に分かれたり。また医科は本道と雑科とに分かれ、雑科の内また外科・鍼科・口科・眼科の区別あり。すなわち左の如し。

奥医師　二百俵高　御香料二百俵
奥外科　二百俵高　御香料百俵
同鍼科　同　同
同口科　同　同
同眼科　同　同
奥詰御医師　持高　無し
表御番医師　持高二百俵以下
　但し西丸兼勤　御香料百俵
表御番外科　同
御目見え医師　御用出役中五人扶持二十枚
　但し出役は天文方・御広敷廻り・医学館などなり。
寄合医師　持高

但し御広敷勤め、禁裏付きの二役寄合より勤むる事あり。

小普請医師　持高

但し小普請医師の事は前号〈下巻「小普請」の頃参照〉に記載あり。

表法印法眼 御医師　持高

従五位下　半井出雲守

両典薬頭　同　今大路左京大夫

但し持高にて役料なし。また柳の間詰にて乗輿、白無垢を着し最も権威あり。

右の医員は、小普請医師を除くのほか、いずれも若年寄支配なり。さて奥医師は将軍家御台所《みだいどころ》付きの医員にて、執当を御匕頭《おさじかしら》と称し、以下を御匕と唱え、すこぶる権威あり。また小児科専門の者もありき。

奥外科・鍼科・口科・眼科はともに奥勤めにて、将軍御台所の治療医員なれども、御匕程の威権なし。

奥詰医師は、奥医師の次席にて、奥医師の指揮に拠って進退し、表御番医師は両丸打ち込みにて日々一人ずつ宿直をなす。但し席は桔梗の間なり。表外科は非職同様にて、臨時のほか宿直などの事なし。

御目見え医師は、寄合・小普請医師よりその施術の優れるを選みて医学館出役を命じ、充分修業せしめ、また養生所へ出役して治療を施し、あるいは老中・若年寄の応対を勤め、しかる後拝謁を許され、俸禄を得る者なり。しかれどもその者の伎倆に依って直ちに召し出ださるるもありき。

医師に法印御医師・法眼御医師とあり。何々法印・何々法眼と名乗る。これあたかも現今の医学博士ともいうべきものなれども、その役柄はほとんど非職同様にて、式日に出仕し、表にて拝謁するのほか定務なし。

典薬頭は半井《なからい》・今大路《いまおおじ》両家の世襲にて、両家隔年に禁裏並びに幕府へ、例年正月屠蘇白散《はくさん》を献ずるのほか勤めなし。また禁裏へ献上の屠蘇白散は、名代とし家来上京す。上京の家来は仮諸大夫に任ずる例なり。(1)

徳川家三河に在《おわ》せし時は、減慶《げんけい》・長閑《ちょうかん》(二人ともに帰化の明人なるよしいい伝う)などいう医師のありしこと旧記に見えたれど、御入国の時江戸に随従して高名なりしは久志《くし》本《もと》左京一人のみなりしといえり。その他半井・曲直瀬《まなせ》・岡本・野間・奈須・竹田・吉田坂・古林・武田などの諸名家は、皆慶長以来京師より召し出だされし者なり。その後諸国より召し出だされしもの少なからず。けだし一定の医家に累代名人の出ずることは少なき故にや、藩医・町医に限らず名人とさえいえば、その時々擢用《てきよう》せられしなるべし。

医員の禄は、東照公〈徳川家康〉以来の例にて始めて召し出ださるる時に二百石を給わり、その後、有功の者には増して五百石まで賜るべき定めなりという。しかるに世襲者の内二千石取りもあり、千九百石もあり、千石より七、八百石、最薄給はわずかに二十

人扶持・十人扶持取りもありたり。（五八九五号、明治二六年五月一一日）

寛永年間には医員わずかに十四人なりしが、追々増員ありて正保四年（一六四七）には五十一人となり、後、元禄二年（一六八九）にはいよいよ増加して百十二人となれり（旧記に拠る）。また寛政二年（一七九〇）白川《河》楽翁公〈松平定信〉改革の時は、総員百八十人ありて、この俸禄二万四千八百四十一石六斗・扶持米八百五十九人扶持（この俵数二万七千七百九十俵なり）なりしが、文政十年（一八二七）十一月の調書に拠れば百九十人とあり。俸禄五万三千四百三十八石と扶持米九百四十四人扶持の増加を見るに至りたり。その後、安政年間には蘭方医の新規召し抱えありたれば、およそ二百余人にも及びしならん。

医員も古来は極めて質素にて駕籠に乗ることなく、また小刀のみにて両刀を帯する者なく、姓名をいわず、施薬院・盛方院・松庵老・安栖老・道円老など称せしとか。駕籠に乗らぬことは玄朔[2]が大いなる朱傘翳して病家を見廻りしというにて知るべし。尤も慶長年中武家法度を定められし時、「医陰両道以後乗るべし」とあるを見れば、駕籠に乗るも差し支えなかりしを、質素を旨としてことさらにこれを避けしものと知らる。

両刀を帯することとなりし年代詳らかならず。ある人の説に「山添照春院（奥医師か、年代不詳）宿直の際、刀を取り寄せ候も苦しからずやと、その筋へ伺いたるに、それは格別の心掛けなり、取り寄せよとありしにより、これより奥医師・御番医師とも皆これに倣《なろ》うて刀を帯せしなり」という。されどこの説甚だ訝《いぶ》かし。

さて天明・寛政以降、以上の医師らの病家を見舞うに、一種の悪弊を生じたり。たとえば奥医師なれば従僕十人位もあるべきに、この供の支度料と称して、病家より金銭を強請《ゆす》り取ることなどあり。これ町医にはあるまじき業《わざ》なるに、なかんずく官医の如きは最も甚だしかりしとなり。かれらは巧みに相庭《そうば》を立て、大名なれば（家の大小に依って）三百疋より二百疋、旗本なれば一分二朱より三貫文まで、商人の大家なれば四貫文より五貫文までを強請りたり。これ一回の支度の料にて、日々見廻る病家なれば五日目位、余は七日目・十日目に強請り取るを例としたり。この弊は天保の改革に遇うて厳戒せられしかど、水野忠邦退職の後、再び旧に復したるも是非なし。

前号に述べたる小普請病死の際、判元改めのときは、病中の掛り医師の姓名を問う習わしにて、この場合にはたとえ平生一貼の薬を服用せずとも、「何の誰の治療を受けたり」と官医の姓名を借りて答えをなす成規なれば、これらは名前料を薬料と認めて贈りたりとのことなり。

さて医師はその技術に依りては御番医師より奥医師にも昇進し、町医より御目見え医師に召し出ださるるもある例なれば、その業に熱心の者は医学館に通学し、勉強の功を積み、身を立てたる者少なからざりき。依ってここに医学館の大略を述べんものなり。

医学館は明和二乙酉年（一七六五）五月九日、奥医師多紀安元(3)〈元悳〉願い済みにて、外神田佐久間町に医学館を設立し、官医の子弟を養成し、安永元壬辰年（一七七二）二月火災に罹りたる後は、再び私財を以て建設し、専ら教授したり。しかるに同二年三月幕府の直轄に属してより、まず諸医師より医学館へ相応の寄付銀致すべき旨を命じて、番医と町医の別なく修行を許されしが、寛政三年（一七九一）の改正に、改めて官立となり、これより藩医・町医の修行を停められ、その後文化三年（一八〇六）三月、佐久間町の学館火災に罹りたる当時、下谷新し橋通り（現今美倉橋通りにて、浅草福井町へ曲がる角なり）に再築となり、その後天保十三年（一八四二）に至り、左の如く達せられたり。

医術家業の者出精致し候ようにと、近来専ら御世話もこれあり候。油断なく修行仕るべき事に候えども、その内には相応の師もこれなく、または広く療治など致すべく候ても病家数少なく、あるいは施薬などの入費行き届き兼ね候類にて、志これあり候てもやむを得ざる事、修行成就致さず候者もこれあるやに候。依ってこの度学館それぞれ世話致し候と仰せ付けられ候間、出席の面々医学治療相談致し申すべし。寄合・小普請御医師を始め、子弟の類、かつ当時御奉公あい勤め候者も、篤志の輩も一同出席あるべく候。すべて医の職分は至って重き事に付き、精々厚く鍛練これありたき儀に候。しかしながら流儀・見職など一同にはこれなき事に候間、入学のほか出席の儔々は(4)、ただ見分を広め、治療の相談など致し候訳に付き、心得違いこれなきよう、彼我を存ぜず相互に学術研究致し、その道精熟候よう心掛けらるべく候。尤も諸科同然たるべき事。

（五八九六号、明治二六年五月一二日）

天保年間より幕府は医業の進歩を謀り、医家の子弟には医学館通学を命じ、勝手向き不如意にて出席し難き輩は、綿服にて苦しからず、懈怠《けたい》なく出席すべき旨を特に沙汰して、薫陶怠りなかりし。また安政五年(一八五八)七月三日には、左の如く布達せられたり。

和蘭医術の儀、先年仰せ出だされの趣もこれあり候えども、当時広く万国の所長《しょちょう》を御採用遊ばされ候折柄に付き、御医師中も有志の者は和蘭医術兼勤苦しからず候。

同六年四月四日の布達には、

蘭薬の儀、もし差し向き御上りにもあいなるべきやに付き、奥御あり合い御製薬所にこれなき品は町物買い上げなどにては、何分御不都合に付き、奥向き取り計らいにて御買い上げ、御製薬所の御品にあい備え置き候よう取り計らわるべく候事。

さて医学館には、玄関左の方五十畳敷きの一室あり。診察所はそが西寄り十二畳敷きの室にて、患者は日々この広間に集まり、到着順に診察を受け、服薬は広間東の方廊下を隔てたる製薬に抵《いた》りて請け取りたり。玄関右の方には二十畳敷きの応接所あり。この隣室は御目見え以下、また小普請医師の詰め所にて、南の隣室は食堂なり。これより東の方隣室は寄宿取締役の詰め所にて、この一棟二十余室は寄宿生徒寮なり(寄宿所の模様は昌平坂学問所と変わりなし)。この生徒寮の南と東役官詰め所の裏は、ことごとく薬園にて、種々の薬草を培養し、北は館主多紀氏の官邸に接し調剤室と諸役人の役宅及び館の台所・講堂あり。また西北の隅に神農[5]の廟ありて、躋寿館《せいじゅかん》と称せり。

本館の主長を館主といい、すなわち多紀氏の世襲なり。次に総裁というあり。これは学政一切を掌る儒士なり。館主を助くる者十人あり。これを教諭といい、館中一切の事務を総督す。教諭中に都講《とこう》あり。専ら講会の事を司れる医官にして、次に教授は句読を授くるの医師なり。教諭もまた毎月六回を限りて講義を諸生徒に聴聞せしめ、館主も二、三回の講義をなせり。このほか薬園監・書記・弁事(館中一切薬物・書籍・金穀の事を掌るをいう)・童子(給使なり)の役員ありて、各々事務を執れり。

さて教授方は、「本草経」[6]「素問《そもん》」[7]「霊枢《れいすう》」[8]「難経」[9]「傷寒論」[10]「金匱《きんき》」[11]の六部を毎日輪講せしめ、都講これを折衷し、その他の経絡・鍼灸・診法・薬物・医案・疑問六条の会を設け、都講それぞれこれを教導す。医案・疑問は文辞に預かり、その余は皆事に就いてこれを伝う。また診察法は鄙賤[12]の者に限り、都講診察して後、諸生に診察せしめ、治療の意見を問い、修行せしめたり。

生徒は館主・教諭らの講義を聴き、寮中において輪講・会読をなし、また順次病室に入り病者を診察し、己の意見を述べ、処薬の方を記し、教諭に申達す。教諭は申達の意見書に就いてその病者を診察して、生徒の意見を取捨し、決を取り、しかる後、調合所に令して病者に薬を与う習わしなり。

ちなみに記す。患者は薬を誤る庸医[13]に托するより慥かなるを以て、陸続来たりて診を乞う者多かりし。

薬価は収納せず、皆施薬なり。かつ極貧の者へは入館中三食を与えたり。しかれども今日の如く全癒まで入館するにあらずして、朝に来たりて夕に帰る成規なり。

天明四年（一七八四）より百日教育というを設けたり。その方法は毎年二月十五日より百日の間、寄宿生の外出を止め、外来の諸生をも召集して外出を禁じ、勉学せしめたり。毎歳生徒の員数は三百人余なりしと。

百日の教育おわれば、さらに百日診治法を修行せしむ。これは鄙賤の病者を授けて施薬を許し、修行せしむる方法なり。さて百日教育といい、百日診治といい、これ皆館費を以て支払いたるものにて、官医・藩医らより毎月銀一匁ずつの寄付金と助成地の上り高とを充てたりしが、経費充分ならずして、各々私財を以てこれを補い修行したりという。しかるに白川《河》楽翁〈松平定信〉執政の当時（寛政三年（一七九一）三月）さらに助成地三か所を与えられてより、始めて奨励の方法も行き渡りしが、文化年間には素食遊怠《そしょくゆうだ》の者漸く多く、この館に入って勉学する者次第に減じたり。しかれどもかかる行跡の者は、人これと歯《し》[14]するを厭い、有志者のみ入館する有様《ありさま》となりたれば、修行のためにはかえって都合好《よ》き事となりしとぞ。

（五八九七号、明治二六年五月一三日）

診察所には銅製及び木製の人体二基を飾置《しょくち》し、筋骨に名を付し、生徒の観覧に供え、また医書を蒐集して構内の倉庫に収め、生徒に貸与し、園中の薬草木はことごとく和漢の名を付し、医官及び生徒に限り一枝ずつ取り去ることを許せり。

館内東北にある神農の廟は、毎歳春秋に祭典を執行すること聖堂の釈奠《せきてん》と同じ。

例年四月薬品会の催しあり。これは館中に貯うる薬品の風入れをなすなり。しかるに衆人の観覧を望めるより、遂には陳列会ともいうべき有様《ありさま》となり、諸医師ら競うて珍器奇物を持ち寄り、あるいは俗家の所持品までも借り出だして陳列したり。縦覧人は切符を要せしも、今日の如く売り捌《さば》かず、手蔓《てづる》を求めて貰い受けたるなり。開会中は諸学科とも休みたれば、寄宿寮生徒も出場して、「品物に手を触るるなかれ」と大声に絶えず呼ばわり、さながら神仏開帳の霊宝場の如くなりし。出品は薬品最も多く、中に珍物として賞せられしは人魚・両頭の蛇などの類にて、衣冠食器の如きは稀なりき。

慶応三年〔一八六七〕十一月十七日、若年寄平岡丹波守〈道弘〉より医員へ左の布達ありてより、中には狼狽せし向きもありしといえり。

医師の儀は、医業を以て召し出だされ候事に付き、その悴どもは専ら修行仕らせ、御用立ち候よう厚く世話致すべきは勿論に候えども、その者の性質に寄り何程世話致し候とも、医術成熟致さざる者もこれあるべし。併しながら実子の儀故、右を差し置き養子など致し候儀はあいなり難き筋に存じ、医業未熟にても家督などあい願い、または近来悴の代より武家御奉公あい願い候輩もこれあり候。一体医家に候上は、家業宜しく仕り候者を以て家督相続あい願うべきはずにて、既に養子の儀、家業宜しく仕り、早速御用にあい立つべき者をあい願い候者、御目見え以下町医師らの悴にても養子に仰せ付けらるべき旨、宝暦度あい触れ候通り仰せ付けられ候通りにこれあり候間、身分の高卑に拘わらず養子あい済み候儀に候間、いずれも医術成熟の者より家督などあい願うべきはずにこれあり候。依って実子に候とも医業未熟、御用にあい立ち兼ね候わば、右を差し置き家業相応出来、早速御用にあい立つ者を養子にあい願い候わば、願いの通り仰せ付けらるべく候。右は家業の訳を以て仰せ付けられ候事に候えども、家業宜しくとばかりにてはあいなり難く、御用に立ち候者を篤と吟味致しあい願うべし。なおまた吟味の上仰せ付けらるべく候。尤も悴儀家業未熟などの儀にて、ほかに仔細これなく候わば、他家養子差し遣わされ候儀御許容あいなるべし。併しながら実子の儀に候えば、家督相続仕らすべく候儀、当然の筋に候間、精々悴ども医術修行の儀厚く世話致されべく候。万一家業未熟並びに御用に立ち兼ね候わば、右を差し置き早速御用立ち候者を養子にあい願い、右実子は他へ養子に差し遣わし候儀苦しからず候とも、猥《みだ》りに養子あい願うべき儀はあいなり難く候間、心得違いの儀これなきよう致さるべく候。

右の通り寄合医師・御番医師・御番外科・小普請医師らへあい達し候間、その意をえらるべき候事。

人材と門閥とは常にあい齟齬《そご》し易《やす》し。幕府封建の世といえども、これのみはいかんともするあたわざりけん。ついにこの布達を出だすの必要を感じたり。されどこの趣意は慶応年間に発明せられたるにあらず。右文中にも見ゆる如く、すでに宝暦時代より始まりしものと見えたり。但しその令はすでに旧聞に属して、人の記憶する者少なく、わずかに医家の相続はむずかしきものなりなどいい伝えたれども、それは御法のみなりと打ち消して、家督相続は家業の熟否に関せざるものの如く仕来りしを、ここに至りて今さらの如く百十余年跡の布達を探り出だして、慶応三、内外多端の折柄に医師の胆を冷さしめたるも事々《ことごと》しや。さてこの布達出でてより、医学館に通学生の数を増したりしかど、翌年は維新改革とともに瓦解しおわんぬ。（五八九八号、明治二六年五月一四日）

医師診断の模様

幕府医員の叙説を終わるに臨み、いささか当時診察の粗漏なりしことを述べて読者の一笑に供せん。

糸脈

将軍疾《や》むことありて町医を召すときは、糸脈というを診断せしめぬ。糸脈とは将軍の手に絹糸を約して、医師をしてその糸の一端を襖越しに把らしめ、糸に伝う脈搏を診して、容体のいかなるやを察せしむるものなれども、これもとより診察し得らるべきの理なく、かつ往々にして猫を縛し、柱を縛して医師の診察いかんを試験することありしが故に、町医師は病理以外に機智を騁《は》せて、診察の模様を答うるも、なおかつ柱を知らずして、これは猫の脈搏なりと答え、猫と知らずしてこれは人なりといい、廷中の失笑を招きて空しく退出するものも多かりしとぞ。けだし将軍を接近してその脈を診するは、少なくとも奥医師以上の資格なかるべからず。故に町医師を召せしときは、幾《ほと》んど児戯と一般なるこの糸脈の法を設け、以て(15)褻瀆《せっとく》を防がんとしたるなるべし。

将軍家斉卿かつて病めることありて、町医師伊藤元朴の弟子石川良信を召せり。良信は仙台の人、長崎に遊びて蘭方の医術を研究し、大いに得る所あり。名声時に隠れなかりしかば、やがてこの台命を受けしなるべし。良信既に召されて登城しけるに、一条の紅糸《こうし》、一室のかなたより通じたるを、近侍の者取りて良信に進め、これに依りて御容体を診察し奉れと命ず。良信辞するに「人の容体は糸脈によりて診断し得べきにあらず。いわんや脈搏は病を診察するの唯一要件にあらざるをや。必ずやその容貌を望み、その病局を察し、しかる後始めて病原を探ることを得べき旨」を以てしけるに、近侍の者、「なおこれは町医が診断し奉る慣例の方法なり」と強ゆ。良信形を改めて「医師に不完全なる診察をなせよと命じ給うは、これ慣習を重んじて、将軍の疾病を軽んずるに似たり。必ず糸脈を察せよとならば、良信はこれより退城すべきのみ」と峻拒したり。されども町医はついに将軍に親近するを得ざるを以て、幕府は急に良信を二百石の旗本に召し抱え、将軍の病蓐《びょうじょく》に伺候せしめしが、病程なく全治せしを以て、感喜に預かり栄進して、御匙頭《おさじかしら》となり、維新の後《のち》も軍医総監に任ぜられしとぞ。

眼鏡

幕府の代《よ》にありては、大抵(16)揣摩《しま》臆測《おくそく》の診察をなしたるものなれば、わずかに一小機械を有するものも、なおよく他に一頭地を進めて名声を博することを得べかりしなり。

家斉卿の君達《きんだち》かつて熱症を患う。衆医環視してただ熱病なりと称す。奥医師多紀氏もと一の眼鏡を有す。いわゆる虫眼鏡の類なるべし。進みて君達の皮膚を照らし視るに、皮膚の程に瘡のまさに発せんとする徴候見えしかば、すなわちこれは疱瘡なりという。衆医争いその理由を詰《なじ》る。多紀氏「かつしばらく待たれよ、やがて発すべし」という。未だ幾許《いくばく》ならずして、瘡は果たして顕れたり。ここにおいて多紀氏はとみに賞賛を廷中に博し、かつ君達の療治主任を命ぜらる。さておよそ疱瘡を病むものの病蓐は、一切紅《こう》色《しょく》の物を用うるの旧慣なりければ、君達もまた俄かに紅蓐《こうじょく》に移され、紅幮《こうちゅう》を張り、紅巾《こうきん》を用うることとなり、看護の侍婢もまた身に紅衣《こうい》を着けて幮中《かやちゅう》に侍したり。〈多紀〉良《りょう》信《しん》一日その病蓐に伺候し、やがて蚊幮《かちょう》の中に入らんとするに、幮の裾《すそ》と侍婢の裾とを併せ掲げて、その(17)円顱《えんろ》を侍婢の後臀《こうとん》に衝き入れければ、侍婢は驚き叫び、良信はおそれ惶《おのの》き退きて、罪をその家に待ちしが、ついに恕《じょ》せられて、再び召され、さて君達も壮健に復しければ、その功によりて御匙頭に上進したり。後、楽進院と号せしものこれなり。多紀氏がこれより代々御匙頭となりしも、ただ一の眼鏡ありしに依るという。

孑々《ぼうふり》[18]

患者の神経を安んぜしめて、その病を療するもまた一便法にしし。今の西洋医もまた時にその必要を感ずるなるべきも、幕府の代にありてはこの方便によりて拙劣なる治療を蔽わんと謀るもの特に多かりしが如し。

天保の頃、小石川諏訪町にな組鳶の頭某住みけり。ある夜神田の火事に赴きしが、喉渇すること甚だしかりければ、田町を過ぐる時、街上軒下に天水桶を見出だして、その水を掬《すく》いたり。しかるに家に帰りて後、俄かにその事を思い出し、天水の中には孑々もいたるならん、われはその孑々を呑みたるならんと考え及びては、胸たちまち悪《あ》しく、嘔吐を催さんとし、頭痛岑々《しんしん》[19]、座に絶え難くなりしかば、直ちにその近傍に住める表御番医師伊藤南陽が許《もと》に抵《いた》り、仔細を語りて診断を頼み出でたり。南陽これを諾して診断一応したる後、薬室に入りて紅絹糸《あかきぬいと》[20]を粉韲《ふんさい》し、これを吐剤に和して某に侑《すす》め、さていう「暫時にしてその飲みたる天水を吐くべし」と。すでにして吐気俄かに催して、果たして水を吐けるが、怪しむべしその中に紅色なる小片の浮遊するを認めたり。南陽指していう、「これすなわち孑々なり。孑々すでに卿《おんみ》が腹中に存せず。病直ちに癒ゆべきのみ」と。ここにおいて某の心気とみに快く、頭痛治して平時の如くなりしという。某は厚く礼して返りぬ。しかして吐水中の紅片《こうへん》は、すなわちかれが刻み入れたる紅糸の片なりしことを悟らず。

奇貨

幕府時代の医師には、しばしば奇貨視せられたるものもありき。その施術の拙劣なるに拘わらず大いに流行したるは、病家に他の目的あるが故なりき。

御匙医師岡《もろおか》某の弟子に順積《じゅんせき》というものあり。水戸の御匙西龍甫の養子となりけり。この者もと医術を知らず、診察すべて臆測になりたるに拘わらず、時に流行して往診の忙《いそが》わしきこと、ほとんど日もこれ足らざりき。何故にかく流行したりやというに、順積が診断し兼ねたる病者をば、その師師岡某いつも行き診してこれを助けたればなり。けだし師岡は苟且《かりそめ》ならぬ御匙に任官するものなれば、往来すこぶる鄭重にして、必ず切棒駕籠に乗り、侍をその両側に随え、また挿箱《さしばこ》・草履取り・袋杖・合羽籠《かご》を行列に加うるを以て、町家にして一々その来診を依頼するは、すこぶる出費あるを免れず。これに反して順積の来診を乞えば、請せずして師岡みずから来たり、手数を煩わさずして良医の診察を受くることを得たりとなん。されば順積の時に流行したるは師岡を招くの奇貨とせられたるなりき。

（五八九九号、明治二六年五月一六日）

校　注

＊注記の見出し語は、本文の表記にかかわらず、終止形とした。
＊役職名など将軍にかかわる語句に「御」が付されることがあるが、注記の見出し語では原則として「御」を省略した。
＊人名については、本文中では通称・官職名・号などが用いられているが、その後に諱・実名を補記したので、注記の見出し語は諱・実名を採用した。

社会と風俗

寺子屋

（1）**三才児の魂先入主となる**　一般には「三つ子の魂百まで」といい、幼少時代の性格は、年をとっても変わらないということ。
（2）**厖雑**　入りまじって雑然としていること。
（3）**咿唔**　書をよむ声のこと。
（4）**咄喊**　敵陣に突入する時など、大勢が一時にわめきさけぶこと。ときのこえをあげること。
（5）**曩時**　さきの時。むかし。以前。

(6) **泛称**　広く通じてとなえること。また、広くひっくるめていう名称。総称。

(7) **商売往来**　近世の寺子屋の教科書である往来物の一つ。上方の手習師匠堀流水軒の著で、元禄七年(一六九四)に大坂で初版が出た。商業活動に必要な語彙・商品名や知識・心構えなどを簡略に記している。近世を通じて版を重ね全国的に普及し、類版も多く、実業型往来のモデルともなった。

(8) **千字文**　中国魏の鍾繇《しょうよう》がつくり、梁の周興嗣《しゅうこうし》が完成させたといわれる、四字一句が二五〇句、重複のない千字からなる文章。日本でも文字学習の教科書として利用された。

(9) **唐詩**　「唐詩選」のことで、唐代の詩人一二八人の詩選集。選者は明の李攀龍《りはんりゅう》というが疑わしい。五言古詩・七言古詩・五言律・五言排律・七言律・五言絶句・七言絶句を収録する。日本には近世初期に伝来し、漢詩の入門書として盛行した。

(10) **御家流**　南北朝期に青蓮院門跡の尊円入道親王が始めた書風の流派で、青蓮院流・尊円流・粟田(口)流ともいう。藤原行成《ゆきなり》の系統の世尊寺流の書風に対して、新しい温和な書風で、近世には松花堂昭乗が幕府の右筆に教えたことから広くもてはやされ、御家流とよばれた。

(11) **牙籌**　中国で古く、計算に用いた象牙製のかずとり。計算。そろばん。

(12) **番匠往来**　近世の寺子屋の教科書である往来物の一つ。番匠(大工)が業務に必要な語彙・漢字の読み書きが学べるようにした教科書で、近世後期には類版が数種類刊行された。

(13) **比々**　物事のつらなるさま。しきりであるさま。

(14) **百姓往来**　近世の寺子屋の教科書である往来物の一つ。大坂の禿箒子《とくそうし》の著で明和三年(一七六六)に刊行され、簡潔なうちにも農民に必要な知識が盛られ、以後数多くの類版が出ている。

（15）**種札**　寺子屋の師匠が書いて寺子に与えた習字の手本のこと。

（16）**かの松王が眼を着けて、机の数が一脚多いと釘打ちたる**　「菅原伝授手習鑑《すがわらでんじゅてならいかがみ》」四段目寺入りの段で、寺子屋を営む武部源蔵が、藤原時平から菅丞相《かんじょうしょう》の子秀才の首を出せと命じられ、舎人松王が検使に来た場面である。「菅原伝授手習鑑」は、竹田出雲・並木千柳《せんりゅう》（宗輔《そうすけ》）・三好松洛・竹田小出雲合作の浄瑠璃で、延享三年（一七四六）八月に大坂竹本座で初演され、歌舞伎は同年九月京都中村喜世三郎座で初演された。菅原道真の配流、天満天神縁起を主筋に、道真にまつわる伝説、三つ子兄弟の巷説などを採り入れて脚色したもので、五段からなり、中でも「寺子屋」の評判がよかった。

（17）**源蔵の女房が木地を隠した塗り机、ざっとさばいていい抜けし**　「菅原伝授手習鑑」四段目切寺子屋の段で、前注参照。

（18）**平沼田**　長門国に平沼田の地名は確認できないが、長門国の硯石の産地としては、豊浦郡赤間関村（山口県下関市）の赤間石が知られる。

（19）**正風硯**　御家流で使用した硯のことで、高さ約一八センチで、大形は幅約一二センチ、竪約二四センチ、小形は幅約九センチ、竪約二一センチとする。材質は平沼田石（赤間石に類して、明治二五年当時すでに産していない）を良質として、長門国から産するものという。

（20）**奉書**　奉書紙のことで、和紙の一つ。御教書《みきょうじょ》など、上意を奉じて下知する奉書に用いたので、この名がある。原料は楮である。

（21）**鳥の子**　鳥の子紙のことで、和紙の一つ。鶏の薄茶色をした卵の殻に似た光沢のある紙質からの呼称で、雁皮紙の系統に属する。栽培のできない雁皮を原料にすることから大量生産はできず希少価値があった。

(22) **西の内**　西の内紙の略で、和紙の一つ。茨城県常陸大宮市西野内から産し、質はやや粗く強い楮紙製の生漉《きずき》紙のこと。

(23) **六諭衍義略**　「六諭衍義大意」のことで、近世の民衆教訓書。「六諭」は明の太祖の聖旨を清の世祖が欽定した民衆の守るべき六つの通俗道徳で、明末の范鋐《はんこう》が六諭を平易に解説した「六諭衍義」を著し、琉球の程順則《ていじゅんそく》が出版した。幕府は薩摩藩を通じてそれを入手し、八代将軍吉宗は、儒臣室鳩巣《むろきゅうそう》にその大意を平易な和文に直させ、「六諭衍義大意」とした。幕府は享保七年（一七二二）、それを手習用往来本の体裁で官版として出版し、町奉行の手で江戸の手習師匠に頒布した。以後、民間で広く流布し、数多くの異版・類版が出版された。

(24) **女教訓鏡**　「女教訓鏡」の書名のものは確認できないが、女性としての道徳やあるべき姿、日常の心構えなどを綴った寺子屋の女子用教科書である往来物のことであろう。元禄七年（一六九四）刊「女教訓文章」、明和三年（一七六六）刊「女教訓岩根松」、弘化二年（一八四五）刊「女教訓千代乃松」など、近世を通じて類書が多数刊行された。

(25) **今川**　「今川状」のことで、今川了俊《りょうしゅん》（貞世《さだよ》）が応永一九年（一四一二）二月、弟の仲秋《なかあき》に与えたという教訓書で、近世に子弟の教科書として用いられた。

(26) **江戸方角**　寺子屋の教科書である往来物の一つ。明和二年（一七六五）版が最も古く、江戸城を中心に江戸の町を東・巽・南など一一の方角にわけ、地名町名九〇、寺社名七五、橋名一五、川名三、その他六、計一八九の名称を書きつらねてある。明治初年までさまざまな判形で刊行され広く普及した。

(27) **国尽し**　寺子屋の教科書である往来物の一つ。日本諸国の国名を列挙し、唱えやすい口調にしたもの。

(28) **名頭**　寺子屋の教科書である往来物の一つ。源・平・藤・橘のように、姓氏の頭字を列記したもの。

(29) **消息往来**　寺子屋の教科書である往来物の一つ。消息文(手紙文)の慣用語句を集め示したもの。高井蘭山《らんざん》の編で寛政五年(一七九三)に出版された。以後、数多くの類書が出た。

(30) **庭訓往来**　南北朝時代に成立した往来物の代表作で、玄恵作と伝えられる。一年一二か月の往復書状の体裁で諸事百般の語彙を列挙し、初学者に知識を与えることを目的にしたもので、成立以来広く流布し、近世の寺子屋の代表的な教科書となった。

(31) **実語教**　平安後期に成立した漢文体の道徳教育書で、五言句によって幼童の手本とすべき儒教的道徳をまとめたもの。近世まで広く用いられ、注釈書や版本も数多く出た。

(32) **童子教**　近世に寺子屋で用いた教科書である往来物の一つ。童子の教訓となる事項を五言三二〇句にまとめて記載している。万治元年(一六五八)に出版され、僧安然《あんねん》の作と伝えられる。

(33) **古状揃**　寺子屋の教科書である往来物の一つ。最古の書写本は寛永二年(一六二五)、同じく刊本は慶安二年(一六四九)で、古状・擬古状を収録したもので、明治初年まで、重版・異版をかさねて広く普及した。

(34) **三字経**　寺子屋の教科書である往来物の一つ。大橋訥庵《とつあん》の著で、南宋の王応麟《おうおうりん》の「三字経」にならって、わが国の歴史的事実を三字を一句として叙述したもので、「本朝三字経」ともいう。

(35) **四書五経**　儒教の経典たる「大学」「中庸」「論語」「孟子」を総称し四書といい、聖人の述作として尊重すべき「易経」「詩経」「書経」「春秋」「礼記」の五つの経書を総称して五経という。

(36) **文選**　中国六朝時代の詩文集で、梁の昭明太子蕭統《しょうとう》の編になる。周から梁に至る約千年間における代表的な賦・詩、各種文章約八百編を、三七の文体に分類収載している。

(37) **後藤点**　漢文訓読法の一つ。高松藩の儒者後藤芝山《しざん》が四書五経に施した訓点で、道春点のように国語調にならず、また一斎点のように漢文直訳調ではないもので、最も多く世に行われた。

(38) **道春点**　林道春(羅山)が、宋の新注によって施した漢籍の訓点で、後の漢文訓読の型の基となった。

(39) **百人一首**　百人の歌人の和歌を一首ずつえらんで集めた歌集のこと。また、それをカルタにしたもの。特に、藤原定家《ていか》の撰といわれる「小倉百人一首」が有名である。

(40) **女今川**　絵入り、仮名書きの往来物。沢田さち著で、延宝六年(一六七八)に刊行され、その後各種の版がある。今川了俊の「今川状」に擬して書かれたもので、近世中期以後、女性の習字手本、教訓教養書として広く普及した。

(41) **女大学**　近世に広く流布した女子の教訓書。著者未詳だが、享保頃に刊行された。父母・夫・舅姑に従順に仕え、家政を治めることなどを説く。貝原益軒の「和俗童子訓」巻五「教女子法《じょしをおしえるのほう》」を利用して作られたもの。

(42) **女庭訓往来**　近世の女性の教訓書、女子用の「庭訓往来」を意味する。

（43）**八算見一**　珠算で、二から九に至る八個の基数で除するのを八算、二桁以上の割算を見一という。

（44）**塵劫記**　近世の実用和算書で、吉田光由《みつよし》が著した。一族の角倉素庵《すみのくらそあん》の協力で寛永四年（一六二七）に出版した。当時の実際の数量計算を素材に日常生活に必要な数学が独習できるよう、挿絵と解説付きで系統的に配列されている。社会の各層に広く普及し、数多くの類書がみられる。

（45）**脇付**　書状の宛名の右下に書き添えて敬意を表す語のことで、「侍史」「虎皮下《こひか》」「御中」などがある。

（46）**鞭笞**　むち。むちうつこと。

（47）**笞撻**　むちうつこと。

（48）**画箋紙**　「雅仙紙」とも書き、白色大判の書画用の紙のことで、中国原産である。

（49）**天一天上**　十二神将の主将である天一神が天に上っているという日で、癸巳《みずのとみ》の日から一六日間の称のこと。

（50）**夷講**　商家で商売繁盛を祝福して恵比寿を祭ること。親類・知人を招いて祝宴を開く。陰暦一一月二〇日に行う地方が多いが、一月一〇日・一月二〇日・一〇月二〇日に行うところもある。恵比須講。

（51）**七尺去って師の影を踏まず**　師に随行する場合、うしろからやや離れて、師の影も踏まぬようにして行くべきである。弟子は師を尊び敬って、どのような時にも礼を失するようなことがあってはならないということ。「三尺さがって師の影を踏まず」ともいう。

(52) **贄**　会見の時の礼物。おくりもの。みやげ。しんもつ。
(53) **鞠躬**　身をかがめおそれつつしむこと。
(54) **六諭衍義大意**　五六〇頁注(23)「六諭衍義略」を参照。
(55) **正徳五年(一七一五)は享保と改元したる年なり**　この高札は正徳元年(一七一一)五月に掲示されたものであり、また享保に改元したのは正徳六年(一七一六)六月のこと。
(56) **釜竈**　かまとかまどのこと。
(57) **晏如**　やすらかなさま。落ち着いているさま。
(58) **顰を倣う**　正しくは「西施の顰《ひそみ》に倣う」といい、西施がかつて心を痛めて顔をしかめたのを里の醜女が見てこれを美とし、争って顔をしかめた。徒に人の物真似をして世の物笑いになることをいう。また、人に倣ってする場合を謙遜していう。
(59) **沃土におれば逸し、瘠土におれば疲す**　正しくは、「沃土の民の不材なるは、淫すればなり、瘠土の民の義に嚮《むか》わざるは労すればなり」といい、肥沃な土地の民に才能がないのは、工夫や努力をしなくても生活できるからであり、瘠せた土地の民が正しい道に向かわないのは、苦労が多いからである、という意味である。ここでは寺子屋の師匠の収入は、土地の経済力に左右されるという意味で用いられている。
(60) **糊入れ紙**　米の粉を入れてすいた杉原紙のこと。
(61) **行厨**　弁当のこと。
(62) **絃語**　弦楽器に合わせてうたうこと。弦歌。
(63) **内冑**　人に知られたくない内情。弱味。

(64) **門前雀羅を張る**　訪う人なく、門前に雀を捕える羅《あみ》を張るばかりに寂しいという意味。

(65) **学制**　明治五年(一八七二)八月三日に制定された近代教育・学校制度の基本的な法令で、全国を大・中・小学区に分割して、それぞれに大・中・小学校を設置した。

(66) **錚々**　多くのものの中で、すぐれたさま。

(67) **青蓮院宮**　京都市東山区粟田口にある青蓮院は、梶井門跡・妙法院門跡とともに天台宗山門三門跡の一つであり、皇子・摂関家・将軍の子弟を門主としたが、特に親王が門主であると青蓮院宮と称した。中でも尊円入道親王は書にすぐれ、後に青蓮院流(御家流)とよばれる一派をなした。

勧進能

(1) **石橋**　能の一つ。寂昭《じゃくしょう》法師が入唐して、清涼山の聖域の石橋に至り、獅子の舞を見るもの。

(2) **道成寺**　能の一つ。旅の山伏に懸想した娘が蛇体となって日高川を渡り、道成寺の鐘に隠れた山伏を焼き殺したという伝説を脚色したもの。

富籤興行

(1) **蹉跌**　つまずくこと。失敗すること。

(2) **禁網**　おきて。禁令を犯す者が罪を得るのを、魚が網に触れて捕らえられるにたとえて言った。

(3) **仁和寺**　京都市右京区にある真言宗御室派《おむろは》の総本山で、御室御所・仁和寺門跡ともいう。光孝天皇の遺志を継いだ宇多天皇が仁和四年(八八八)金堂を落慶供養し、仁和寺と命名した。宇多天皇は昌泰二年(八九九)同寺で出家し、寺内に禅室を営み、これが御室の始まりとされる。寛仁二年(一〇一八)三条天皇の皇子性信《しょうしん》(大御室)が入寺し、そのもとに入室出家した白河院の皇子覚行《かくぎょう》(中御室)が法親王《ほっしんのう》の初例となり、以後は皇子が法脈を継承して御室とよばれた。応仁の乱で全焼し、寛永一一年(一六三四)から幕府の援助によって復興された。

(4) **影富** 近世の一種の博奕で、公許の本式の富籤《とみくじ》の当たり番号を予想して、金銭を賭けて争う博奕のこと。

(5) **剴切** 非常に適切なこと。

(6) **宮門跡** 門跡その人が親王である場合、これを宮門跡とよぶ。すでに付弟として入寺得度した後に親王宣下を受けた法親王と、親王宣下を受けた皇子や諸王が入寺した入道親王の場合がある。歴代の門跡が親王であった寺院には仁和寺や輪王寺などがあり、これらは常に宮門跡であったが、聖護院門跡のように、近衛家の子弟が門跡であった時には摂家門跡であり、親王が門跡の時には宮門跡となる寺院もあった。朝廷での御修法など祈禱を担ったほか、天台・真言・浄土各宗の本山となった。

瞽盲の社会

(1) **座頭** 剃髪の盲人で、琵琶・箏《こと》・三味線などを弾じて、歌を歌い、語り物を語り、または按摩・鍼治などを業としたもの。盲人四官(検校・別当・勾当・座頭)の最下位。

(2) **疝痛** はげしい発作性の間歇的《かんけつてき》腹痛のこと。腹部内臓の諸疾患に伴う症候で、胆石症発作・

腎石発作・腸閉塞などに際して現れる。

(3)**検校**　盲人の最上級の官名のこと。

(4)**総録**　江戸時代、検校・勾当の上に立って盲人を統轄した官のこと。

(5)**欽仰**　尊びうやまうこと。仰ぎ慕うこと。

(6)**寵眷**　寵愛して目をかけること。

(7)**鳩目**　靴や紙ばさみなどの、ひもを通す丸いあなのこと。また、それに打ちつける環状の金具のこと。鳩の目に似ていることからいう。検校になると当道座の本所である久我《こが》家から所持することを許された検校杖は、鹿杖《かせづえ》といい、木の杖の上端に手をそえる架《か》を設けたもので、鐘を撞く撞木《しゅもく》の形状に似ているところから撞木杖ともいう。この架と杖の接合部に鳩目があったということであろうか。

(8)**勾当**　盲人の官名。検校の下で、座頭の上に位した。

(9)**直綴**　上衣の偏衫《へんさん》と下衣の裙子《くんず》とを直接つづり合わせたところから呼ばれた名称で、上衣に裳をとじつけて着用を簡便にした略儀の僧服のこと。

(10)**ゴトウ**　沙門頭巾のことで、曹洞宗の僧、あるいは検校・勾当などがかぶる帽子のようなもの。

(11)**片四目**　正しくは「片撞木《かたしゅもく》」と書き、盲人の突く撞木杖の一種で、曲尺《かねじゃく》形のもののこと。検校以上の者に使用を許される両撞木杖に対して、勾当の者が持つことを許されたもの。これらに対して座頭は普通の杖を突く。

(12)**長絹**　長尺の絹布である長絹製の装束で、水干・狩衣《かりぎぬ》・直衣《のうし》などを作るのに用いた。

(13) **勘解**　原告・被告の間に立って、民事上の争いを和解させることをいう。
(14) **十膳箸**　つまようじのこと。鳥取県東部の方言で、竹製の小さな箸のこと。
(15) **黠獪**　わるがしこいこと。
(16) **滅法界**　法外に。甚だしく。めっぽう。

虚無僧

(1) **踪跡**　足跡。転じて、あとかた。ゆくえ。
(2) **振鐸**　すずをふり鳴らす。教令の主となること。鐸は古く教令を宣する時に振った大鈴のことをいう。
(3) **頭陀**　「頭陀袋」のことで、僧が、行く先々で托鉢して食を求め、野宿して修行することを頭陀といい、頭陀行をする僧が、物を入れて首に掛ける袋のこと。
(4) **砥礪**　といし。とぎみがくこと。品性・学問などを修養すること。
(5) **天蓋**　虚無僧の用いる藺草製の深編笠のこと。
(6) **擯罰**　しりぞけて罰すること。
(7) **本多正純**　江戸時代前期の幕府年寄(老中)。本多正信の子。幼少より徳川家康に仕え、関ヶ原の戦で家康に供奉する。その直後から幕政に参与し、家康の駿府時代には側近の第一人者として権力をふるう。家康の死後、二代将軍秀忠の年寄となるが、元和八年(一六二二)に改易となる。
(8) **板倉勝重**　江戸時代初期の所司代。京都市中の民政や裁判、朝廷や公家の監察、寺院統制を行った。その政治や裁判は「板倉政要」に記されているが、卓越した政治手腕と名裁判官ぶりがうかがえる。

（9）**本多正信**　近世前期の年寄（老中）。徳川家康に仕える。秀忠の将軍襲職後は秀忠付き年寄となる。

（10）**縝**　こまかい。細かで慎み深いこと。

（11）**款**　まごころ。親しみ。よしみ。

（12）**帷幕**　たれぎぬとひきまく。転じて、陣営。本陣。ここでは幕府のこと。

（13）**靡然**　風に草木がなびくさま。たなびくさま。転じて、ある勢力になびき従うさま。

（14）**明頭来、明頭打……虚空来、連架打**　普化宗《ふけしゅう》の偈《げ》（経・論などの中に、詩の形で、仏徳を讃嘆し、教理を述べたもの）で、「差別（偏位、偏った位相）でくれば差別で受け、平等（正位《しょうい》、正常な位相）でくれば平等で受け、四方八方からくれば旋風《つむじかぜ》のように受け、虚空からくれば釣瓶《つるべ》打ちに受ける」という意味で、いつどこから、何が現れても、それを自在に受けとめて融合するという、なにものにも束縛されない自由な悟りの境地を表したものという。

（15）**臨済令侍者去る……従来這漢を疑着す**　普化がその境地を鈴を鳴らしながら披瀝し、町中を托鉢して歩くという話を聞きつけた臨済《りんざい》（唐、鎮州臨済院に住した慧照禅師義玄、臨済宗の祖）は、侍者をやって普化の境地を確かめさせる。「そのどれでもなくきたらどう受けるか」と。すると普化は侍者を突き放して、「あすは大慈悲でお斎《とき》があるぞ」といった。侍者が臨済に報告すると、臨済は「私は従来この漢《おとこ》（普化）をただ者ではないと思っていた」といったという意味である。

（16）**鐺**　刀の鞘尻の部分、また、その飾りのこと。

（17）**優尚**　「優柔」のことならば、やさしい。おとなしい。また、やさしくする。煮えきらないこと。また、そのさま。

（18）**山科の隠家に……止めたるも、この姿なり**　「仮名手本忠臣蔵」九段目山科閑居の場で、御殿で高師直《こうのもろなお》に斬りつけた塩谷《えんや》判官を抱き止めた加古川本蔵の妻戸無瀬《となせ》が、娘小浪を連れて許婚《いいなずけ》大星力弥のいる山科を訪れるが、祝言を拒絶され、死を決意した小浪を介錯しようとする戸無瀬の刀を尺八の音が止める。そこへ虚無僧姿の本蔵が出て来るという場面である。「仮名手本忠臣蔵」は、二世竹田出雲・三好松洛・並木千柳の合作の浄瑠璃で一一段からなり、寛延元年（一七四八）八月に大坂竹本座で初演され、歌舞伎は同年一二月に大坂角の芝居が初演である。赤穂事件を脚色した代表的作品で、「太平記」を世界とした時代物である。歌舞伎の独《どく》参湯《じんとう》（起死回生の妙薬）と称され、大入りを呼ぶ人気狂言の一つに数えられ、演技や演出にもさまざまな工夫がこらされてきた。

（19）**六助の茅屋に……躍り入りしも、この姿なり**　「彦山権現誓助剣《ひこさんごんげんちかいのすけだち》」九段目六助住家《すみか》の場で、一味斎吉岡一味斎の娘お園が、虚無僧姿に身をやつして、父の敵《かたき》を探して諸国を巡るうち、一味斎が極意を授けた、許婚である毛谷村六助のもとを偶然にも訪れる場面である。「彦山権現誓助剣」は、梅野下風《したかぜ》・近松保蔵の合作で、一一段からなる浄瑠璃で、天明六年（一七八六）大坂竹本座で初演され、歌舞伎は寛政二年（一七九〇）に大坂中座で初演された。天正一四年（一五八六）の毛谷村六助の敵討を脚色したものとも、宮本武蔵の物語から作意を得たものともいわれる。

(20) **ぼろんじ**　「梵論子」「梵論師」と書き、有髪の乞食僧の一種で、のちには深編笠をかぶって尺八を吹きながら物乞いをして歩いた虚無僧などをいう。
(21) **帳前**　とばり・帳面・簿帳の前という意味から、役人の面前ということであろう。
(22) **スガガキ**　「清掻」「菅垣」と書き、尺八の本曲の一つで、箏《こと》の菅垣を編曲したものか。
(23) **丸ぐけ**　「丸絎帯」のことで、丸くくけて中に綿などを入れた男帯のこと。材料は普通白または鼠木綿で、多く僧侶が用いた。
(24) **平ぐけ**　「平絎帯」のことで、芯を入れずに平たくくけた幅の狭い男帯のこと。
(25) **看主**　普化宗の寺の有髪の住持のこと。剃髪した住持は他宗と同様住職と呼ばれた。普化宗の寺は、没落した武士の一時の隠家としての性格をもち、虚無僧のなかには還俗する者が多かったため、入宗してもむしろ有髪が普通であった。
(26) **発心**　菩提心を起こすこと。発意。発起。
(27) **起本**　事の起こり。出発点となるもの。
(28) **樗蒲**　「ちょぼいち」のことで、漢土から渡来した賭博の一種で、一個の賽で勝負を争うもの。予想の目が出れば賭け金の四倍を獲るという。
(29) **濫吹**　無能なものが才能があるようによそおうこと。実力のないものが地位についていること。
(30) **脚回**　「却回」のことならば、まわってうしろへしりぞくこと。ひきかえすこと。
(31) **体膚**　からだとはだ。からだ。
(32) **奇激**　「詭激」のことならば、言行が普通と違って、激しすぎること。また、そのさま。

(33) **点止す**　正しくは「黙す」「黙止す」と書き、だまっている。ほうっておく。そのままにしてかまわないでおくこと。
(34) **無礼**　ぶれい。無作法。
(35) **門葉**　一門・一族のこと。あるいは同じ宗派の人々。
(36) **麦秀**　殷の臣であった箕子《きし》が、周の代になって殷墟を通って作った詩の題から、亡国の跡。亡国の悲歎のこと。
(37) **篁林**　竹やぶ。竹が多くはえ茂っている所。
(38) **諂諛**　こびへつらう。ついしょう。へつらう小人。阿諛。
(39) **欺罔**　あざむくこと。詐欺の行為である騙取の手段で相手を錯誤に陥らせること。
(40) **詮議掛り**　町奉行所与力・同心の役掛の一つ。はじめ吟味方という。裁判を担当し、刑事・民事ともに取り扱った。
(41) **跙跙**　行きなやむさま。馬などの巧く歩かないさまのこと。
(42) **延命院**　日蓮宗京都妙顕寺の末寺で、江戸日暮里延命院住職日道は、参詣の婦女と淫楽にふけり、はては堕胎まで行ったとして、享和三年(一八〇三)に寺社奉行脇坂安董によって断罪処刑された。
(43) **官を挂ける**　挂綬のことで、官印のひもを解いて物に掛けておく意味から、官を辞すること。
(44) **留役**　江戸幕府の職制の一つ。評定所留役のことで、公事方勘定奉行の配下で、評定所に出役したものである。留役には、評定所留役勘定組頭一名、評定所留役勘定(本役一〇名、留役助五名、当分助五名、合計二〇名)が充てられた。評定所で扱う事件についての調査・吟味・

記録などを管掌した。

（45）**室咲き**　室とは、物を入れておいて暖めたりするために、外気に触れないように、特別の構造になった部屋のことで、室咲きは、この中で草木を育てて花を咲かせること。また、その花。

大神楽

（1）**浄衣**　白色の衣服。しろむく。白の布または生絹で仕立てた狩衣形の服。多く神事に着用した。

（2）**奴袴**　指貫のこと。次注参照。

（3）**指貫**　布袴《ほうこ》・衣冠または直衣《のうし》・狩衣《かりぎぬ》の時、着用する袴。平絹または綾織物で八幅《やの》に仕立て、裾を紐で指し貫き、着用してくくるもの。奴袴。

（4）**狩衣**　もと狩などの時に用いられたところからいう。盤領《まるえり》で袖にくくりがあり、脇を縫い合わせず、括袴《くくりばかま》を用い、裾を袴の外へ出し、烏帽子を用いる。白色で神事に用いるものを浄衣といい、近世には、模様のないものを布衣《ほい》、模様のあるものを狩衣とした。

（5）**布衣**　狩衣の総称で、近世には、六位以下の着用した無紋の狩衣。また、六位の者の異称。

（6）**隆準**　「準」は鼻梁のことで、高い鼻柱、高い鼻のこと。

（7）**直衣**　ただの衣、平常服の意味で、「直衣の袍」の略。形状は衣冠の袍と全く同様であるが、衣冠とちがって位色の規定がなく、好みで種々の色を用いたので、雑袍の名がある。

（8）**瓔珞**　インドの貴族男女が珠玉や貴金属を編んで頭・頸・胸にかけた装身具。また、仏像などの装飾ともなった。

(9) **中啓**　親骨の上端を外へそらし、畳んで半ば開いているように造った扇のこと。

(10) **白丁**　傘持・沓持・口取などの役をする、白張を着た仕丁のこと。神事や神葬などに物を持ち運ぶ人夫にもいう。

七　坊主

(1) **悤急**　あわただしくいそいでいること。

(2) **九仞の功を一簣に欠く**　正しくは「九仞の功を一簣に虧く」といい、九仞の高い築山をきずき上げる際に、最後の簣《もっこ》一杯の土を欠けば、その山は完成されないという意味で、長年の努力も最後のわずかな失敗で不成功に終わってしまうことのたとえ。

(3) **斎**　仏事の食事。

(4) **逮夜**　忌日の前夜。また、葬儀の前夜。宿忌。

(5) **安居**　僧が一定期間外出しないで、一室に籠もって修行すること。陰暦四月一六日に始まり七月一五日に終わる。雨安居《うあんご》・夏安居《げあんご》・夏行《げぎょう》・夏籠《げごもり》などともいう。

(6) **仏名会**　三世の諸仏の仏名を唱えて年内の罪障を懺悔し消滅を祈る法会。陰暦一二月一九日から一日または三日間行う。御仏名。

(7) **莞爾**　微笑を含むさま。にこり。にこやか。

(8) **聚蛍映雪**　蛍を集めて燭火の代わりとし、雪にうつしててらすこと。貧しいために灯火用の油が買えないで、晋の車胤《しゃいん》は蛍を集めてその光で書を読み、孫康《そんこう》は雪の明かりで書を読むという苦労をしたという故事から、苦労して勉強すること。苦心して学問をすること。蛍雪。

(9) **所化**　教化されるもの。仏に教化される一切衆生のこと。

(10) **妄誕不稽**　言説などの根拠のないこと。でたらめ。

(11) **棟幹**　棟木の用材。転じてすぐれた才能をいう。

(12) **阿茶**　徳川家康の側室。子はなかったが、家康の信頼あつく、大坂冬の陣での和睦交渉で徳川方の使者を務める。家康没後も徳川和子の入内のおり母代《ははしろ》を務め、また後水尾天皇の二条行幸にも関与した。

(13) **江戸名所記**　浅井了意の作と考えられ、寛文二年(一六六二)に京都で出版された、江戸の絵入りの名所案内書で、江戸地誌書の刊本としては最古のもの。

(14) **薙染**　髪を剃り、墨染の衣を着ること。仏門にはいること。僧侶となること。

(15) **緡**　銭をさし通すなわ。また銭差しにした銭のこと。

(16) **法楽**　法会の終わりに、詩歌を誦し、または楽などを奏して本尊に供養すること。神仏の手向にするわざ。

若衆

(1) **西鶴**　井原西鶴のことで、近世中期の俳人・浮世草紙作者。大坂の富裕な町家に生まれ、はじめ貞門を学び、のち西山宗因に師事し、俳諧師として活躍するが、天和二年(一六八二)の浮世草紙の嚆矢とされる「好色一代男」以後、数多くの作品を残し、浄瑠璃・地誌も著す。当時の事件・風俗に取材し、人心を洞察した巧みな描写で短編小説に新境地を開き、これに出版界が応じて江戸でも読者を得た。

（2）**春水**　為永春水のことで、近世後期の人情本作者。古本仲買ののち書肆青林堂を営むかたわら、式亭三馬の門人となり、天保三年（一八三二）「春色梅児誉美《しゅんしょくうめごよみ》」で江戸人情本の元祖を自称したが、天保改革で筆禍を受け、心労のため没した。

（3）**撥乱反正**　みだれた世を治め、もとの正しい状態にかえすこと。

（4）**黄月毛**　正しくは「黄桃花毛」と書き、馬の毛色の名。つきげの黄色をおびたもの。

（5）**秀康**　結城秀康のことで、近世初期の福井藩主。徳川家康の二男で、豊臣秀吉の養子となり、結城一〇万石余を継ぎ、関ヶ原戦後、越前六八万石を領し、のち松平姓に改姓する。

（6）**お国**　出雲阿国《いずものおくに》のことで、歌舞伎の始祖とされる近世初頭の女性芸能者。ややこ踊りを演じたり、男装して茶屋遊びの様子をまねたかぶき踊りを演じ、京都で人気を博したが、経歴はほとんど不明である。

（7）**業平縢**　縢《かがり》とは、糸を組んで編み合わせることをいうが、この組み糸を用いて髪を結ったものを指していると思われる。「嬉遊笑覧」巻の一一には、「下手談義」にある豊後節語りの風俗をあげて、「曲《まげ》は頂上にあがり眉毛ぬけて業平に似たり」とあるが、こうした髪形をいうのであれば、これは文金風のことになる。これは髻《もとどり》の根を高くして元結を多く巻き、長く突き出して、先を下に伏せた形になる。元文元年（一七三六）豊後節の創始者宮古路豊後掾が始めたものである。

（8）**緑鬢**　黒くてつやのあるびん。また、広く翠髪をいう。

（9）**遺利**　とりのこされた利益。

（10）**安倍晴明**　古代後期の陰陽家・天文家。一条天皇のため祭祓や占いを行い、また藤原道長に重用されるなど、貴族社会で盛んに活躍し、のちに安倍氏が陰陽・天文両道を家職とする基盤を築いた。

（11）**大鑑**　「本朝若風俗　男色大鑑《なんしょくおおかがみ》」のこと。井原西鶴作の浮世草紙で、貞享四年（一六八七）に刊行された。前半は多く武家社会に取材した衆道（男色）咄を集め、後半は当時流行の演劇界に題材を求め、歌舞伎咄を集成したものである。

（12）**菊の園**　男色細見の一つで、明和元年（一七六四）に刊行され、水虎山人（平賀源内）の序があり、芳町《よしちょう》をはじめとする江戸中の舞台子・蔭子《かげこ》の名寄せである。

（13）**三の朝**　男色細見の一つで、明和五年（一七六八）に刊行され、水虎山人の序があり、諸国一三か所に及ぶ蔭間《かげま》を紹介・案内するものである。

（14）**浮屠**　仏陀。ほとけ。

（15）**妖洞**　あやしいほら穴。人に災いをなすほら穴。

（16）**仙洞**　太上天皇（上皇）の御所。院の御所。

（17）**輪王寺宮**　日光山に徳川家康・家光の廟や東照社（宮）が造営され幕府枢要の地となると、天海の弟子公海のあとの貫主に承応三年（一六五四）、後水尾院皇子守澄《しゅちょう》を招いた。翌明暦元年、輪王寺宮の勅号を受け、門跡寺院輪王寺となる。歴代宮門跡の輪王寺宮は天台座主に任ぜられ、日光山のほか東叡山寛永寺を管領した。このため輪王寺宮は上野門跡・上野の宮とも呼ばれた。

（18）**角兵衛の上りと蔭間の上りは仕方なし**　角兵衛獅子は子供が舞い歩くもので、蔭間は年長となると誰も見向きをしなくなる。角兵衛獅子も蔭間も、年をとると職を失ってどうしようもなくなってしまうという意味。

吉原の遊廓

(1) **蟻付**　蟻の甘さに寄りつくようにむらがりあつまること。

(2) **庄司甚右衛門**　近世前期の町人。甚右衛門は通称で、初め甚内といった。小田原北条家の家臣で、主家没落後江戸に出て道三河岸で妓楼を営んだというが、出自には異説もある。元和三年(一六一七)吉原開設とともに総名主となり、江戸町一丁目で妓楼西田屋を営み、「おやじ」と呼ばれた。子孫は代々名主職を継ぎ、同地で妓楼を経営した。

(3) **戡定**　敵に勝って乱を平定すること。

(4) **肯綮**　緊要な所。急所。

(5) **曩祖**　先祖。祖先。

(6) **庄司又左衛門勝富**　近世中期の町人で、江戸吉原の開祖庄司甚右衛門六代の後裔で、新吉原江戸町一丁目の妓楼西田屋を経営し、同町の名主を務めるかたわら、俳諧や詩作に親しんだ。元文三年(一七三八)自作を中心に廓内の遊女や住人、親交のあった俳人・絵師・詩人らの作や、古老の茶呑み話を集めて「洞房語園」を刊行した。

(7) **洞房語園**　庄司勝富の著で、享保五年(一七二〇)の序がある。江戸吉原町の開祖庄司甚右衛門家家伝を編集したもので、吉原の歴史・制度や風俗・慣習に関する事項をまとめている。勝富が刊行した俳文集である「洞房語園」と区別するため「異本洞房語園」と呼ばれている。

「北女閭起原」ともいう。
(8) **機警**　機知があって賢いこと。
(9) **撼天動地**　天地をゆり動かすこと。はげしいことのたとえ。
(10) **伉儷**　配偶。夫婦。つれあい。
(11) **感佩**　かたじけなく心に感ずること。深く感じて忘れぬこと。
(12) **大捷**　おおがち。大勝利。
(13) **稟**　上の命を受けること。上官のさしずを受けること。
(14) **闔廓**　遊廓のすべてのこらず。
(15) **歌吹海**　歌舞または遊興の盛んな所。遊里。
(16) **醜陋**　みにくく卑しいこと。また、そのさま。
(17) **其角**　宝井(榎本)其角のことで、近世中期の俳人。江戸に生まれ、一〇代で芭蕉に入門し、江戸蕉門を確立し、伊達な洒落風を好んだ。
(18) **平家物語**　平安末期に活躍した平清盛と一門の興亡の歴史を編年体に描いた軍記物語。鎌倉・室町期には琵琶法師の語りによって盛んに享受された。多くの異本が現存し、成立年代や作者の特定を困難にさせている。
(19) **義経記**　源義経の数奇な一生を描く軍記物語。作者未詳、室町期の成立。
(20) **東鑑**　「吾妻鏡」のことで、鎌倉幕府の前半期の事蹟を編年体・和風漢文で編纂したもの。鎌倉幕府関係者によって編纂されたと推定され、その中心史料である幕府史料はほぼ消滅しているため貴重である。

(21) **倥偬**　忙しくあわただしいさま。苦しむさま。

(22) **阡陌**　南北の通路と東西の通路。縦横の路。また、田や地所の境界。

(23) **拘々**　物事にとらわれて融通のきかないさま。拘泥するさま。

(24) **勁敵**　強い敵。強敵。

(25) **祝融**　中国で、火をつかさどる神。回禄。火災・火事。

(26) **権輿**　事の起こりのこと。

(27) **朝倉量衡が「軍集」**　朝倉景衡《かげひら》のことであるならば、近世中期の医者・国学者であり、水戸藩医朝倉重景の子で、新井白石の義弟である。白石に学び、和漢の学に通じ、特に故実に精通した。「軍集」が何をさすのか未詳だが、「武器考」もしくは「本朝軍器考集古図説」のことではなかろうか。

(28) **桜痴**　福地源一郎のことで、桜痴は号。長崎に生まれ、安政六年(一八五九)幕府に出仕し、遣米・遣欧使節に通訳として参加した。ヨーロッパでの新聞の政治的影響力の大きさに驚嘆し、明治元年(一八六八)『江湖新聞』を創刊するも、佐幕論を展開したため新政府から発禁処分を受ける。同三年大蔵省に出仕し、岩倉使節団に随行した。同七年『東京日日新聞』に入り、民権派新聞を攻撃し、政府を擁護する御用記者として健筆を振るった。本文には「桜痴・情仙の連句」とあるが、明治一四年(一八八一)一月に落成した吉原大門の鉄柱にあるのは、桜痴が賦した連句「春夢正濃満街桜雲／秋信先通両行燈影」のみで、情仙については未詳である。

(29) **匪徒**　暴動をなすやから。匪賊。

(30) **悤々**　あわただしいさま。いそがしいさま。さわがしいさま。
(31) **隠晦**　隠れくらますこと。また、姿を隠すこと。物事が奥深くてはかりしれないこと。秘められてあること。
(32) **闃**　ひっそりとしていること。静かなこと。
(33) **寧日**　やすらかな日。無事で平和な日。
(34) **饒多**　豊かで多い。たくさん。多《さわ》。
(35) **吾嬬物語**　作者未詳だが、寛永一九年(一六四二)に京都で出版された。あずま男が江戸に来て名所を巡り、禰宜町の芝居を見物し、ついに元吉原にいたるというもので、その紹介に多くの紙数を費やしている。出版された元吉原の評判記として最初のものである。吾妻物語。あずま物語。
(36) **吉原買物の調**　遊女評判記の一つ。四万六千人作で、天和二年(一六八二)に刊行された。吉原遊女の品定めや手練手管・張り合いなどの遊び方を伝授する目的で書かれたもの。
(37) **北女閭起原**　「異本洞房語園」の別名。五七八頁注(7)「洞房語園」を参照。
(38) **高尾物語**　「高屛風くだ物語」のことで、吉原遊女評判記の一つ。菱川師宣画で万治三年(一六六〇)に刊行された。明暦三年(一六五七)の江戸大火を中に挟んで、元吉原の全盛と新吉原仮宅の景況を伝えているとともに、万治高尾として知られる吉原京町三浦の太夫二代目高尾の伝記資料としても注目されている。
(39) **狎客**　近くにあって親しく仕える者。また、たいこもち。なれ親しんでいる客。なじみの客。
(40) **草昧**　世の中が未開で人知の蒙昧なこと。

(41) **御息所**　天皇の御休息所の意味から、天皇の御寝《ぎょし》に侍した宮女のこと。女御・更衣、その他職名のないものをもすべていう。
(42) **牽会**　「牽強付会」の略で、自分のつごうのよいようにむりにこじつけること。
(43) **籬**　竹・柴などをあらく編んでつくった垣。遊廓にある、店と入口の落ち間との間の格子戸。
(44) **かちん染め**　褐染《かちぞめ》のことで、褐色《かちいろ》に染めること。また、その染め色。
(45) **輾茶**　茶の葉をひいて粉にしたもの。ひき茶。抹茶。点茶。
(46) **冶遊**　心のとろけるあそび。芸妓あそび。
(47) **月鼈**　月とすっぽんとの意味から、両者の優劣の度の甚だしく大きいたとえ。雲泥。
(48) **れんじ**　「連子」「檑子」と書き、窓や欄間などに縦または横に一定の間隔を置いてとりつけた格子。
(49) **三更**　五更の一つ。今の午後一一時から午前一時。子《ね》の刻に当たる。
(50) **古文真宝**　先秦以後宋までの詩文を集めた書で、宋の黄堅《こうけん》の編になる。
(51) **朝に越客を送りて、夕に呉客を迎うる**　中国、春秋時代の呉王夫差と越王勾践とがしばしば戦い合ったところから、「呉越」は、仲が悪く敵意をいだくことのたとえとして用いられ、ここでは遊女が好悪に関係なく客をとることをいう。
(52) **面桶**　一人前ずつ飯を盛って配る曲げ物。後には乞食の持つものをいった。
(53) **終宵**　よどおし。一晩中。終夜。
(54) **解死人**　下手人の転訛したもの。みずから手を下して人を殺した者。殺人犯。
(55) **此般**　このような。

(56) **苦楚**　苦しみ痛むこと。辛苦。苦痛。
(57) **加藤千蔭**　近世後期の歌人・国学者で、橘姓を名乗る。加藤枝直の子として江戸で生まれ、町奉行所与力を務めた。幼くして賀茂真淵に入門し国学を学び、和歌に秀で、村田春海と並んで江戸派の双璧といわれた。
(58) **黄連**　生薬の一種。キンポウゲ科の小形の常緑多年草であるオウレンの地下茎を乾燥させたもの。ベルベリン、パルマチンなどのアルカロイドが成分で、苦味性健胃薬として用いる、黄連エキスを作る。民間では煎汁を洗眼液にする。
(59) **焮衝**　細菌・薬品・物理的作用などに反応して、身体の一部に発赤・腫脹・疼痛・発熱などを起こす症状のこと。炎症。
(60) **膾炙**　広く世人の話題に上って賞讃されること。
(61) **羇旅**　たび。旅行。
(62) **冶客**　遊廓に遊びに来る客のこと。
(63) **綰ぬ**　ひとまとめにする。つかねる。
(64) **鬒髪**　黒く美しい髪。また、つやのある美しい髪。
(65) **蟬翼**　せみの翼。せみの羽。また、軽く、薄いもののたとえ。
(66) **蛺蝶**　蝶の異称。
(67) **張臂**　懐手をしてひじを張ること。
(68) **寰宇**　「かんう」と読むのが正しく、天下、宇内、世界のこと。
(69) **風丰**　風采容貌。すがたかたち。風貌。

(70) **襠**　しかけ。一般には「仕掛」「仕懸」と書き、遊女の晴れ着のこと。

(71) **蓮歩**　中国南斉の東昏侯《とうこんこう》(蕭宝巻《しょうほうかん》)が、潘妃《はんぴ》に金で作った蓮の花の上を歩かせたという故事から、美人があでやかに歩くこと。また、その歩み。

(72) **七子**　ななこ織の略で、絹織物の一種。二本ないし数本ずつ並んだ経緯《たてよこ》糸を平織に織ったもの。織目が方形で、魚卵のように打ち違いに粒だって見える。もとは経緯ともに七本の縒糸で織ったゆえの名ともいい、羽織などに用いる。魚子織《ななこおり》。

(73) **襠**　かいどり。衣服の褄の開くのを手で掻き取ることからついた呼称で、婦人の礼服で、帯をしめた上からはおって着る長小袖のこと。うちかけ。掻取。

(74) **遊冶郎**　酒食にふけり身持の悪い男。放蕩者。

(75) **裾フキ**　「裾着《すそつき》」と書き、衣服の下部に別のきれでつける裾のこと。

(76) **繊手**　かぼそい手。しなやかな手。多く、女の手にいう。

(77) **比翼仕立て**　綿入れまたは袷《あわせ》の重ね付きの場合に、上に着る一枚の袖口・振・襟及び裾の各部分を二枚の着物が重なったように仕立てる方法。

(78) **嘖々**　口々にいいはやすさま。

(79) **袘**　袷・綿入れの袖口及び裾の裏の布帛を表に折り返して縁のように縫いつけた所のこと。ふき返し。

(80) **扱**　しごき帯の略で、女の腰帯の一つ。一幅の布を適当な長さに切り、しごいて用いる帯。抱え帯。

(81) **参々**　長いさま。また盛んなさま。長く盛んなさま。

(82) **罌粟坊主**　子供の頭の周囲の髪を剃って、中央だけ毛を残したもの。芥子坊主。

(83) **外郎頭巾**　外郎売りのかぶった投頭巾《なげずきん》のことで、四角に縫った頭巾の上端を扁平のまま後ろに折りかけてかぶるもの。黒船頭巾。

(84) **喃々**　ぺちゃくちゃしゃべるさま。くどくどしくいうさま。

(85) **積み夜具**　吉原などの遊里で、客が遊女となじみになったしるしに、纏頭《はな》として新調の夜具をおくり、これを店先に積み重ねるもの。

(86) **鼻下長**　鼻の下の長い者の意味から、女にあまいこと。また、その人。女ずき。

(87) **山八の烟草**　ひと山八文の安タバコのこと。

(88) **松風**　茶の湯で、茶釜の湯のにえたぎる音をいう。

(89) **蠅帳**　蠅などがはいるのを防ぎ、また風通しをよくするために、金網や紗などを張ってある食物を収容するための戸棚のこと。また、傘状につくって食卓などの上の食物を覆うものにもする。はえちょう。

(90) **賺す**　だましいざなう。おだてあげる。

(91) **酒中花**　酒興用に、ヤマブキの茎のずいなどで花鳥その他様々の形を作り、おしちぢめておき、盃中の酒に浮かべると開くようにしたもの。

(92) **今年で三度琉球人に逢ったろー**　琉球国王が徳川将軍へ遣わした使節には、将軍代替わりを祝う慶賀使と琉球国王が即位を感謝する謝恩使の二つがあった。この琉球使節を三回見物したというのはそれなりの年齢ということになる。

(93) **勧工場**　多様な物品を販売する店。東京上野公園で開かれた第一回内国勧業博覧会で売れ残った出品物を処分するために、東京府勧業課が明治一一年（一八七八）に丸ノ内龍ノ口の府有地に陳列販売所を設置したのが始まり。これにならって民間の勧工場があいついで設立された。明治末から大正期に入ると、台頭してきた百貨店との競争に敗れて、姿を消していった。

(94) **右纏左糾**　右にまとわれ左にからみつかれること。

(95) **莫連**　女のならずもの。女のすれっからし。ばくれんもの。人のわるい妓女。

(96) **幻妻**　女を卑しめていう語。淫売婦。

(97) **風来山人**　平賀源内のこと。近世後期の本草学者・物産家・戯作者。長崎遊学後、江戸の本草学者田村藍水に入門し、物産会を開いた。鉱山開発や西洋画技法の習得など多方面にわたる活動をし、「風流志道軒伝」などには社会批判も見られる。

(98) **盥嗽**　手を洗い口をすすぐこと。

(99) **陶冶**　人間天賦の性質を円満完全に発達させること。人材を薫陶養成すること。

(100) **揚州一夢**　「揚州の夢」のことで、中国唐の杜牧が揚州にあって繁華な土地で遊里を楽しんだ夢のような日々の思い出のこと。揚州は賑やかな場所であったところからいう。

(101) **奢靡**　身分に過ぎたおごり。奢侈華靡。

(102) **唐桟**　細番の諸撚《もろより》綿糸で平織にした雅趣ある縞織物。紺地に浅葱・赤などの色合いを細かい竪縞に配し、通人が羽織・着物などに愛用した。和製の桟留縞に対してオランダ人によって舶載されたものの称であったが、現在は桟留縞の総称。

(103) **尤物**　すぐれたもの。すぐれて美しい女。美女。

(104) **曽根崎情死**　正しくは「曽根崎心中」と書き、近松門左衛門作で、元禄一六年（一七〇三）に大坂竹本座で初演された世話物浄瑠璃。曽根崎天神の森で起こったお初・徳兵衛の心中事件に取材した作品である。

（105）**院本**　浄瑠璃本の一つ。全編を一冊にまとめた版本。丸本。

（106）**駢座**　ならんですわること。

（107）**小菊**　遊里で、紙纏頭《かみばな》に用いた懐紙のこと。

（108）**唐衣着つつ馴れにしつましあれば**　続けて「はるばるきぬる旅をしぞ思ふ」とあり、在原業平の詠とされ、「伊勢物語」九段三河国八橋にて詠んだ歌で、「古今和歌集」巻第九羈旅歌にも収録される。何度も着て肌になじんだ唐衣の褄、そんな風に長年つれ添って親しく思う妻があるので、その衣を永らく洗い張りをしては着るように、はるばる遠く来てしまったこの旅をしみじみ思うことだという意味である。

（109）**乞巧奠**　陰暦七月七日の夜、供え物をして牽牛・織女をまつる行事。女子が手芸に巧みになることを祈る（技巧を乞う）祭事の意味で、この名がある。中国の風習が伝わって、わが国では宮中の儀式として奈良時代に始まり、後に民間でも行われた。たなばた。

（110）**気節**　気候または時節のこと。

（111）**玄猪**　亥の子の祝い。陰暦一〇月上旬の亥の日の亥の刻に亥の子餅を食べる祝儀のこと。

（112）**劉郎**　劉晨《りゅうしん》の故事で、阮肇《げんちょう》といっしょに天台山で道に迷い、仙女とあってこれと歓びをともにしたということから、遊女におぼれて夢中になっている男のこと。放蕩者。

（113）**東都歳事記**　斎藤月岑《げっしん》著、長谷川雪旦・雪堤画で、天保九年（一八三八）に出版され、江戸の年中行事や市中の風俗習慣を月日順に絵入りで記したもの。

(114) **江戸鹿の子**　正しくは「再板増補　江戸惣鹿子名所大全」といい、奥村玉華子編で、寛延四年(一七五一)に刊行された。江戸の地誌的節用集で、坂・堀・池などの地物や神社仏閣を列記し、また江戸城中や町方の年中行事などを記した、江戸の名所案内書としての内容をもつ。

(115) **吉原随筆**　「吉原随筆」については未詳だが、「嬉遊笑覧」巻の九には徒流の説として、仲の町に桜を植えた初めは寛保元年(一七四一)のこととしている。また、寛保元年説は、酔郷散人著で明和五年(一七六八)に刊行された「吉原大全」巻三中の町へ花を植える事や、山崎美成《よししげ》が天保八年(一八三七)までに成稿した「海録」巻一の六〇の吉原燈籠並びに植花始でもとられている。

(116) **由縁江戸桜**　正しくは「助六所縁江戸桜《すけろくゆかりのえどざくら》」という。助六物は、はじめ上方で上演されたが、江戸にもたらされたのは正徳三年(一七一三)で、山村座で二世市川団十郎が上演したのが初演とされている。歌舞伎十八番の一つで、江戸の助六は、「曽我」の世界に組み込まれ、やつし事に荒事が加味され、江戸人の愛好するところとなった。寛延二年(一七四九)の中村座上演で、初めて桜の満開時の吉原が舞台面として設定された。

(117) **容喙**　くちばしを容れること。横合いから差し出口をすること。

(118) **振り**　通りすがりで、なじみのないこと。

(119) **猾智**　悪がしこい知恵。悪知恵。

(120) **贓品**　犯罪行為によって取得した他人所有の物品。ぞうもつ。

(121) **鑑識**　善悪・良否を見分ける識見。鑑定する眼力。めきき。

(122) **カスリ**　「掠」と書き、うわまえをはねること。また、その金。口銭。転じてわずかな利得。

（123）**兎耳鷹眼**　長い耳と鋭い目のこと。転じて、よく世の隠事を聞き出し見出すことをいう。

（124）**家常茶飯**　家庭における平素の食事。転じて、ありふれた事柄。

（125）**騙詐**　かたりいつわること。

（126）**シュライ**　「集礼」と書き、諸勘定。支払うべき代金。

（127）**一経**　一文のこと。

（128）**花信**　花のたより。花が咲いたというしらせ。ここでは遊女を花にたとえている。

（129）**紙花**　一般には「紙纏頭」と書き、遊廓などで白紙の包紙だけで与える纏頭。後日に実際の金品を与えるしるしとするもの。花。

（130）**阿付諂従**　こびへつらい、おせじを使って自分に利益のある人に従うこと。

（131）**哄然**　どっと笑うさま。

（132）**道外形**　正しくは「道化方」と書き、元禄ごろより天明・寛政ごろまでの語。歌舞伎で、滑稽なわざをして人を笑わせる役。三枚目。

（133）**奈良屋茂左衛門**　近世中期の江戸の材木商人。日光東照宮修復工事の請負などにより巨利を得た。吉原での豪遊が知られる。

（134）**紀文**　紀伊国屋文左衛門のことで、近世中期の江戸の豪商。本八丁堀で材木問屋を開業し、幕府の寛永寺建立で根本中堂の用材を請け負うなど、御用達商人として巨財を築く。吉原での豪遊で知られる。

（135）**皚々**　霜・雪などの一面に白く見えるさま。

（136）**英一蝶**　近世中期の画家。京都に生まれ、江戸に出て狩野安信《かのうやすのぶ》に画を学び、かたわら岩佐又兵衛や菱川師宣の都市風俗画や松尾芭蕉の俳諧に親しみ、軽妙洒脱な画風で人気を博す。元禄一一年(一六九八)幕閣の怒りにふれて伊豆三宅島に流罪となるが、宝永六年(一七〇九)将軍代替わりの大赦により江戸に帰る。この時、多賀朝湖《たがちょうこ》の画名を英一蝶に改めた。

(137) **豆本多**　男の髪の結い方の一つ。髻《もとどり》を詰め、髷《まげ》を豆粒のようにきわめて小さく結うもの。

(138) **小銀杏**　近世、町人の髪形の一つ。武家の大銀杏に対し、髷を細くし尻を少し下げた型の髪形。

(139) **甄別**　はっきりと区別すること。

(140) **搉利**　利を専らにすること。

(141) **隠密廻り・定廻り・臨時廻りの与力・同心**　正しくは、隠密廻り・定廻り・臨時廻りは、同心のみが就任する掛役である。

(142) **擒住**　捕らえる。捕らえたものをとめおくこと。

(143) **傖漢**　田舎者のこと。

(144) **吩咐**　命令すること。

(145) **寛仮**　寛大に扱って容赦すること。おおめに見ること。

(146) **虎穴に入らざれば虎子を得ず**　危険を冒さなければ功名は立てられないことのたとえ。

(147) **杯盤肴核**　杯と皿鉢、肴と果物のこと。酒席の道具類と御馳走をいう。

(148) **硯蓋**　口取り肴などを祝儀の席で盛る広蓋《ひろぶた》の類。また、その盛った肴。くみざかな。

(149) **懸盤**　晴れの儀に用いる調度の一つ。食器をのせる台。もとは四本脚の台に折敷《おしき》をのせたが、後には上下作りつけとなり、反った脚のある漆塗りの膳の華美なものの称となった。

(150)**娥眉**　蛾の触角のような三日月形の眉。美人の眉の形容。転じて、美人の称。

(151)**棲遅**　住み憩うこと。ゆっくりと休息すること。

(152)**蒼惶**　あわただしいさま。あわてるさま。

(153)**吉原讃嘲記**　正しくは「讃嘲記時之大鼓」といい、吉原遊女評判記の一つ。作者は跋文に「吹上氏かわずの介安方」とあるが未詳。寛文七年(一六六七)に刊行された。内容は、吉原の太夫と格子計三七人についての評判を主として、客の格に合わせた焼(遣)手の諸分、「太夫四天王」とそれに付随する「吉原四つの名物」、孔子十哲に準じた「格子十哲」を紹介し、最後に「犬枕」を付す。評判には、遊女の紋所の下に禿の名、見世の名、遊女の容色、芸事の巧拙、手練・手管についての記事を連ね、末尾に遊女の特徴を詠んだ狂歌を載せ、遊客への案内としたもの。廓内の風俗についても知ることができる。

(154)**吉原袖鑑**　吉原遊女評判記の一つで、延宝初年の刊行という。従来の評判記が遊女評に個々の定紋を添えたのに対し、冒頭に遊女の紋所のみを集めた「もんづくし」を配して、遊里の雰囲気を感じさせるものとしている。遊女評は辛辣なものも見受けられるが、多くは下品に堕せず、しかも個人の事実譚を伝えるものも含んでいる。

(155)**紛紜**　いりみだれるさま。事のもつれ。みだれ。ごたごた。ふんぷん。

(156)**小歌惣まくり**　正しくは「吉原はやり小歌惣まくり」といい、一七世紀中後期に刊行されたという。吉原遊廓に流行した小歌を集録したもの。

(157)**事跡合考**　柏崎具元《ともとも》著で、明和九年(一七七二)に成稿した。兵学者大道寺友山の「落穂集」を増補したもので、雑史実の考証である。「落穂集事蹟合考」ともいう。

(158) **肩摩轂撃**　道行く人の肩と肩とがすれあい、車の轂《こしき》と轂とのうちあう意味から、往来の雑踏すること。

(159) **大尽舞**　吉原で元文以降に流行した歌謡のこと。作者は、歌舞伎の道外方から幇間となった二朱判吉兵衛(西吉《せいきち》)とされる。門付芸の大尽舞をもじって作られた囃子舞で、「大尽舞を見さいな」という囃子詞をはさんで、吉原名物を列挙したもの。

(160) **吉原大全**　遊女評判記の一つ。沢田東江《とうこう》(酔郷散人)の著で、明和五年(一七六八)の刊行。吉原の歴史にはじまり、遊女・遊女屋やそれに関係する人びと、風俗・年中行事など、廓内の諸事物についてまとめたもの。

(161) **大礼服**　重大な公の儀式に着用する礼服。官等または文官・武官によって区別があった。

(162) **翩躚**　よろめくさま。ふらふらとたちめぐるさま。舞うさま。

(163) **糊入りの紙**　糊入紙《のりいれがみ》のこと。五六四頁注(60)「糊入れ紙」を参照。

(164) **後藤**　近世に代々庄三郎を通称とし、幕府の金座役人の頭である御金改役を務めた。幕府へ上納される山出し金や金貨の善悪を鑑定し、金貨の製造・補修・封金を行い、金座を統括した。初代光次は彫金師後藤徳乗の弟子で、江戸へ下り徳川家康のもとで金貨の製造を請け負った。一一代光包《みつかね》は文化七年(一八一〇)に金包み立てに不正があったとして処罰され、銀座年寄の後藤三右衛門に交代した。

(165) **撃柝**　拍子木をうちならすこと。拍子木をうちならして夜まわりをすること。また、その人。

(166) **闃寂**　しずかでさみしいこと。静寂。

(167) **門付け**　人家の門口に立って、音曲を奏し金品を貰い受けること。また、その人。化他《けた》。

(168) **新内節**　浄瑠璃節の一派で、富士松薩摩掾の門人鶴賀新内(岡田五郎次郎)の名に拠るが、創始者は鶴賀若狭掾である。最盛期は安永前後で、心中道行き物を主とし、泣き語りといわれる哀婉な曲節を特徴とする。

(169) **兵庫**　兵庫髷《ひょうごまげ》のことで、女の髪の結い方の一つ。髪を頂後に集め高く輪に結って根元をねじ巻いて頂上に突き出させたもの。慶長以来広く行われた。摂津兵庫の遊女から起るという。ひょうごわげ。

(170) **印籠蓋**　印籠のように、蓋と身との境をかみ合わせ、外面が平らになるように作った蓋のこと。

(171) **黒ガキ**　「黒柿」と書き、紅がかった納戸色。紅納戸。紅消し鼠。

(172) **絵半切**　絵や模様をあらわした半切紙のこと。

(173) **シャグマ**　赤く染めた白熊《はぐま》の毛。また、それに似た毛髪。縮れ毛で作った入れ毛。赤熊。

(174) **たぼみの**　箕状に作った毛の髢差《かもじさし》のこと。髱箕。

(175) **髱**　婦人の髪に添え加える髪。そえがみ。いれがみ。

(176) **偕老同穴**　夫婦の愛情深く、生きてはともに老い、死しては穴を同じうして葬られること。

岡場所

(1) **朝鮮矢来**　竹垣の一種。掘立柱を適当な距離に立て、これに木または竹を横に打ち付け、割竹で縦に結びつけたもの。朝鮮垣。

岡場所拾遺

（1）**塵を捻る**　恥ずかしさでもじもじしていることをいう。

（2）**朝妻船**　琵琶湖の東岸、近江国入江村朝妻の港に出入りした渡船のこと。奈良時代から近世、慶長一〇年(一六〇五)頃まで続いた。京都に出る者が多く利用したが、船中で遊女が客をとることもあった。

（3）**歎つ**　他のせいにする。口実とする。思いわびてなげきいう。うらんでいう。ぐちをこぼす。

（4）**寄句集**　「寄句集」については未詳だが、寛政八年(一七九六)から同九年に刊行された「古今前句集」(のち「誹風柳多留拾遺」と改題)八編巻第一四下青楼部に「ぜげんの子女を玉とおぼへてゐ」の句が収録されている。

（5）**四六**　四と六。また、六の倍数。四六文の略。

（6）**本所の道役**　本所奉行、後に町奉行所本所見廻りの支配で、町人身分で、本所・深川の道路・水路・橋梁・屋敷地などの行政にかかわった。

（7）**ケゴロ**　「蹴転」と書き、天明の末頃まで、江戸上野山下を中心に下谷・浅草辺にいた淫売婦の俗称。

芸娼妓

（1）**偃武**　武器を伏せおさめて用いぬこと。戦争がやんで太平になること。ここでは、大坂の陣に勝利して徳川の平和がもたらされたこと。

（2）**疇昔**　きのう。昨日。先日。昔。

（3）**絃声**　弦歌の声。三味線などの音。

（4）**嬌語**　なまめいたことば。嬌言。

（5）**紅裙**　紅色のすその意味から、美人。芸妓。

（6）**小艾**　「艾」は美好の意味で、美しい少女。または、美しい少年。

（7）**冶情**　なまめく気持。とろける心のこと。

（8）**蹉躓**　つまずくこと。しくじること。つまずきたおれること。

（9）**冶郎**　たわれ男。なまめかしく装うた男。遊冶郎。

（10）**懽心**　よろこぶ心。

（11）**狭斜**　もと、唐の都長安の道幅の狭い街の名で、遊里であった所から、色街・遊里のことをいう。

（12）**才子**　はたらきのある人。知能のすぐれた人。気がきいて抜目のない人。じょさいのない人。

（13）**秦淮**　中国秦の時に鑿《ほ》られた運河のこと。歌楼・舞館が両岸に列し、遊覧地として著名であった。

（14）**画舫**　美しく飾った遊覧船のこと。

（15）**そびれ出ず**　「そびきだす（誘出）」ならば、誘い出すこと、無理に引きずり出すことで、「そびれる」ならば、しそこない、しそこなうこと。

（16）**ヒッカケ**　引掛結のことで、女帯の結び方の一つ。お太鼓に結ばずに垂らしておくもの。

（17）**軽体細腰**　軽い体と細い腰のこと。転じて、美人の形容のこと。女郎。

(18)**銷魂断腸**　われを忘れて感動にひたり、はなはだしく興趣のあること。

(19)**茶服紗**　茶袱紗とも書く。茶道具を拭き清め、器物拝見の際はその下に敷くのに用いる。綾地で寸法も種々であったものを、千利休が豊臣秀吉の小田原攻めに従軍した際、妻宗恩へ棗《なつめ》を包んで贈った服紗の寸法によって一定したとされる。約三〇センチ角の三方を縫って、一方をわさにしてある。

(20)**刀服紗**　刀を取り扱うときに使う袱紗のこと。茶の湯に使う袱紗を用いる。刀の柄・鞘・中心を握る時は、それに袱紗をかけ、その上から握る。刀の先の方を透かして見るときは、左手に袱紗を持ち、その上に刀身を載せる。いずれも手で直接触れて、汚すことのないように、という配慮による。

(21)**嬌柔**　なまめかしくやわらかなこと。

(22)**転た**　ある状態が移り進んで、一層はなはだしくなるさま。いよいよ。ますます。程度がはなはだしく進んで、常とちがうさま。はなはだしく。ひどく。程度が進んでかわりやすいという意味。そぞろに。

(23)**雛妓**　まだ一人前とならぬ芸者。はんぎょく。

(24)**丈**　「尉」「掾」「丞」などが起源で、江戸中期以降「丈」の字をあてた。歌舞伎俳優の芸名の下に添える敬称。明和・安永ごろより慣行される。

(25)**擅場**　その場でかなうもののない第一人者。すぐれた腕まえ。ひとり舞台。

(26)**四高一平**　おたふく面。おたふく面に似た顔の女。おかめ。女を罵っていう称。お多福。

(27)**豊膩**　ゆたかでこってりしていること。

(28) **致**　おもむき。ありさま。

(29) **さくさく**　「嘖々」と書く。五八四頁注(78)「嘖々《さくさく》」を参照。

(30) **垂涎**　涎をたらすこと。ある物を手に入れたいと強く思うこと。

(31) **桜鋲**　桜の花をかたどった前金具のこと。前金具とは、たばこ入れのかぶせ(蓋)と袋とを留める裏座の足を固定する金具のことで、この小さな部分が極めて重要視され、名人・名工の手になる金工品を金具としたり、貴金属や珍しい外国の産物などでまとめるなどされた。

(32) **親和**　三井親和のこと。近世中後期の書家・弓馬術家。龍湖と号した。信濃の人であるが江戸に出て、細井広沢《こうたく》に入門し書と弓術を学び、一家をなす。江戸市中の人気を得て、寺社の額や祭礼の幟などをも多く書き、篆書は染物にも用いられて、親和染の名で流行した。弓術については、享保一四年(一七二九)に深川三十三間堂で千射を試みて、通矢四八〇本に及んだ。

(33) **柔艣謳軋**　静かに漕ぐ櫓のきしむ音のこと。

(34) **快駛**　はやく走ること。快走。

(35) **一噱**　笑いぐさ。

(36) **紅燈緑酒**　はなやかなあかりとうまい酒のことから、花柳街・飲食街のこと。

(37) **鴛鴦**　オシドリの漢名。「鴛鴦の契」ならば、夫婦仲のむつまじいことのたとえ。

(38) **澮流**　出あって流れること。一つに集まって流れること。合流。会流。

(39) **撮記**　要点をつまんで書き記すこと。また、その記録。

(40) **嘉す**　好しとする。愛でたたえる。ほめる。

(41) **タトウ**　畳紙《たとうがみ》の略。厚紙に渋や漆を塗り、折目をつけ畳むようにしたもの。結髪の道具、衣類などを入れる。

(42) **御座着**　御座敷長唄のこと。歌舞伎から離れた、舞踊を伴わない純粋な聞きものとしての長唄。長大な曲でないにもかかわらず、曲の途中でしばしば調子を変えることにより曲節が変化に富む。

(43) **牙撥**　琵琶・三味線などの弦を弾き鳴らす道具で、象牙で作られたもの。

(44) **冱寒**　凍って寒さのきびしいこと。

辻売女

(1) **波銭**　近世に鋳造された銭で、裏面に浪の紋のあるもの。寛永真鍮銭・精鉄銭および文久永宝。四文銭。

四宿の食売女

(1) **蓮祖**　日蓮宗(法華宗)の開祖である日蓮のこと。

(2) **西施**　中国春秋時代の越の美女。越王勾践が呉に敗れて後、呉王夫差の許に送られ、夫差は西施の色に溺れて国を傾けるに至った。

(3) **宇月**　「綱曳きや左の利し大男」の句は、松露庵烏明編で天明七年(一七八七)に刊行された俳諧集である「俳諧故人五百題」に載せられており、また、天保九年(一八三八)に刊行された斎藤月岑「東都歳事記」巻の二夏の部六月九日条、千住大橋綱曳の項の挿絵詞書にも載っているが、句を詠んだ宇月については未詳である。

(4)**褒姒**　周の幽王の寵妃。容易に笑わず、王が何事もないのに烽火をあげて諸侯を集めたのを見て初めて笑った。後、申侯《しんこう》が犬戎《けんじゅう》とともに周を攻めた時、烽火をあげたが諸侯が集まらず、王は遂に殺され、褒姒は虜にされたという。

(5)**曼翁**　余懐《よかい》の号。明末に生まれ、江寧に僑居する。かつて金陵懐古詩を賦して王士禎《おうしてい》に称せられる。著書に「板橋雑記」「東山談苑」「味外軒稿」がある。

(6)**碧海の迷津なり**　青海原で方向を失い迷うこと。

(7)**誣言**　故意に事実をまげて言うこと。また、そのことば。

(8)**赤本**　近世に行われた草双紙の一つ。延宝頃に始まり享保期に流行。形は半紙半截《はんせつ》、一冊五丁。赤色の表紙を用いた。桃太郎・猿蟹合戦などのお伽噺を題材として、絵を主とした子供向きのもの。俗受けを狙った低級なもの。

江戸城と武家社会

年始登城

(1)**三家**　徳川家康の子息を祖とする尾張・紀伊・水戸の徳川家のこと。江戸城中の席次は大廊下、尾張・紀伊は大納言、水戸家は中納言を極官とする。将軍家の血統保持の役割とともに幕政の補佐にあたった。

(2)**連枝**　徳川三家の庶流家が数家あり、連枝と呼ばれた。尾張家の美濃高須、紀州家の伊予西条、水戸家の高松松平氏などがこれにあたる。

(3) **国主**　一国以上を領する大名で、前田・島津・伊達など一八家があったが、佐竹・上杉・有馬(筑後久留米)など一国を領さない家も含まれ、逆に酒井(若狭小浜)は一国を領したが国主の格式ではない。立花(筑後柳川)・伊達(伊予宇和島)・丹羽(陸奥二本松)の三家は准国主の格式であった。

(4) **外様**　関ヶ原戦後に徳川氏に臣従した大名で、封地の大きい国持・城主が多いが、幕府の要職にはつけなかった。

(5) **譜代**　関ヶ原戦以前から徳川家に仕え大名となった家をいい、大名の家格とした。

(6) **交代寄合**　江戸幕府の職名の一つ。知行高は一万石未満で旗本並みだが、所領に陣屋を構え、老中支配に属した。大名家の名跡相続、旧家の子孫取立て、大名分知による取立てなどの成立理由により、表御礼衆と四衆(那須衆・美濃衆・信濃衆・三河衆)に分かれ、三十余家がある。前者は隔年で参勤交代の義務をもち、帝鑑の間・柳の間に詰めて表御殿で将軍拝謁を許され、大名並みの待遇を受けた。後者は旗本寄合と同じく御廊下などで将軍に拝謁し、参府は一定の期間にわずかな日数滞在した。いずれも江戸での役職にはつかなかった。

(7) **高家**　江戸幕府の職名の一つ。老中支配で、官位は大名に準じ、四位・五位・侍従・中将まで進む。家禄は畠山本家の四〇〇〇石が最高で、平均一〇〇〇〜二〇〇〇石であった。役高は一五〇〇石で、幕府の儀式・典礼を司り、勅使公家衆の接待・伝奏御用・法会名代、伊勢代参・日光東照宮代参、四位以上の大名の給仕役などを務めた。一般には奥高家といい、幼弱などの理由で無官位の者を表高家といった。

(8) **捨て土器**　儀式などで一度使ったら捨ててしまうか、使った者が持ち帰る素焼きの盃のこと。

(9) **諸大夫**　武家で五位の侍のこと。

(10) **直垂**　もと庶民の平服。後に武家の柳営出仕の服となり、公家も内々に用いた。方領(方形の襟)で、無紋、袖括りがあり、五か所に組緒の菊綴《きくとじ》・胸紐があり、地質・色目・文様は決まりがなく、好みによるが裏付きを正式とした。近世は侍従以上の所用とする。これを着用する時は、風折烏帽子、長袴を用いた。

(11) **大紋**　大形の家紋を五か所に染め出した布製の直垂。室町時代に始まり、近世には五位の武家(諸大夫)以上の式服と定められ、下に長袴を用い、合引と股の左右とに紋をつける。

(12) **布衣は其服**　布衣はその服、すなわち狩衣を着す、ということ。

(13) **素袍**　直垂の一種。大紋から変化した服で、室町時代に始まる。もと庶民の常服であったが、近世には平士《ひらざむらい》・陪臣の礼服となる。布地は麻で定紋を付けることは大紋と同じであるが、胸紐・露・菊綴の革であること、袖に露のないこと、文様があること、袴の腰に袴と同じ地質のものを用い、左右の合引及び腰板に紋を付け、後腰に角板を入れることなどが異なる。袴は上下《かみしも》と称して、上と同地質同色の長袴をはくのを普通とし、上下色の異なっているのを素襖袴、半袴を用いるのを素襖小袴という。素襖。

(14) **熨斗目**　無地の練貫で、袖の下部と腰のあたりに格子縞や横縞を織り出したもの。近世に士分以上の者の礼服として麻上下の下に着用。

(15) **十徳**　衣服の名。素襖に似て脇を縫いつけたもの。武士は葛布で白または黒、胸紐があり、中間・小者・輿舁《こしかき》などの賤者は布を用い胸紐がなく、四幅袴《よのばかま》を用いる。鎌倉末期に始まり、室町時代には上下ともに旅行服とし、近世には儒者・医師・絵師など剃髪者流の外出に用い、絽・紗などで作り、黒色無文、共切れ平絎《ひらぐけ》の短い紐をつけ、腰から下に襞をつけて袴を略した。

（16）**精好**　精好織の略。絹織物の一種。地質が緻密・精美なところからこの名がある。練糸を経《たて》とし生糸を緯《よこ》として織り、また経緯ともに練糸で織る。前者を「かたねり」、後者を「もろねり」という。

（17）**風折烏帽子**　立烏帽子が風に吹き折られた状態を形にしたもの。立烏帽子の頂を折りふせた烏帽子。おもに地下が着用。右折（上皇用）と左折（一般用）とがある。

二十八日

（1）**南光坊天海**　近世初期の天台宗僧侶。諡号慈眼大師。徳川家康の信任を得て幕政にも参画した。元和二年（一六一六）家康の死に際し、山王一実神道の立場から神号を権現号とし、翌年遺骸を久能山から日光山に改葬し、東照大権現として祀った。寛永二年（一六二五）には江戸上野に東叡山寛永寺を創建し、関東天台宗隆盛の基盤を確立した。

（2）**明良洪範**　真田増誉《ぞうよ》著で、成立年代は未詳。慶長・元和以後宝永・正徳頃までの、徳川氏と関連のある武将、家臣の事績を主にして、風俗・武談など武士の心構えとなる話を年月の順序なしに記述してある。中に学者の言行、社会風俗に関する見聞や婦人の逸話も記している。

（3）**藤原惺窩**　近世初期の儒者。はじめ相国寺《しょうこくじ》で儒仏を学んだが、当時の下剋上的風潮のなかでの道徳的頽廃状況に危機意識をもち、儒学によってその克服を図ろうとして還俗した。そのため朱子学に拘泥せず陽明学をも積極的に受用した。近世儒学の祖といわれ、徳川家康や諸大名に重んじられた。

(4) **新安手簡** 立原翠軒《たちはらすいけん》の編で天明年間に刊行された。新井白石と安積澹泊《あさかたんぱく》との贈答書翰を編集したもので、和漢書籍のことや文学上に関することなどが主な内容である。

(5) **和漢要説談** 著者・成立年代ともに未詳。和漢の事物について考証を加えた随筆。

(6) **荻生徂徠** 近世中期の儒者。柳沢吉保《よしやす》に出仕するが、宝永六年(一七〇九)将軍綱吉の死と吉保の退隠で学問に専念する。朱子学や仁斎学を批判して、独自な古文辞学を大成した。

(7) **松平慶永** 号は春嶽。幕末維新期の福井藩主。はやくに積極的開国策に転じ、一橋慶喜を将軍継嗣に推し、橋本左内に通商条約の勅許推進を入説させ、幕府により隠居・謹慎の処分を受ける。文久二年(一八六二)の幕政改革で政事総裁職に任命され、横井小楠を登用して藩政改革を行う。慶喜とともに公武合体を推進するも、幕府再強化に傾く慶喜と対立し、朝廷の攘夷即行論に将軍家茂の辞職で対抗することを主張したがいれられず、無断帰国する。王政復古後は倒幕の回避に努めたがならず、維新政府では内国事務総督・民部卿・大蔵卿などを歴任した。

城中の御能

(1) **万部法会** 「万部読経」のことで、追善や祈願などのために、万部の経典を読むこと。浄土宗には江戸初期に始まった万部会《まんぶえ》がある。

(2) **翁渡** 式三番《しきさんば》のこと。猿楽の能に古くから伝わる祭儀的な演目のこと。もと、父尉《ちちのじょう》・翁・三番猿楽(後の名は三番叟《さんばそう》)の三老人の祝福舞の総称である。

(3) **要脚広蓋**　要脚とは、費用にあてるもののこと。広蓋とは、衣服箱のふたのことで、古くは人に贈ったり人から賜ったりする時に、衣類などをのせてさし出す台としても用いられ、後にはそれに似せて作った大型の盆をもいう。漆塗りで縁があり底が浅く方形のもの。こうしたことから、献上品や下賜品をのせる用具のことをいう。

(4) **厚板**　厚地織物の名で、生糸を緯《よこ》とし練糸を経《たて》として地紋を織り出した絹織物のこと。厚板織。また、厚板の生地を用いた小袖のことで、能装束の一つ。

(5) **唐織**　唐織錦のこと。天正以後、西陣の織工俵屋某が蜀江《しょっこう》の錦にならって作った錦で、花鳥などの種々の模様を描いたもの。また、唐織錦で仕立てた小袖のことで、女の上着とし、能装束の一つ。

(6) **肩衣**　室町時代の末から武家が素襖《すおう》の代用として用いた服。背の中央と両の衽《おくみ》とに家紋をつけた素襖の袖をなくしたもの。肩から背を覆うように小袖の上に着る。下は半袴を用いる。継上下《つぎかみしも》。

(7) **鼕々**　鼓の音。太鼓の音。

(8) **服膺**　心にとどめて忘れぬこと。胸にとどめて常に行うこと。

(9) **御舂屋**　賄頭の管轄下におかれ、江戸城で消費する米の精米などを行った。平川門外と西丸裏門外の二か所に置かれた。

下馬評

(1) **揣摩** 事情をおしはかること。あて推量。
(2) **旁午** 縦横にいりみだれること。往来のはげしいこと。
(3) **映発** 光や色彩のうつりあうこと。映帯。
(4) **蛙鳴蟬噪** 蛙や蟬がやかましく鳴くことから、がやがやしゃべること。
(5) **黜陟** 官位をさげることとあげること。功無き者を退けることと功ある者を出世させること。
(6) **側用取次** 八代将軍吉宗が享保元年(一七一六)に将軍家を相続した際、大名役の側用人をいったん廃止して、そのかわりに旗本役の側衆のなかに常置の取次役として新設した役職。おもな職務は、中奥の総裁、将軍と老中以下諸役人との間にあって未決・機密の重要事務を取り次ぐこと、将軍の政事・人事両面の相談役、将軍独自の情報源である目安箱の取り扱いや御庭番の管掌などであった。
(7) **三卿** その当主が太政官の八省の卿(長官)に任官されたからいう。徳川将軍家の支族たる田安・一橋・清水の三家の家格のこと。尾張・紀伊・水戸の三家の次席で、宗家に嗣子のない時は宗家を継承する資格を有した。
(8) **中雀門** 「鍮石門」とも書く。扉に真鍮の金具を打ち付けた門。
(9) **矗** 木などの丈高く繁るさま。人の丈高くおごそかなさま。いよやか。いややか。
(10) **潦水** たまり水。おおみずのこと。
(11) **瀸** うるおす。水につける。水がわずかにあるさま。しずむ。
(12) **蜚語** 根のないうわさ。無責任な評判。飛言。
(13) **回禄** 火の神。転じて、火事で焼けること。

(14) **凶歉** 農作物がほとんど実らないこと。ひどい不作。凶荒。
(15) **囈語** うわごと。ねごと。たわごと。
(16) **天人あい応ず** 正しくは「天に順《したが》い、人に応ず」といい、上《うえ》は天命に順い、下《した》は人心に応ずるという意味のこと。
(17) **慊然** 不満足なさま。あきたりない様子。歉然。
(18) **衒う** みせびらかす。ひけらかす。誇示する。
(19) **大見越しの槍** 立てると大きく行列を見越すような槍のこと。
(20) **大押** 行列などの一番うしろに位置すること。しんがり。
(21) **癇癖** 神経質で激しやすい性格。おこりっぽい性質。癇癪。
(22) **いぶせし** 「欝悒し」と書き、気分が晴れず、うっとうしい。いとわしく、きたない。むさくるしい。
(23) **中納言斉昭** 徳川斉昭のこと。幕末の水戸藩主。藩主の長兄斉脩《なりのぶ》の継嗣をめぐって改革派と保守派が争った時、藤田東湖らの改革派に擁立される。天保改革で天保検地をし、軍制改革などに取り組んだ。弘化元年(一八四四)藩内で改革への反発が起こり、幕府から引退と謹慎を命じられる。その後許され、ペリー来航で幕政参与となり、安政改革も行う。将軍継嗣問題で一橋派の大名と行動をともにし、大老井伊直弼が徳川慶福《よしとみ》(家茂)への継嗣を発表すると江戸城へ不時登城しこれを責め、再度謹慎処分となり、水戸に蟄居した。
(24) **聳動** おそれ動くこと。驚かし動かすこと。
(25) **瑕瑾** きず。短所。欠点。恥。恥辱。

(26) **夤縁**　縁故にたよって官職を求めること。つてを求めること。てづる。

(27) **拮据**　いそがしく働くこと。骨折ること。

(28) **御匕**　一般には「御匙」と書き、匙で薬を盛ることから、近世における将軍・大名などの侍医の敬称のこと。御殿医。

(29) **格護**　守り備えること。領有して支配すること。

(30) **いらえ**　こたえ。返事。応答。

(31) **忙然**　気抜けしてぼんやりしたさま。また、あきれるさま。あっけにとられるさま。茫然。呆然。

(32) **一犬虚を吠えて、万犬実を吠える**　正しくは「一犬虚を吠ゆれば万犬実を伝う」といい、「一犬実を吠ゆれば万犬虚を吠ゆる」「一犬形(影)に吠ゆれば百犬声に吠ゆ」ともいい、一人がいいかげんなことをいい出すと、世間の人々がそれを本当のこととして次から次へと伝え広めてしまうこと。

(33) **良正院**　徳川家康の娘で督姫といい、永禄八年(一五六五)に生まれ、天正一一年(一五八三)小田原城主北条氏直に嫁ぐが、小田原落城後、文禄二年(一五九三)池田輝政《てるまさ》に再嫁する。慶長一八年(一六一三)輝政死後落飾して良正院と号した。

(34) **条**　～のこと。～というかど。

(35) **猶子**　兄弟・親戚、または他人の子を養って自分の子としたもの。名義だけのものと世継とするものとがある。

(36) **堀田加賀守・阿部伊勢守・土井大炊頭**　この文書は嘉永四年(一八五一)の老中奉書だが、連署している堀田加賀守は備中守の誤りで、正篤のことであり、老中就任期間は天保八年(一八三七)から同一四年と安政二年(一八五五)から同五年、阿部伊勢守正弘は天保一四年から安政四年、土井大炊頭利位は天保一〇年から同一五年で、嘉永四年に老中だったのは阿部一人である。

(37) **蓬勃**　盛んにおこりたつさま。

(38) **使番**　江戸幕府の職制の一つ。幕府では日常には菊の間南御襖際に一人ずつ詰め、将軍社参に随身、また将軍の上使として将軍代替りの際の巡見使、改易大名の城受取の上使、国目付、遠国役人の監察などの役をつとめ、火事場見廻りとして火消の勤情を査察した。

(39) **定火消**　幕府が旗本に課した、江戸の消防組織の一つ。明暦大火の翌年万治元年(一六五八)に組織され、若年寄の支配下におかれ、与力六名、同心三〇名を一組とし、一〇組の時期が多く、江戸市中の消火活動にあたった。一八世紀以降には町火消の発達などにより次第に管轄区域が縮小し、組数は漸減した。

(40) **喧囂**　やかましくさわぐこと。喧々囂々。

(41) **市に三虎を出だす**　正しくは「市《いち》に虎あり」といい、無根の風説も、言う人が多ければ遂に信じられるようになることのたとえ。

(42) **和気洋々**　なごやかな気に充ちているさま。

(43) **井伊直弼**　幕末の大老。彦根藩主。将軍継嗣問題で血統によるという伝統に従い紀州藩の徳川慶福を推し、南紀派の中心となり、一橋慶喜を推す改革的な一橋派と対立した。安政五年(一八五八)、大老となり、勅許を得ないまま日米修好通商条約に調印し、慶福の継嗣を決定、戊午の密勅が出ると安政の大獄を起こし、一橋派の諸侯・幕臣・志士らを弾圧、のちに水戸浪士らに桜田門外で暗殺される。

(44) **佞幸**　へつらって、相手の気に入られること。また、その人。追従もの。

(45) **叢蘭静かならんと欲すれども、秋風これを動かす**　正しくは「叢蘭茂からんとすれども秋風これを敗る」という。叢蘭はむらがり茂った蘭のことで、立派な人物をたとえていう。蘭が芳しい花を開こうとしても秋風がこれを傷つけてしまうように、賢王がよい政治を行おうとしても悪臣がそれをさまたげることにいう。

(46) **闔藩**　藩全体。藩の中すべて。全藩。藩中。

(47) **心宰**　心をおさめる。心をととのえる。

(48) **非礼視るなかれ**　礼儀にかなわないことは、見てはいけない。

(49) **楊秉**　中国後漢の政治家。順帝～桓帝期の官僚で、侍中・尚書などを経て太尉に至る。宦官《かんがん》の専横を弾劾し、行政の綱紀粛正を訴える上奏も行った。私生活では、酒を嗜まず、妻が早世しても後添えを娶らないなど、淳白と讃えられた。

(50) **三不惑**　酒・色・金銭の三つに惑い溺れぬこと。

(51) **藤田幽谷**　近世後期の儒者・水戸藩士。水戸城下の古着商の子で、彰考館総裁の立原翠軒に儒学を学び、その推薦で彰考館に入り「大日本史」編纂に従事する。文化四年(一八〇七)彰考館総裁に就任する。寛政三年(一七九一)に書かれた「正名論」は水戸学名分論の原型となった。

(52) **声韻**　声とひびき。音韻。

(53) **董卓**　中国後漢の政治家。桓帝〜献帝期の官僚で、羽林郎となったのを契機として、強大な軍事力を有し、それを背景とし漢王朝の実権を掌握したが、未央殿での朝会の場で呂布によって斬殺された。

(54) **呂布**　中国後漢の政治家。霊帝〜献帝期の軍人で、霊帝死後の混乱の中で、董卓と父子の誓いをするが、後に不和となり殺害した。最終的には袁術《えんじゅつ》と結ぶこととし、沛にいた劉備を攻撃したが、かえって曹操の攻撃を受けて敗退し、縊殺された。

(55) **驍勇**　勇ましく強いこと。また、その人。

(56) **老猾**　経験を積んでいて、悪賢いこと。世慣れてずる賢いこと。また、そのさま。老獪。

(57) **貂蟬**　中国の「三国志演義」に登場する歌妓。架空の人物。後漢の司徒王允《おういん》は、董卓と呂布の勢力を抑えるため、養女の貂蟬を呂布と婚約させ、その後董卓の側室とした。貂蟬は董卓と呂布それぞれの前では、それぞれを慕うふりをし、両者を仲違いさせ、やがて呂布は董卓を殺すことになる。呂布が下邳で曹操に敗れた後は「三国志演義」に現れなくなる。

(58) **三寸不爛の舌**　滑らかでよくまわる舌のこと。雄弁。

(59) **擯斥**　しりぞけること。のけものにすること。排斥。

(60) **諫諍**　面と向かって諫めること。あくまでも強く諫めること。

(61) **尽言**　思いのたけを言いつくしたことば。

(62) **顰蹙**　不快に思って顔をしかめること。まゆをひそめること。

(63) **玩好**　その物を好んで、手にとったりして楽しむこと。また、その物。珍重する物。

(64) **狗馬玩好**　犬と馬を珍重すること。

(65) **驍将**　たけく勇ましい大将。強い大将。勇将。
(66) **膏粱**　肥えた肉と美味な穀物。転じて、うまい食物。
(67) **光風霽月**　心が高明で執着なく、快活・洒落《しゃらく》なこと。
(68) **イタメ紙**　「板目紙」と書き、半紙または美濃紙をはりあわせた紙。和本の表紙などに使う。
(69) **小納戸**　江戸幕府の職制の一つ。将軍に近侍して身辺日常の雑務に従事した。小納戸頭取は役高一五〇〇石の諸大夫役で、将軍の御手元金を管理し、権力があったという。
(70) **御召縮緬**　もと、貴人が着用したことからの呼称。縮緬の一種。練染の絹糸を材料として織り上げたものを、微温湯に入れて「しぼ」を立てる。縞・無地・紋・錦紗などがある。おめし。せば。
(71) **水髪**　油を用いず水だけで結い、または撫でつけた髪。
(72) **大目付白須政倖**　白須政倖は、大目付を務めたことはなく、大番頭を経て、当時は勤仕並寄合である。
(73) **服紗麻上下**　裏地をつけた麻裃のこと。
(74) **襠高袴**　襠の高い袴。多く乗馬に用いる。馬乗袴。
(75) **乗切**　馬に乗ったままで過ぎ行くこと。下馬の礼をせず、憚らずに通りすぎること。
(76) **両掛**　旅行用の行李の一種。挟箱または小形の葛籠に衣服・調度を入れて棒の両端に掛け、供のものに天秤棒でかつがせたもの。
(77) **ハゾリ**　「端反」と書き、陣笠や椀などの端が上方または外方へそっていること。
(78) **嘉祥**　室町時代後期より行われた年中行事の一つ。陰暦六月一六日に疫気をはらうため一六個の餅や菓子を神に供えて後に食す。近世には、主君から家来に菓子を賜う式があり、民間では銭一六文で菓子を買い、笑わないで食べる風俗があった。

(79) **献産屋**　正しくは「献残屋」と書き、近世に江戸で献上品の残り物を買い取り、これを利用して慶事の祝物・結納物などの調製を営業とした家。または人。

礼服

(1) **有文**　衣服・石帯などに模様のあること。あやのあること。

(2) **袍**　朝服の上衣。文官用のものを縫腋袍《ほうえきのほう》、武官用を闕腋袍《けってきのほう》といい、位階によって服色を異にするので位袍ともいう。位色にこだわらず好みの色によるものを雑袍という。うえのきぬ。

(3) **コメ織り**　「縠織」と書き、織目を透かして薄く織った絹織物。紗の類。

(4) **窠霰**　窠はますがた・格子形のこと、霰は霰小紋のことで、格子形が規則正しく配列された小紋をいい、袢などに多く用いられた。

(5) **大口**　大口袴の略。平安の頃から、束帯の時、表袴《うえのはかま》の下にはいた袴で、赤の生糸・精好《せいごう》などで製し、裾口の大きく広いもの。武家時代には白や黄の精好で、直垂・水干の下に用い、今も能装束に用いる。

(6) **石帯**　男装の朝服用として腰にめぐらす革の帯。牛革製黒漆塗りの帯で、先端の一方に刺金《さすが》をかけた鮫具《かこ》をつけ、他方に革先金《かわさきがね》を入れ、刺金を通す溝を穿《あ》けるのを本義とし、腰回りに銙《か》とよぶ金銀・玉・石類の飾りの座を連綴するのを特色とする。銙の表面には、文様を彫刻した有文と彫刻のない無文があり、有文では鬼形・獅子形・唐花・蛮絵を陽刻または陰刻とするが、特に線刻を陰文《かくしもん》と称している。
（7）**車渠**　蛤類の最も大きいもの。形が大車の車輪に似ていることからとも、凸紋が五条あるからともいう。あるいは、璞玉《はくぎょく》や玉に似た石のこと。
（8）**浮線綾**　斜文の一種を地合として、これに浮文《うきもん》の模様を施した綾地の紋織物。浮線織。
（9）**襪**　束帯着用の時、沓または沓の下にはく一種の足袋。白の平絹で製し、親指の間をわらずに仕立て、紐で結ぶ。礼服には錦を用いた。下沓。
（10）**腰次**　白の四幅《よの》袴で、下袴として使用するもの。裾が短いのでこのように名づける。
（11）**黒骨**　扇・中啓などの黒く塗った骨。
（12）**末広**　中啓の異称。扇を縁起よくいう語。すえひろがり。
（13）**菊綴**　鎧直垂・水干などの縫合せ目に綴じつけた飾り。その形が菊の花に似ることからの呼称。もと、衣服のほころびを防ぐのに縫いつけたもの。直垂には組紐、素襖には細い革を結びつけて「結び菊綴」という。
（14）**蝙蝠**　一般には「中啓」と書く。五七四頁注（9）「中啓」を参照。
（15）**縠織**　六一二頁注（3）「コメ織り」を参照。
（16）**絹麻**　絹のような光沢を得るために特殊な糊加工を施した麻の原糸。夏用の着尺、襦袢などに用いる。
（17）**竜紋麻**　「竜紋」とは、綾文の転訛で、太い糸で織った粗い絹織物で、中国・朝鮮から伝来した。白色の絹布で、織目が斜めに高く、地質は厚く強くて光沢のないもの。また、羽二重に似ているが、経緯がやや太く少し厚手になっており、室町期から織られ、近世には裃地にも用いられた。平織だが、なかには文様を織り出したものもあった。この絹の代わりに絹麻を用いたもの。

(18) **横麻**　緯《よこいと》を桃色に染めた布の狩衣。また、これを着て履・傘などを持ったしもべの称。

(19) **退紅**　薄桃色に染めた布の狩衣。また、これを着て履・傘などを持ったしもべの称。

(20) **兼房**　憲法染の略で、黒茶色に小紋模様を染め出した染物。吉岡憲法《けんぼう》の考案といわれ、明暦・万治の頃流行した。

(21) **褐色**　こげ茶色。かちいろ。

(22) **シボ**　織物の糸の撚りの関係から、織物の表面にあらわれた凹凸。また、革の皺。

(23) **褊綴**　褊衫《へんさん》と直綴《じきとつ》とを折衷して製した衣で、近世に医師または俗人剃髪者の着用した羽織。その上着は十徳のように袖が長く、四裾は五寸ばかり縫わずにある。

時献上

(1) **家門**　徳川家康以後の将軍家の一族・庶子筋の大名家のことで、いずれも松平姓を用いた。通常は御三家・御三卿は含まない。家康以前の分家である三河松平の支流は譜代大名として扱われる。

(2) **納戸奉行**　納戸頭のこと。江戸幕府職制の一つ。若年寄支配で、納戸方を支配し、将軍御手許の金銀・衣服・調度を管理・出納し、大名・諸役人から献上の金銀・諸物や、将軍が大名・諸役人へ下賜する金銀・時服などのことを掌り、奥向の掛合を行った。はじめは小姓が兼役したが、寛永一二年(一六三五)に二人が任命された。慶安元年(一六四八)に、物品を購入する元方と、代金の支払いと下賜品を扱う払方の各二人、計四人に増員されたが、寛政四年（一七九二）に元方・払方の区分が廃され二人に減員された。

（3）**天門冬**　草の名。杉の葉に似て、夏に白花を開き、黒い実を結ぶ。根は食用・薬用に供する。すべるぐさ。くさすぎかづら。

乗物と駕籠

（1）**字鏡集**　部首分類体の字書。菅原為長《ためなが》の編という。寛元三年（一二四五）以前の成立。異体字が多くあげられ、漢字の音・和訓が豊富・多様である。多くの改編写本が伝わる。

（2）**乗物考**　伊勢貞丈《さだたけ》の著で、安永四年（一七七五）成立の有職故実書。古今の乗物について考証を加えたもの。

（3）**倭名抄**　「和名類聚鈔」のことで、和名を付した意味分類体の漢語辞書。「倭名類聚鈔」ともいう。源 順《みなもとのしたごう》の編で、承平年中の成立。漢語に和名を注することが目的であったようで、意味分類された漢語に、出典名・漢文注・字音注・和名を記す。

（4）**漢書注**　「漢書」は、中国の歴史書。正史の一つ。後漢の班固《はんこ》著。高祖から平帝までの二三一年間の史実を紀伝体で記した書で、「前漢書」ともいう。「史記」よりもむしろよく読まれたので、後漢末以来、唐の顔師古《がんしこ》にいたるまで、「史記」にまさる注釈がつぎつぎに書き継がれた。

（5）**弾正台**　律令制官司の一つ。訓は「ただすつかさ」という。中国の御史台をもとに作られ、風俗を粛正し、行政諸官司の非違を摘発することを職務とした。不正を発見した場合には、太政官や中務省を経由せず、直接天皇に奏上できたが、御史台に比べて権限が弱く、職務内容が検非違使と重複したことなどから、監察機能は十分発揮されず、九世紀以降は、服装や儀式の取締などの礼の秩序維持を担うにとどまった。

(6) **太平記**　南北朝の動乱を描いた歴史書。南北朝期に書き継がれ、遅くとも室町初期には成立した。作者には小島法師や恵鎮《えちん》(円観)など多数があげられており、文学・芸能史はもちろん、後世の歴史認識に多大な影響を与えた。

(7) **曽我物語**　曽我十郎祐成《すけなり》と五郎時致《ときむね》の兄弟が、父祐重の敵《かたき》の工藤祐経を討った事件を描いた軍記物語。東国武士団の交流に始まり、鎌倉幕府の成立期における東国社会を活写しているため、歴史の史料としても貴重である。成立は一四世紀と考えられる。近世の浄瑠璃や歌舞伎に大きな影響を与え、曽我物と称される作品群を形成した。

(8) **遽際**　一般には「網代」と書く。竹・葦または檜などを薄く削ったものを斜めまたは縦横に編んだもの。垣・屏風・天井などとし、または笠・団扇に造り、牛車《ぎっしゃ》・輿の屋形・天井にはる。

(9) **打上**　打上乗物のこと。左右に引戸がなく、簾をあげて出入りする乗物のこと。

(10) **腰黒**　乗物の一つ。腰に網代を張らず黒塗りにしたもの。

(11) **林道春**　近世初期の儒者。名を信勝といい、羅山・道春と号した。京都に生まれ、建仁寺に入ったが、早くから朱子学に志し、藤原惺窩の門人となった。慶長一〇年(一六〇五)徳川家康に拝謁し、その信任を得て幕府の文事を担当し、その後、秀忠・家光・家綱に仕え、外交文書や諸法度の草案を作成し、幕政の整備に貢献した。寛永七年(一六三〇)上野忍岡に昌平

(12)**濫叨**　みだりに。みだれる。はびこる。そこなう。
(13)**対**　二つそろって一組をなすもの。つがい。そろい。
(14)**切棒**　切棒駕籠のことで、短い棒でかつぐ駕籠のこと。
(15)**長棒**　長棒駕籠のことで、棒の長い上等な駕籠。数人で舁《か》くもので、家格のある者または特に許可を得た者だけが乗用した。
(16)**溜塗り**　漆塗りの一種で、下へ朱・鉄丹を塗り、乾燥後木炭でみがいて艶消しを行い、透漆または梨子地漆を塗って仕上げたもの。
(17)**押**　押縁《おしぶち》のこと。板などのおさえに打ち付ける竹または木のこと。
(18)**羅絨**　うすぎぬ。織目の細かい絹布のこと。
(19)**饅頭ぶせ**　「饅頭伏《まんじゅうぶせ》」と書き、日本刺繡の技法の一種で、布地の上に一、二本の糸を置いて、同じ糸でとじつける方法である。

轅・道具・打物

(1)**八徳**　俳人や画工などが着た胴着。十徳に似て、やや品位が下がるための名という。

箱・長柄傘・率馬

(1)**爪折**　端折傘《つまおりがさ》のことで、骨の端を内へ曲げて造った長柄の立傘をいう。晴天には白布の袋に入れて持参した。

（2）**茶弁当**　外出の際、茶道具一式に弁当を添えて携帯するための用具のこと。

幕府の医員

（1）**屠蘇白散**　屠蘇と白散のこと。また、屠蘇散や白散を酒・みりんに浸したもの。新しい年の健康を祈って元日に服用した。屠蘇散は赤朮《せきじゅつ》・桂心・防風・菝葜・蜀椒・桔梗・大黄・烏頭・赤小豆を処方したもの、白散は白朮《びゃくじゅつ》・桔梗・細辛を等分に調合したものである。

（2）**玄朔**　曲直瀬《まなせ》玄朔《げんさく》のこと。近世前期の医者。初代道三の妹の子として京都に生まれ、幼くして両親を失い、道三に養育され、天正九年（一五八一）にその孫娘を娶って養嗣子となり、道三流医学を皆伝された。豊臣秀吉、徳川家康・秀忠に仕えた。

（3）**多紀元悳**　近世中期の幕府医官。明和三年（一七六六）に父元孝《げんこう》の跡を継ぎ、医生を養成する躋寿館《せいじゅかん》を主宰する。天明八年（一七八八）将軍徳川家斉の御匙（侍医）となり、寛政三年（一七九一）に躋寿館は官営の医学館に昇格した。元悳は和漢伝統医学の教育・研究に努めた。

（4）**傭々**　「庸々」ならば、普通の人びと。庸人。

（5）**神農**　中国古伝説中の帝王。三皇の一つ。民に耕作を教えたので神農氏といい、百草を嘗めて医薬を作った。そのため漢方医は冬至の日に医薬の祖として神農氏を祭った。

（6）**本草経**　「本草綱目」のこと。中国の本草書。明の李時珍《りじちん》の著で、明の万暦六年（一五七八）に成立した。「本草」および梁の陶弘景《とうこうけい》の「名医別録」などの本草書を整理し、薬の正名を綱とし、釈名を目とし、薬となる品目一八〇〇余種を分類し、産地・形状・処方などを記した書。日本には慶長一二年（一六〇七）に伝来し、わが国の本草学に大きな影響を与えた。

（7）**素問**　中国の古医書。秦・漢の頃の人が黄帝の名を借りて著したと伝えられる。中国最古の医書で、陰陽五行・鍼灸・脈などについて、黄帝とその臣の名医岐伯《きはく》との問答体で書かれている。唐の王冰《おうひょう》の注を付したものが現存する。

（8）**霊枢**　中国の古医書。「霊枢経」「黄帝内経霊枢経」ともいう。隋唐の時に多くの異なった名称の伝本があり、宋代以後、原本および伝本は多くばらばらになってしまい、現存の「霊枢」は、南宋の史崧《ししょう》の蔵本にもとづき、重ねて新しく編集したものである。本書と「素問」の内容はよく似ており、経絡・鍼灸が詳しく書かれているが、運気学説は略されている。

（9）**難経**　中国の古医書。「黄帝八十一難経」ともいう。秦の越人《えつじん》の著で、仮設問答により難疑を解釈する方式で編集されており、脈・経絡・臓腑・病・穴道・鍼法を論じている。鍼灸学の基礎となっている。

（10）**傷寒論**　中国の古医書。後漢の張機《ちょうき》（仲景《ちゅうけい》）の著で、後漢の建安一〇年（二〇五）頃成立し、もと「傷寒卒病論」と称した。晋の王叔和が補修した。現行本は宋の治平二年（一〇六五）勅命で校訂したもの。主に急性熱病（寒さあたり）の症状と治療法一一二例を詳述している。漢方医学の聖典とされている。

（11）**金匱**　中国の古医書。「金匱《きんき》要略」と「金匱鉤元《こうげん》」の略。「金匱要略」は、漢の張機の著で、清の徐彬《じょひん》の注を合わせたもので、原著は「傷寒雑病論」といい、方剤・内科雑病・婦人科・救急・飲食禁忌などについて書かれている。「金匱鉤元」は元の朱震亨《しゅしんこう》の著で、明の戴原礼《たいげんれい》（思恭《しきょう》）の校補になるものであり、内科雑病が主内容で、婦人科・小児科・喉科・外科の病証の一部も含んでいる。

（12）**鄙賤**　身分・地位の低くいやしいこと。
（13）**庸医**　治術にひいでていない医者。やぶいしゃ。
（14）**歯す**　たちならぶ。仲間として交わる。
（15）**褻瀆**　けがすこと。けがれること。
（16）**揣摩臆測**　形勢をよい加減におしはかること。あてずいりょう。
（17）**円顱**　髪をそったまるいあたま。坊主あたま。
（18）**孑々**　ぼうふらのこと。蚊の幼虫。
（19）**岑々**　ひどく痛むさま。
（20）**粉韲**　砕かれてこなごなになること。うちくだかれること。こなごなに砕くこと。粉砕。

徳川制度《とくがわせいど》（中）〔全3冊〕

2015年2月17日　第1刷発行

校注者　加藤《かとう》 貴《たかし》

発行者　岡本 厚

発行所　株式会社 岩波書店
〒101-8002 東京都千代田区一ツ橋2-5-5
案内 03-5210-4000　販売部 03-5210-4111
文庫編集部 03-5210-4051
http://www.iwanami.co.jp/

印刷・理想社　カバー・精興社　製本・松岳社

ISBN 978-4-00-334962-5　Printed in Japan

読書子に寄す

――岩波文庫発刊に際して――

岩波茂雄

真理は万人によって求められることを自ら欲し、芸術は万人によって愛されることを自ら望む。かつては民を愚昧ならしめるために学芸が最も狭き堂宇に閉鎖されたことがあった。今や知識と美とを特権階級の独占より奪い返すことはつねに進取的なる民衆の切実なる要求である。岩波文庫はこの要求に応じそれに励まされて生まれた。それは生命ある不朽の書を少数者の書斎と研究室とより解放して街頭にくまなく立たしめ民衆に伍せしめるであろう。近時大量生産予約出版の流行を見る。その広告宣伝の狂態はしばらくおくも、後代にのこすと誇称する全集がその編集に万全の用意をなしたるか。千古の典籍の翻訳企図に敬虔の態度を欠かざりしか。さらに分売を許さず読者を繫縛して数十冊を強うるがごとき、はたしてその揚言する学芸解放のゆえんなりや。吾人は天下の名士の声に和してこれを推挙するに躊躇するものである。このときにあたって、岩波書店は自己の責務のいよいよ重大なるを思い、従来の方針の徹底を期するため、すでに十数年以前より志して来た計画を慎重審議この際断然実行することにした。吾人は範をかのレクラム文庫にとり、古今東西にわたって文芸・哲学・社会科学・自然科学等種類のいかんを問わず、いやしくも万人の必読すべき真に古典的価値ある書をきわめて簡易なる形式において逐次刊行し、あらゆる人間に須要なる生活向上の資料、生活批判の原理を提供せんと欲する。この文庫は予約出版の方法を排したるがゆえに、読者は自己の欲する時に自己の欲する書物を各個に自由に選択することができる。携帯に便にして価格の低きを最主とするがゆえに、外観を顧みざるも内容に至っては厳選最も力を尽くし、従来の岩波出版物の特色をますます発揮せしめようとする。この計画たるや世間の一時の投機的なるものと異なり、永遠の事業として吾人は微力を傾倒し、あらゆる犠牲を忍んで今後永久に継続発展せしめ、もって文庫の使命を遺憾なく果たさしめることを期する。芸術を愛し知識を求むる士の自ら進んでこの挙に参加し、希望と忠言とを寄せられることは吾人の熱望するところである。その性質上経済的には最も困難多きこの事業にあえて当たらんとする吾人の志を諒として、その達成のため世の読書子とのうるわしき共同を期待する。

昭和二年七月

岩波文庫の最新刊

川合康三編訳
新編 中国名詩選 (上)

三千年の歴史を有する中国の詩――そこにうたわれた自然と人間の万象。上古から清末まで五百首を精選し、核心を射貫く解釈で漢詩本来の息吹を甦らせる。(全三冊)
〔赤三三一一〕 本体一一四〇円

アーヴィング／齊藤 昇訳
スケッチ・ブック (下)

下巻には、「スリーピー・ホローの伝説」や、英国のクリスマス風景を描いた連作など、一五篇を収録。上下巻あわせて、邦訳史上初の全三四篇を収録。(全二冊)
〔赤三〇二一二〕 本体一〇二〇円

プルースト／岩崎 力訳
楽しみと日々

プルーストが二十代前半に書いた短篇小説・散文・詩をまとめた第一作品集。本書には若書きながらもプルーストの本質が現れている。『失われた時を求めて』の原点。
〔赤N五一一一〇〕 本体九四〇円

ハンス・ケルゼン／長尾龍一、植田俊太郎訳
民主主義の本質と価値 他一篇

純粋法学の創始者ケルゼン(一八八一―一九七三)の代表作。「自由」への欲求と相対主義から民主主義を基礎づけ、絶対的価値の想定に基づく独裁を批判する。一九二九年刊。
〔白一六一二〕 本体六六〇円

今月の重版再開

長 幸男校注
雨夜譚 ―渋沢栄一自伝

〔青一七〇一二〕 本体九〇〇円

トクヴィル／喜安 朗訳
フランス二月革命の日々 ―トクヴィル回想録―

〔白九一二〕 本体一二〇〇円

大津栄一郎編訳
20世紀アメリカ短篇選 (上)(下)

〔赤三三七一一・二〕 本体八四〇・九四〇円

シラノ・ド・ベルジュラック／赤木昭三訳
日月両世界旅行記

〔赤五〇六一一〕 本体一〇〇〇円

定価は表示価格に消費税が加算されます

2015. 1.

岩波文庫の最新刊

谷川俊太郎編
辻征夫詩集
詩も佇まいも、粋なのに野生をひそめ、無邪気なのに成熟している詩人、辻征夫。現代抒情詩の第一人者のエッセンス。（対談・解説＝谷川俊太郎）
〔緑一九八‐一〕 本体五六〇円

加藤貴校注
徳川制度（中）
江戸の町の実相を記録した歴史実録書。山の手と下町で違う寺子屋の実態をはじめ、吉原など社会・風俗関係や年始登城、礼服など武家社会関係の項目を収録。（全三冊）
〔青四九六‐二〕 本体一三八〇円

アンドレ・バザン／野崎歓、大原宣久、谷本道昭訳
映画とは何か（上）
戦中から戦後にかけて映画批評の新時代を開いたバザン（一九一八‐一九五八）。上巻には映画における現実とは何かを追究した論考を収録。（全二冊）
〔青五七八‐一〕 本体一〇二〇円

池内紀編注
森鷗外 椋鳥通信（中）
ポルトガル革命、トルストイの家出、皇帝の演説……独自のセンスで実況中継のように報じられる〈鷗外発ワールドニュース〉。三面記事も負けずに賑やか。（全三冊）
〔緑六‐一〇〕 本体九四〇円

川合康三編訳
新編 中国名詩選（中）
李白、杜甫、王維……。中国詩の絶頂を極めた唐代。雄渾な心と洗練された筆で、国家の興亡から庶民の哀歓までをうたう数多の詩。その核心を読み解く。（全三冊）
〔赤三三‐二〕 本体一一四〇円

丸山眞男／古矢旬編
超国家主義の論理と心理 他八篇
日本ナショナリズムは、なぜ超国家主義《ウルトラ・ナショナリズム》へと突き進んだのか？ 敗戦の翌年、軍国主義の精神構造に真っ向から対峙した表題作。他、戦後約一〇年の七篇を集成。
〔青N一〇四‐二〕 本体一三二〇円

……今月の重版再開……

ジョサイア・コンドル／山口静一訳
河鍋暁斎
〔青五六九‐一〕 本体九〇〇円

大岡昇平
野火・ハムレット日記
〔緑一一三‐一〕 本体八〇〇円

桑原三郎編
小川未明童話集
〔緑一四九‐一〕 本体七六〇円

三原幸久編訳
エスピノーサ スペイン民話集
〔赤七二九‐一〕 本体九〇〇円